JN302414

全訂
執行供託の理論と実務

立花宣男 [編著]
Nobuo Tachibana

一般社団法人 金融財政事情研究会

全訂にあたって

　本書の初版に当たる「執行供託の理論と実務」を上梓してから約27年を経過しました。

　初版の内容は、昭和56年民事執行法の制定時に、執行供託の分野がクローズアップされたことに端を発し、著者が法務省訟務局に勤務中、昭和59年度法務省法務研究員に選ばれ、その研究した成果に基づき執筆したものでしたが、その間、民事保全法の制定により「仮処分解放金」の性質が明確となり、また数度にわたる民事執行法の改正により、「簡易裁判所書記官による差押処分」「扶養義務に係る定期金債権を請求する場合の特例」が導入されましたが、基本的な理論に大きな変更があるわけではありません。

　また、供託の分野にもオンラインによる供託等の新たな手続も導入されています。

　本書は、そうした状況のなか、初版に必要な改訂を行い、全訂版として刊行する次第です。

　本書が読者各位の実務の一助になれば幸いです。

　なお、本書の執筆にあたっては、当然のことながら、多くの方々の文献・論文を参照させていただき、また、本書の刊行にあたっては、一般社団法人金融財政事情研究会出版部の皆さんにご協力をいただきました。心から感謝申し上げます。

　平成24年4月

　　　　　　　　　　　　　　　　　　　　　　　立　花　宣　男

序

　供託は、国民の権利保護という重大な役割を担う制度であり、供託事件の対象となる事案は内容も複雑多様である。加えて、民事執行法施行以来、執行にかかわる供託事件も増加し、その重要性を増してきている。

　このような現状からみて、供託についての理論を踏まえたうえで実務の取扱いについて解明する実務書の刊行が強く望まれているところである。特に執行供託に関する実務、供託後の執行絡みの権利変動に関する事務処理は難解なものとしてその解説書の刊行を望む声が強い。本書は、執行供託の実務をわかりやすく説明したもので、貴重な参考書といえよう。

　本書が、供託事務処理の適正・円滑な運用に役立てられることを期待するものである。

昭和62年4月

法務省民事局第四課

推せんのことば

　「執行供託」というのは、強制執行手続等において、執行の目的物である金銭を供託するものである。差し押えられた給料の供託などがその例である。この執行供託についての実務と理論は、供託のなかでも、最も難解なものの１つであって、かねてより供託関係者を悩ませてきた。

　本書は、この執行供託の実務をわかりやすく説明するとともに、理論上の問題点についても、判例、供託先例および学説を紹介しつつ、詳細な検討と分析をしたものであり、この分野での唯一の体系書といってよいであろう。

　本書の著者は、東京法務局で供託実務を実際に処理してきたほか、法務省民事局第四課で供託行政に携わり、さらに法務省訟務局に勤務中に法務研究員に選ばれ、執行供託の研究にあたられた。本書は、この著者の経験と努力の結晶ともいうべきものであって、法務局職員、弁護士、司法書士、裁判所職員、税務署職員などの供託関係者はもちろん、供託の研究者にも、きわめて有益なものであり、広く活用されることを期待して、推せんするものである。

　昭和62年4月

　　　　　　　　　　　　　　法務省大臣官房参事官　寛　　康　生

はじめに

　供託には申請人に最も多く利用されている弁済供託をはじめとして、担保（保証）供託、執行供託、没取供託、保管供託等があるが、それぞれの目的を異にし、それぞれ固有の意味をもっているので、これを一元的に説明することはむずかしい。

　地代家賃の弁済供託に関しては、その実体法上の効果およびその供託手続上の問題点について、供託官はもちろん、供託当事者においても比較的よく理解されているところである。これに対して、裁判手続上あるいは執行手続上行われる各種の供託については、それが民事訴訟手続および民事執行手続等と密接不可分の関係にあり、これらの供託の効果、払渡手続等は、すべて当該裁判上の手続と交錯し、加えて、供託法と民事訴訟法等との間に不調和があり、民事執行法の施行により改善された部分があるとはいえ、裁判所における取扱いに不統一があるなど、とかく一般には理解しにくい面が少なくない。特に、民事執行法における強制執行手続または保全執行手続において、執行の目的物の供託としてなされる「執行供託」は、理論的にもまた供託実務および配当実務上も混乱があるため、問題の多いところである。

　そこで、本書は、執行供託、特に第三債務者のする執行供託を中心として、現行の供託所および裁判所における実務の解釈および取扱いを概観し、さらに各論点について個別的に検討を加えたうえ、適宜個人的意見を付し、その結果を一問一答式にまとめることとした。そのことが、結果として混乱した理解の一例を示すことになるかもしれないが、問題の所在が少しでも明らかになれば幸いである。

　本書はこのような観点から考察を加えようとするものであるが、その内容は、著者が昭和59年度法務省法務研究員として研究した「執行供託をめぐる諸問題」をもとに、それに大幅に加筆訂正するとともに、判例等の資料を追加するなどして改訂したものである。実際にできあがった本書は、著者の能力不足から不十分なものとなってしまったが、せめて平易な記述をと心がけ

たつもりである。読者諸賢のご批判やご叱正をいただき、今後とも勉強を重ねたいと念じている。

　もとより、文中意見にわたる部分は私見であることをおことわりするが、供託実務担当者および執行供託に関心をもっておられる方々の幾ばくかの参考になれば幸いである。

　なお、本書の執筆にあたっては、当然のことながら、多くの方々の文献・論文を参照させていただき、また、本書の刊行にあたっては、永井紀昭法務省民事局第四課長をはじめとして、法務総合研究所、法務省民事局第四課、東京法務局民事行政部供託課および東京地方裁判所民事第21部関係各位からあたたかいご指導をいただいた。とりわけ、最高裁判所事務総局民事局第三課古島正彦氏には、一部（第7編事例11ないし24）の執筆をしていただき（執筆当時東京地方裁判所民事第18部）、また社団法人民事法情報センターの田口信義氏、山田和子氏には絶大なご協力を受けた。心から感謝申し上げる次第である。

昭和62年4月

立　花　宣　男

●編著者紹介

立花　宣男

〈略歴〉

昭和51年　東京法務局供託課
昭和55年　法務省民事局第一課（現・総務課）
昭和57年　法務省民事局第四課（現・商事課）
昭和59年　法務省訟務局租税訟務課（現・法務省大臣官房租税訟務課）
　　　この間昭和59年6月～11月　法務研究員
昭和61年　法務大臣官房秘書課
平成5年　甲府地方法務局供託課長
平成7年　千葉地方法務局八日市場支局長
平成9年　前橋地方法務局訟務部門上席訟務官
平成11年　東京法務局法人登記部門首席登記官
平成14年～16年　国土交通省認可法人　日本小型船舶検査機構　調査役

〈主な著書〉

執行供託をめぐる諸問題（法務省法務総合研究所）
執行供託の理論と実務（民事法情報センター）
注釈民事執行法（金融財政事情研究会）共著
民法コンメンタール債権総則編Ⅱ（ぎょうせい）共著
雑供託の実例雛形集（日本加除出版）監修
供託の知識167問（日本加除出版）監修
法人登記の手続（日本法令）
商業登記・法人登記添付書類全集（新日本法規出版）
最新改正商法と商業登記事務のポイント（新日本法規出版）
新会社法定款事例集（日本加除出版）監修
新・商業登記法から見た！　新・会社法（日本加除出版）
会社法対応　役員変更の登記（新日本法規出版）
株式会社の解散・特別清算・会社非訟・会社更生・民事再生・破産の登記の手続（日本法令）
全訂　詳解商業登記（金融財政事情研究会）共著
会社の資本と登記（金融財政事情研究会）

●執筆者紹介

供託実務研究会

　立花　宣男
　田原　昭男
　中山　貴之

凡　例

1　法規の略語

民執	民事執行法
民執令	民事執行法施行令
民執規	民事執行規則
供託	供託法
供託規	供託規則
非訟	非訟事件手続法
公選	公職選挙法
民保	民事保全法
民保規	民事保全規則
船主責任	船舶の所有者等の責任の制限に関する法律
土収令	土地収用法施行令
都再令	都市再開発法施行令
船登規	船舶登記規則
仮登記担保	仮登記担保契約に関する法律
滞調	滞納処分と強制執行等との手続の調整に関する法律
滞調政令	〃　　　　　政令
滞調規則	〃　　　　　規則
民訴	民事訴訟法
国徴	国税徴収法
国徴令	国税徴収法施行令
地方	地方税法
民	民法
破	破産法
供託準則	供託事務取扱手続準則

　　　　　※　民執166Ⅰ①→民事執行法166条1項1号

2　通達・判例の略称

最判平 5.3.30民集47巻 4 号3300頁
　　　　平成 5 年 3 月30日最高裁判所判決・最高裁判所民事判例集47巻 4 号
　　　　3300頁

凡　例　7

大判明34.10.9民録9巻46頁
　　　　　明治34年10月9日大審院判決・大審院民事判決録9巻46頁
大判昭8.5.20民集12巻1219頁
　　　　　昭和8年5月20日大審院判決・大審院民事判例集12巻1219頁
福岡高決昭33.6.30高民集11巻5号369頁
　　　　　昭和33年6月30日福岡高等裁判所決定・高等裁判所民事判例集11巻5号369頁
民事執行基本通達
　　　　　昭和55年9月6日民四第5333号　法務省民事局長通達
　　　　　「民事執行法等の施行に伴う供託事務の取扱いについて」
民事保全基本通達
　　　　　平成2年11月13日民四第5002号　法務省民事局長通達
　　　　　「民事保全法等の施行に伴う供託事務の取扱いについて」
滞調法逐条通達
　　　　　昭和56年2月7日徴徴4－2　国税庁長官通達
　　　　　「滞納処分と強制執行等との手続の調整に関する法律の逐条通達（国税庁関係）の全文改正について」

3　参考文献の略称

稲葉・注解(2)	注解強制執行法(2)
稲葉・金融法務事情	No.930～No.938「民事執行法における供託」
稲葉＝佐藤・月報	民事月報35巻11号「民事執行法等の施行に伴う供託事務の取扱いに関する民事局長通達の解説」
浦野・逐条	逐条概説民事執行法〔全訂版〕
兼子	増補強制執行法
菊井・民訴㈡	民事訴訟法㈡
佐藤・供託実務	民事執行法と登記・供託実務
佐藤・NBL	NBL No.219～No.221「新民事執行法等における第三債務者の供託」
田中	新民事執行法〔増補改訂版〕
富越・NBL	NBL No.198～No.200「新民事執行法における債権執行の実務」
松岡・要論㈥	強制執行要論㈥
宮脇・各論	強制執行法各論（法律学全集）
宮脇＝松山・注解(2)	注解強制執行法(2)

注釈民事執行法	香川保一ほか注釈民事執行法（1巻～7巻）
執務資料	最高裁判所事務総局編・民事執行事件執務資料（法曹会）
民月	民事月報
ジュリ	ジュリスト
民研	民事研修
新聞	法律新聞
評論	法律［学説判例］評論全集
判タ	判例タイムズ
判時	判例時報
供託知識	供託知識167問　福岡法務局ブロック管内供託実務研究会

目　次

第1編　供託制度

第1章　概　説 …… 2

第1節　供託当事者 …… 2
第2節　供託の目的物と供託機関 …… 3
　1　供託物が金銭、有価証券および振替国債である場合とその供託所 …… 3
　2　供託物が金銭、有価証券以外の物品である場合とその供託所 …… 4
　3　弁済供託の場合における裁判所による供託所、供託物保管者の指定、選任 …… 4
第3節　供託所の管轄 …… 5
第4節　供託の種類と供託機関 …… 6

第2章　供託手続通則 …… 7

第1節　供託金の受入手続 …… 7
　(1)　供託書の提出 …… 7
　(2)　提示・添付書類 …… 9
　(3)　供託通知書 …… 11
　(4)　供託金の提出 …… 12
第2節　供託金の払渡手続 …… 13
　1　払渡しの請求 …… 13
　2　供託金還付請求手続 …… 14
　(1)　供託金払渡請求書の提出 …… 14
　(2)　供託金還付請求に際しての提示および供託金払渡請求書の添

付書類……………………………………………………………………14
　3　支払委託による還付請求………………………………………………17
　4　供託金取戻請求手続……………………………………………………20
　(1)　供託金払渡請求書の提出……………………………………………20
　(2)　供託金取戻請求に際しての提示および供託金取戻請求書の添
　　　付書類……………………………………………………………………20

第2編　執行供託（総論）

第1章　概　　説　……………………………………………………24

第1節　執行供託の意義とその機能……………………………………………24
　1　配当手続……………………………………………………………………25
　(1)　配当手続とは…………………………………………………………25
　(2)　配当等——配当と弁済金の交付……………………………………25
　(3)　配当等の実施方法……………………………………………………26
　2　供託金に対する配当等の実施としての支払委託………………………26
　(1)　配当等の実施…………………………………………………………26
　(2)　支払委託………………………………………………………………27
第2節　執行供託の性質…………………………………………………………27
　1　弁済供託の性質を有するもの……………………………………………28
　(1)　不出頭供託……………………………………………………………28
　(2)　差押えが取り消された動産の売得金の供託………………………28
　(3)　不動産および動産の引渡し等の強制執行における供託…………28
　(4)　金銭債権に対する強制執行または仮差押えの執行における供
　　　託…………………………………………………………………………28
　2　保管供託の性質を有するもの……………………………………………29
　3　狭義の執行供託……………………………………………………………30

  　　4　執行供託類似のもの……………………………………………………30

第2章　執行供託の供託手続……………………………………………31

第1節　受入手続……………………………………………………………31
　1　供託当事者………………………………………………………………31
　　(1)　供　託　者……………………………………………………………31
　　　①　執行機関としての裁判所（裁判所書記官）が供託者となる場合……………………………………………………………………31
　　　②　執行機関としての管理人が供託者となる場合………………32
　　　③　執行機関としての執行官が供託者となる場合………………33
　　　④　執行当事者としての執行債務者が供託者となる場合………33
　　　⑤　第三債務者が供託者となる場合………………………………33
　　(2)　被供託者………………………………………………………………34
　2　管轄供託所………………………………………………………………36
　3　供　託　物………………………………………………………………37
　4　供託申請…………………………………………………………………38
　　(1)　執行供託の供託方法…………………………………………………38
　　(2)　執行裁判所に対する事情届…………………………………………39
第2節　執行供託の払渡手続………………………………………………42
　1　狭義の執行供託における支払委託に基づく払渡し…………………42
　　(1)　支払委託手続…………………………………………………………42
　　(2)　支払委託書・証明書…………………………………………………44
　　(3)　払渡手続………………………………………………………………45
　2　執行当事者が直接還付請求をする場合………………………………48
　　(1)　執行債権者の還付請求………………………………………………48
　　　①　不出頭供託………………………………………………………48
　　　②　金銭債権に対して差押・転付命令が発せられた場合の供託…48
　　　③　滞調法上の権利供託……………………………………………48
　　(2)　執行債務者の還付請求………………………………………………48

3　取戻請求をする場合……………………………………………49
　　(1)　保管供託の性質を有する執行供託の払渡し………………49
　　(2)　船舶強制競売手続の取消しの保証供託の払渡し…………50
　　(3)　権利供託の被差押部分を超える部分の払渡し……………50

第3編　執行供託（各論）

第1章　民事執行法上の執行供託……………………………52

第1節　概　説……………………………………………………52
第2節　執行機関のする供託……………………………………53
　第1　強制執行（強制競売、強制管理）および担保権実行としての競売における供託…………………………………………………………53
　　1　不動産執行による供託……………………………………………53
　　(1)　不動産の強制競売における配当留保供託………………53
　　(2)　不動産の強制競売における不出頭供託…………………58
　　(3)　不動産の強制管理における供託…………………………61
　　(4)　不動産の担保権実行としての競売における供託…………64
　　(5)　不動産の担保権の実行としての担保不動産収益執行における供託……………………………………………………………65
　　2　不動産以外のものの執行による供託……………………………65
　　(1)　船舶の強制競売における供託……………………………65
　　(2)　動産に対する強制執行等における供託…………………68
　　(3)　債権に対する強制執行等における供託…………………74
　　　①　金銭債権に対する強制執行等における供託………………74
　　　②　取立訴訟において供託が命ぜられた場合に執行機関がする供託……………………………………………………………74
　　　③　売却命令が発せられた場合の供託………………………75

　　　　4　管理命令が発せられた場合の供託……………………………76
　　　　5　動産の引渡請求権に対する強制執行における供託………76
　　　　6　債権に対する担保権の実行または行使における供託……76
　　(4)　その他の財産権に対する強制執行および担保権の実行における供託…………………………………………………………76
　　(5)　金銭の支払を目的としない請求権のうち、不動産の引渡し等の強制執行における供託……………………………………77
　　(6)　金銭の支払を目的としない請求権のうち、動産の引渡しの強制執行における供託…………………………………………77
　　(7)　航空機に対する強制執行および担保権実行における供託………77
　　(8)　自動車、建設機械または小型船舶に対する強制執行等における供託……………………………………………………………79
　第2　保全執行手続における供託……………………………………79
　　(1)　不動産に対する強制管理の方法による仮差押えの執行による配当等に充てるべき金銭の供託………………………………79
　　(2)　強制管理の方法による仮差押えの執行停止中における供託……81
　　(3)　仮差押え金銭等の供託……………………………………………82
　　(4)　仮差押え動産の売得金の供託……………………………………82
　　(5)　仮差押えの執行が取り消された動産の売得金の供託…………82
　　(6)　仮処分の執行における供託………………………………………85
　　(7)　金銭債権に対する仮差押えの執行における供託………………85
　　(8)　自動車、建設機械または小型船舶に対する仮差押えの執行における供託……………………………………………………………85
第3節　執行当事者等のする供託……………………………………………86
　1　執行債務者のする供託……………………………………………86
　　(1)　執行停止中の船舶に対する強制競売手続の取消保証供託………86
　　(2)　仮差押解放金供託および仮処分解放金供託………………………86
　2　第三債務者のする供託……………………………………………86

第2章　民事保全法上の類似執行供託 …………………87

第1　仮差押解放金の供託……………………………………87
1　仮差押解放金……………………………………………87
(1)　仮差押解放金の意義…………………………………87
(2)　仮差押解放金の額を決定する基準…………………88
2　仮差押解放金の供託……………………………………88
(1)　仮差押解放金の供託の性質…………………………88
(2)　仮差押解放金の供託手続……………………………89
3　仮差押解放金の供託金取戻請求権に対する強制執行等……93
(1)　仮差押解放金の供託金取戻請求権に対する強制執行等……93
(2)　供託金取戻請求権についての差押え等がされた場合の供託官の事情届………………………………………93
(3)　払渡手続………………………………………………97

第2　仮処分解放金の供託…………………………………… 100
1　仮処分解放金…………………………………………… 100
(1)　仮処分解放金の供託………………………………… 100
(2)　仮処分解放金の性質等……………………………… 100
2　仮処分解放金の供託手続……………………………… 101
3　一般型仮処分解放金の供託金の払渡請求の方法等……… 104
4　特殊型仮処分解放金の供託金の払渡請求の方法等……… 106

第3章　その他の執行供託 …………………………………… 109

第1節　滞調法上の執行供託 ………………………………… 109
1　税務官署のする供託…………………………………… 109
(1)　不動産に対する強制執行と滞納処分の競合による供託……… 109
(2)　不動産に対する仮差押執行と滞納処分の競合による供託…… 110
(3)　不動産に対する担保権実行と滞納処分の競合による供託…… 110
(4)　船舶に対する強制執行等と滞納処分の競合による供託……… 110

	2　第三債務者のする供託	110
第2節	国税徴収法上の執行供託	110
第3節	船主責任制限制度における供託	111
	(1)　供託の性質	111
	(2)　供託金の払渡し	112
第4節	仮登記担保法上の清算金の供託	113
	1　清算金の供託の性質	114
	2　清算金に対して差押・転付命令がなされた場合の混合供託	114
	3　供託金の払渡し	115
	(1)　還付請求	115
	(2)　取戻請求	116
第5節	土地収用法上の供託	116

第4編　金銭債権における第三債務者のする執行供託

第1章　概　説 … 120

第2章　民事執行法上の供託 … 121

第1節	債権執行	121
第1	債権執行の意義	121
第2	金銭債権に対する強制執行	122
	1　執行の対象となる権利	122
	2　差押手続	124
	(1)　執行裁判所	124
	(2)　差押命令の申立て	124
	(3)　第三債務者の表示	131
	(4)　差押命令の内容	132

(5)　差押命令書の形式……………………………………… 134
　　(6)　差押命令の送達……………………………………… 138
　　(7)　差押債権者に対する差押命令の送達通知………………… 142
　　(8)　差押命令の更正……………………………………… 145
　　(9)　差押命令の申立てについての裁判に対する不服申立て……… 145
　　(10)　第三債務者に対する陳述の催告……………………… 146
　3　差押命令の効力………………………………………… 161
　　(1)　効力の人的範囲（主観的範囲）………………………… 161
　　　①　執行債務者に対する効力…………………………… 161
　　　②　第三債務者に対する効力…………………………… 163
　　　③　債権者に対する効力………………………………… 164
　　　④　その他の第三者に対する効力……………………… 164
　　(2)　効力の量的範囲（客観的範囲）………………………… 165
　　　①　超過差押え………………………………………… 165
　　　②　差押えが一部競合した場合の効力…………………… 165
　　　③　従たる権利に対する効力…………………………… 167
　　　④　継続的給付債権に対する差押えの効力……………… 167
　4　差押禁止………………………………………………… 168
　　(1)　差押禁止債権とその範囲……………………………… 168
　　　①　原　　則…………………………………………… 168
　　　②　扶養義務等に係る金銭債権を請求する場合の特例……… 169
　　　③　国税徴収法上の差押禁止…………………………… 169
　　(2)　差押禁止債権の範囲の変更…………………………… 171
　　(3)　差押禁止規定違反の効果……………………………… 171
　5　差押命令の申立ての取下げおよび執行の取消決定………… 173
　　(1)　差押命令の申立ての取下げと通知……………………… 173
　　(2)　執行取消決定と通知…………………………………… 177
　6　債権執行の競合………………………………………… 177
　　(1)　共同差押え…………………………………………… 178

	(2) 二重差押え…………………………………………………………	178
	(3) 差押えの競合…………………………………………………………	179
	(4) 差押禁止債権に対する差押競合範囲………………………………	180
	(5) 配当要求………………………………………………………………	185
	(6) 他の手続との関係……………………………………………………	186
7	換価手続……………………………………………………………………	188
8	少額訴訟債権執行の概要…………………………………………………	188

第2節 第三債務者のする供託 ……………………………………… 190

第1 概 説 ……………………………………………………………… 190

第2 強制執行が単発の場合（重複差押えがあるが債権額以下の場合を含む）の権利供託 ……………………………………………… 192

1 差押えが単発で被差押部分のみを供託する場合………………… 192
  (1) 供託の性質…………………………………………………………… 192
  (2) 供託すべき金額……………………………………………………… 194
  (3) 供託書の記載………………………………………………………… 195
  (4) 配当加入遮断効……………………………………………………… 195
  (5) 払渡手続……………………………………………………………… 199
  (6) 供託後、差押命令が失効（取下げ、取消決定）した場合 …… 203

2 金銭債権の一部が差し押えられ全額を供託する場合…………… 204
  (1) 供託の性質…………………………………………………………… 204
  (2) 供託すべき金額……………………………………………………… 204
  (3) 供託書の記載………………………………………………………… 205
  (4) 配当加入遮断効……………………………………………………… 205
  (5) 払渡手続……………………………………………………………… 205
  (6) 供託後、差押命令が失効（取下げ、取消決定）した場合 …… 207

3 重複差押えはあるが、差押えが競合しない場合………………… 207
  (1) 供託の性質…………………………………………………………… 208
  (2) 供託すべき金額……………………………………………………… 208
  (3) 供託書の記載………………………………………………………… 208

（4）配当加入遮断効……………………………………………… 208
　　（5）払渡手続………………………………………………………… 209
　　（6）供託後、差押命令が失効（取下げ、取消決定）した場合 …… 209
　第3　差押え等が競合する場合の義務供託……………………………… 209
　　1　供託義務……………………………………………………………… 210
　　（1）供託義務の発生………………………………………………… 210
　　（2）供託義務の内容………………………………………………… 211
　　（3）取立訴訟………………………………………………………… 212
　　2　差押えと差押えとが競合する場合（差押えと仮差押えの執行とが
　　　競合する場合を含む）の供託　……………………………………… 217
　　（1）供託の性質……………………………………………………… 217
　　（2）供託すべき金額………………………………………………… 217
　　（3）供託書の記載…………………………………………………… 218
　　（4）配当加入遮断効………………………………………………… 218
　　（5）払渡手続………………………………………………………… 221
　　（6）供託後、差押え等が失効（取下げ、取消決定）した場合 …… 222
　　3　差押えと配当要求とが競合した場合の供託……………………… 226
　　（1）配当要求の性質………………………………………………… 226
　　（2）配当要求の効力………………………………………………… 226
　　（3）配当要求の終期………………………………………………… 227
　　（4）第三債務者のする義務供託…………………………………… 228
　第4　仮差押えの執行を原因とする供託………………………………… 229
　　1　仮差押えの執行の特則……………………………………………… 229
　　2　権利供託の原則……………………………………………………… 230
　　（1）仮差押えが単発の場合………………………………………… 230
　　（2）仮差押えが競合する場合……………………………………… 230
　　3　仮差押えの執行を原因とする供託………………………………… 231
　　（1）供託の性質……………………………………………………… 231
　　（2）供託すべき金額………………………………………………… 232

（3）　供託書の記載 232
　　（4）　みなし解放金 235
　　（5）　配当加入遮断効 235
　　（6）　払渡手続 240
　　（7）　供託後、仮差押えの執行の効力が失効（取下げ、取消決定）
　　　　　した場合 244
　　4　仮差押えの執行と差押えとが競合した場合の供託 245
　　（1）　仮差押えの執行と競合する差押えがされた場合 245
　　（2）　事情届とその後の手続 245
　第5　転付命令が発せられた場合の供託 245
　　1　転付命令の確定 245
　　2　第三債務者の供託 247
　　（1）　転付命令未確定の間の権利供託 247
　　（2）　転付命令確定後の供託 247
　　（3）　供託金の払渡手続 249
　第6　担保権の実行または行使としての差押えによる供託 250

第3章　滞調法による供託 251

第1節　債権に対する滞納処分と強制執行等との手続の調整 251
　1　概　　説 251
　2　差押競合の金銭債権 253
　（1）　滞納処分が先行する場合 253
　（2）　強制執行が先行する場合 255
第2節　滞納処分による差押えと強制執行による差押えとが競合し滞納
　　　　処分が先行する場合の供託 256
　1　強制執行による差押債権者の取立ての制限 256
　2　強制執行等による差押えの効力 257
　3　第三債務者のする権利供託 258
　（1）　供託の性質 258

(2)　供託書の記載……………………………………………………… 259
　　(3)　配当加入遮断効…………………………………………………… 261
　　(4)　徴収職員等に対する事情届の提出……………………………… 261
　　(5)　執行裁判所に対する通知（徴収職員等の事情届通知書）……… 261
　　(6)　払渡手続…………………………………………………………… 263
　4　債権の一部について滞納処分による差押えがされている場合において、その債権について強制執行による差押えと強制執行による差押えまたは仮差押えの執行とが競合した場合の供託………… 269
　　(1)　供託の性質………………………………………………………… 269
　　(2)　払渡手続…………………………………………………………… 270
　5　債権の一部について滞納処分による差押え、強制執行による差押えが続いてされ、さらに滞納処分による差押えがされて差押えが競合している場合の供託………………………………………… 272
　　(1)　供託の性質………………………………………………………… 272
　　(2)　払渡手続…………………………………………………………… 273
　6　債権の一部について滞納処分による差押えがされている場合において、その残余の額を超えて強制執行による差押えがされ、これにつき配当要求がされたときの供託………………………………… 274
　7　債権の一部について滞納処分による差押えがされている場合に、残余の範囲内で強制執行による差押えがあったときの供託……… 275
　8　債権の一部について滞納処分による差押えがされている場合に、残余の範囲で強制執行による差押えがあり、その差押えにつき配当要求がされたときの供託………………………………………… 275
　9　強制執行続行決定がなされた場合………………………………… 276
　　(1)　強制執行続行決定手続…………………………………………… 276
　　(2)　第三債務者が供託する前に続行決定があった場合の供託…… 277
　　(3)　第三債務者が供託した後に続行決定があった場合…………… 278
第3節　滞納処分と強制執行とが競合し強制執行が先行する場合の供託……………………………………………………………………… 279

目　次　21

1　取立ての制限……………………………………………………… 279
　　2　強制執行による差押えの効力…………………………………… 279
　　3　第三債務者の供託………………………………………………… 280
　　(1)　供託の性質……………………………………………………… 280
　　(2)　配当加入遮断効………………………………………………… 283
　　(3)　払渡手続………………………………………………………… 283
　　(4)　みなし交付要求………………………………………………… 285
　　(5)　先行の強制執行による差押命令の申立てが取り下げられ、ま
　　　　たは差押命令を取り消す決定が効力を生じたとき……………… 285
　　4　金銭債権の一部について強制執行による差押えがされている場
　　　合において、残余の範囲内で滞納処分による差押えがあったとき
　　　の供託………………………………………………………………… 286
　　5　滞納処分続行承認の決定がされた場合………………………… 287
　　(1)　滞納処分続行承認決定手続…………………………………… 287
　　(2)　第三債務者が供託する前に続行承認の決定があった場合の供
　　　　託………………………………………………………………… 287
　　(3)　第三債務者が供託した後に滞納処分続行承認の決定がされた
　　　　とき……………………………………………………………… 288
第4節　滞納処分と強制執行が同時にされ競合した場合………………… 288
第5節　滞納処分と仮差押えの執行とが競合する場合の供託…………… 289
　　1　滞納処分の優先…………………………………………………… 289
　　2　仮差押えの効力の拡張…………………………………………… 290
　　3　第三債務者のする供託…………………………………………… 290
　　(1)　差押えの競合による権利供託………………………………… 290
　　(2)　徴収職員等に対する事情届…………………………………… 292
　　(3)　徴収職員等からの通知………………………………………… 292
　　(4)　払渡手続………………………………………………………… 292
　　4　徴収職員等が差押金額に相当する供託金の払渡しを受けた後、
　　　または、徴収職員等が第三債務者が供託する前に直接取り立て、

　　　　自己の債権に充当した後、残余金が生じた場合·················· 294
　　（1）　執行裁判所に対する残余金の交付························· 294
　　（2）　執行裁判所等の立件手続································· 294
　　（3）　配当加入遮断効··· 295
　　（4）　配当等の手続·· 295
　5　第三債務者が供託をした後、滞納処分による差押えを解除した
　　　場合·· 296
　　（1）　解除された部分の払渡し··································· 296
　　（2）　徴収職員等からの通知····································· 296
　　（3）　仮差押執行裁判所の手続··································· 296

第4章　債権譲渡と差押え等との競合による供託（混合供託）·· 297

第1節　債権と差押え等が競合し、債権が先行する場合の混合供託······ 297
　1　混合供託の可否··· 297
　　（1）　先行する債権譲渡が債権全額の場合··························· 298
　　（2）　先行する債権譲渡が債権の一部である場合··················· 302
　　（3）　民法494条と民事執行法156条1項との混合供託·············· 302
　　（4）　民法494条と滞調法20条の6または同法36条の6との混合供
　　　　　託··· 304
　2　民法494条と民事執行法156条2項との混合供託の受理手続上の
　　　問題·· 305
　　（1）　供託書の記載等··· 305
　　（2）　供　託　所·· 308
　　（3）　事　情　届·· 308
　3　供託金払渡手続上の問題·· 309
　　（1）　民法494条を根拠とする供託の払渡し ····················· 309
　　（2）　配当手続（差押債権者が還付請求する場合）············ 310
第2節　債権譲渡と差押え等が競合し、差押え等が先行する場合の混合

目　次　23

供託 …………………………………………………………………… 312
　1　差押え・仮差押えの相対的効力 ……………………………… 312
　　(1)　差押えの相対的効力 ……………………………………… 312
　　(2)　仮差押えの相対的効力 …………………………………… 315
　　(3)　処分制限効の客観的限界 ………………………………… 318
　2　被差押債権が譲渡された後の差押え等の配当要求効 ……… 319
　3　債権譲渡と差押え等が競合し、差押え等が先行する場合の供
　　託 ………………………………………………………………… 322
　　(1)　債権全額に対する差押えが先行する場合 ……………… 324
　　(2)　債権の一部に対する差押えが先行する場合 …………… 325
　　(3)　債権全額に対する仮差押えが先行する場合 …………… 327

第5編　供託金払渡請求権に対する執行

第1章　概　説 ……………………………………………………… 332

第2章　供託金払渡請求権に対する強制執行等 ………… 334

第1節　執行方法 ……………………………………………………… 334
　1　第三債務者の表示 ……………………………………………… 334
　2　被差押債権の特定 ……………………………………………… 335
　3　第三債務者に対する陳述の催告 ……………………………… 341

第2節　供託金払渡請求権に対する強制執行 ……………………… 345
　1　差押金額が供託金払渡請求権の額以下の場合 ……………… 345
　　(1)　差押債権者の取立て ……………………………………… 345
　　(2)　差押命令が供託所に送達後に債権執行が効力を失った場合ま
　　　たは停止書面が提出された場合の払渡禁止 ……………… 346
　2　差押えが競合した場合等 ……………………………………… 346

(1)　供託金払渡請求権についての差押えの競合 346
　　(2)　配当加入遮断効の発生時期 347
　　(3)　供託官の事情届 351
　　(4)　配当等の手続 359
　3　転付命令が発せられた場合 359
　　(1)　転付命令の効力 359
　　(2)　供託金払渡請求権に対する転付命令を得た債権者の払渡請求 359
　　(3)　転付命令送達後に差押え等が競合し、転付命令が執行抗告によって取消しされた場合 360
　4　担保権の実行または行使としての差押えがなされた場合 360
　5　民事執行法156条の供託金に対する執行 361
第3節　仮差押えの執行のみがされた場合 361
第4節　滞納処分による差押えがされた場合 361
　1　滞納処分による差押えの効力 361
　2　滞納処分による差押えの特色 362
　　(1)　全額差押えの原則 362
　　(2)　全額取立ての原則 363
　　(3)　全額取立ての原則の例外 363
　3　供託金払渡請求権に対する滞納処分による差押え 364
　　(1)　単一の差押え 364
　　(2)　二重差押え 364

第3章　供託金払渡請求権について強制執行等と滞納処分とが競合した場合 365

第1節　滞納処分が先行し、強制執行が後行する場合 365
　1　徴収職員等の取立権 365
　2　滞納処分による差押えが及んでいない部分の取立て 365
　3　滞納処分による差押えが解除された場合 366

4　供託金払渡請求権の一部について滞納処分による差押えがされている場合において、その残余の部分について、差押え、仮差押えの執行もしくは配当要求または滞納処分による差押えが競合した場合………………………………………………………………… 367
     5　強制執行続行の決定があった場合……………………………… 368
  第2節　強制執行が先行し、滞納処分が後行する場合…………………… 369
     1　執行裁判所に対する供託官の事情の届出……………………… 369
     2　強制執行による差押えが取り下げられ、または取消決定がなされた場合………………………………………………………………… 369
     3　滞納処分続行承認の決定があった場合………………………… 370
  第3節　仮差押えの執行と滞納処分による差押えが競合した場合……… 370
  第4節　担保権の実行または行使としての差押えと滞納処分による差押えとが競合した場合………………………………………………… 371
     1　担保権の実行または行使としての差押えが先行する場合…… 371
     2　滞納処分が先行する場合………………………………………… 371

資　料　編

- ●「民事執行法等の施行に伴う供託事務の取扱いについて」「民事保全法等の施行に伴う供託事務の取扱いについて」……………………… 374
- ●事例研究………………………………………………………………… 433

第1編

供託制度

第 1 章

概　説

　供託は、公法上の一種の寄託契約と観念されるとともに、私法上の債権債務関係をも併存すべきものであって、一般には、ある一定の債務者が一定の債権者に対して、その債権の満足またはその満足を担保する等のために、その財産を供託所（供託機関）に寄託し、一定の法律上の目的を達成させようとする法律制度である。この場合供託の目的物を供託所に提出してその保管に委ね、もって弁済等の効果を享受する者を「供託者」といい、その提出された供託物を受け取ることにより、その債権の満足を受ける者を「被供託者」という。これらの供託が有効に行われるためには、①供託が根拠法令に基づくものであること、②供託の目的物が供託できるものであること、③適法な供託所に対する供託であることの要件が必要である。

　ところで、供託法1条では、金銭および有価証券の供託については、法務局、地方法務局またはそれらの支局および法務大臣の指定する出張所が、供託所として、その事務を取り扱うものとしている。この供託事務においては、供託関係法令、民法、商法等の実体法、民事訴訟法、民事執行法、民事保全法等の手続法その他供託の根拠法令である各種業法も多数存するうえ、金銭有価証券の供託においては、会計法関係法規が多く、その事務処理は、必ずしも容易ではない。

第1節　供託当事者

　供託手続においては、自然人、会社その他の法人、権利能力なき社団または財団（その代表者または管理人の定めのあるもの）は、すべてこれらの「供

託者」・「被供託者」となり得る当事者能力を有する。また、意思無能力者、成年被後見人、未成年者は、その法定代理人によって供託手続をなし得る。

具体的な個々の供託について供託当事者となり得る者（当事者適格者）は、当該供託の根拠法令によって定まる実体法の関係によって決定され、供託要件の1つである。例えば、供託者については、弁済供託にあっては債務者、執行供託にあっては執行機関（裁判所書記官、管理人、執行官）、第三債務者等であり、被供託者については、通常債権者であるが、執行供託にあっては支払委託によって初めて被供託者が観念され、供託時においては被供託者は観念されないので、供託書に被供託者の記載はされない。また、保管供託にあってはそもそも被供託者は予定されていない。

第2節　供託の目的物と供託機関

供託の目的物は、金銭有価証券および振替国債またはその他のもの（動産、不動産）である。

1　供託物が金銭、有価証券および振替国債である場合とその供託所

供託の目的物が金銭有価証券または振替国債である場合には、供託所がこれを保管する（供託1）。

金銭または有価証券を供託する供託所としては、国家機関である法務局もしくは地方法務局もしくはその支局または法務大臣の指定する出張所がこれを取り扱っている（供託1）。すなわち、法務局および地方法務局組織規則20条、39条および46条1項によって、法務局および地方法務局の本局および支局は、すべて供託事務を取り扱うこととされており、また、同46条2項により、別に指定する出張所においては、登記事務のほかに供託事務をも取り扱うものとされている。金銭または有価証券以外の物品については、法務大臣の指定する倉庫業者または銀行が供託所としてこれを取り扱うこととされている（供託5Ⅰ）。したがって、その他の物の供託に関する事務を前記供

託所（法務局）において所掌することはできないこととなる。そして、法務局および地方法務局（本局供託課）、東京・八王子支局、福岡・北九州支局においては、直接金銭受入れの事務を取り扱っているが、その他の供託所では、金銭受入れ事務は取り扱っていないので、これらの供託所における金銭の供託については、供託者は、一定の供託手続（供託認可までの手続）を経た後、日本銀行（本店・支店またはその代理店。以下同じ）へ行って、直接供託金を払い込まなければならない（供託規18Ⅰ）。また、すべての供託所においては、供託者は、現金を取り扱うことなく供託官口座への振込みの方法により供託金を払い込むことができる（供託規20の2、平10.11.26民四2098号民事局長、法務大臣官房会計課長通達）。

なお、有価証券については、すべての供託所で受入れの事務を取り扱っていないので、直接金銭を取り扱っていない供託所における処理と同様である。

この供託所における供託に関する事務は、法務局もしくは地方法務局またはその支局もしくは出張所に勤務する法務事務官で、法務局長または地方法務局長の指定した者が、供託官として取り扱う（供託1ノ2）。本局においては、供託課長、支局においては支局長（ただし、総務課が設けられている支局では、総務課長）、供託事務を取り扱う出張所においては出張所長が供託官に指定されている。

2　供託物が金銭、有価証券以外の物品である場合とその供託所

供託物が金銭、有価証券以外の物品（すなわち、動産）については、供託法5条1項により法務大臣の指定する倉庫営業者、銀行が保管するものとされている。

3　弁済供託の場合における裁判所による供託所、供託物保管者の指定、選任

金銭、有価証券およびそれ以外のものの供託について、それが弁済供託である場合において、上記1、2の供託所が定まらないときは、債務履行地の地方裁判所は、弁済者の請求によって、供託物保管者を選任することとされている（民495Ⅱ、非訟81・82）。

第3節　供託所の管轄

　供託法には、供託に関する管轄についての一般的規定はない。それぞれの供託の根拠となる実体法においても、供託の管轄に関する規定を設けているものと、供託すべき旨の規定だけを設けて、供託の管轄についてはなんら規定していないものとがある。供託の管轄に関する規定のあるものについては、その規定に従った供託所に供託しなければならないことはいうまでもない。供託の管轄に関する規定のないもの（公選92の選挙供託等）については、原則としてどの供託所にしてもよいことになるが、それぞれの供託の趣旨を考慮して、最も適当と思われる供託所に供託の申請をしなければならない。例えば、実体法に供託の管轄に関する規定のない場合でも、その本質が弁済供託であるときは、民法495条1項の原則に基づいた債務の履行地の供託所が管轄供託所となる。

　管轄違いの供託申請がされた場合には、供託官は、その供託申請を却下しなければならないが（供託規21の7）、誤ってこれを受理したとしても、その供託が有効になるものではない。したがって供託者は、錯誤を理由に取戻しをして正しい供託所に改めて供託をし直さなければならない。ただし、弁済供託については、被供託者が供託を受諾したとき、または還付請求をしたときは、当初から有効な供託として取り扱われる（昭39.7.20民事甲2594号回答、昭39.8.22民事甲2871号認可2）。

　① 弁済供託については、民法495条1項において、債務の履行地の供託所にしなければならない旨定められている。この債務の履行地というのは、最小行政区画すなわち市区町村と解されているが、当該市区町村内に供託所がない場合には、その市区町村を含む行政区画（都道府県）内の最寄りの供託所に供託すれば足りる（昭23.8.20民事甲2378号通達、大判昭8.5.20民集12巻1219頁）。

　② 営業保証供託については、おおよそ、営業所の最寄りの供託所に供託すべきものと規定されている。

③　裁判上の保証供託については、発令裁判所または執行裁判所の所在地を管轄する地方裁判所の管轄区域内にある供託所にしなければならない（民訴76・400Ⅰ・405、民執15Ⅰ、民保4）。例えば、債権者が東京地方裁判所の確定判決に基づき横浜市にある債務者所有の不動産を差し押えた場合において、債務者が東京地方裁判所に請求異議の訴えを提起し、担保の提供を条件とする強制執行停止決定を得ようとするときは、発令裁判所である東京地方裁判所の管轄区域内の供託所または執行裁判所である横浜地方裁判所の管轄区域内の供託所のいずれかにしなければならない。

④　執行供託については、供託の管轄に関する規定のあるものとないものとがある。例えば、第三債務者のする供託については債務の履行地の供託所が管轄供託所となるが（民執156Ⅰ・Ⅱ、民保50Ⅴ）、配当留保供託については供託の管轄についての規定はない。

なお、執行供託については、後述（後記第2編第2章第1節2）する。

第4節　供託の種類と供託機関

供託には、供託物の種類により金銭供託、有価証券（振替国債）供託、その他のものの供託に大別される。また、その供託根拠法条の供託原因、すなわち供託の機能別に分類すると次のとおりである。

①　弁済供託
②　裁判上の保証供託
③　営業保証供託
④　税法上の担保供託
⑤　その他の担保供託
⑥　執行供託
⑦　没取供託
⑧　保管供託

本書においては、前記第2節1の法務局の供託所において取り扱われる金銭供託のうち執行供託を中心として説明することとする。

第2章

供託手続通則

第1節 供託金の受入手続

　供託受入手続については、おおよそ、①供託者による供託書等の提出による供託申請、②供託所の受理、③供託金の受入れ、④供託書正本の供託者への交付の順序となる（直接供託金の受入れを取り扱わない供託所においては、③と④とが逆の順序となる）。

(1) 供託書の提出

　供託の申請をするには、供託の種類別に供託規則第1号様式から第11号様式までの様式によるOCR用供託書（別紙1－2－1参照—第4号様式）を供託所に提出しなければならない（供託規13Ⅰ）。そのうち、裁判および執行手続上の供託に関する様式は、次のとおりである。

① 　裁判上の保証および仮差押・仮処分解放金の供託

　　　金銭　　　第2号様式

　　　有価証券　第5号様式

② 　執行の目的物の供託

　　　金銭　　　第4号様式

　なお、個別の記載例については、それぞれの供託類型ごとに説明する項に掲げた。

別紙1-2-1（第4号様式）

供託書・OCR用
（鏡）

This is a Japanese legal form template (供託書 - Statement of Deposit, Form No. 4, OCR version). The form contains fields for:
- 申請年月日（平成　年　月　日）- Application date
- 供託所の表示 - Depository office
- 供託カード番号 - Deposit card number
- 供託者の住所氏名（住所、氏名・法人名等、代表者印又は代理人住所氏名）- Depositor's address and name
- 被供託者の住所氏名（住所、氏名・法人名等）- Beneficiary's address and name
- 供託金額（百億十億億千万百万十万万千百十円）- Deposit amount
- 法令条項 - Legal provisions
- 供託の原因たる事実 - Facts constituting cause of deposit
- 供託により消滅すべき質権又は抵当権 - Pledge/mortgage rights to be extinguished
- 反対給付の内容 - Counter-performance content
- 備考 - Remarks
- 受理　年　月　日　供託カード発行 - Acceptance date, card issuance
- 供託者カナ氏名 - Depositor name in katakana
- 字加入／字削除 - Character additions/deletions
- 係員印、受付、調査、記録 - Staff seal, reception, investigation, record

（注）1．供託金額の冒頭には￥記号を記入してください。なお、供託金額の訂正はできません。
2．本供託書は折り曲げないでください。

↓濁点、半濁点は1マスを使用してください。

(2) **提示・添付書類**

① 資格証明書

①(ア) 供託者が登記された法人

供託者が登記された法人であるときは、その代表者の資格を証する書面（登記事項証明書、代表者事項証明書—供託準則31）を供託所に提示しなければならない（供託規14 1前段）。

この場合において、供託所と証明をすべき登記所が同一の法務局・地方法務局、それらの支局・出張所であるときは（法務大臣が指定した庁（平成21年3月1日現在、東京、大阪、名古屋の本局）を除く。昭和53年2月20日法務省告示53号・民月33巻3号77頁参照）、その記載された代表者の資格につき登記官の確認（供託準則附録第8号の2様式による印）を受けた供託書副本（OCR用供託書を提出して供託をしようとする場合にあっては、当該OCR用供託書）を提出して、代表者の資格を証する書面の提示に代えることができるとする簡易確認の手続が認められる（供託規14 1後段、

表1-2-1　供託申請における供託書とその提示・添付書類

準則＝供託準則　規＝供託規則

書類 供託者	資格証明書	代理権限証書	供　託　書	郵　券　等
自　然　人	不要	提示（規14Ⅳ）	提出（規13Ⅰ）	添付（規16）
登記された法人	提示（規14Ⅰ） ・作成後3月以内のもの（規9） ・簡易確認（規14Ⅰ後段）	・委任状の確認請求による準則32の2の措置（準則63Ⅱ） ・支配人その他登記ある代理人の場合の証明書について簡易確認（規14Ⅰ後段）		・供託の通知をすべき供託で供託官に対し、供託通知書の発送を請求する場合に限る ・郵券または信書便の役務に関する料金の支払のための証票
登記されていない法人	添付（規14Ⅱ） ・作成後3月以内のもの（規9）			
法人でない社団または財団	添付（規14Ⅲ） ・作成後3月以内のもの（規9） ・定款または寄附行為も添付			

供託準則321)。

　供託所が商業登記所と同一の法務局もしくは地方法務局もしくはこれらの支局または出張所(東京法務局、大阪法務局および名古屋法務局の本局を除く。以下「法務局等」という)である場合の簡易確認の手続について、商業登記所が、民間委託(競争の導入による公共サービスの改革に関する法律(平成18年法律第51号)に基づく登記簿等の公開に関する事務(乙号事務)の包括的民間委託)を実施している庁(以下「民間委託実施庁」という)にあっては、登記されている法人である供託申請者(または払渡請求者)は、供託所に、供託書の提出と同時に簡易確認手続によりたい旨の申出ができ、供託官がこれを認めるときは、依頼書を作成し申請者に手交される。申請者は乙号事務の窓口に依頼書(依頼書が印鑑証明書であるときは、印鑑カードが添付されたもの)を提出すると、依頼書に基づき「公用」の印字された証明書引渡しを受けることができる。

　また、供託所が不動産登記所と同一の法務局等である場合には、当該不動産登記所の管轄区域内に①本店または主たる事務所を有する法人の代表者の資格証明書、②支配人その他代理人を置いた営業所を有する法人の代理人の代理権限を証する書面、③当該法人の印鑑の提出を行った者の印鑑証明書について、供託所に対して簡易確認手続によりたい旨の申出ができる(平成20年6月12日民商1667号通達、平成20年2月18日民商631号通達)。

　(イ)　供託者が登録されない法人

　　供託者が(ア)以外の法人であるときは、その代表者の資格を証する書面(関係官庁の証明書——供託準則31)を供託書に添付しなければならない(供託規14Ⅱ)。登記されない法人の例としては、国家公務員共済組合法4条、健康保険法9条、土地改良法13条、土地区画整理法22条等による法人が挙げられる。

②　供託者が法人でない社団または財団であって、代表者または管理人の定めがあるものであるときは、㋐代表者または管理人の資格を証する書面および㋑定款または寄附行為を添付しなければならない(供託規14Ⅲ)。

③　供託者が、破産管財人、会社更生法による管財人または保全管理人、船主責任制限法等による管理人、不在者の財産管理人および家庭裁判所が選任した財産管理人等であるときは、資格証明書として裁判所の選任を証する書面を添付しなければならない。

　なお、以上①から③までの資格証明書については、いずれも作成後３月以内のものでなければならない（供託規９）。

②　代理権限を証する書面

　代理人によって供託する場合は、代理人の権限を証する書面を提示することを要する（供託規14Ⅳ）。委任による場合は委任状、親権者等の法定代理人については戸籍の謄抄本、裁判所の選任した代理人については、その裁判の謄本、登記のある支配人等については登記事項証明書等である。支配人その他登記のある代理人については、登記官による簡易確認を受けることができる（供託規14Ⅳ後段）。なお、当該書面については有効期間の定めはないが、官庁または公署で作成されているものについては作成後３月以内のものでなければならない（供託規９）。

附録第八号の二様式

| 代　理　権　限　証　明　書 |
| 資　格　証　明　書 |
| 確　認　済 |

（供託準則32Ⅰ・63Ⅲ）

(3)　供託通知書

　供託者が被供託者に供託の通知をしなければならない場合で、供託者が供託官に対し、被供託者に供託通知書の発送を請求するときは、その旨を供託書に記載し、郵券または信書便料金の支払のための証票を付した封筒を被供託者の数に応じて添付しなければならない（供託規16）。

　供託通知書は、供託が成立した後、すなわち、①供託金の受入れを取り扱う供託所においては供託金を受領した後直ちに、②供託金の受入れを取り扱

わない供託所においては日本銀行から供託金を受領した旨の証書の送付を受けた後遅滞なく、供託所から被供託者に発送される（供託規18Ⅲ・20Ⅰ Ⅱ）。

　執行供託のうちでも、供託通知を要するものとしては、①不出頭供託（民執91Ⅱ）、②仮差押執行による供託（民保50Ⅴ、民執156Ⅰ）、③一部差押えの場合の全額供託（民執156Ⅰ）等がある。そのほか、供託通知書の添付を要するものとしては、民法494条、国税徴収法134条の弁済供託のほか、土地収用法95条2項、土地改良法123条、漁業法施行法14条、農地法12条・51条、土地区画整理法78条5項、特定多目的ダム法28条2項、仮登記担保法7条4項、会社法141条3項、142条3項の供託その他弁済供託に準ずる供託がある（供託準則33Ⅰ）。なお、上記の場合の供託は、供託物につき担保権を行うことができる者があるときは、その担保権者の物上代位権に対する弁済供託の性質をも有するので、その担保権者に対する通知書の発送を請求することができる（供託準則33Ⅱ）。

(4)　**供託金の提出**

①　供託金の受入れを取り扱う供託所（以下「現金取扱庁」という。前記第1章第2節1参照）において金銭の供託をする者は、供託書および添付書類とともに、供託金を提出しなければならない（供託規20Ⅰ）。この場合、現金に代えて、㋐日本銀行を支払人として政府、地方公共団体、公団、公庫、公社または銀行が振出した小切手、㋑供託所内に行員を派出して供託金の受入れを取り扱っている銀行（日本銀行歳入代理店）、もしくは供託所から日本銀行への払込みを委託されている市中銀行の自己宛小切手によっても差し支えない（供託準則39）。

　供託所は、供託書の正本に供託を受理する旨および供託金を受領した旨を記載して記名押印し、これを供託者に交付する（供託規20Ⅱ）。

②　供託金の受入れを取り扱わない供託所（以下「非現金取扱庁」という）において金銭の供託をする場合には、供託者は供託書および添付書類を提出し、この供託を受理した供託所は、供託書正本に供託を受理する旨および一定の期日（供託を受理した日から1週間以後の日を指定する。供託準則37）までに供託金を日本銀行に納入すべき旨を記載して記名押印し、これを、

日本銀行に供託金を納入するための保管金払込書（供託所から日本銀行あてのもの）とともに供託者に交付する（供託規18Ⅰ）。供託者は、その交付を受けた書類に供託金を添えて、指定の納入期日までに日本銀行に提出、日本銀行において供託書正本に供託金受入れの記載を受ける。

第2節　供託金の払渡手続

1　払渡しの請求

　供託金の払渡しには、還付と取戻しとの2つがあるが、通常、還付とは、供託手続がその本来の目的を達して終了する場合であり（被供託者への払渡し）、取戻しとは、供託手続がその本来の目的を達しないまま終了する場合である（供託者への払渡し）といえる。

　しかし、執行供託（正確には狭義の執行供託をいう。後記第2編第1章第2節3参照）については、その供託金は、すべて執行裁判所の支配下に入り、執行債権者等が直接供託金に対し還付請求権を取得するものではなく、配当等の実施が予定されており、その支払委託（後記第2編第2章第2節1）によることとなるので、この場合には、被供託者欄の記載は不要であるとともに、供託不受諾による取戻しは認められない。ただし、執行供託のうちでも、弁済供託の性質を有するもの（①不出頭供託（民執91Ⅱ・141Ⅱ等）、②仮差押えの執行による供託（民保50Ⅴ、民執156Ⅰ）、③金銭債権の一部差押えの場合の全額の供託（民執156Ⅰ）、④滞納処分による差押えと仮差押えの執行とが競合する供託（滞調20の9・36の12・20の6Ⅰ）等）については、被供託者欄の記載を要し、そのうち上記①等の供託金の払渡しは、被供託者の直接還付請求によってなされる。

　供託金の払渡手続については、①供託者、被供託者または執行債権者等による供託金払渡請求書等の提出による供託金払渡請求の申請、②供託金（日本銀行あての記名式持参人払小切手の振出し）の交付の順序となる。

2 供託金還付請求手続

(1) 供託金払渡請求書の提出

被供託者が供託金の還付請求をする場合には、供託規則第25号書式の「供託金払渡請求書」(別紙1-2-2)を供託所に提出しなければならない(供託規22Ⅰ)。その書式は、還付と取戻しとに共通のものであるが、請求書に還付または取戻しの別を記載する欄が設けられている。

(2) 供託金還付請求に際しての提示および供託金払渡請求書の添付書類

平成17年法務省令第13号による供託規則改正(平17.3.7施行)により、従来、添付が義務づけられていた供託書正本または供託通知書の添付は不要とされた。

1 供託金の還付を受ける権利を有することを証する書面

供託金の還付請求をする場合には、請求者は、自己の権利を証明することを要し(供託8Ⅰ)、供託書副本の記載または副本ファイルの記録によってその還付を受ける権利を有することが明らかな弁済供託またはそれに準ずる供託の場合を除いて、その権利を証する書面を払渡請求書に添付しなければならない(供託規24①)。例えば、確定判決の謄本、和解調書、公正証書、相手方の印鑑証明書の添付のある私署証書など、その権利を確実に証明し得るものなどが挙げられる。なお、執行供託においては、配当等の実施としての支払委託に基づく証明書を払渡請求書に添付することが不可欠であるが(供託規30Ⅱ)、これは、ここでいう権利を証する書面とはやや性質を異にする。

2 資格証明書

受入手続の場合と全く同様である(供託規27Ⅱ・Ⅲ、前記第1節(2)1参照)。

3 代理権限を証する書面

登記のある代理人以外の代理人(任意代理人、法定代理人および裁判所の選任する代理人)の代理権限を証する書面は、それを払渡請求書に添付しなければならない(供託規27Ⅰ)。

支配人その他登記のある代理人については、登記所が作成した代理人であることを証する書面の提示で足り(供託規27・Ⅰただし書)、しかも簡易確認

別紙1-2-2

供託金払渡請求書

請求年月日	平成 20 年 4 月 18 日	係員印		
供託所の表示	東京法務局	受付番号 第 号	照合 号	交付 年 月 日
		整理番号 第 号	号	認可
請求書の住所氏名印	東京都千代田区霞が関1の1 甲野 太郎 ㊞ 〔代理人による請求のときは、代理人の住所氏名をも記載し、代理人が押印すること。〕	払渡請求事由及び還付取戻の別	還付 ① 供託受諾 2. 担保権実行 3. 取戻 1. 供託不受諾 2. 供託原因消滅 3.	元帳
		隔地払、国庫金振替、預貯金振込を希望するときはその旨	1. 隔地払 　　　　　銀行　　　　　店 　受取人 2. 国庫金振替	3 預貯金振込 振込先　　　　銀行　　　店 預貯金の種別 普通・当座・通知・別段 預貯金口座番号 預貯金口座名義人（かな書き）

供託番号	元 本 金 額	利 息 を 付 す 期 間	利 息 金 額
20年度金第 613号	85,000 円	年 月 日 から 年 月 日 まで	円
年度金第 号		年 月 日 から 年 月 日 まで	
年度金第 号		年 月 日 から 年 月 日 まで	
年度金第 号		年 月 日 から 年 月 日 まで	
元本合計額	百 十 万 千 百 十 円 ￥ 8 5 0 0 0		

備考

元 　件

利 　計

上記金額を受領した。 平成 　年 　月 　日

受取人氏名　　　　　　　　　　　　㊞
（代理人により受け取るときは、本人の氏名及び代理人の氏名印）

（注）元本合計額の冒頭に￥記号を記入し、又は押印すること。

表1-2-2 供託金還付払渡請求書の提示・添付書類

請求者＼書類	資格証明書	代理権限証書	印鑑証明書（注）	還付を受ける権利を有することを証する書面
自然人	不要	添付（供託規27Ⅰ）・支配人その他登記ある代理人の場合はその証明書の提示で足り（供託規27Ⅰただし書）かつ簡易確認（供託規27Ⅱ→14Ⅰ後段）	添付（供託規26Ⅰ）・市区町村長の証明書・作成後3月（供託規9）	添付（供託規24Ⅰ）・供託書副本の記載または副本ファイルの記録により還付を受けることが明らかな場合（弁済供託における受諾による還付等）には、添付不要（供託規24Ⅰただし書）・支払委託に基づく配当受領による還付の場合には不要だが、別途規則30条1項の証明書添付（供託規30Ⅱ）
登記された法人	提示（供託規27Ⅲ→14Ⅰ）・作成後3月（供託規9）・簡易確認（供託規27Ⅲ→14Ⅰ後段）		添付（供託規26Ⅰ、Ⅱ）・登記所の印鑑証明書・作成後3月（供託規9）・簡易確認（供託規26Ⅰただし書）	
登記されていない法人	添付（供託規27Ⅲ→14Ⅱ）・作成後3月（供託規9）		添付（供託規26Ⅱ）・代表者個人についての市区町村長の証明書・作成後3月（供託規9）	
法人でない社団または財団	添付（供託規27Ⅲ→14Ⅲ）・作成後3月（供託規9）・定款または寄附行為も添付		添付（供託規26Ⅱ）・代表者個人についての市区町村長の証明書・作成後3月（供託規9）	

（注）印鑑証明書の添付を省略することのできない場合については本文参照。

制度（前記第 1 節(2)①①(ｱ)参照）も利用できる（供託規27Ⅱ・14Ⅰ後段）。
　　④　印鑑証明書
　供託金の還付請求をする者は、供託金払渡請求書または委任による代理人の権限を証する書面（委任状）に押された印鑑につき、住所地の市区町村長が作成した印鑑証明書を払渡請求書に添付しなければならない（供託規26Ⅰ）。ただし、代理人の印鑑証明書は不要である。
　また、法定代理人、支配人その他登記のある代理人、法人の代表者等が、本人、法人等のために払渡請求をするときは、それぞれ法定代理人、支配人その他登記のある代理人、代表者等につき市区町村長作成の印鑑証明書の添付を要する（供託規26Ⅱ）。登記ある法人の代表者については登記所作成の印鑑証明書を添付することになるが（供託規26Ⅰ）、この場合簡易確認制度（前記第 1 節(2)①①(ｱ)参照）も利用できる（供託規26Ⅰただし書）。供託所と商業登記所とが同一の法務局等である場合等の簡易確認手続については、前記第 1 節(2)①①(ｱ)と同様である。
　なお、①払渡しを請求する者が官庁または公署であるとき、②払渡しを請求する者が提示した運転免許証、住民基本台帳カードまたは外国人登録済証明書により、その者が本人であることを確認することができるとき、③法令の規定に基づき印鑑を登記所に提出することができる者以外の者が払渡請求をする場合（その額が10万円未満である場合に限る）において、供託規則30条 1 項の支払証明書を添付したとき印鑑証明書の添付を省略することができる（供託規26Ⅲ①・②・⑤）。

3　支払委託による還付請求

　執行供託のうち、執行機関によって配当等の実施としての支払委託に基づいて払渡しが予定される場合、官庁または公署の決定による支払委託に基づいて払渡しが予定される場合（国徴133、国徴令50、水洗炭業者保証金規則15等）は、供託規則第27号書式の支払委託書（別紙 1 － 2 － 3 ）および供託書正本が当該機関から供託所に送付されるとともに、払渡しを受けるべき者に供託規則第29号書式の証明書（別紙 1 － 2 － 4 ）が交付される（供託規30Ⅰ）。

別紙1-2-3
第二十七号書式（第30条第1項関係）支払委託書

支 払 委 託 書

供 託 番 号	平成20 年度金第 1465 号
供 託 金 額	￥214,500円
払渡しを受ける者	左の者の受け取る供託金及び利息
氏 名	立花 薫
住 所	中央区銀座1-20-2
供 託 金	￥14,500円
利 息	￥0

上記供託金は当庁平成16年（り）第881号配当事件（内渡し）により
上記のとおり払渡しを必要とするので、委託する。

平成21 年 2 月 27 日

法務局　御中　　官庁又は公署　東京地方裁判所民事第21部　裁判所書記官　中村由佳　㊞

備考　事由の記載として、「内渡し」又は「事件完結」の旨を括弧書で証記すること。

別紙1-2-4
第二十九号書式（第30条第1項関係）証明書

証 明 書

受取人氏名住所	立花 薫　中央区銀座1-20-2
供 託 番 号	東京法務局　平成20 年度金（証）（国）第 1465 号
払渡しを受けるべき供託金及び供託金利息、及び附属利赋札又は供託振替国債の表示	供託金　￥14,500円　　利 息　―

上記のとおり証明する。

平成21 年 2 月 27 日

官庁又は公署　東京地方裁判所民事第21部　裁判所書記官　中村由佳　㊞

別紙1-2-5
第二十五号書式(第22条第1項関係)

供託金払渡請求書

			係員印	受付	調査	照合	交付	元帳
請求年月日	平成 21 年 3 月 10 日			受付番号 第 号				年 月 日
供託所の表示	○○法務局			整理番号 第 号				認可 ㊞

請求書の住所氏名印	東京都中央区銀座1丁目20番2号 甲野 太郎 ㊞ 代理人による請求のときは、代理人の住所氏名をも記載し、代理人が押印すること。	払渡請求事由及び還付取戻の別	還付 1. 供託受諾 2. 担保権実行 ③. 配当 取戻 1. 供託不受諾 2. 供託原因消滅 3.
		隔地払、国庫金振替、預貯金振込を希望するときはその旨	1. 隔地払 銀行 店 受取人 2. 国庫金振替 3. 預貯金振込 振込先 銀行 店 預貯金の種類 普通・当座・通知・別段 預貯金口座番号 預貯金口座名義人（かな書き）

供託番号	元本金額	利息を付す期間	利息金額	備考
20年度金第1465号	14,500 円	年 月 から 年 月 まで	円	
年度金第 号		年 月 から 年 月 まで		
年度金第 号		年 月 から 年 月 まで		
年度金第 号		年 月 から 年 月 まで		
元本合計額	百 十 万 千 百 十 円 ¥ 1 4 5 0 0		計 元 利 件	

払渡しを受けるべき者は、通常の場合と同様、供託金払渡請求書に所定の事項を記載し（別紙1－2－5）、上記証明書を請求書に添付しなければならない（供託規30Ⅱ）。

なお、執行供託のうちでも金銭債権に対する一部差押え等の場合の第三債務者のする債権金額の供託については、その差押え等を超える部分につき被供託者の直接還付請求ないし供託者の不受諾による取戻しが認められる場合があるので注意を要する（後記第4編第2章第2節第2・2参照）。

なお、以上については、後記第2編第2章第2節に詳述した。

4　供託金取戻請求手続

(1)　供託金払渡請求書の提出

供託者が供託金の取戻請求をするには、供託規則第25号書式の「供託金払渡請求書」1通を供託所に提出しなければならない（供託規22Ⅰ）。その書式は、還付と取戻しとに共通のものであるが、請求書に還付または取戻しの別を記載する欄が設けられている（別紙1－2－6）。

(2)　供託金取戻請求に際しての提示および供託金取戻請求書の添付書類

平成17年法務省令第13号供託規則改正により、従来、添付が義務づけられていた供託書正本の添付は不要となった。

①　取戻しをする権利を有することを証する書面

供託金の取戻請求をするには、供託の原因が消滅したこと、または供託が錯誤その他の事由により無効であること等、供託金取戻しの事由のあることを証明することを要し（供託8Ⅱ）、供託書の記載によってその取戻しをする権利を有することが明らかな弁済供託の場合（民法496条1項による不受諾による取戻し）を除いて、その権利を証する書面を払渡請求書に添付しなければならない（供託規25①）。例えば、①供託無効の場合は錯誤を証する書面（注）②供託原因消滅の場合は供託原因消滅証明書等が挙げられる。また、供託規則25条1項の包括的規定の趣旨からして、①供託書と払渡請求書との供託者の住所または氏名の記載が異なる場合の住所または氏名の変更を証する書面、②権利の承継人であることを証する書面（相続を証する書面等）も

別紙1-2-6

供託金払渡請求書

請求年月日	平成 21 年 4 月 18 日		係員印	調査	照合	交付	元帳
供託所の表示	○○法務局	印	受付番号	第　　　号	号	年　月　日	
			整理番号	第　　　号	号	認可	

請求書の住所氏名印

甲県乙市丙町1丁目1番1号

甲野　太郎　印

代理人による請求のときは、代理人の住所氏名をも記載し、代理人が押印すること。

払渡請求事由及び還付取戻の別	1. 供託受諾　2. 担保権実行　3. ① 供託不受諾　2. 供託原因消滅　3.
隔地払、国庫金振替、預貯金振込を希望するときはその旨	1. 隔地払　　　　　店 　　　　銀行　　○○銀行　　○○店 受取人　　　　　　③預貯金振込 　　　　　　　振込先　壹通当座・通知・別段 2. 国庫金振替　預貯金の種別　No. 568,780 　　　　　　　預貯金口座番号 　　　　　　　預貯金口座名義　コウノ タロウ 　　　　　　　人（かな書き）

供託番号	本金額	利息金額	利息を付す期間	備考
20年度金第 2220 号	￥　　　　　　　8 5,0 0 0 円 百十万千百十円		年　月 から 年　月 まで	
年度金第　　　号			年　月 から 年　月 まで	
年度金第　　　号			年　月 から 年　月 まで	
年度金第　　　号			年　月 から 年　月 まで	
元本合計額	￥　　　　　　　8 5,0 0 0 円 百十万千百十円		元 利	計　　　　件

上記書面に含まれる。

　なお、金銭差押えに対する一部差押えによる全額の供託については、その差押えを超える部分について不受諾による取戻しが認められるが、通常の執行供託においては、錯誤を原因とする場合以外取戻しはできないとされている（後記第4編第2章第2節第2・2参照）。

（注）　供託の原因たる事実がはじめから存在しないため、錯誤その他の供託の無効を理由に供託物を取り戻す場合（供託8Ⅱ）には、供託物払渡請求書に供託が錯誤であることを証する書面を添付しなければならない（供託規25Ⅱ）。

　この錯誤を証する書面は、供託官において錯誤を認定し得る書面であって、具体的には個々の事案によって異なり一定していない。私署証書であっても信憑性があれば差し支えない場合があり（昭40．3．25民事甲636号認可）、また、供託所において供託書等の記載から錯誤であることが明らかな場合には、錯誤を証する書面の添付を要しない。

　② その他の提示または添付書類

　提示または添付書類に関しては、次の点を除けば還付請求の場合に述べたのとほぼ同様である。

　すなわち、①供託金払渡請求書または委任状等の押印と供託の際に提示した委任状等で供託準則63条2項により同32条の2の措置のされている委任状（供託準則附録第8号の2様式による印版と供託官の職印が押されたものに限る。附録第8号の2様式については、前記第1節(2)②（11頁）参照）等の押印が同じである場合に当該委任状を添付したとき、および②法令の規定に基づき印鑑を登記所に提出できる者以外の者が官庁または公署から交付を受けた供託原因消滅証明書を添付したときは、印鑑証明書の添付を省略できる（供託規26Ⅲ③・④）。

第 2 編

執行供託（総論）

第 1 章

概　　説

第1節　執行供託の意義とその機能

　執行供託は、執行手続の一環として、その執行の目的物（金銭または金銭以外のものであるときはその換価代金）を執行機関または執行当事者等が供託所に供託して、供託所による執行の目的物の管理と執行当事者への交付を行うものである。

　執行供託といっても、①供託後配当等の実施が予定されているもの（狭義の執行供託）、②弁済供託の性質を有するもの、③保管供託の性質を有するもの、および④執行供託類似の性質を有するものがあり、一般的にはそれらを総称して執行供託と呼ばれている。

　また、執行供託は、①不動産、動産等に対する民事執行手続上の強制執行、保全執行、担保権の実行としての競売等による配当等の手続におけるもの、②金銭債権に対する強制執行、保全執行、およびそれらと滞納処分との競合による第三債務者のするものがほとんどであるが、これだけに限らず、③国税徴収法による滞納処分の配当手続等におけるもの、④船主責任制限制度上のもの、⑤土地収用法上のものなども認められており、その内容は多岐にわたっている。

　以下に、上記①、②の民事執行手続上の執行供託について概観することとする（本文第3編「執行目的別および執行態様別執行供託一覧表」(55頁)参照）。

1 配当手続

(1) 配当手続とは

　配当手続とは、不動産、動産または債権等の執行において、多数の債権者が競合し、不動産等の競売代金、動産の売得金、差押金銭または第三債務者が供託した債務額に相当する金銭等が、配当にあずかる各債権者の債権を満足させることができない場合に、その分配について執行機関（執行裁判所、執行官、管理人）が開始する手続である（民執84以下）。

　不動産競売手続を例にとれば、競売に付された不動産の買受人が代金を納付すると、第一次的な配当等が実施されるが、その配当等を実施するために充てられる資金は「売却代金」と呼ばれ（民執86）、そこでいわゆる配当財団が形成される。強制管理における配当財団は「配当等に充てるべき金銭」と呼ばれ（民執106）、動産執行等における配当財団は「売得金等」と呼ばれる（民執139Ⅰ・192）。

　この売却代金の納付があった場合には、執行裁判所は、弁済金の交付によることが許される場合（民執84Ⅱ）を除き、配当表に基づいて配当を実施しなければならない（民執84Ⅰ）。配当表は、執行裁判所が配当期日に作成するものであり（民執85Ⅴ）、売却代金の額のほか、各債権者について、債権の元本、利息その他の附帯の債権、執行費用の額並びに配当の順位および額が記載されている（同ⅠⅥ）。配当表に記載された各債権者の債権または配当の額について不服のある債権者および債務者は、配当期日において、配当異議の申出（配当期日から1週間以内（買受人が民執78条4項ただし書の規定により金銭を納付すべき場合にあっては、2週間以内）に配当異議の訴えを提起したことを執行裁判所に対し証明しないときは、配当異議の申出は取り下げたものとみなされる。民執90Ⅵ）をすることができ（民執89Ⅰ）、執行裁判所は、配当異議の申出のない部分に限り、配当を実施しなければならない（民執89Ⅱ）。これらは動産、船舶、債権等についても同様である。

(2) 配当等——配当と弁済金の交付

　民事執行法は、強制競売の手続において差押債権者をはじめとする各債権

者を満足させるための手続として、「配当」と「弁済金の交付」の2種を規定し、「配当等」という語で両者を総称している（民執84Ⅲ・111・121・139Ⅳ・166Ⅱ・188・189・192・193）。

「配当」は、配当期日を開き、配当表に基づいて実施される厳格な手続で、配当異議の申出という不服申立方法が設けられている。これに対し、「弁済金の交付」は、①債権者が1人であるとき、②債権者が2人以上であって売却代金で各債権者の債権および執行費用の全部を弁済することができるときにのみ許される簡易な方法で、期日を開く必要がなく（民執84Ⅱ・78Ⅳ、民執規59Ⅰ）、不服申立方法も設けられていない。

(3) 配当等の実施方法

配当等の実施の方法は、原則的には、配当金または弁済金もしくは剰余金を小切手または口座振込で債権者または債務者に交付することである。

しかし、債権者の債権について、停止条件付きであること等の一定の事由があるときは、裁判所書記官によってその配当等の額に相当する金銭が供託され（民執91Ⅰ、配当留保供託）、その供託の事由が消滅したときに、供託金についてさらに配当等が実施される（民執92Ⅰ。第二次的配当ともいうべき追加配当である）。その払渡方法は、裁判所書記官によって供託所に対する支払委託（供託金払渡しの委託）によってなされる（供託規30Ⅰ）。

また、債権者（知れていない抵当証券の所持人を含む）が配当等の受領のために執行裁判所に出頭しなかったときにも、裁判所書記官によって配当等の額に相当する金銭が供託され（民執91Ⅱ、不出頭供託）、被供託者である債権者の還付請求によって供託金の払渡しがなされる。したがって、この場合には、供託によって配当等の実施がすべて終了する。

なお、配当留保供託および不出頭供託の詳細については、後述する（後記第2章第1節）。

2 供託金に対する配当等の実施としての支払委託

(1) 配当等の実施

前述したように、執行供託は、執行手続の一環として、供託所における執

行の目的物の保管と併せて執行当事者に対する目的物の交付をその内容としている。そのうち、①配当留保供託のように、第一次的な配当等の実施の結果供託され、さらにその供託金について第二次的な配当等の実施が予定されているもの、あるいは、②金銭債権に対する第三債務者のする供託のように、供託後その供託金について配当等の実施が予定されているもの、これらのいわゆる狭義の執行供託については、執行裁判所の配当等の実施としての支払委託によって具体的な支払（供託金の払渡し）がなされ、債権者が単独で供託金の還付請求をすることができないという点に特色がある。

　これに対して、弁済供託の性質を有する不出頭供託等については、供託後の配当等の実施は予定されず、執行供託といってもそれは、執行手続の一環としての配当等の実施の結果としてなされる供託であって、供託によって配当等の手続は終了し、あとは被供託者である債権者の直接の還付請求によって供託金の払渡しがなされるという点に特色がある。

(2) **支払委託**

　執行裁判所から供託所に対して配当表に基づいて供託金の払渡しの委託すなわち支払委託がなされる一方、各配当債権者または剰余金を生じたときの債務者には裁判所から証明書（支払証明書）が交付され（供託規30Ⅰ）、各配当債権者等は、この証明書を供託金払渡請求書に添付して、個別的に、供託所に対し、還付請求をすることになる（供託規30Ⅱ）。

　なお、具体的な支払委託手続等の詳細については、後述する（後記第2章第2節）。

第2節　執行供託の性質

　執行供託は、非常に多種の類型があり、前述したようにそのなかには、①弁済供託の性質を有するもの、②保管供託の性質を有するもの、③配当等の実施としての支払委託が予定されている狭義の執行供託、および④執行供託類似の解放金供託とがある。

1 弁済供託の性質を有するもの

(1) 不出頭供託

配当期日に呼出しを受けながら、配当等の受領のため執行機関に出頭しなかった債権者に対する配当等の額に相当する金銭を執行機関がする供託である（民執91Ⅱ・およびその準用規定108後段・141Ⅱ）。これは、執行機関が当該配当金の保管、支払の責任を免れるものであるから、弁済供託の性質を有するものである。

したがって、この供託金の払渡しは、被供託者である執行債権者の還付請求によってなされる。

(2) 差押えが取り消された動産の売得金の供託

動産に対する差押えまたは仮差押えが取り消された場合に、当該動産を債務者に引き渡すことができない場合にする売得金の供託も、執行機関によるその保管の責任を免れるものであるから、その性質および払渡手続は、前記(1)と同様である（民執規127Ⅳ、民執168Ⅷ、民保規40、民保49）。

(3) 不動産および動産の引渡し等の強制執行における供託

不動産もしくは人の居住する船舶等の引渡しもしくは明渡し、または動産の引渡しの強制執行の場合において、執行官がその目的物でない動産を取り除いて、債務者またはその代理人等に引き渡すべきところ、その引渡しができないときは、執行官は、動産執行の場合の売却の手続によってこれを売却し、その売得金から売却および保管に要した費用を控除した残余の売得金を供託しなければならない（民執168Ⅷ・169Ⅱ）。

この供託は、民法497条に定める自助売却に基づく代価の供託と同様であり、弁済供託に準じて取り扱われるので、その供託手続および供託金の払渡しについては、前記(1)と同様である（昭55.9.6民四5333号民事局長通達第二・六・1・㈡）。

(4) 金銭債権に対する強制執行または仮差押えの執行における供託

① 債権の一部について差押えがなされた場合にする債権全額の供託

金銭債権に対して単一の差押えがあった場合、または2つ以上の差押えが

あった場合において、差押えの合計金額が金銭債権の額以下のときには、金銭債権全額の供託をすることができるが（民執156Ⅰ）、この場合、差押えに係る部分を超える部分については、純粋な弁済供託としての性質を有するものである。したがって、この差押えの効力の及んでいない部分については、債務者の直接還付請求によって払渡しがなされる（昭55.9.6民四5333号民事局長通達第二・四・1・㈠・(2)および(4)）。

② 仮差押えの執行による供託

金銭債権に対して仮差押えの執行のみがなされた場合の供託（民保50Ⅴ、民執156Ⅰ）については、それによって配当加入遮断の効果が生ずることはなく、配当等も実施されない。

配当等の実施は、当該仮差押債権者の本執行としての差押えまたは他の債権者の差押えによって行われるので、この供託については執行債務者を被供託者として記載する。しかし、債務者は、その還付請求権を直接行使し得るものではなく、債務者の有する還付請求権の上に対して仮差押えの執行の効力が及んでいるものとされる（昭55.9.6民四5333号民事局長通達第二・四・2・㈠・(5)・ア、平2.11.13民四5002号民事局長通達第二・三・(1)・ウ・(ア)）。

したがって、仮差押えの執行が単一であろうと2つ以上であろうと、弁済供託の性質を有するものとされる。

2　保管供託の性質を有するもの

保管供託の性質を有するものとしては、①動産に対する強制執行においてなされる執行停止中の差押え物の売得金の供託（民執137Ⅱ）、②仮差押えの金銭または仮差押えの執行に係る手形等につき執行官が支払を受けた金銭の供託（民保49Ⅱ）、③仮差押動産の売得金の供託（民保49Ⅲ）、④仮処分の目的物である動産の売得金の供託（民保52Ⅰ、49Ⅲ）がある。これらは、いずれも執行官がするもので、これにつき配当等の必要が生じた場合には、執行官が供託所に対して支払委託をするのではなく、執行官が供託金の取戻請求をして自ら供託金を現金として所持したうえ、配当等を実施するものである。

3 狭義の執行供託

 以上のものを除けば、民事執行法に規定される供託（例えば、配当留保供託、金銭債権に対する強制執行等による第三債務者のする供託）は、配当等を実施するため、執行裁判所が供託金の払渡しについて管理し、その支払委託に基づいて供託所が供託金の支払をするものとされているもので、これがいわゆる狭義の執行供託と呼ばれるものである。

4 執行供託類似のもの

 執行の目的物自体を供託するものではないが、供託の効果からして、執行供託に類似するものがある。例えば、その供託金が執行の目的物に代わる性質を有する仮差押解放金の供託（民保22）、あるいは船舶の強制競売手続の取消しの保証としての供託（民執117Ⅰ・15Ⅰ）がある。これらは、いずれも執行債務者が供託者となるものである。

第 2 章

執行供託の供託手続

第1節　受入手続

1　供託当事者

(1)　供託者

　執行供託の供託当事者のうち、供託者すなわち、民事執行法等の供託根拠法条により供託を義務づけられ、または供託により免責を得ることのできる者の内訳は様々であるが、大別すると、①執行機関としての裁判所書記官、②執行機関としての管理人、③執行機関としての執行官、④執行当事者としての執行債務者、⑤第三債務者とに分けることができる。

　このように供託者は、それぞれの供託根拠法条により様々であるが、執行供託の供託手続に本質的な差異があるわけではない。

　ところで、執行機関とは、強制執行、保全執行および担保権実行（以下「強制執行等」という）の手続を進める「裁判所」または「執行官」をいう（民執2、民保2Ⅱ）。裁判所が行う民事執行に関しては民事執行法の規定（例えば、債権執行については民執144）により執行処分を行うべき裁判所をもって、また執行官が行う執行処分に関してはその執行官の所属する地方裁判所をもって執行裁判所とされている（民執3、民保2Ⅲ）。

　なお、それぞれの供託者ごとになされる供託を挙げると次のとおりであるが、その詳細については後述する（後記第3編第1章）。

　　① 執行機関としての裁判所（裁判所書記官）が供託者となる場合

執行裁判所（通常は、単独裁判官によって構成される）が強制執行等の手続を進めるうえにおいて、配当等にあずかるべき者のうちに直ちに配当等を受け取ることができない者がいるとき、あるいは配当等の受領のために執行裁判所に出頭しない者がいるとき等になされる供託は、その裁判所書記官においてなされる（民執91Ⅰ・Ⅱ等）。

　執行手続そのものは執行裁判所が主体となってするが、その供託手続およびその後の支払委託書の作成は裁判所書記官においてすることとされる（民執91、民執規61参照）。

　裁判所書記官が供託者となる場合は、次のとおりである。①不動産の強制執行等における供託（民執91Ⅰ・Ⅱ・188・111・109）、②船舶の強制執行等における供託（民執121・189）、③動産の強制執行等における供託（民執142Ⅱ・192）、④金銭債権の取立訴訟において供託を命じられた者が、強制執行または競売において配当等を受けるべき場合の供託（民執157Ⅴ）、⑤債権における売却命令に基づく売得金の供託（民執166Ⅱ・193Ⅱ）、⑥管理命令に基づく供託（民執161Ⅵ・109・91）、⑦その他自動車、建設機械、航空機、小型船舶等における強制執行等における供託（民執規84・97・98・98の2・176Ⅱ・175・177・177の2、民執91・121・166Ⅱ、民保規37・39）。

　② 執行機関としての管理人が供託者となる場合

　強制管理は、不動産を換価するのではなく、不動産から生ずる果実の収益権を債務者から奪って、裁判所の選任する管理人（実務上は執行官、弁護士等が選任されることが多い）に管理させ、その果実または換価金をもって債権者に分配するものである。

　管理人が供託者となる供託としては、管理人が配当等を実施する場合に、その配当等を直ちに受けることができない者がいるとき等に管理人がする供託がそれである。それには、次のものがある。

① 　不動産の強制管理における供託（民執108）
② 　不動産の強制管理の方法による仮差押えの執行による配当等に充てるべき金銭の供託（民保47Ⅰⅴ）
③ 　債権における管理命令に基づく供託（民執161Ⅵ・108）

3　執行機関としての執行官が供託者となる場合

　動産に対する執行機関は執行官とされている（民執122）。動産執行においては、執行官が第一次的な配当実施機関とされ、売得金、差押金銭あるいは手形等の支払金（以下「売得金等」という）について、執行官は配当等を実施する（民執139Ⅰ・Ⅱ）。

　執行官が供託者となる供託としては、執行官が配当等を実施する場合において、直ちに配当等を受けることができない者がいるとき等に執行官がする供託がそれである。この場合、執行官は供託後、その事情を執行裁判所に届け出ることになり（民執141）、最終的には執行裁判所の配当等の実施としての支払委託によって払渡しがなされる。

　この供託としては、①動産の強制執行における売得金の供託（民執137Ⅱ・192）、②動産の強制執行における配当等の実施における供託（民執141・192）、③仮差押金銭等の供託（民保49Ⅱ）、④仮差押動産の売得金の供託（民保49Ⅲ）、⑤仮差押えの執行が取り消された動産の売得金の供託（民保規40、民執規127Ⅳ、民執168Ⅷ）等がある。

4　執行当事者としての執行債務者が供託者となる場合

　船舶に対する強制競売において、債務者は、配当等の手続を除く強制競売の手続の取消しを求めるため、差押債権者および配当要求をした債権者の債権および執行費用の総額に相当する保証金（有価証券も可）を供託することができる（民執117Ⅰ・Ⅴ・15Ⅰ）。

　この供託は、執行の目的物の供託というよりはその供託金が執行の目的物に代わるもので、やはり執行債務者のする仮差押解放金の供託（民保22）、および仮処分解放金の供託（民保25）と同じような性格を有する執行供託類似の供託である（前記第1章第2節4参照）。

5　第三債務者が供託者となる場合

　金銭債権に対する差押えまたは仮差押えの執行等がなされた場合、第三債務者は、債務の履行地の供託所に供託することによって債務の免責を得ることができる（民執156Ⅰ・Ⅱ、民保50Ⅴ）。このことは、滞納処分による差押えと強制執行等が競合した場合にも認められる（滞調20の6Ⅰ・36の6Ⅰ）。

第2章　執行供託の供託手続　33

(2) 被供託者

1 執行供託においては、原則として、弁済供託と異なり、供託時においては当然に供託金還付請求権を取得するという被供託者の観念を生ずる余地がない。

例えば、X_1、X_2の債権差押命令が競合した場合の第三債務者がする債務額の供託は、第三債務者について免責の効果を生ぜしめるが、差押債権者に対する弁済の効果を生ずるものではない。X_1、X_2 2 人の債権差押えが競合して第三債務者が供託しても、当該供託金の配当にあずかるのは、X_1、X_2のみに限られない。むろん、供託によって配当加入遮断効が生ずるが（民執165）、供託前に執行裁判所に配当要求をした債権者も配当にあずかるし、差押債権者の執行の取下げまたは取消決定によって差押えが失効した場合には、執行債務者に交付（弁済）されるので、執行債務者も還付権者となる場合がある。

このように、供託金について配当にあずかる者の範囲および配当額は、供託者である第三債務者が供託する段階においては特定されていず、原則として、執行裁判所の配当等の手続において定まる。そして、各債権者の具体的な還付請求権は、執行裁判所の配当等の実施としての支払委託によって確定する。したがって、この種の執行供託においては、供託書上に被供託者を特定して記載することを要しない。

2 また、配当留保供託（後記第3編第1章第2節第1・1・(1)参照）等も、執行裁判所による配当等が予定されており、配当等の実施としての支払委託によって供託金の払渡しがなされるものであるから、被供託者欄の記載を要しないことについては、前記1と同様である。

3 執行供託のうちでも、弁済供託の性質を有するものとしての不出頭供託（前記第1章第2節1、後記第3編第1章第2節第1・1・(2)参照）等については、執行裁判所の配当等の実施は予定されていず、債権者による直接還付請求によって供託金の払渡しがなされるものであるから、被供託者欄の記載を要する。

表2−2−1　供託者別執行供託一覧表

供託者		供託類型	法（民事執行法）・規（民事執行規則）・ 民保（民事保全法）・民保規（民事保全規則）
執行機関	裁判所 （裁判所書記官）	Ⅰ	配当留保供託 (1)法91Ⅰ、(2)法111→109→91Ⅰ、(3)法188→91Ⅰ、(4)規97→法91Ⅰ、(5)規176Ⅱ→97→法91Ⅰ、(6)法121→91Ⅰ、(7)法189→121→91Ⅰ、(8)規84→法121→91Ⅰ、(9)規175→84→法121→91Ⅰ、(10)法142Ⅱ→91Ⅰ、(11)法192→142Ⅰ→91Ⅰ、(12)法166Ⅱ→91Ⅰ、(13)法161Ⅵ→109→91Ⅰ、(14)法193Ⅱ→91Ⅰ、(15)法166Ⅰ③、Ⅱ→91Ⅰ
		Ⅱ	不出頭供託 (1)法91Ⅱ、(2)法111→109→91Ⅱ、(3)法188→91Ⅱ、(4)規97→法91Ⅱ、(5)規176Ⅱ→97→法91Ⅱ、(6)法121→91Ⅱ、(7)法189→121→91Ⅱ、(8)規84→法121→91Ⅱ、(9)規175→84→法121→91Ⅱ、(10)法142Ⅱ→91Ⅱ、(11)法192→141Ⅱ→91Ⅱ、(12)法166Ⅱ→91Ⅱ、(13)法161Ⅵ→109→91Ⅱ、(14)法193Ⅱ→91Ⅱ、(15)法166Ⅰ③、Ⅱ→91Ⅱ
		Ⅲ	売得金の供託 (1)民保規37、(2)民保規39→37
		Ⅳ	取立訴訟において供託が命じられた場合の供託 法157Ⅴ
	管理人	Ⅰ	配当留保供託 (1)法108→91Ⅰ、(2)法161Ⅵ108→91Ⅰ
		Ⅱ	不出頭供託 (1)法108→91Ⅱ、(2)法161Ⅵ→108→91Ⅱ
		Ⅲ	強制管理の方法による仮差押えの執行による配当等金銭の供託 民保47Ⅳ
		Ⅳ	執行停止中の債権における配当等金銭の供託 法161Ⅳ→104Ⅰ
		Ⅴ	取立訴訟において供託が命じられた場合の供託 法157Ⅴ
	執行官	Ⅰ	配当留保供託 (1)法141Ⅰ、(2)法192→141Ⅰ
		Ⅱ	不出頭供託 (1)法141Ⅱ、(2)法192→141Ⅱ
		Ⅲ	売得金の供託 (1)法137Ⅱ、(2)法192→137Ⅱ、(3)規127Ⅳ→法168Ⅷ、(4)規178Ⅲ→Ⅳ→法168Ⅷ、(5)民保49Ⅲ、(6)民保規40→規127Ⅳ→法168Ⅷ
		Ⅳ	仮差押え金銭等の供託
		Ⅴ	取立訴訟において供託が命じられた場合の供託 法157Ⅴ
		Ⅵ	その他 (1)法168Ⅷ、(2)法169Ⅱ→168Ⅷ
執行債務者		Ⅰ	仮差押解放金供託 民保22
		Ⅱ	仮処分解放金供託 民保25・22
		Ⅲ	船舶強制競売手続の取消しの保証供託 (1)法117Ⅴ・15Ⅰ、(2)法189→117Ⅴ・15Ⅰ
第三債務者		Ⅰ	権利供託 (1)法156Ⅰ、(2)法193Ⅱ→156Ⅰ、(3)民保50Ⅴ→156Ⅰ
		Ⅱ	義務供託 (1)法156Ⅱ、(2)法193Ⅱ→156Ⅱ、(3)民保50Ⅴ→156Ⅱ

（注）　詳細は本文（後記第3編以下）参照。

2　管轄供託所

(1)　裁判上の保証供託については、前述したように（前記第1編第1章第3節）、発令裁判所または執行裁判所の所在地を管轄する地方裁判所の管轄区域内の供託所にしなければならない（民訴76・405、民執15Ⅰ）。

(2)　民事保全法上の仮差押解放金（民保22）、民事執行法の執行供託など供託を命じ、または供託を許容している各条項のなかには、供託所を特定しているものと、していないものとがある。

①　特定しているものとしては、金銭債権に対する強制執行等における第三債務者の供託があり、債務の履行地の供託所が管轄供託所となる（民執156Ⅰ・Ⅱ、民保50、滞調20の6Ⅰ・36の6Ⅰ）。

仮差押解放金の供託については、前記の裁判上の保証供託と同様、仮差押命令を発した裁判所または執行裁判所の所在地を管轄する地方裁判所の管轄区域内の供託所にしなければならない（民保22Ⅱ）。また、船舶に対する強制競売手続取消しの保証（この保証は、差押債権者等の被る損害を担保するものではなく、配当等を受けるべき債権者のためのいわば船舶差押解放金といった性質のものである）としての供託（民執117Ⅴ・15Ⅰ）、船舶に対する担保権の実行としての競売手続取消しの保証供託（民執189・117Ⅴ・15Ⅰ）は、それぞれ、執行裁判所の所在地を管轄する地方裁判所の管轄区域内の供託所が管轄供託所となる（民執15Ⅰ）。

②　特定していないものとしては、強制競売等における配当留保供託および不出頭供託（民執91Ⅰ・Ⅱ）等がその代表的なものである。

配当留保供託については、執行裁判所の配当等の実施が予定されている執行供託であり、供託所の管轄については特段の定めはない。しかし、実務上は、手続上の利便から執行機関の所在地の供託所に供託がなされている。

不出頭供託については、前述したように（前記第1章第2節1）、その実質は弁済供託であるとされているので、民法495条1項の原則に基づいた債務履行地の供託所（この場合は、取立債務としての性質を有するので、執行裁判所所在地の供託所）に供託すべきである（注解民事執行法(4)371・372頁、石坂・供

表2-2-2　執行供託の管轄供託所一覧表

供 託 種 類	管 轄 供 託 所
配当留保供託	定めなし（実務上は、執行機関の所在地の供託所とする取扱いである）
不 出 頭 供 託	債務の履行地（執行機関の所在地）の供託所（定めはないが、弁済供託の性質を有するので、民495Ⅰの原則による）
金銭債権に対する強制執行等による第三債務者のする供託	債務の履行地の供託所（民執156Ⅰ・Ⅱ、民保50Ⅴ、滞調20の6Ⅰ・36の6Ⅰ）
滞納処分に関する供託	税務署の所在地の供託所（昭44.12.3民甲2619号通達）
船主責任制限制度における供託	裁判所の指定する供託所（船主責任19Ⅰ・20Ⅱ・22⑤・30②）
配当機関（執行機関を除く）のする供託	配当機関の所在地の供託所（土収令1の18Ⅰ、都再令38Ⅰ）
仮差押解放金供託 仮処分解放金供託	発令裁判所または執行裁判所の所在地の供託所（民保22Ⅱ・25Ⅱ）

託制度59頁）。

　このように、実体法に供託に関する規定のない場合でも、その供託の本質が弁済供託であるものについては、民法495条1項の原則に基づいた債務履行地の供託所に供託すべきである。

3　供　託　物

　裁判上の担保のための供託についての供託物は、金銭または発令裁判所が相当と認める有価証券とされているが（民訴76・405、民執15Ⅰ）、執行供託についての供託物は、その性質上金銭に限られる。

　すなわち、第三債務者のする執行供託については、金銭債権に対する強制執行等による供託であるから、その供託物は金銭に限られることは当然である。また、配当手続における供託は、元来金銭分配の配当が実施されるものであり、仮差押金銭売得金の供託等も、その性質上金銭に限られる。

ただし、例外として、船舶に対する強制競売および担保権実行としての競売手続の取消しのための供託の場合の供託物は、金銭または執行裁判所が相当と認める有価証券とされる（民執117Ⅴ・15Ⅰ）。

4　供託申請

執行供託についても、その供託申請手続は、前述（前記第1編第2章第1節）したように供託受入手続の通則と同様である。

しかし、執行機関のする供託については、供託者が執行裁判所の書記官等という国の機関であること、また、執行官および管理人のする供託の一部並びに第三債務者のする供託については、供託後執行裁判所に事情の届出をすることを要するなど、通常の供託とは異なる特色がある。以下に、その執行供託に特異な点に限って説明する。

(1)　執行供託の供託方法

民事執行法91条等の配当留保供託および不出頭供託のように配当等の手続における供託については、その金銭の供託をするのは、裁判所書記官である。登記嘱託（民執48Ⅰ・54Ⅰ等）、催告（民執49Ⅱ等）、公告（民執49Ⅱ・64Ⅳ等）等とともに、供託（民執91およびこれを準用し、またはその例によるとされる規定、民保規37Ⅳ）も書記官の権限事項である。

供託の具体的方法は、次のとおりである（執務資料83頁）。

① 係書記官は、保管票等により、歳入歳出外現金出納官吏に対し、供託のための保管金払出しの通知をする。

② 係書記官は、供託依頼書とともに供託書を出納官吏に送付する。供託通知をすべき場合には、供託通知書と封筒も送付する。

③ 出納官吏は、供託所の出納官吏渡しの一般線引小切手を振り出し、これを供託書とともに供託所に持参して供託する。ただし、供託金の受入れを取り扱わない供託所に供託するため、当該供託所の出納官吏の日本銀行の口座に供託金を払い込む場合には、当該口座が執行裁判所の保管金口座と同一の店舗にあるときは出納官吏が自己渡しの小切手に裏書をした一般線引小切手を、また当該口座が執行裁判所の保管金口座と同一の店舗にない

ときは、現金を、供託書とともに、供託所の出納官吏の口座のある日本銀行またはその代理店に持参して払い込む（昭55.8.25最高裁経監50号経理局長通達）。

④　供託後、出納官吏から係書記官に供託書正本（供託規18Ⅰ）が送付される。

配当留保供託においては、この供託書正本は領置物取扱主任官に保管させ、供託書の写しを事件記録に編綴する。

これに対して、不出頭供託においては、供託金の払渡しは、被供託者である債権者の還付請求によってする。したがって、払渡しを受けるのに供託書正本は不要であるから、供託書正本を民事保管物として保管する必要はなく、事件記録に綴り込んで、記録の保存期間内に債権者から下付申請がなければ、記録とともに廃棄して差し支えない。

(2)　**執行裁判所に対する事情届**

１　執行官のする事情届

民事執行法141条１項は、執行官を第一次的配当機関とし、売得金等の配当等は、まず執行官が実施すべきであるが（民執139Ⅰ・Ⅱ）、配当留保事由がある場合には、その配当等の額に相当する金銭は、執行官が供託し、その事情を執行裁判所に届け出なければならない（民執141Ⅰ）。

この事情届は、①事件の表示、②差押債権者および債務者の氏名または名称、③供託の事由および供託した金額を記載した書面（別紙2-2-1）でなし、この書面には供託書および事件記録を添付しなければならない（民執規131）。

なお、民事執行規則130条による事情届（別紙2-2-2）は、供託とは直接かかわらないものである。

２　管理人のする事情届

民事執行法104条１項の強制管理が停止されたときの供託および同法108条の配当留保供託をした場合には、管理人は、その事情を執行裁判所に届け出なければならない（民執104Ⅰ・108）。

この事情届は、①事件の表示、②差押債権者および債務者の氏名または名

別紙2-2-1

	平成 年(執イ)第 号
事 情 届	

　　　　　地方裁判所　支部　御中
　平成　年　月　日
　　　　　　　　地方裁判所
　　　　　　　　　　執行官

配当等の額に相当する金額を供託したので、その事情を届け出ます。

差押債権者	
債務者	
供託の事由 ①	1 停止条件付又は不確定期限付である。 2 仮差押債権者の債権である。 3 民事執行法第39条第1項第7号に掲げる文書が提出されている。 4 その債権に係る先取特権又は質権の実行を一時禁止する裁判の正本が提出されている。
供託した金額	金　　　　　　　　円
添付書類	供託書正本、事件記録

(注) 配当留保供託をした場合の事情届(規則131 I、178Ⅲ)に使用する。
　① 該当する事由の番号を◯で囲む。

別紙2-2-2

	平成 年(執イ)第 号
事 情 届	

　　　　　地方裁判所　支部　御中
　平成　年　月　日
　　　　　　　　地方裁判所
　　　　　　　　　　執行官

配当の協議が調わなかったので、その事情を届け出ます。

差押債権者	
債務者	
配当に充てるべき金銭の額	金　　　　　　　　円
執行費用の額	金　　　　　　　　円 (内訳は別紙のとおり) ①
配当協議が調わない事情の要旨	
添付書類	事件記録

(注) 配当協議が調わない場合の事情届(規則130 I、178Ⅲ)に使用する。
　① 執行費用の金額を種目別に明らかにする。

称、③供託の事由および供託した金額を記載した書面でなし、この書面には供託書正本および配当計算書を添付しなければならない（民執規71）。なお、民事執行規則72条による事情届は、供託とは直接かかわらないものである。

3 第三債務者のする事情届

① 民事執行法156条1項の権利供託をなしたときは、その事情を執行裁判所に届け出なければならない（民執156Ⅲ）。この届出は、①事件の表示、②差押債権者および債務者の氏名または名称、③供託の事由および供託した金額を記載した書面でなし、この書面には供託書正本を添付しなければならない（民執規138Ⅰ・Ⅱ）。

② 民事執行法156条2項の義務供託の場合も、権利供託の場合と同じく、供託をした第三債務者は、その事情を執行裁判所に届け出なければならない（民執156Ⅲ）。この届出は、書面でなすこと、その記載事項・添付書面等については、前記①の権利供託の場合と同様である（民執規138Ⅰ・Ⅱ）。

単一の差押えによる権利供託の場合には、執行裁判所がどこであるかについては民事執行法144条の規定から明らかである。差押え等が競合した場合の義務供託の場合には、債務者、第三債務者の転居等の事由があるときは、執行裁判所となる裁判所が変動することがある。この場合においては、差し押えられた債権についてさらに差押命令または仮差押命令の送達を受けたときは、先に送達された差押命令を発した裁判所に届け出ることとされ、また、先に仮差押命令の送達がなされ、後に差押命令の送達がなされた場合には、最初に仮差押命令を発した裁判所ではなく、後に差押命令を発した裁判所に届け出ることとされている（民執規138Ⅲ、民保規41Ⅰ）。

このことは、差押えと差押えまたは仮差押えの執行がなされたが、その合計額が債権額以下の場合、また仮差押えの執行と仮差押えの執行とが競合する場合も同様である。

なお、以上については、後記第4編第2章第2節第2・1・(5)に詳述した。

4 供託官のする事情届

供託金払渡請求権に対して差押え等が競合した場合には、原則として供託

金払渡請求に応じることができるときに、供託官は、執行裁判所にその事情を届け出ることを要する（昭55.9.6民四5333号民事局長通達第四・二・1・㈠・⑴、同第四・三・1・㈠・⑵・イ、同⑶・イおよび同㈡・⑴等、昭57.6.4民四3662号通達、昭57.4.13民四2591号回答）。この場合の事情届出書には供託書正本の添付は要しない（昭55全国供託課長会同決議一、9⑸）。

なお、以上については、後記第5編第2章第2節2・⑵に詳述した。

第2節　執行供託の払渡手続

1　狭義の執行供託における支払委託に基づく払渡し

⑴　支払委託手続

①　執行供託については、執行機関である執行裁判所によりその供託金をもって配当等の実施がなされる。配当留保供託等については、供託の事由が消滅したときに当該供託金について改めて第二次的な追加配当が、第三債務者のする供託については、その事情届を受理した後に配当等が、それぞれ執行裁判所によって実施される。この場合には、供託金の払渡しにつき、単に権利者による払渡請求によるものとせず、当該執行機関にイニシアチブをとらせる支払委託による払渡しの手続がとられる。

すなわち、供託金について執行裁判所の配当等の実施によって払渡しをすべき場合には、当該執行裁判所は、一定の様式に従った支払委託書を作成し、これに供託書正本を添付して供託所に送付し、他方払渡しを受けるべき各債権者には、一定の様式に従った証明書を交付しなければならないとされている（供託規30）。

このように、狭義の執行供託（前記第1編第1章第2節3参照）におけるその配当等を受けるべき債権者の満足は、すべて上記の配当等の実施としての支払委託に基づく払渡しによるのが特色である。

ところで、執行供託の供託金の払渡手続については、旧法（旧民訴630・639Ⅱ参照）中にはなんら規定が設けられていなかったので、供託規則30条

が真正面から適用されていた。

　民事執行法上も供託金の払渡手続についての直接的規定は存しないが、それぞれの供託類型につき「供託の事由が消滅したときは、執行裁判所は、供託金について配当等を実施しなければならない」（民執92Ⅰ・109・142）、または「法第156条第１項、第２項または第157条第５項等の供託がされた場合には、執行裁判所は配当等を実施しなければならない」（民執166Ⅰ）とされ、「各債権者および債務者に対する……供託金の支払委託の手続は、裁判所書記官が行う」（民執規61、およびその準用）とされているだけである。

　しかし、狭義の執行供託の供託金の払渡しについては、執行裁判所の配当等の実施としての支払委託に基づいてされるというのは実務上確立しており（注）、したがって、民事執行法に関する法務省通達でも、従来の実務の取扱いが確認されている（昭55.9.6民四5333号民事局長通達第二・一・１・㈠・㈡等）。

　（注）①　昭43.9.20民四711号回答
　　　　　　要旨「民事訴訟法第639条第４項に基づく不出頭供託の性質は、執行供託であるから、裁判所の支払委託により払渡しをなすべきものである」
　　　　　（編注）　現行民事執行法91条２項の不出頭供託に相当するものだが、現行法上は、この供託を弁済供託と考えている。
　　　　②　昭40.12.28民甲3701号認可払渡４
　　　　　　要旨「配当裁判所が民事訴訟法第630条第２項により、不動産競売代金を弁済期の到来していない抵当権者のために供託している場合には、供託書の記載から弁済期の到来したことが明らかであっても、供託規則第32条（編注　現行30条）の配当手続によって払渡すべきである」

２　支払委託による供託金の払渡しは、単に執行供託の場合に限らず、官庁または公署の決定によって供託金の払渡しをすべき場合にも広く行われ得るものである。

　例えば、次のような規定により配当を実施する場合においても、それぞれ税務署長、収用委員会、経済産業局長等の当該官公署の支払委託を必要とする。この場合の支払委託書および証明書については、上記執行裁判所のする支払委託の場合と同様である。

① 国税徴収法133条、同法施行令50条
② 許可割賦販売業者等の営業保証金等に関する規則11条
③ 水洗炭業者保証金規則15条
④ 土地収用法83条4項、同法施行規則22条2項
⑤ 鉱業法117条、鉱害賠償供託金配当令施行規則9条1項
⑥ 前払式証票の規制等に関する法律13条、前払式証票発行保証金規則15条1項

(2) **支払委託書・証明書**

1 前述したように、供託金につき配当等を実施した執行裁判所は、①供託所に対しては、供託規則第27号書式（これは金銭の場合であり、有価証券の場合は同28号書式、供託振替国債の場合は同28号の2書式である）の裁判所書記官名による支払委託書に供託書正本を添付して送付し、②払渡しを受けるべき者に対しては、供託規則第29号書式の証明書（支払証明書）を交付しなければならない（供託規32Ⅰ、民執規61）。民事執行規則61条は、執行裁判所が支払委託をするすべての場合に準用される（民執規73・83・84・97・98・98の2・132・145・173Ⅰ・174Ⅴ・175・176Ⅰ・177・177の2・179Ⅱ）。

2 支払委託書の記載事項

① 「払渡しを受ける者」欄

支払委託により払渡しを受ける者が記載される。その内容は、払渡しを受ける者の氏名および住所であるのが原則であるが、本人の氏名・住所に併記して代理人（弁護士）の氏名・住所を記載してある場合（当然証明書の記載も同様である場合）には、当該代理人が払渡請求をする限り、払渡請求書には委任状の添付を要しないとされている（昭42全国供託課長会同決議払渡11）。なお、裁判所の実務では、支払委託書および証明書に、本人の氏名・住所に併記して当該訴訟代理人の氏名・住所を記載する事例が多い（別紙2-2-3）。

② 「左の者の受け取る供託金及び利息」欄

左の者の受け取る供託金及び利息欄の処理については、次の場合がある。

ア 各配当債権者の配当額に対する利息を計算して各人別に具体的に利息額が記載されている場合

別紙2-2-3　第二十七号書式　（第30条第1項関係）支払委託書

支　払　委　託　書

供　託　番　号	平成 20 年度金第　1465　号		
供　託　金　額	￥214,500 円		
払渡しを受ける者		左の者の受け取る供託金及び利息	
氏　　　　名	住　　　　所	供　託　金	利　　息
立　花　薫 代理人弁護士北田幸三	東京都中央区銀座1－20－2 東京都港区赤坂8－12－2	￥14,500	￥0

イ　各配当債権者別に具体的に利息額が記載されていないで、「これに対する利息金」とのみ記載されている場合

ウ　利息欄にはなんら記載がない場合

イの場合、つまり、支払委託書には、元本に相当する利息額の総額のみを表示し、各配当債権者への具体的な内訳を記載していない場合であり、この場合には、支払委託の趣旨から考え、供託所で利息額を按分的に算出して払渡しをすべきではなく、当該執行裁判所に照会して具体的利息額を明示させるべきである（昭39.3.28民事甲773号認可）。

ウの場合には、配当表作成までの利息については、各配当債権者は利息の支払を受けることができない（昭35全国供託課長会同決議38、昭42全国供託課長会同決議払渡23）。

(3)　払渡手続

① 供託金払渡請求書および証明書

払渡しを受けるべき者が執行裁判所の支払委託に係る当該供託金について払渡請求をするには、供託規則第25号書式の供託金払渡請求書に所要の記載をし（供託規22）、執行裁判所作成に係る証明書を添付しなければならない（供託規30Ⅱ）。この証明書の添付は必要不可欠のものであって、通常の「権利を有することを証する書面」（供託規24①・25①）とは、ややその性質を異にしている。
　　② 提示・添付書面
　支払委託に基づく払渡しの場合には、供託規則24条または同25条に規定する書面（権利を有することを証する書面等）の添付を要しないが、資格証明書、代理権限証書および印鑑証明書については一般原則どおりである（前記第1編第2章第2節）。
　ただし、次の点が通常の供託金払渡請求の場合の一般原則と異なるので、注意を要する。
① 　法令の規定に基づき印鑑を登記所に提出することができる者以外の者が、払渡請求をする場合（その額が10万円未満である場合に限る）において、供託規則30条1項の支払請求書を添付したときは、印鑑証明書の添付を省略できる（供託規26Ⅲ⑤）。
② 　権利を有することを証する書面（供託規24①・25①）の添付を要しないこと。
　ただし、支払委託書および証明書に記載された権利者の相続人が払渡請求をする場合には、相続を証する書面の添付を要することは、他の供託の場合と同様である。
　なお、支払委託書および証明書に記載された権利者が、配当表作成前に死亡していたため、裁判所から、権利者を相続人名義に更正する旨の通知があったときには、相続を証する書面の添付を省略して差し支えない（昭39全国供託課長会同決議49）。
③ 　支払委託書および証明書に、①本人の氏名・住所とともに代理人の氏名・住所が併記されている場合、②法人名およびその代表者の表示がある場合において、当該代理人または代表者が払渡請求をするときは、委任状

または資格証明書の提示・添付を要しない（昭30.9.28民事甲2087号回答、昭36.11.9民事甲2766号認可）。

④　配当事件に押印した印鑑に相違ない旨の裁判所書記官の証明書を払渡請求書に添付しても、印鑑証明書の添付を省略することは認められない（昭40全国供託課長会同決議34）。

⑤　配当実施の結果、1人の債権者に全部の配当をすることに決定した場合でも、執行裁判所の支払委託による払渡しの手続によるのが相当である（大13.12.15民事甲12277号回答、昭38.5.25民事甲1570号決議認可3）。

⑥　支払委託書に分割払渡しを受けるべき金額に対する利息金とのみ記載され、利息の具体的数額の記載がない場合には、供託所で利息を算出して、支払うべきではない（昭39.3.28民事甲773号決議認可6）。

⑦　分割払渡しを受ける者が配当裁判所から交付を受けた証明書（供託規30Ⅰ）を紛失したため、当該裁判所から証明書を下付した者に相違ない旨の交付を受けて供託所に提出した場合には、払渡しに応じて差し支えない（昭37.9.11民事甲2621号通達）。

この場合において、払渡請求をする額が10万円未満であれば、印鑑証明書の添付を省略できる（供託規26Ⅲ⑤、平成14.7.9民商1657号通達）。

⑧　法人が支払委託による還付請求をする場合、支払委託書に還付権者理事甲と表示されていても、同法人の理事乙はその資格証明書と印鑑証明書を添付して払渡請求をすることができる（昭37.3.31民事甲906号認可13）。

⑨　差押命令の申立てが取り下げられた場合または差押命令を取り消す決定が効力を生じた場合においても、供託金の払渡しは執行裁判所の支払委託に基づいてする。ただし、債務者から、供託金払渡請求書に差押命令の申立てが取り下げられたこと、または差押命令を取り消す決定が効力を生じたことを証する書面とともに、供託書正本およびその下付証明書を添付して、当該供託金の払渡請求があったときは、これを認可して差し支えない（昭55.9.6民四5333号民事局長通達第二・四・1・㈠・(3)・イ）。

第2章　執行供託の供託手続

2　執行当事者が直接還付請求をする場合

(1)　執行債権者の還付請求

1　不出頭供託

執行供託のうち弁済供託の性質を有するもの（前記第1章第2節1）については、被供託者（不出頭供託においては債権者、民執156条1項）あてに供託通知書を送付する必要がある（民495Ⅲ、供託規16）。この不出頭供託の供託金について、債権者は、供託を受諾して還付請求をすることができる（昭55.9.6民四5333号民事局長通達第二・一・1・㈡・(3)等）。すなわち、債権者は、供託通知書と印鑑証明書を添付して供託金の還付請求をすることができる（供託規24・26）。その他資格証明書および代理権限証書については、一般原則どおりである。

2　金銭債権に対して差押・転付命令が発せられた場合の供託

この場合、転付債権者から、転付命令確定証明書を添付して転付金額に相当する供託金の還付請求がされたときは、競合債権者の存しない限り、これを認可して差し支えないとされている（前掲通達第二・四・1・㈢・(3)）。

3　滞調法上の権利供託

金銭債権に対して強制執行と滞納処分とが競合し滞納処分が先行する場合の供託、仮差押えの執行と滞納処分とが競合した場合の供託については、いずれも供託金のうち滞納処分による差押えの金額に相当する部分の払渡しは、債権者たる徴収職員等の還付請求によってなされる（詳細は後記第3編第2章第2節および同第5節参照）。

(2)　執行債務者の還付請求

1　権利供託（民執156Ⅰ）の被差押部分以外の部分の払渡し

弁済供託の性質を有する執行供託のうち、①金銭債権に対する差押え等の金額が債権額以下の場合における債権全額の供託（民執156Ⅰ）、②金銭債権に対する仮差押えの執行による供託（民保50Ⅴ、民執156Ⅰ）については、被供託者（債務者）あてに供託通知書を送付する必要がある（民法495Ⅲ、供託規16）。

この供託金のうち（仮）差押金額を超える部分について、被供託者たる債務者は供託を受諾して還付請求をすることができる（昭55.9.6民四5333号民事局長通達第二・四・1・㈠・⑷、同2・㈠・⑶、平2.11.13民四5002号民事局長通達第二・三・⑴・イ・㈦）。すなわち、債務者は、印鑑証明書（供託規26Ⅰ・Ⅲ②）を添付して直接供託金の還付請求をすることができる。その他については、前記⑴と同様である。

　② みなし解放金（民保50Ⅲ）以外の部分の払渡し

　金銭債権に対して仮差押解放金（民保50Ⅲ）の額を超えて仮差押えの執行がされ、第三債務者が仮差押額に相当する金銭を供託した場合において、供託金のうち仮差押解放金の額を超える部分については、被供託者たる債務者は供託を受諾して還付請求をすることができる。この場合、供託金払渡請求書に仮差押解放金の額を証する書面（仮差押命令正本）、供託通知書および印鑑証明書（供託規26Ⅰ・Ⅲ②）を添付しなければならない（昭55.9.6民四5333号民事局長通達第二・四・2・㈠・⑷・イ、平2.11.13民四5002号民事局長通達第二・三・⑴・イ・㈦・b）。

　なお、供託後、仮差押えの執行が効力を失った場合にも、被供託者たる債務者は、その仮差押えの執行の効力が失われたことを証する書面および印鑑証明書を添付して、還付請求することができる（昭55.9.6民四5333号民事局長通達第二・四・2・㈠・6、平2.11.13民四5002号民事局長通達第二・三・⑴・エ）。

3　取戻請求をする場合

　執行供託については、通常供託金は配当財団として執行裁判所の支配下に入るので、錯誤を原因とする以外取り戻すことは許されない（供託8Ⅱ）。弁済供託の性質を有する不出頭供託についても、供託することによって、その債権者に対する配当等の実施の手続が終了するので、取戻しをする必要がない。裁判所の手続を不安定ならしめるからである。

⑴　保管供託の性質を有する執行供託の払渡し

　執行供託については、通常取戻しを生ずる余地のないことについては前述

したとおりであるが、保管供託の性質を有する執行供託（前記第1章第2節2）については、いずれも執行官が供託するもので、この供託金につき配当等の必要が生じた場合には、執行官が供託所に対して支払委託をするのではなく、執行官自身が供託金の取戻請求をして（昭55.9.6民四5333号民事局長通達第二・三・1・㈠・⑵、平2.11.13民四5002号民事局長通達第二・三）、自ら供託金を現金として所持したうえ、配当等を実施するものである。

この保管供託の性質を有する執行供託としては、次のものがある。
① 動産強制執行における執行停止中の差押え物の売得金の供託（民執137Ⅱ）
② 仮差押金銭等の供託（民保49Ⅱ）
③ 仮差押動産の売得金の供託（民保49Ⅲ）
④ 仮処分の目的物である動産の売得金の供託（民保52Ⅰ・49Ⅲ）

⑵ **船舶強制競売手続の取消しの保証供託の払渡し**

保証の提供が金銭供託の方法によるときは、その供託金の払渡しは執行裁判所の配当等の実施としての支払委託に基づいてなされるが、保証の提供が有価証券供託の方法によるときは、執行裁判所が有価証券を取り戻すこととされている（民執117Ⅱ後段）。

なお、債務者の請求異議の訴えの勝訴等により、配当等の手続が取り消された場合においては、債務者は、供託原因消滅として供託した金銭または有価証券を取り戻すことができる（供託8Ⅱ）。この場合には、保証取消決定正本およびその確定証明書を添付することを要する（民執117Ⅴ・15Ⅱ、民訴79Ⅰ、昭55.9.6民四5333号民事局長通達二・二・1・㈠・⑷）。

⑶ **権利供託の被差押部分を超える部分の払渡し**

金銭債権の一部が差し押えられた場合、または仮差押えの執行がされた場合において、その全額に相当する金銭が供託されたときは、供託金のうち（仮）差押金額を超える部分については、純粋の弁済供託と解されるので、供託者たる第三債務者は供託不受諾を原因として取戻請求をすることができる（民496、昭55.9.6民四5333号民事局長通達第二・四・1・㈠・⑷、平2.11.13民四5002号民事局長通達第二・三）。

第 3 編

執行供託（各論）

第 1 章

民事執行法上の執行供託

第1節　概　説

　前記第2編において、執行手続上の配当手続をも踏まえて執行供託の全体について概観したので、本編においては、個々の執行供託の類型ごとに説明する。

　民事執行法上、執行の目的物またはそれに付随するものについて執行機関または執行当事者によって法務局の供託所に供託がなされるものは多岐にわたっているが、その主要なものを列挙すると、次のとおりである。

　これらの執行供託については、執行の目的物ごとに、①不動産執行における供託、②船舶執行における供託、③動産執行における供託、④債権（金銭債権およびその他の債権）執行における供託、⑤その他のもの（債権以外のその他の財産権、金銭の支払を目的としない請求権、航空機、自動車、建設機械、小型船舶）の執行における供託に分けられ、また、執行の態様別に、①強制執行（強制競売、強制管理）における供託、②担保権の実行としての競売における供託、③保全執行における供託とに分けることができる。

　さらに前述（前記第2編第1章第2節）したように、その性質により分類すると、①弁済供託の性質を有する供託、②保管供託の性質を有する供託、③狭義の執行供託、③執行供託類似の性質を有する供託とに分けられ、また、供託者ごとに分類すると、①執行機関のする供託、②執行当事者（債務者、第三債務者）のする供託とに分けられる。

　このように、様々な分類の仕方があるが、本編においては、おおむね執行の目的物別、供託者別、執行の態様別による分類に従ったうえ、おもに不動

産執行および動産執行を中心として（他の目的物の執行については、不動産執行の規定が準用されることが多い）説明することとするが、金銭債権に対する第三債務者のする供託については、本書の中心的テーマであるので、編を改めて詳述する（後記第4編）。

第2節　執行機関のする供託

　執行供託は、強制執行、保全執行および担保権の実行（以下「強制執行等」という）の手続を進めるうえにおいて必要とされるもので、執行機関（民執2・3）である裁判所または執行官が行うものが多い。また強制管理の場合には、裁判所の選任する管理人も執行裁判所の補助機関として供託することが認められる。

　執行機関のする供託は、配当等の手続の一環としてなされるものであるが、その類型としては、主として①配当留保供託および②不出頭供託とがある。この配当留保供託および不出頭供託という名称区分は、法律上の名称ではないが、法務省通達でそのように呼ばれているものである（昭55.9.6民四5333号民事局長通達第二・一・1・㈠および㈡等）。

　不動産、動産および債権以外の目的物の執行については、おおむね不動産執行の規定が準用されているので、本章においては、主として強制執行手続のうち不動産に対する強制競売における配当留保供託および不出頭供託を中心として説明することとする。

第1　強制執行（強制競売、強制管理）および担保権実行としての競売における供託

1　不動産執行による供託

(1)　**不動産の強制競売における配当留保供託**（表3−1−1中①）

　①　供託の性質

不動産の強制競売手続は、競売開始決定により不動産を差し押え、それを売却し、その売却代金を債権者に分配するという三段階を経るが、その分配金の配当等（前記第2編第1章第1節1参照）にあずかるべき者のうちに、直ちに受けることができない者がいるとき（民執91Ⅰ）、すなわち、債権が
① 　停止条件付きまたは不確定期限付きであるもの（1号）
② 　仮差押えに係るもの（2号）
③ 　強制執行の一時停止の裁判の正本または不動産担保権の一時停止の裁判の謄本が提出されているもの（3号）
④ 　担保権の実行禁止の裁判の正本が提出されているもの（4号）
⑤ 　担保権につき仮登記または仮処分による仮登記があるもの（5号）
⑥ 　仮差押えまたは執行停止に係る差押えの登記後に登記された担保権があり配当額が定まらないもの（6号）
⑦ 　配当異議の訴えの提起のあるもの（7号）
等の場合は、その権利が確定し、配当金を交付することができるようになるまで配当等を留保し、執行裁判所の裁判所書記官は、これに対する配当等の額に相当する金銭を供託しなければならない（民執91Ⅰ、昭55.9.6民四5333号民事局長通達第二・一・1・㈠）。そこでこの供託を「配当留保供託」という。

　なお、この配当留保供託の払渡しは、将来さらに執行裁判所の第二次的な追加配当がなされ、その配当等の実施としての支払委託に基づいてなされるものであるから、被供託者欄の記載および供託通知書の添付を要しない。

　供託書の記載例は別紙記載例（別紙3-1-1-Ⅰ、Ⅱ）による。

　なお、これと同様の配当留保供託は、不動産に対する強制競売の場合に限らず、強制執行において広く行われるものである（民執規97・84・175・176・98・98の2、民執108・109・111・121・141Ⅰ・166Ⅱ）。

　執行裁判所書記官以外の者、すなわち、管理人（①不動産の強制管理の場合（民執108）、②差押債権の管理命令に基づく管理の場合（民執161Ⅵ・108））および執行官（民執141Ⅰ）が、配当留保供託をした場合には、執行裁判所にその事情を届け出なければならず（民執108・141Ⅰ）、その事情届出にあたっては、事情届出書に供託書正本を添付しなければならない（民執規71・Ⅱ・131

表3-1-1　執行目的別および執行態様別執行供託一覧表

（　）内は供託者
法（民事執行法）、規（民事執行規則）、保（民事保全法）、保規（民事保全規則）

執行目的物	強制執行	担保権実行	保全執行
不動産	〈強制競売〉 ① （書記官）配当留保供託（法91Ⅰ） ② （書記官）不出頭供託（法91Ⅱ） 〈強制管理〉 ③ （管理人）配当留保供託（法108・188・91Ⅰ） ④ （書記官）配当留保供託（法111・109・91Ⅰ） ⑤ （管理人）不出頭供託（法108・188・91Ⅱ） ⑥ （書記官）不出頭供託（法111・109・91Ⅱ） ⑦ （管理人）執行停止中の配当等に充てるべき金銭供託（法104Ⅰ・188）	⑧ 同左（法188・91Ⅰ） ⑨ 同左（法188・91Ⅱ） ⑩ 同左（法188・108・91Ⅰ） ⑪ 同左（法188・111・109　91Ⅰ） ⑫ 同左（法188・108） ⑬ 同左（法188・111・109　91Ⅱ） ⑭ 同左（法188・104Ⅰ）	⑮ （管理人）強制管理の方法による仮差押えの執行による配当等に充てるべき金銭の供託（保47Ⅳ） ⑯ （管理人）強制管理の方法による仮差押えの執行停止中の配当等に充てるべき金銭供託（保47Ⅴ・法104Ⅰ）
船舶	⑰ （債務者）強制競売手続取消保証供託（法117Ⅴ・15Ⅰ） ⑱ （書記官）配当留保供託（法121・91Ⅰ） ⑲ （書記官）不出頭供託（法121・91Ⅱ）	⑳ （所有者）⑰に同じ（法189・117Ⅴ・15Ⅰ） ㉑ 同左（法189・121・91Ⅰ） ㉒ 同左（法189・121・91Ⅱ）	
動産	㉓ （執行官）配当留保供託（法141Ⅰ・91Ⅰ） ㉔ （書記官）配当留保供託（法142Ⅱ・139・91Ⅰ） ㉕ （執行官）不出頭供託（法141Ⅱ・91Ⅱ） ㉖ （書記官）不出頭供託（法142Ⅱ・139・91Ⅱ） ㉗ （執行官）執行停止中の差押物の売却による売得金の供託（法137Ⅰ） ㉘ （執行官）差押えが取り消された動産の売得金の供託（規127Ⅳ、法168Ⅷ）	㉙ 同左（法192・141Ⅰ・91Ⅰ） ㉚ 同左（法192・142Ⅱ・139・91Ⅰ） ㉛ 同左（法192・141Ⅱ・91Ⅱ） ㉜ 同左（法192・142Ⅱ・139・91Ⅱ） ㉝ 同左（法192・137Ⅱ） ㉞ 同左（規178Ⅲ・127Ⅳ、法168Ⅷ）	㉟ （執行官）仮差押金銭等の供託（保49Ⅱ） ㊱ （執行官）仮差押動産の売得金の供託（保49Ⅱ） ㊲ （執行官）仮差押えの執行が取り消された動産の売得金の供託（保規40・127Ⅳ、168Ⅷ） ㊳ 仮処分における供託（保52Ⅰ）
金銭債権	㊴ （第三債務者）権利供託（法156Ⅰ） ㊵ （第三債務者）義務供託（法156Ⅱ） ㊶ （書記官、管理人、執行官）取立訴訟における供託（法157Ⅴ）	㊷ 同左（法193Ⅱ・156Ⅰ） ㊸ 同左（法193Ⅱ・156Ⅱ）	㊹ 同左（保50Ⅴ・156Ⅰ） ㊺ 同左（保50Ⅴ・156Ⅱ）
債権	㊻ （書記官）売却命令に基づく債権の売得金の配当留保供託（法166Ⅱ・91Ⅰ） ㊼ （書記官）売却命令に基づく債権の売得金の不出頭供託（法166Ⅱ・91Ⅱ） ㊽ （管理人）管理命令に基づく配当留保供託（法161Ⅵ・108・91Ⅰ） ㊾ （書記官）管理命令に基づく配当留保供託（法161Ⅵ・109・91Ⅰ） ㊿ （管理人）管理命令に基づく不出頭供託（法161Ⅵ・108・91Ⅱ） 51 （書記官）管理命令に基づく不出頭供託（法161Ⅵ・109・91Ⅱ） 52 （管理人）執行停止中における配当等に充てるべき金銭の供託（法161Ⅵ・104Ⅰ）	53 同左（法193Ⅱ・166Ⅰ・91Ⅰ） 54 同左（法193Ⅱ・166Ⅰ・91Ⅱ） 55 同左（法193Ⅱ・161Ⅴ・108・91Ⅰ） 56 同左（法193Ⅱ・161Ⅴ・109・91Ⅰ） 57 同左（法193Ⅱ・161Ⅴ・108・91Ⅱ） 58 同左（法193Ⅱ・161Ⅵ・109・91Ⅱ） 59 同左（法193Ⅱ・161Ⅵ・104Ⅰ）	
動産の引渡請求権	60 （書記官）配当留保供託（法166Ⅰ③・Ⅱ・91Ⅰ） 61 （書記官）不出頭供託（法166Ⅰ③・Ⅱ・91Ⅱ）		
その他の財産権	62 ㊻〜52に同じ（法167Ⅰ）	63 53〜59に同じ（法193Ⅱ・167Ⅰ）	
金銭の支払を目的としない請求権	64 （執行官）不動産引渡し等の強制執行の供託（法168Ⅶ） 65 （執行官）動産引渡しの強制執行の供託（法169Ⅱ・168Ⅷ）		
航空機	66 （書記官）配当留保供託（規84、法121・91Ⅰ） 67 （書記官）不出頭供託（規84、法121・91Ⅱ）	68 同左（規175・84、法121・91Ⅰ） 69 同左（規175・84、法121・91Ⅱ）	
自動車建設機械小型船舶	70 （書記官）配当留保供託（規97・98・98の2、法91Ⅰ） 71 （書記官）不出頭供託（規97・98・98の2、法91Ⅱ）	72 同左（規176Ⅱ・177・177の2・97、法91Ⅰ） 73 同左（規176Ⅱ・177・177の2・97、法91Ⅱ）	74 （書記官）取上げの方法による仮差押えにおける売得金の供託（法規37Ⅳ・39）

第1章　民事執行法上の執行供託

別紙3-1-1-1 民事執行法91条1項の供託（仮登記に係る抵当権の配当額の供託）

供託書・OCR用

（横）

（第4号様式）
（印紙第34号）

申請年月日	平成 21 年 4 月 28 日
供託所の表示	甲県乙市丙町

供託カード番号（　　　－　　　　）
カードご利用の方は記入しないでください。

供託者の住所氏名
（〒 123 － 4567 ）
甲県乙市丙町1丁目1番1号
甲地方裁判所
裁判所書記官 甲野 太郎
代表者印又は代理人住所氏名

被供託者の住所氏名
（〒　　　－　　　　）
（注1）
氏名・法人名等

供託金額 ￥300,0000

法令条項 （注3）民事執行法第91条第1項第5号

係員受付印 □主記入 □半抹消

供託の事実
債権者乙野信用金庫、債務者兼所有者丙川三郎間の甲地方裁判所平成21年(ケ)第186号不動産強制競売事件について、平成21年4月28日配当期日を開始したが、配当表に掲げられた債権者（甲県乙市丙町1丁目25番地丁野商事株式会社）の債権は、平成19年5月3日甲地方法務局受付第2165号をもって仮登記された順位一番の抵当権（債権額金300万円）にかかるものであるので、民事執行法第91条第1項第5号の規定により、上記仮登記の抵当債権に対する配当金として、その被担保債権金300万円を供託する。

備考
□供託により消滅すべき質権又は抵当権
□反対給付の内容

受理　年　月　日（印）
□供託カード発行

（注1）供託金の額等の記号を記入してください。なお、供託額の訂正はできません。
（注2）本供託書は折り曲げないでください。

コウチホウサイバンショショキカン
コウノタロウ

供託者カナ氏名

（注）準濁点は1マスを使用してください。

（注1）この供託は銀行供託であるから、買付権者の記載を要しない。仮登記抵当権者が本登記に必要な要件を具備し、仮登記抵当権のために配当を受けた時（民訴92Ⅰ）、または仮登記抵当権者が債権者が消滅したとき（民訴92Ⅱ）には、執行裁判所から供託所に対し、支払受託がなされ債権者がされた債権者各個に供託金の払渡請求をすることとなる。
（注2）この欄には、仮登記抵当権は、この供託によって消滅するのではなく、売却条件により消滅するからである。
（注3）この供託根拠規定は、民事執行法91条1項のみの記載でもよい。

別紙3-1-1-Ⅱ　民事執行法91条1項の供託（配当異議の訴えの提起された債権の配当額の供託）

供託書・OCR用

（樣）

｜申請年月日｜平成21年4月28日｜供託所の表示｜甲法務局｜

｜　｜（〒 123 － 4567　）｜
｜供託者の住所氏名｜甲県乙市丙町1丁目1番1号　甲　地　方　裁　判　所　裁　判　所　書　記　官　甲　野　太　郎　（注1）｜
代表者印又は代理人住所氏名

｜　｜（〒　　－　　　）｜
｜被供託者の住所氏名｜　｜

｜供託金額｜￥100,000,000｜

供託者カナ氏名

| コ | ウ | チ | ホ | ウ | サ | イ | バ | ン | シ | ョ | シ | ョ | キ | カ | ン |
| コ | ウ | ノ | タ | ロ | ウ |

※濃点・半濁点は1マスを使用してください。

｜法令条項｜（注2）民事執行法91条第1項第7号｜
｜　｜供託金額の変更等｜

｜供託の原因たる事実｜
債権者乙山信用組合、債務者丙野三郎合資会社間の甲地方裁判所平成21年（ケ）第58号不動産強制競売事件について平成21年4月25日の配当期日において、配当要求債権者丁野四郎に対し、当該債権について、配当異議の申出をし、かつ、同月27日丁野四郎を相手に甲地方裁判所に配当異議の訴え（平成21年（ワ）第123号）を提起した。よって、丁野四郎に対する配当金100万円につき、民事執行法第91条第1項第7号の規定により供託する。

記
異議申出債権者　甲県乙市丙町3丁目15番7号
　　　　　　　　　　　乙山信用組合
相手方　　甲県丙市丁町1丁目26番9号
　　　　　　　　　　　丁野四郎

｜事実｜　｜
｜供託により消滅すべき質権又は抵当権｜　｜
｜反対給付の内容｜　｜

｜備考｜☐別紙のとおり
☐ふりがなから引別紙継続用紙に記載してください。｜

｜　｜☐別紙のとおり
☐ふりがなから引別紙継続用紙に記載してください。｜

｜　｜☐供託通知書の発送を請求する。｜

受理　年　月　日　㊞
☐供託カード発行

（注1）この供託は、執行供託であるから、この欄の記載をするとともに、異議申立債権者または異議を申し立てられた債権者に対する配当金は、執行裁判所から供託所に対し支払委託がされ、債権者が各個に供託金の払渡請求をすることとなる。
（注2）この供託根拠規定は、民事執行法91条1項7号の点のみの記載であります。

第1章　民事執行法上の執行供託　57

II、前記第2編第2章第1節4・(2)参照)。

[1] 管轄供託所

配当留保供託については、供託すべき供託所の管轄についての定めはないが、執行供託であると定義づけられていることから、実務上は、執行裁判所の所在地にある供託所に供託することになろう。

[2] 払渡手続

この配当留保供託の場合、その後供託の事由が消滅したときは、執行裁判所がその供託金について第二次的配当等ともいうべき追加配当等を実施する（民執92Ⅰ）。具体的には、執行裁判所が供託所に対して供託金払渡しの委託、すなわち、支払委託をするが、この支払委託の手続は、執行裁判所の裁判所書記官が行うこととされている（民執規61）。なお、この規定は執行裁判所が支払委託をするすべての場合に準用されている（民執規73・83・84・97・98・98の2・132・145・173Ⅰ・174Ⅴ・175・176Ⅰ・177・177の2・179Ⅱ）。

(2) **不動産の強制競売における不出頭供託**（表3-1-1中②）

[1] 供託の性質

配当留保供託の事由（民執91Ⅰ）がない場合には、債権者は、配当期日の終了後または弁済金の交付の日に、直ちに配当金または弁済金を受けることができるが、原則として、債権者がこの配当金等の受領のために執行裁判所に出頭することを要する。したがって、債権者が配当等の受領のために執行裁判所に出頭しないときは、配当金等の交付をすることができないが、これをいつまでも裁判所の保管金としておくことは適当でない。

そこで、配当等を受けるべき債権者が、その受領のため執行裁判所に出頭しなかったときは（知れていない抵当証券の所持人を含む）、裁判所書記官は、これに対する配当等の額に相当する金銭を供託しなければならない（民執91Ⅱ）。この供託を「不出頭供託」という。

この供託は、執行供託であって裁判所の支払委託によって払渡しをすることとされていた（旧民訴639Ⅳ、昭43.9.20民四711号回答）。

しかし、民事執行法上この不出頭供託は、債権者の受ける配当額は既に確定し、ただその受領のために出頭しないことにより配当額を交付することが

できないためにするものであるから、実質的にはその性質は、民法494条の受領拒絶または知れていない抵当証券の所持人については債権者不確知に当たると解されている（稲葉＝佐藤・月報88頁以下、石坂・供託制度58頁）。また、民事執行法92条1項は、配当留保供託の後始末について規定しているが、不出頭供託についてはその後始末の規定がないので、供託によってその債権者に対する配当等の実施の手続が終了することが予定されていると考えられ、この意味からも不出頭供託は弁済供託の性質を有するものである。したがって、この供託金の払渡しは、後述するように債権者が直接還付請求することによってなされるので、執行裁判所の手続としては供託書正本を民事保管物として保管する必要はなく、事件記録に綴り込んでおかれることになる（執務資料82頁）。

ところで、弁済供託をするか否かは、弁済者の任意であるが、不出頭供託はその供託が義務づけられており、この点で民法上の弁済供託と異なる。なお、実務上不出頭供託は、配当期日または弁済金交付日に、直ちにしなければならないものではなく、債権者の出頭を合理的な期間待ってから供託しても差し支えない（竹田・実務1210頁、債権・不動産執行の実務351頁）。

2　供託書の記載

裁判所書記官が供託する場合において、不出頭債権者が複数いるときは、債権者ごとに各別に供託することを要し、被供託者欄には、債権者を記載する（知れていない抵当証券の所持人に対して供託するときは、「郡村番地乙地何平方メートルの何番抵当権（債務者何某）の抵当証券の所持人」というような特定をすべきである（稲葉＝佐藤・月報90・91頁））。また、供託官に対し供託通知書の発送を請求する場合、供託書にその旨を記載し、知れていない抵当証券の所持人に対して供託する場合を除き、被供託者（不出頭債権者）あての郵券または民間事業者による信書便の役務に関する料金の支払のために使用できる証票で法務大臣が指定するものを付した封筒を添付しなければならない（民495Ⅲ、供託規16、供託準則33、昭55.9.6民四5333号民事局長通達第二・一・1・(2)）。

供託書の記載例は別紙記載例（別紙3－1－2）による。

別紙3－1－2　民事執行法91条2項の供託

供託書・OCR用

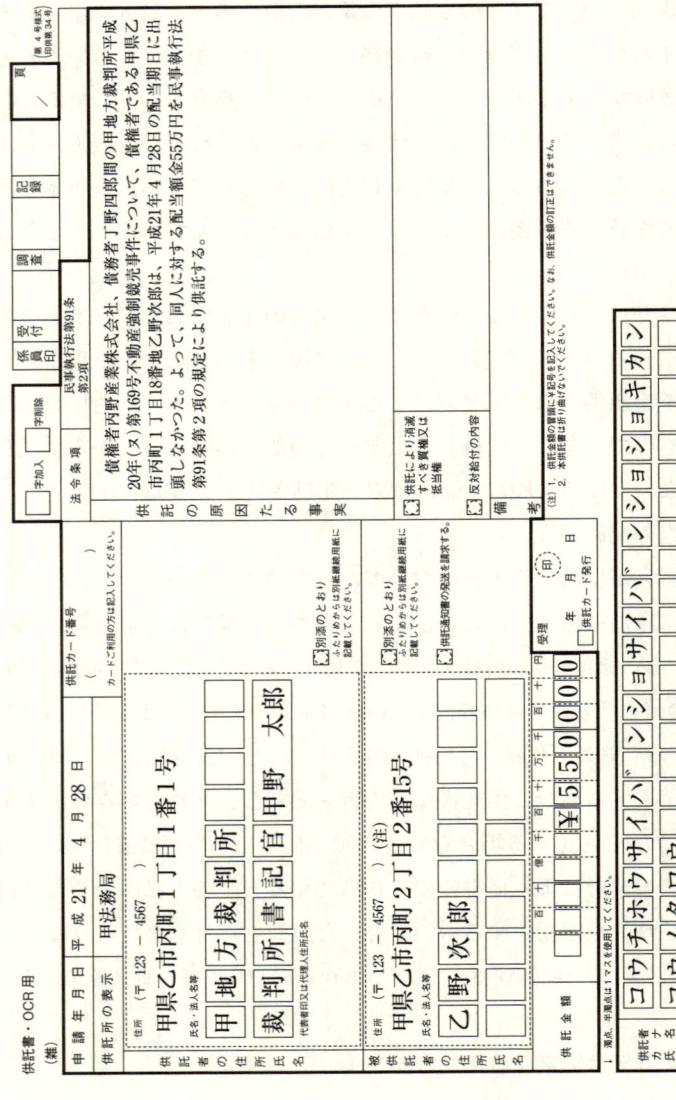

申請年月日	平成21年4月28日	供託カード番号
供託所の表示	甲法務局	（　　　－　　　）

供託者の住所氏名・法人名等	（〒123－4567）甲県乙市丙町1丁目1番1号	
	甲地方裁判所 裁判所書記官 甲野太郎	

被供託者の住所氏名・法人名等	（〒123－4567）（注）甲県乙市丙町2丁目2番15号	
	乙野次郎	

供託金額	￥55,000,000

法令条項	民事執行法第91条第2項

供託の原因たる事実

債権者甲丙産業株式会社、債務者丁野四郎間の甲地方裁判所平成20年(ヌ)第169号不動産強制競売事件について、債権者である甲県乙市丙町1丁目18番地乙野次郎は、平成21年4月28日の配当期日に出頭しなかった。よって、同人に対する配当額金55万円を民事執行法第91条第2項の規定により供託する。

□別添のとおり　ふりがなからは別紙継続用紙に記載してください。	供託により消滅すべき質権又は抵当権
□別添のとおり　ふりがなからは別紙継続用紙に記載してください。 □供託通知書の発送を請求する。	反対給付の内容

備考

受理　　年　月　日　印
□供託カード発行

供託者カナ氏名	コウチホウサイバンショショキカン
	コウノタロウ

係員受付印
係員記録

民事執行法第91条第2項

（第4号様式）
（同例規34号）

↑濃点、半濁点は1マスを使用してください。

（注）1．供託金額の冒頭に¥記号を記入してください。なお、供託金額の訂正はできません。
2．本供託書は切り離さないでください。

（注）この供託は、執行供託であるが弁済供託の性質をも有し、この者の払渡を受けることとなるので、不出頭債権者を記載する。供託金の払渡を受けるが、供託者のみに、この者の名称および主たる事業所を記載する。その名称は法人でない社団または財団であるときは、代表者、管理人の住所、氏名を、記載する必要がない（供託規則13条2項6号）。なお、この供託は、債権者ごとに各供託し、供託官に対し供託通知書の発送をこの旨記載し、被供託者（不出頭者）宛の郵券をこの各請求する場合供託書にその旨を記載し、債権者の支払いのために使用できる証票が指定するものを添付した封筒を添付する（民訴495条3項、供託規則16条、供託準則33条）。供託金の払渡は、被供託者の還付請求によってする。

③　管轄供託所

不出頭供託については、供託すべき供託所の管轄についての定めはないが、弁済供託としての本質を有していることから、民法495条１項の原則どおり債務履行地の供託所が管轄供託所となる（石坂・供託制度59頁・注解民事執行法(4)371・372頁）。また、不出頭供託は、執行裁判所において配当等を行うことから、取立債務とみなされるので、結局執行裁判所の所在地にある供託所に供託することとされよう。

④　払渡手続

不出頭供託は弁済供託の性質を有するので、その供託金の払渡しは、被供託者たる債権者が、直接供託所に対して還付請求することによってなされる（昭55.9.6民四5333号民事局長通達第二・一・１・㈡・⑶）。しかし、通常の弁済供託のように供託者である裁判所書記官からの不受諾による取戻請求は認められない（稲葉＝佐藤・月報91頁）。知れていない抵当証券の所持人が還付請求するには、供託金払渡請求書に抵当証券を添付することを要する（供託規24②）。

⑤　債務者不出頭供託

弁済金交付手続（民執84Ⅱ）において、債務者が剰余金の受領のために執行裁判所に出頭しなかった場合についての規定は存しないが、民法494条の弁済供託の要件が満たされれば、供託することができる（稲葉・金融法務事情938号９頁、執務資料82頁、旧法につき、執行事件実務研究会・債権・不動産執行の実務351頁）。すなわち、債務者に対する剰余金交付は、債権者に対する配当金等交付と同様に取立債務であると解されるから、債務者が受領のために執行裁判所に出頭しないときは、民法494条の受領拒否の供託要件が満たされる。

債務者に対する剰余金を弁済供託するときの供託手続および払渡手続は、債権者不出頭供託の場合と同様であるが、供託者は、民事執行法91条２項の類推により、裁判所書記官である（注解民事執行法(4)373頁）。

⑶　**不動産の強制管理における供託**（表３－１－１中③～⑦）

強制管理は、不動産を換価するのではなく、不動産から生ずるすべての果

実の収益権を包括的に債務者から奪って、その収取等の管理を裁判所の選任する管理人（管理人の資格については特段の制限はないが、実務上は、執行官や弁護士が選任されることが多い）にさせることとし、その果実または換価金をもって債権者の債権の満足を図る制度である。

ところで、一般の金銭債権者は、強制競売によって債務者所有の不動産の交換価値から満足を得ることができるほか、強制管理によってその収益価値からも満足を得ることができたのに対し、抵当権者が抵当不動産の収益価値から優先的な満足を得るための制度は設けられていなかったが、平成15年法律第134号により、担保不動産収益執行制度が創設された（民執180②）。担保不動産収益執行の開始後の手続については、強制管理の規定（同法93～111）が包括的に準用されているが（同法188）、これに伴い強制管理における配当要求権者を執行力ある債務名義の正本を有する債権者のみとしていたのを、民事執行法181条1項各号に掲げる文書により一般の先取特権を有することを証明した債権者を、強制管理および担保不動産収益執行（以下「強制管理等」という）において配当要求をすることができる債権者に追加している（民執105・107Ⅳ・188）。

⑴　執行停止中における配当等に充てるべき金銭の供託（表3-1-1中⑦）

①　強制管理等の開始決定がされ、不動産の差押宣言が行われる（民執93Ⅰ・188）ことによって強制管理等手続が進められるが、その後執行停止文書（民執391）が提出されると、原則として執行手続は停止される。しかし、執行停止文書のうち、①強制執行の一時停止を命ずる旨を記載した裁判の正本（民執39Ⅰ⑦）または②債権者が債務名義の成立後に、弁済を受け、または弁済の猶予を承諾した旨を記載した文書（民執39Ⅰ⑧）が提出された場合は、管理人は、配当等の手続を除き、従来の管理行為を継続できる（民執104Ⅰ・188）。この場合、管理人は、配当等に充てるべき金銭（民執106Ⅰ）を供託し、執行裁判所にその事情を届け出なければならない（民執104Ⅰ、民執規71）。事情届出書には、供託書正本および停止書面の出されたときまでに配当計算書が作成されている場合には配当計算書の添付を要する（民執規71Ⅱ）。

② この供託については、供託すべき供託所の管轄についての定めはないが、強制競売における配当留保供託と同様（前記(1)・②）、執行裁判所の所在地にある供託所に供託することとされる。

③ この供託については、その後の執行停止の解除により執行事由が消滅したときに、執行裁判所による配当等の実施がなされ（民執109・188）、供託金は、その執行裁判所の配当等の実施としての支払委託に基づいてなされる（民執規73・61）。

② 管理人が配当等を実施する場合の配当留保供託（表3－1－1中③）

① 管理人は、配当等に充てるべき金銭について、債権者間に協議が調うときは、自ら配当等を実施することになる。この場合において、配当等を受けるべき債権者の債権が民事執行法91条1項各号（7号は除く）に掲げる事由があるときは、管理人は、その配当等の額に相当する金銭を供託し、執行裁判所にその事情を届け出なければならない（民執108前段・188、民執規71）。事情届出書には、供託書正本および配当計算書が作成されているときはその書面の添付を要する（民執規71Ⅱ）。

② この供託については、供託すべき供託所の管轄についての定めはないが、強制競売における配当留保供託と同様（前記(1)・②）、執行裁判所の所在地にある供託所に供託することとされる。

③ 執行裁判所は、供託の事由が消滅したとき（例えば、仮差押債権者が本執行の要件を具備したとき）、配当等の手続（配当表作成等の手続は不要と考えられるので、裁判所書記官は支払委託書を作成し、管理人から提出された供託書正本を添付して供託所へ送付するとともに、払渡しを受ける者に証明書を交付することになろう）を実施し（民執109）、供託金の払渡しは、執行裁判所の配当等の実施としての支払委託に基づいてなされる。

また、仮差押債権者または執行停止債権の不存在が確定したときは、その配当等の手続で配当等を受けることができた他の債権者のために、さらに配当等の手続を行うことになるので、その場合にも、配当等の実施としての支払委託によって供託金の払渡しがなされる。

第1章 民事執行法上の執行供託

③ 管理人が配当等を実施する場合の不出頭供託（表3－1－1中④）

　管理人は、配当等に充てるべき金銭について、債権者間に協議が調うときは、自ら配当等を実施することになる。この場合において、配当等を受けるべき債権者がその受領のために出頭しないときは、管理人は、その配当等の額に相当する金銭を供託しなければならない（民執108後段・188）。

　この供託は、不出頭債権者に対する配当等の手段としてされるものであり、その性質は、不動産に対する強制競売の場合において裁判所書記官のする不出頭供託と同様、弁済供託であると解される。したがって、この供託および供託金の払渡しの取扱いについては、不動産の強制競売における不出頭供託（前記(2)）と同様である（稲葉＝佐藤・月報92頁）。

④ 執行裁判所が配当等を実施する場合の配当留保供託および不出頭供託（表3－1－1中⑤・⑥）

　配当等に充てるべき金銭について、債権者間に協議が調わないときは、管理人において配当等の手続を行うことはできず、管理人は、配当計算書を添付してその事情を執行裁判所に届け出るとともに（民執107Ⅴ・188、民執規72）、配当等に充てるべき金銭を執行裁判所に提出しなければならない（民執規72Ⅲ）。

　執行裁判所は、この届出があった場合には、直ちに配当等を実施しなければならないが（民執109・188）、これについては不動産の強制競売に関する規定が準用されるので（民執111・188）、裁判所書記官による配当留保供託および不出頭供託がなされる場合があり（民執111・109・188・91）、その供託手続および供託金払渡手続は、前記(1)およびこの不動産の強制競売における供託と同様である（昭55.9.6民四5333号民事局長通達第二・一・2・㈣）。

(4) **不動産の担保権実行としての競売における供託**（表3－1－1中⑧・⑨）

　不動産に対する担保権の実行としての競売については、不動産の強制競売に関する規定が準用されるので（民執188）、裁判所書記官による配当留保供託および不出頭供託がなされ（民執188・91）、その供託手続および供託金払渡手続は、前記(1)および(2)の不動産の強制競売における供託と同様である（昭55.9.6民四5333号民事局長通達第二・一・4）。

(5) **不動産の担保権の実行としての担保不動産収益執行における供託**
　（表3－1－1中⑩～⑭）

　不動産に対する担保権の実行としての担保不動産収益執行については、(3)で述べたとおり、不動産の強制管理に関する規定が準用されるので（民執188）、その供託手続および供託金払渡手続は、前記(3)の不動産の強制管理における供託と同様である。

2　不動産以外のものの執行による供託

(1)　船舶の強制競売における供託（表3－1－1中⑰～㉒）

　船舶は、民法上動産とされているが（民86Ⅱ）、総トン数20トン以上の船舶は、所有権および抵当権等の登記が認められている（商686・687・703、船登規1）。したがって、一般動産の強制執行等については執行官が執行機関となるが、船舶の強制競売等については裁判所が執行機関となる（民執113）。

　なお、船舶登記をすることのできない船舶（総トン数20トン未満等（商684Ⅱ・686Ⅱ）は、船舶執行の対象とならず、動産執行として執行官が執行機関となる（民執112・122）。

　1　執行停止中の船舶に対する強制競売手続の取消保証供託（表3－1－1中⑰）
　①　供託の性質

　船舶に対する強制競売の場合において差押債務者が、①強制執行の一時停止を命ずる旨を記載した裁判の正本（民執39Ⅰ⑦）または②債権者が債務名義の成立後に、弁済を受け、または弁済の猶予を承諾した旨を記載した文書（民執39Ⅰ⑧）を提出して、執行停止の状態となっても依然船舶の移動は禁止されたままである（民執114Ⅱ）。そこで、債務者は、差押債権者および配当要求債権者の債権および執行費用の総額に相当する保証を提供することにより、配当等の手続を除く強制競売の手続の取消しを求めることができる（民執117Ⅰ）。

　この保証の提供は、①金銭または②執行裁判所が相当と認める有価証券を執行裁判所の所在地を管轄する地方裁判所の管轄区域内の供託所に供託する

方法によることができる（民執117Ⅴ・15Ⅰ）。なお、銀行等との支払保証委託契約を締結したことを証する文書を直接執行裁判所に提出する方法（民執規78Ⅰ）もあるが、これは供託所に直接関係しないものである。

この供託の記載例は、別紙3-1-3によるが、被供託者の記載は要しない（佐藤・供託実務192頁）。

この供託は、執行停止が効力を失ったときに、執行裁判所は、①供託金については配当等を実施し（民執117Ⅱ前段）、②供託有価証券についてはそれを取り戻し、換価したうえ配当等を実施することになる。

② 払渡手続

ア 債権者の払渡請求等

債務者が請求異議の訴えに敗訴する等により、前記①の文書の提出による執行停止が効力を失ったときは、執行裁判所は、債権者のために配当等を実施する（民執117Ⅱ前段）。

金銭供託の場合には、そのまま配当等を実施し、その払渡しは、執行裁判所の配当等の実施としての支払委託に基づいてなされる。有価証券供託の場合には、執行裁判所が有価証券を取り戻し（いわば債務者（供託者）に代わって取り戻す）、換価したうえ（民執117Ⅱ後段・117Ⅴ・78Ⅲ、民執規57）、配当等を実施する。

この有価証券供託の執行裁判所による取戻請求権の行使は、執行停止の効力が失われたときに初めて可能になることから、払渡請求書には、「執行停止の効力が失われたことを証する書面」の添付を要する（供託規25②）。しかし、払渡請求書に執行停止の効力が失われた旨の記載があるときは、この書面の添付を要しないとされている（昭55.9.6民四5333号民事局長通達第二・二・1・㈠・⑵）。なぜなら、執行停止の効力が失われたことは、取戻請求をする執行裁判所自身の証明し得るところであるからである。

イ 債務者の取戻し

債務者が請求異議の訴えに勝訴する等により配当等の手続が取り消されたときは、債務者は、供託原因消滅として、供託した金銭または有価証券を取り戻すことができる（供託8Ⅱ）。債務者が取戻請求をするには、執行裁判

別紙3-1-3

供託書・OCR用（裁判上の保証）

申請年月日	平成21年11月1日
供託所の表示	○○地方法務局

供託者の住所氏名
- 住所：甲県乙市丙町1丁目1番1号
- 氏名・法人名等：甲野運輸株式会社
- 代表者等又は代理人住所氏名：代表取締役 甲野太郎

被供託者の住所氏名：（空欄）

法令条項	民事執行法第91条第2項

裁判所の名称及び事件の名称等
- ○○裁判所 支部
- 平成21年（ヨ）第110号 船舶強制競売手続取消申立事件
- 当事者：供託者 甲県乙市丙町2丁目2番2号 乙山産業株式会社

供託の原因たる事実
- ☑訴訟費用の担保
- □仮執行の担保
- □仮執行を免れるための担保
- □強制執行停止の保証
- □強制執行取消の保証
- □強制執行続行の保証
- □仮差押の保証
- □仮差押取消の保証
- □仮処分の保証
- □仮処分取消の保証
- □その他

備考：執行裁判所△△地方裁判所平成16年（ヌ）第130号強制競売申立事件

（注）1. 供託有価証券又は供託振替国債は別紙継続用紙に記載してください。
2. 本供託書は折り曲げないでください。

供託者カナ氏名：コウノウンユカブシキガイシャ

供託書・OCR用（継続用紙）

供託有価証券

証券名称	枚数	総額面	内訳 額面	内訳 回記号	内訳 番号	附属利賦札	備考
利付国庫債券（10年）	2	200,000円	10万円	第220回	301 302	平成18年9月20日喪以降利札付最終渡期平成28年3月20日	

（注）1. 枚数及び総額面の訂正はできません。
2. 本供託書は折り曲げないでください。

第3編 執行供託（各論）

第1章 民事執行法上の執行供託

所の保証取消決定を必要とし（民執117Ⅴ・15Ⅱ、民訴79Ⅰ）、払渡請求書（別紙3-1-4）には、保証取消決定正本およびその確定証明書の添付を要する（昭55.9.6民四5333号民事局長通達第二・二・1・㈠・(4)）。

2　配当留保供託および不出頭供託（表3-1-1中⑱・⑲）

船舶に対する強制執行についての配当等の実施は執行裁判所が実施することとされ（民執112・91）、不動産に対する強制競売の場合と同様の配当留保供託および不出頭供託がされることになる。

民事執行法91条の規定は、配当等に充てる金銭（売却代金）を執行裁判所が保管している場合に限られる。したがって、船舶競売手続の取消しのための保証が金銭供託の方法で行われているときは、民事執行法91条の規定をそのままの形で適用することはできないが、執行裁判所がいったん供託金を取り戻したうえで配当留保供託または不出頭供託をするというような迂遠なことをせず、①配当留保供託の事由があれば、そのまま供託を持続し、その供託の事由が消滅したときに支払委託をし（民執92Ⅰ）、②その他の場合には、債権者の出頭の有無にかかわらず、直ちに支払委託をする。

なお、上記②の場合には、その出頭債権者にはその場において供託規則30条の証明書を交付するが、不出頭債権者には交付ができないので、裁判所書記官において通常の不出頭供託における供託通知に代わるものとして、適宜の方法で証明書の交付を受けることを連絡すべきである（石坂・供託制度66・67頁）。

3　担保権実行における供託（表3-1-1中⑳～㉒）

船舶に対する担保権の実行としての競売については、前記1・2の強制競売における供託と同様である（民執189・117・121・91）。

(2)　**動産に対する強制執行等における供託**（表3-1-1中㉓～㉔）

土地およびその定着物以外の物または無記名債権は動産とされ（民法86Ⅱ・Ⅲ）、これらに対する執行機関は執行官とされている（民執122）。

1　執行停止中動産の売却による売得金の供託（表3-1-1中㉗）

①　供託の性質

差押債権者の債権について民事執行法39条1項7号または8号に掲げる文

別紙3-1-4

供託金払渡請求書 (第25号書式)

請求年月日	平成 20 年 11 月 10 日	受付番号	第　　　　号
供託所の表示	○○法務局	整理番号	第　　　　号

請求書の住所氏名印	甲県乙市丙町1丁目1番1号　甲野太郎 ㊞ [代理人による請求のときは、代理人の住所氏名をも記載し、代理人が押印すること。]	払渡請求事由及び還付取戻の別	還付 1. 供託受諾 2. 担保権実行 3. 取戻 1. 供託不受諾 ②供託原因消滅 3.
		隔地払、国庫金振替、預貯金振込を希望するときはその旨	1. 隔地払　　　　　銀行　　　　店 受取人 2. 国庫金振替 3. 預貯金振込 　振込先　　　　　銀行　　　　店 　預貯金の種別　普通・当座・通知・別段 　預貯金口座番号 　預貯金口座名義人 (かな書き)

供託番号	元本金額	利息を付す期間	利息金額	備考
20年度金第1680号	75,000 円	年　月　日から 年　月　日まで	月	
年度金第　　号		年　月　日から 年　月　日まで	月	
年度金第　　号		年　月　日から 年　月　日まで	月	
年度金第　　号		年　月　日から 年　月　日まで	月	
元本合計額	百十万千百十円 ￥　　7　5　0　0　0			元　　　　　件 利 計

認可　年　月　日　　㊞

書が提出されて執行が停止された場合において、差押物について著しい価額の減少を生ずるおそれがあるとき等は、執行官がその差押物を売却することができ（民執137Ⅰ）、その売得金を供託しなければならない（民執137Ⅱ）。

この供託は、執行官の売得金の保管の方法としてする保管供託である。したがって、被供託者は存在せず、この供託金については、差押債権者も債務者も直接権利を有するものではなく、執行官が取戻請求権を有するだけである。

② 払渡手続

債務者が請求異議の訴え等に敗訴したとき、または差押債権者以外の債権者が強制執行の申立てをしたとき等動産執行が続行されることとなったときは、それによって配当要求遮断効が生じ（民執140）、執行官は、供託原因消滅を理由として供託金を取り戻したうえ、配当等を実施しなければならない（民執139）。

差押えの申立てが取り下げられ、または差押えが取り消された場合においても、供託金の払渡しは、執行官の取戻請求によってする。

2 執行官が配当等を実施する場合の配当留保供託（表3－1－1中㉓）

動産執行においては、執行官は第一次的な配当実施機関とされ、売得金、差押金銭あるいは手形等の支払金（以下「売得金等」という）について、執行官は、債権者に弁済金を交付ないし配当を実施する（民執139Ⅰ・Ⅱ）。

この場合において、配当等を受けるべき債権者の債権に配当留保事由（民執141Ⅰ）があるときは、執行官は、その配当等の額に相当する金銭を供託（別紙3－1－5）し、その事情を執行裁判所に届け出なければならない（民執141Ⅰ、民執規131）。この事情届出書（民執規131Ⅰ）には供託書正本および事件の記録を添付しなければならない（民執規131Ⅱ）。

この事情の届出を受理した執行裁判所は、供託の事由が消滅したときに、配当等の手続を実施する（民執142Ⅰ）。この供託金の払渡しは、この執行裁判所の配当等の実施としての支払委託に基づいてなされる。

なお、売得金等の配当について債権者間に協議が調わないときは、執行官は、その事情を執行裁判所に届け出なければならない（民執139Ⅲ、民執規

別紙3-1-5　配当留保供託

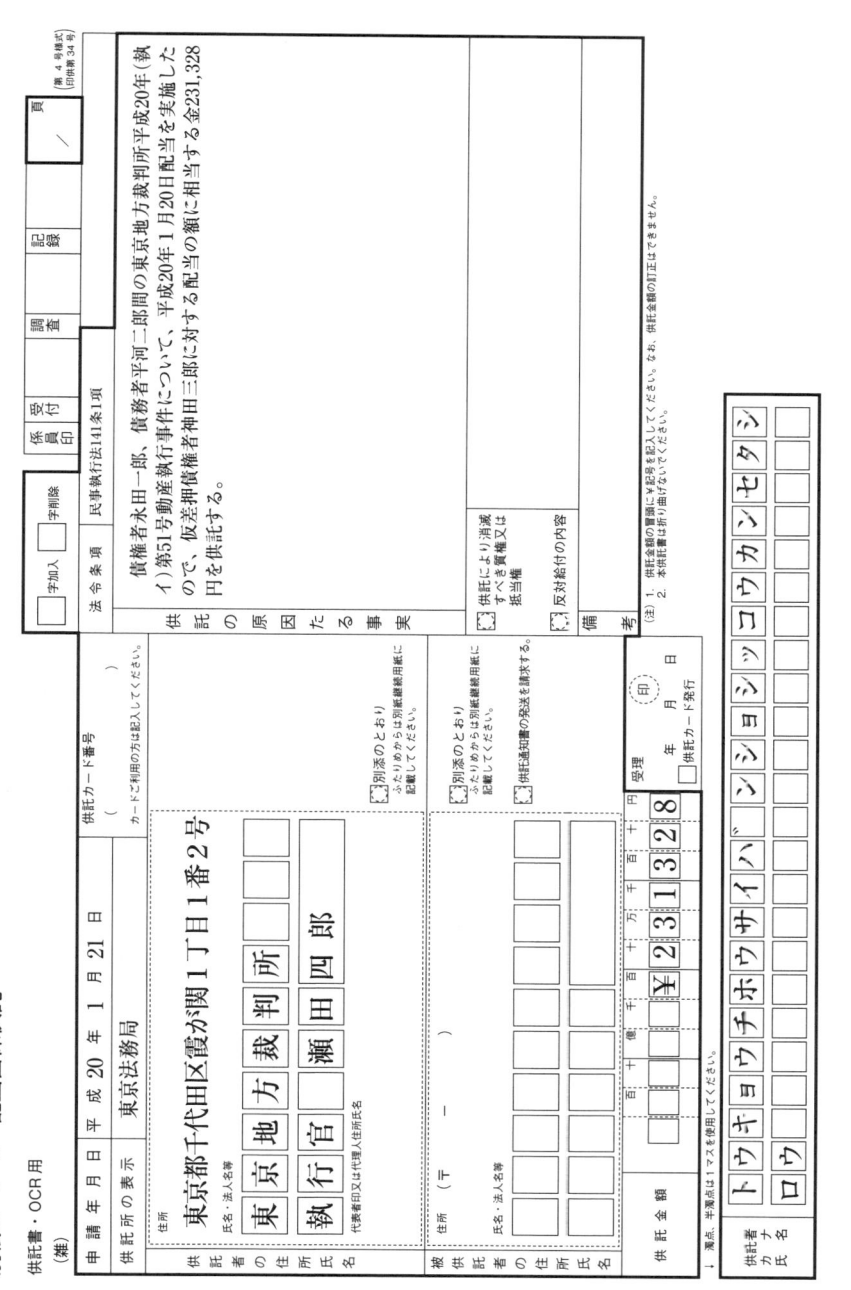

供託書・OCR用
(雑)

申請年月日	平成20年1月21日	供託カード番号

供託所の表示　東京法務局

供託者の住所氏名	住所 東京都千代田区霞が関1丁目1番2号
	氏名・法人名等　東京地方裁判所
	執行官　瀬田四郎
	代表者印又は代理人住所氏名

被供託者の住所氏名	住所 (〒　－　) 別添のとおり
	氏名・法人名等　別添のとおり
	供託通知書の発送を請求する。

供託金額　金231,328円

法令条項　民事執行法141条1項

供託の原因たる事実
債権者永田一郎、債務者平河二郎間の東京地方裁判所平成20年(執イ)第51号動産執行事件について、平成20年1月20日配当を実施したので、仮差押債権者神田三郎に対する配当の額に相当する金231,328円を供託する。

供託により消滅すべき質権又は抵当権

反対給付の内容

備考

(注) 1. 供託金額の冒頭には¥記号を記入してください。なお、供託金額の訂正はできません。
　　 2. 本供託書は折り曲げないでください。

受理　年　月　日
供託カード発行

字加入	字削除

係員印　受付　調査　記録

供託者カナ氏名　トウキョウチホウサイバンショシッコウカンセタシ ロウ

↓濁点、半濁点は1マスを使用してください。

第1章　民事執行法上の執行供託

130)。この事情届出は、供託後のものではなく、かつ、既に保管金（執行官保管金）とされている売得金は、会計事務上、保管主体を裁判所に替えれば足り（保管替え）、通常の事情届出のような供託書正本の添付ということはない。この事情の届出を受理した執行裁判所は直ちに配当等を実施する（民執142）。この場合の執行裁判所のする配当留保供託等については後述する（後記⑤）。

　3　執行官が配当等を実施する場合の不出頭供託（表3－1－1中㉕）

　執行官が配当等を実施する（民執139Ⅰ・Ⅱ）場合において、債権者が配当等の受領のため出頭しないときは、執行官は、これに対する配当等の額に相当する金銭を供託（別紙3－1－6）しなければならない（民執141Ⅱ）。この供託の手続および供託金払渡手続については、執行官がする点を除いては、前記1の(2)の不動産に対する強制競売における不出頭供託と同様である。

　4　差押えが取り消された動産の売得金の供託（表3－1－1中㉘）

　執行官は、差押えが取り消された動産を権利者に引き渡すことができないときは、執行裁判所の許可を得てこれを売却することができ（民執規127Ⅲ）、その売得金を供託しなければならない（民執規127Ⅳ・168Ⅷ）。

　この供託は、その性質上弁済供託と解すべきであり、前記(3)の執行官のする不出頭供託と同様であり、したがって、この供託の手続および払渡手続は前記1の(2)の不動産に対する強制競売における不出頭供託と同様である。

　5　執行裁判所が配当等を実施する場合の配当留保供託および不出頭供託
　　（表3－1－1中㉔・㉖）

　債権者が複数おり、売得金等をもって各債権者の債権および執行費用の全部を弁済することができず、かつ、債権者間に配当等の協議が調わないときは、執行官は、事件の記録を添付してその事情を執行裁判所に届け出なければならない（民執139Ⅲ、民執規130）。

　この事情届書を受理した執行裁判所は、直ちに配当等を実施しなければならないが（民執142Ⅰ）、この配当等の手続については、前記1の(1)および(2)の不動産の強制競売の場合の配当留保供託および不出頭供託と同様の供託がなされる（民執142Ⅱ・91）。

別紙3−1−6 債権者不出頭供託

供託書・OCR用
(雑)

申請年月日	平成 21 年 1 月 26 日	供託カード番号 ( )
供託所の表示	(〒100−0013) 東京法務局	カードご利用の方は記入してください

供託者の住所氏名
住所 (〒100−0013) 東京都千代田区霞が関1丁目1番2号
氏名・法人名等 東京地方裁判所
執行官 瀬田四郎
代表者印又は代理人住所氏名

被供託者の住所氏名
住所 (〒162−0813) 東京都新宿区東五軒町7丁目6番1号
氏名・法人名等 永田一郎

	字加入 □ 字削除 □	民事執行法141条2項

法令条項　民事執行法141条2項

供託の原因たる事実

債権者永田一郎、債務者平河二郎間の東京地方裁判所平成21年(執イ)第52号動産執行事件について、債権者永田一郎は、弁済金交付の日である平成21年1月20日に出頭しなかったので、同人に対する弁済金の額に相当する金186,950円を供託する。

□別添のとおり
ふたりめからは別紙継続用紙に記載してください。

□別添のとおり
ふたりめからは別紙継続用紙に記載してください。

☑供託通知書の発送を請求する。

供託金額	百億 十億 億 千万 百万 十万 万 千 百 十 円
	￥ 1 8 6 9 5 0

受理
年　月　日　(印)
□供託カード発行

□供託により消滅すべき質権又は抵当権
□反対給付の内容

備考

(注) 1. 供託金額の冒頭に¥記号を記入してください。なお、供託金額の訂正はできません。
2. 本供託書は折り曲げないでください。

供託者カナ氏名	ト ウ キ ョ ウ チ ホ ウ サ イ バ ン シ ョ シ ツ コ ウ カ ン セ タ シ
	ロ ウ

1 濁点、半濁点は1マスを使用してください。

第1章　民事執行法上の執行供託　73

6 担保権実行としての競売における供託（表3−1−1中㉙〜㉞）

動産に対する担保権の実行としての競売については、動産の強制競売に関する規定が準用されているので（民執192.137・141、民執規178Ⅱ・127Ⅲ・Ⅳ・168Ⅷ）、供託手続については、前記1ないし5の強制競売における供託と同様である（昭55.9.6民四5333号民事局長通達第二・三・4）。

(3) 債権に対する強制執行等における供託（表3−1−1中㊴〜㊸、㊻〜㊾）

金銭の支払を目的とする債権は、執行裁判所が執行機関となり、裁判所の差押命令によって開始される。差押命令は、債務者および第三債務者に送達されるが、第三債務者に送達されたときに差押えの効力が発生する（民執145Ⅲ・Ⅳ）。差押えの効力が生ずると、第三債務者は、債務者（本来の債権者）に弁済することができないこととなる（民執145Ⅰ、民481）。

ところで、上記命令の効力発生後に、特別の事情がある場合には、執行裁判所は、その差押債権に対し売却命令または管理命令等を発し（民執161Ⅰ）、債権を換価したうえで配当等の実施を行う（民執166Ⅰ②・Ⅱ・91・161Ⅳ・104Ⅰ・108・193Ⅱ）。

1 金銭債権に対する強制執行等における供託（表3−1−1中㊴〜㊵）

金銭債権が差し押えられた場合の第三債務者のする供託（民執156Ⅰ・Ⅱ）については、項を改めて詳述した（後記第4編）。

2 取立訴訟（後記第4編第2章第2節第3・1・(3)参照）において供託が命ぜられた場合に執行機関がする供託（表3−1−1中㊶）

① 供託の性質

第三債務者が差押え等に係る金銭債権について差押えが競合し供託義務を負う（民執156Ⅱ、滞調36の6Ⅰ）にもかかわらず供託しない場合は、差押債権者は、第三債務者に対し、差し押えた債権の給付を求める取立訴訟を提起することができる。この取立訴訟において請求を認容するときは、受訴裁判所は、請求に係る金銭の支払は供託の方法によりすべき旨の「供託判決」をする（民執157Ⅳ）。

取立訴訟において原告たる差押債権者が勝訴した場合に、第三債務者がこの判決に服さず、供託義務を履行しないときは、差押債権者は、当該判決に

基づいて①第三債務者の財産に対し強制執行をするか、または②既に他の債権者により第三債務者の財産について強制執行もしくは競売等が開始されている場合は、これに配当要求することになる。この強制執行または競売等において、前記取立訴訟の原告たる差押債権者が当該判決に基づき配当等を受けるべきときは、執行機関はその配当等の額に相当する金銭を、差押命令の発せられた金銭債権の債務履行地の供託所に供託しなければならない（民執157Ⅴ、滞調36の7）。

この供託については、事情届をすべき規定は存しないが、執行裁判所の配当等の実施のきっかけとなるために執行機関は、最初に債権差押命令を発した執行裁判所に供託書正本を添付して事情届または通知をすべきであろう（石坂・供託制度72頁）。

② 払渡手続

①の方法により最初に債権差押命令を発した執行裁判所に送付された供託書正本記載の供託金の払渡しについては、執行裁判所の配当等の実施としての支払委託に基づいてなされる。この場合において、支払委託をするのは、当初の債権執行の執行裁判所である（昭55.9.6民四5333号民事局長通達第二・四・1・㈡・(2)・イ）。

3 売却命令が発せられた場合の供託（表3－1－1中㊻、㊼）

差し押えられた債権が条件付きもしくは期限付きであるとき、または反対給付に係ることその他取立てが困難であるときは、執行裁判所は、差押債権者の申立てにより、執行官に対し、その債権の売却命令を発することができ、執行官は、当該売却命令が確定したときに執行裁判所の定める方法により債権を売却し、その売得金を執行裁判所に提出することを要する（民執161Ⅰ・Ⅳ、民執規141Ⅳ）。この売却命令により執行官が売得金の交付を受けたときは、配当加入遮断の効力が発生するので（民執165③）、執行裁判所は、執行官から提出された売得金について配当等を実施することになるが、この配当等の実施の手続においては、不動産に対する強制競売の場合と同様に、執行裁判所の書記官による配当留保供託および不出頭供託が行われる（民執166Ⅰ②・Ⅱ・91）。

第1章 民事執行法上の執行供託

④ 管理命令が発せられた場合の供託（表3-1-1中㊽～㊾）

差し押えられた債権について上記売却命令が発せられた場合と同様の事由があるときは、執行裁判所は、差押債権者の申立てにより、管理人を選任して、その債権の管理命令を発することができる（民執161Ⅰ）。この命令が確定したときは、不動産に対する強制管理の場合と同様の手続がとられるので、管理人または執行裁判所の書記官による強制管理と同様の供託が行われる（民執161Ⅵ・104・108・109・166Ⅱ・91）。

⑤ 動産の引渡請求権に対する強制執行における供託（表3-1-1中㉖・㉗）

動産の引渡請求権が差し押えられ、差押債権者の申立てにより執行官がその引渡しを受けたときは、動産執行の売却手続によりこれを売却し、その売得金を執行裁判所に提出することになる（民執163Ⅰ・Ⅱ）。また、執行官に対する引渡しにより配当加入遮断効が生じ（民執165④）、執行裁判所は、執行官から提出された売得金について配当等を実施しなければならない（民執166Ⅰ③）。この配当等の実施の手続は、不動産強制競売の規定が準用されるので、執行裁判所の書記官による配当留保供託および不出頭供託が行われる（民執166Ⅱ・91）。

⑥ 債権に対する担保権の実行または行使における供託（表3-1-1中㊷・㊸・㊾～㊾）

債権に対し担保権の実行または行使としての差押えがされた場合の供託については、前記①から⑤の強制執行における供託と同様である（民執193Ⅱ）。

(4) その他の財産権に対する強制執行および担保権の実行における供託（表3-1-1中㊽・㊾）

不動産、船舶、動産および債権以外の財産権（賃借権、未登記地上権、買戻権、電話加入権、特許権等）に対する強制執行については、特別の定めがあるものを除き、債権執行の例によることとされているので（民執167Ⅰ）、供託については前記(3)の債権に対する強制執行における供託と同様である。

(5) **金銭の支払を目的としない請求権のうち、不動産の引渡し等の強制執行における供託**（表3－1－1中㉔）

不動産または人の居住する船舶等の引渡しまたは明渡しの強制執行のように、金銭の支払を目的としない請求権に対する強制執行の場合においては、執行官がその目的物以外の動産を取り除き、これを債務者またはその代理人等（民執168Ⅴ）に引き渡さなければならないが、その引渡しができないときは、執行官は、これを売却することができ、その売得金から売却および保管に要した費用を控除した残余の金額を供託（別紙3－1－7）しなければならない（民執168Ⅴ・Ⅶ・Ⅷ）。

この供託は、弁済供託に準じて取り扱われるので、その供託手続および供託金の払渡しについては、前記(2)の④差押えが取り消された動産の売得金の供託と同様である（昭55.9.6民四5333号民事局長通達第二・六・1・㈡）。

この供託は、債権者ごとに各別にし、供託官に対し、供託通知書の発送を請求する場合、供託書にその旨を記載し、被供託者（不出頭債権者）あての郵券または民間事業者による信書便の役務に関する料金の支払のため使用できる証票で、法務大臣の指定するものを付した封筒を添付する（民495Ⅲ、供規16、供託準則33）。

供託金の払渡しは、被供託者の還付請求によってする。

(6) **金銭の支払を目的としない請求権のうち、動産の引渡しの強制執行における供託**（表3－1－1中㉕）

動産の引渡しの強制執行において、その目的物以外の動産を債務者等に引き渡すことができないときは、執行官は、その動産を売却し、売得金から売却費用および保管費用を控除した残余の金額を供託しなければならない（民執169Ⅱ・168Ⅴ・Ⅶ・Ⅷ）。この場合の供託は、前記(5)と同様である（民執169Ⅱ・168Ⅷ）。

(7) **航空機に対する強制執行および担保権実行における供託**（表3－1－1中㉖～㉙）

航空機に対する強制執行等については、船舶に対する強制執行の規定を準用することとされているので、この供託は、船舶に対する強制執行および担

別紙3-1-7　非金銭執行の目的外動産の売得金の供託

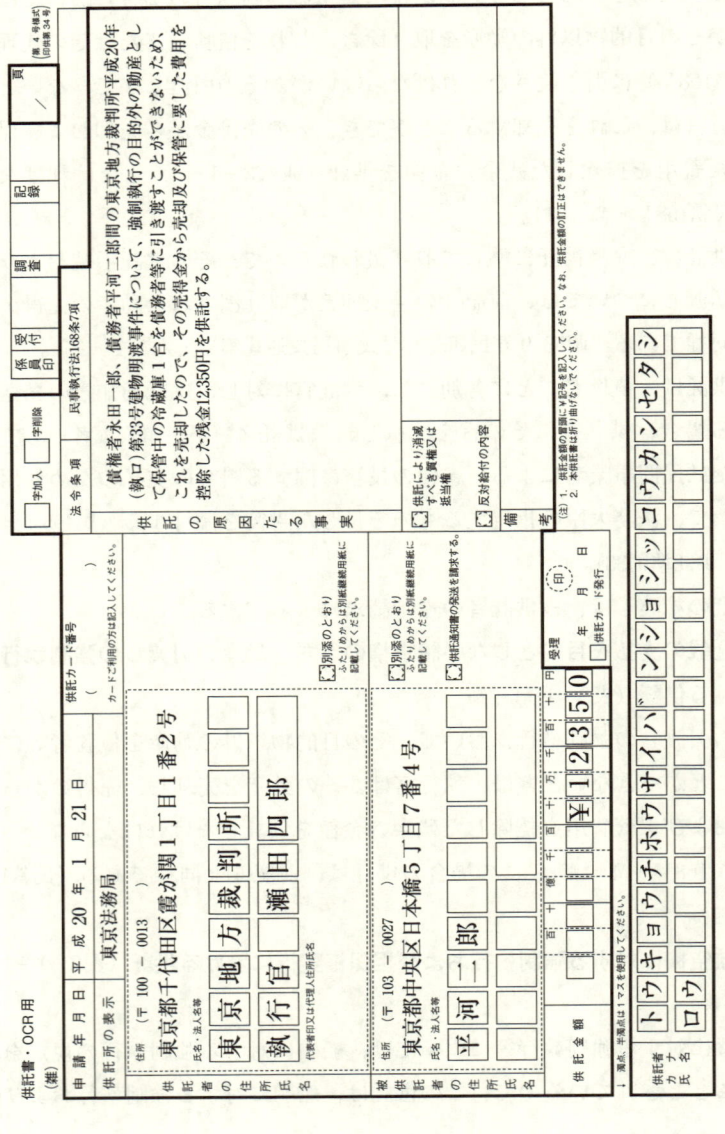

供託書・OCR用

（第4号様式）
（回収線34号）

| □字削入 | □字削除 | 民事執行法168条7項 | 係員受付印 | 調査 | 記録 |

供託書
（桂）

申請年月日	平成20年1月21日	供託カード番号
供託所の表示	東京法務局	（カードご利用の方は記入しないでください）

供託者の住所氏名
（〒100－0013）
住所　東京都千代田区霞が関1丁目1番2号
氏名・法人名等　東京地方裁判所
代表者印又は代理人住所氏名　執行官　瀬田四郎

法令条項　民事執行法168条7項

供託の原因たる事実

債権者末田一郎、債務者平河二郎間の東京地方裁判所平成20年(執ロ)第33号建物明渡事件について、強制執行の目的外の動産とし
て保管中の冷蔵庫1台を債務者等に引き渡すことができないため、
これを売却したので、その売却及び保管に要した費用を
控除した残金12,350円を供託する。

□別添のとおり
ふたりから別綴用紙に記載してください

被供託者の住所氏名
（〒103－0027）
住所　東京都中央区日本橋5丁目7番4号
氏名・法人名等　平河一郎

□別添のとおり
ふたりから別綴用紙に記載してください
□供託通知書の発送を請求する。

供託により消滅すべき質権又は抵当権

反対給付の内容

備考

供託金額　金￥12350円

受理　年　月　日　（印）
□供託カード発行

（注）1. 供託金額の整理に￥印を記入してください。なお、供託金額の訂正はできません。
2. 本供託書は折り曲げないでください。

| 供託者カナ氏名 | ト｜ウ｜キ｜ョ｜ウ｜チ｜ホ｜ウ｜サ｜イ｜バ｜ン｜シ｜ョ｜シ｜ツ｜コ｜ウ｜カ｜ン｜セ｜タ｜ン |
| ロ｜ウ |

※黒点、半濁点は1マスを使用してください。

（注）
この供託は、執行供託というよりもしろ、弁済供託であるから、還付権者の氏名、住所を記載する。
この供託は、債務者ごとに各別にし、供託書に対し、供託通知書の発送を請求する場合、供託書その旨を記載し、被供託者（不出頭債権者）あての郵券またはに民間事業者による信書便の役務の指定をするための封筒を添付する（民695Ⅱ、供託規16、供託準則3）。
供託金の払渡しは、被供託者の還付請求によってする。

保権の実行における供託と同様である（民執規84・175、民執121・91）。

(8) **自動車、建設機械または小型船舶に対する強制執行等における供託**
（表3－1－1中⑩～⑬）

登録自動車に対する強制執行および担保権の実行としての競売については、不動産に対する強制執行の規定が準用されているので、この供託は、前記(1)ないし(4)の不動産に対する強制競売における供託と同様である（民執規97・民執91、民執規176）。

また、建設機械および登録小型船舶に対する強制執行等については、自動車に対する強制執行等の規定が準用されているので、この供託は、自動車に対する強制執行等における供託と同様である（民執規98・98の2・97・177・177の2・176）。

第2 保全執行手続における供託

(1) **不動産に対する強制管理の方法による仮差押えの執行による配当等に充てるべき金銭の供託**（表3－1－1中⑮）

1 供託の性質

不動産に対する仮差押えの執行は、仮差押えの登記をする方法または強制管理の方法（両者の併用も可）によって行うこととされている（民保47Ⅰ）が、強制管理の方法は、貸ビルおよび賃貸マンション等に対して仮差押えを執行する場合等に用いられる。

仮差押えによる強制管理は、配当等の手続もなく、本執行の場合と若干相違するが、やはり、本執行と同じく、執行裁判所の選任した管理人によって管理が行われ、管理人は、収益またはその換価代金から分与命令による分与および不動産に課される租税その他の公課および管理人の報酬その他の費用を控除した残額（民保47Ⅴ、民執107Ⅰ）を供託（別紙3－1－8）し、その事情を執行裁判所に届け出なければならない（民保47Ⅳ）。この事情届には、供託書正本の添付を要する（民保規32、民執規71）。この場合、供託金について配当等の実施が予定されていることから、その供託の性質は狭義の執行供託である。

別紙3-1-8 強制管理による金銭の供託

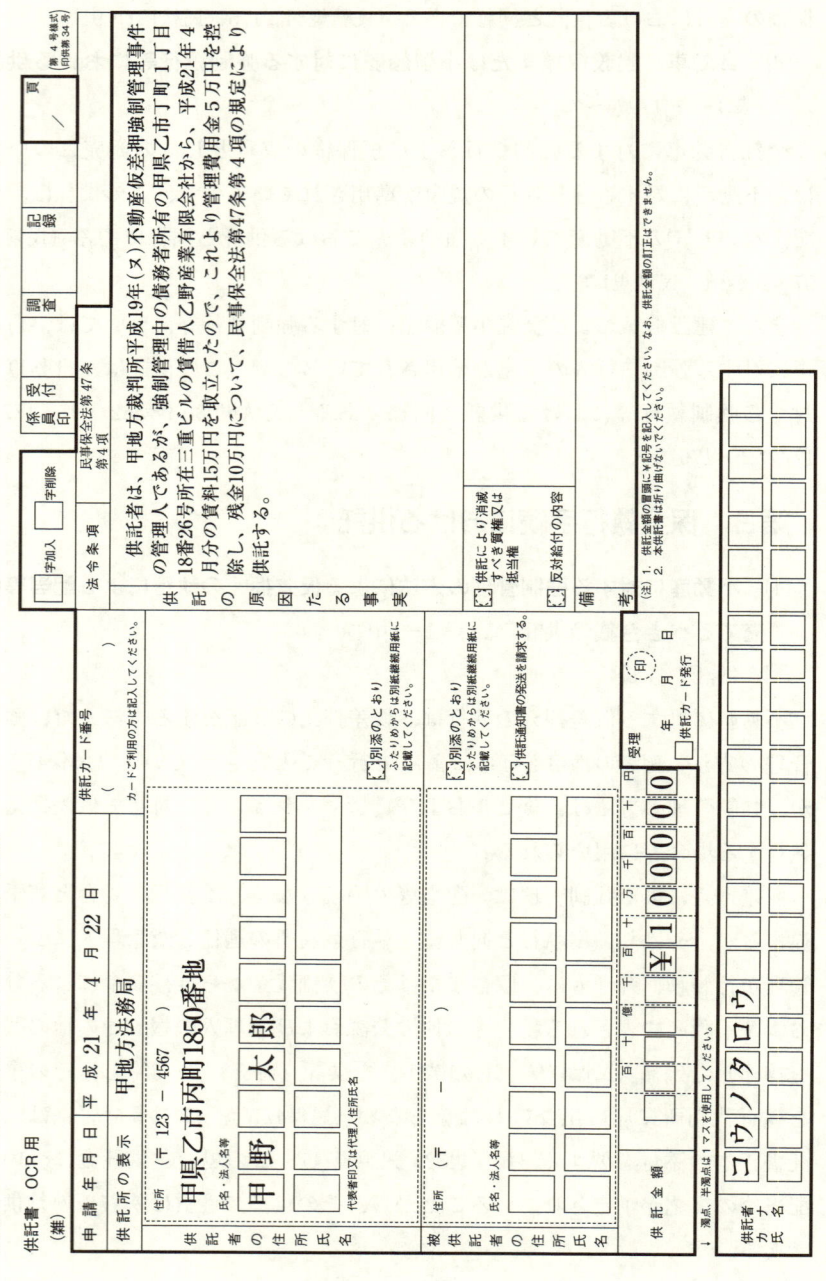

供託書・OCR用
(兼)

申請年月日	平成 21 年 4 月 22 日		供託カード番号 ( )
供託所の表示	甲地方法務局		カードご利用の方は記入してください。

供託者の住所氏名
(〒 123 - 4567)
甲県乙市丙町1850番地
氏名・法人名等 甲野 太郎 ㊞
代表者印又は代理人住所氏名

被供託者の住所氏名
(〒 -)

法令条項：民事保全法第47条第4項

供託の原因たる事実：
供託者は、甲地方裁判所平成19年(ヌ)不動産差押仮押強制管理事件の管理人であるが、強制管理中の甲県乙市丁町1丁目18番26号所在三重ビルの賃借人乙野産業有限会社から、平成21年4月分の賃料15万円を取立てたので、これにより管理費用金5万円を控除し、残金10万円につつて、民事保全法第47条第4項の規定により供託する。

字加入 字削除

受付係員印 調査 記録 / 頁

供託により消滅すべき質権又は抵当権

反対給付の内容

備考

受理 年 月 日 ㊞
供託カード発行

百億	十億	億	千万	百万	十万	万	千	百	十	円
				¥	1	0	0	0	0	0

供託金額

供託者カナ氏名： コウノタロウ

↓濃点、半濁点は1マスを使用してください。

(注) 1. 供託金額の冒頭に¥記号を記入してください。なお、供託金額の訂正はできません。
2. 本書面は折り曲げないでください。

(第4号様式)
(印紙第34号)

なお、民事保全法47条5項において民事執行法104条2項を準用しているので、管理人が仮差押債権者の被保全債権額に相当する額の金銭を供託したときは、執行裁判所は、強制管理の手続を取り消すことを要し、これによって、債権者の収益権が回復することになる。

② 払渡手続

仮差押債権者が本執行の申立てをし、強制管理の開始決定がされたときは、供託金について配当等が行われる。この配当等の手続は、管理人ではなく執行裁判所が行うことになる。管理人が配当等を実施するのは、その手許に金銭が保管されている場合に限り、当該供託の場合のように配当等に充てるべき金銭が既に供託されているときは、執行裁判所が配当等を実施すると解される（昭55.9.6民四5333号民事局長通達第二・一・3・㈡・(1)、平2.11.13民四5002号民事局長通達第二・一・(3)・ア）。

強制管理の場合の供託は、前述のように執行裁判所に移管されたものであり、したがって、仮差押命令の申立ての取下げまたは仮差押えの執行の取消しが発効した場合であっても、供託金については、供託原因の消滅を理由とする管理人の取戻しは認められておらず、供託金の払渡しは仮差押えの執行裁判所の支払委託に基づいてなされる（昭55.9.6民四5333号民事局長通達第二・一・3・㈡・(2)、平2.11.13民四5002号民事局長通達第二・一・(3)・イ）。

この供託については、管轄供託所に関する規定はないが、後続する執行裁判所の配当等の実施の利便を考えるとき、やはり、強制管理の執行停止中における配当等に充てるべき金銭と同様、執行裁判所の所在地の供託所にするのが相当であろう。

(2) **強制管理の方法による仮差押えの執行停止中における供託**（表3-1-1中⑯）

既に強制管理の開始決定がされている場合において民事執行法39条1項7号に掲げる文書が提出されたときには、強制管理はその時の態様で継続できるが、この場合、配当に充てるべき金額を供託し、その事情を執行裁判所に届け出なければならない（民保47Ⅴ、民執104Ⅰ・106Ⅰ）。

この供託の払渡手続については、不動産に対する強制管理の方法による配

第1章 民事執行法上の執行供託 81

当に充てるべき金銭の供託（前記(1)・②）と同様であり、執行裁判所の支払委託に基づいてする（平2.11.13民四5002号民事局長通達第二・一・(3)）。

(3) **仮差押え金銭等の供託**（表3－1－1中㉟）

執行官は、仮差押えの執行をした金銭または手形、小切手その他金銭の支払を目的とする有価証券を満期に提示して（民保47Ⅳ・民執136）支払を受けた金銭を供託しなければならない（民保47ⅠⅡ）。

この供託（別紙3－1－9）は、執行官の金銭の配当等の実施ができるまでの保管の方法としてする保管供託であり、この点において執行停止中の売却による売得金の供託（前記第1・2・(2)・①）と同様の性質をもつものである。したがって、供託についての手続も、それと同じ取扱いとなり、供託金の払渡しは、執行官の取戻請求によってする（昭55.9.6民四5333号民事局長通達第二・三・2・㈠・(2)、平2.11.13民四5002号民事局長通達第二・二・(1)・ア・(イ)）。

(4) **仮差押え動産の売得金の供託**（表3－1－1中㊱）

仮差押え中の動産が腐敗しやすいものである等著しい価額の減少を生ずるおそれがあるとか、保管費用が不相応に高額となるような場合は、執行官は、執行停止中の売却と同じようにこれを売却し、その売得金を供託することになる（民保47Ⅲ）。この供託の性質（別紙3－1－10）については、前記第1・2・(2)・①の供託と全く同様である。したがって、供託金の払渡しは、執行官の取戻請求によってする（昭55.9.6民四5333号民事局長通達第二・三・2・㈡・(2)、平2.11.13民四5002号民事局長通達第二・二・(1)・イ・(イ)）。

(5) **仮差押えの執行が取り消された動産の売得金の供託**（表3－1－1中㊲）

執行官が仮差押えの執行を取り消した動産を権利者に対して引き渡すことができないときは、執行官は、執行裁判所の許可を受けてこれを売却することができ（民執規40・127Ⅲ）、その売得金は、執行官が供託しなければならない（民保規40、民執規127Ⅳ、民執168Ⅷ）。

民事執行法168条8項の供託の性質は、弁済供託であるとされるので、この供託および供託金の払渡しの取扱いは、前記第1・1・(2)の不動産に対する強制競売における不出頭供託と同様である。

別紙3-1-9　仮差押えの金銭の供託

供託書・OCR用
（雑）

（第4号様式）
（印供第34号）

申請年月日	平成 20 年 4 月 28 日	供託カード番号

供託所の表示　甲法務局

供託者の住所氏名・法人名等
（〒123 - 4567）
甲県乙市丙町1丁目1番地
甲地方裁判所
執行官　甲野太郎

被供託者の住所氏名・法人名等
（〒　　-　　）

供託金額　¥150,000

字加入	字削除	係員受付印	調査	記録	頁 /

法令条項　民事保全法第49条第2項前段

供託の原因たる事実

債権者甲県乙市丙町7丁目18番20号乙野次郎、債務者同県丙市丁町128番地丙川三郎間の甲地方裁判所平成20年（執ハ）第15号有体動産仮差押事件において、供託者は、平成20年4月28日上記債務者の現金15万円に対して仮差押をしたので、民事保全法第49条第2項の規定により供託する。

□別添のとおり
ふたりめからは別紙継続用紙に記載してください。

☐供託により消滅すべき質権又は抵当権
☐反対給付の内容

備考

受理　年　月　日
□供託カード発行

（注）1. 供託金額の冒頭に¥記号を記入してください。なお、供託金額の訂正はできません。
2. 本供託書は折り曲げないでください。

↑ 濁点、半濁点は1マスを使用してください。

供託者カナ氏名　コウチホウサイバンシヨツコウカンコウノタロウ

第1章　民事執行法上の執行供託

別紙3-1-10　仮差押えの目的物の売得金の供託

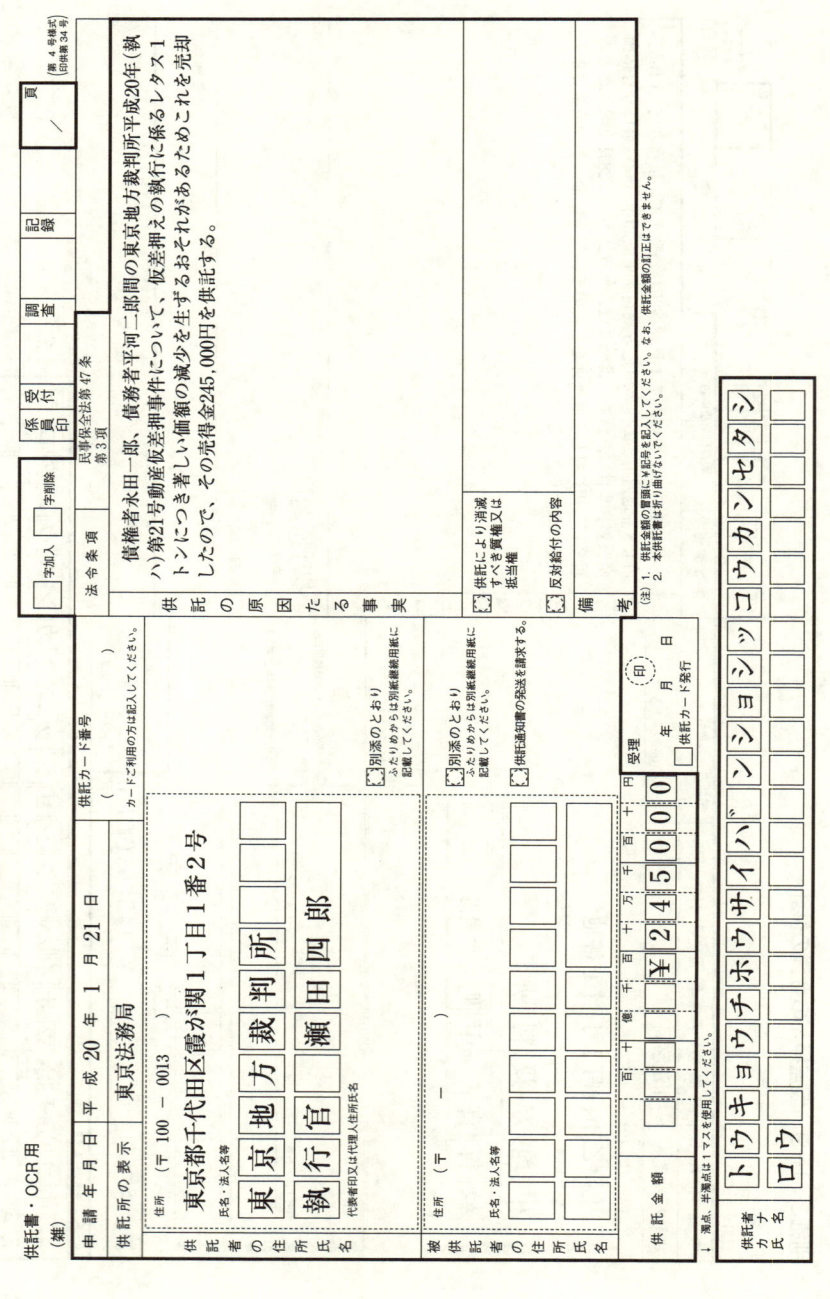

供託書・OCR用
(様)

申請年月日	平成 20 年 1 月 21 日	供託カード番号	
供託所の表示	東京法務局		カードご利用の方は記入してください。

供託者の住所氏名・法人名等
（〒 100 － 0013 ）
住所　東京都千代田区霞が関1丁目1番2号
氏名・法人名等　東京地方裁判所
　　　　　　　　執行官　瀬田四郎
代理人印又は代理人住所氏名

被供託者の住所氏名・法人名等
（〒　　－　　）
住所
氏名・法人名等

	別添のとおり	ふたりめからは別紙継続用紙に記載してください。
	別添のとおり	ふたりめからは別紙継続用紙に記載してください。
	供託通知書の発送を請求する。	

供託金額
百億	十億	億	千万	百万	十万	万	千	百	十	円
￥			2	4	5	0	0	0		

受理
年　月　日
（印）
□供託カード発行

字加入　字削除

法令条項	民事保全法第47条第3項

供託の原因たる事実
債権者永田一郎、債務者平河二郎間の東京地方裁判所平成20年(執ハ)第21号動産仮差押事件について、仮差押えの執行に係るレクサス1トンにつき著しい価額の減少を生ずるおそれがあるためこれを売却したので、その売得金245,000円を供託する。

| 供託により消滅すべき質権又は抵当権 | |
| 反対給付の内容 | |

備考

(注) 1. 供託金額の冒頭に￥記号を記入してください。なお、供託金額の訂正はできません。
　　 2. 本供託書は折り曲げないでください。

供託者カナ氏名
| ト | ウ | キ | ョ | ウ | チ | ホ | ウ | サ | イ | バ | ン | シ | ョ | シ | ツ | コ | ウ | カ | ン | セ | タ | ダ |
| シ | ロ | ウ | | | | | | | | | | | | | | | | | | | | |

1. 濃点、半濁点は1マスを使用してください。

84

(6) **仮処分の執行における供託**（表3-1-1中㊳）

仮処分の執行については、仮差押えの執行の例によることとされており（民保52Ⅰ）、この限りにおいては、仮差押えについての取扱いと同様の取扱いとなるが、仮差押えの執行は、動産の交換価値を把握し、将来の金銭債権の執行を保全するものであるのに対し、仮処分の執行は、その動産の現状を保全することに意味があり、供託そのものと直接結びつくものか疑問のあるところである。すなわち、被保全権利の内容が金銭補償で終局的な満足を受け得るかどうかという問題に帰着するわけであるが、執行官が仮処分の執行の目的物を売却しその売得金についての供託をすることができる場合は、これを受理することで差し支えないであろう（昭55.9.6民四5333号民事局長通達第二・三・3、平2.11.13民四5002号民事局長通達第二・二・(2)）。

(7) **金銭債権に対する仮差押えの執行における供託**（表3-1-1中㊹・㊺）

金銭債権に対して仮差押えの執行のみがされた場合の供託および仮差押えの執行がされた後に差押えがされた場合の供託とがあるが、この場合の第三債務者のする供託（民保50Ⅴ、民執156Ⅰ・Ⅱ）については、項を改めて詳述する（後記第4編第2章第2節Ⅳ）。

(8) **自動車、建設機械または小型船舶に対する仮差押えの執行における供託**（表3-1-1中㊻）

自動車、小型船舶または建設機械に対する仮差押えの執行は、仮差押えの登録をする方法または執行官に対し自動車等を取り上げて保管すべきことを命ずる方法、ないしはこれらの方法を併用する方法によってなされるのである（民保規35・39）が、取上げの方法により仮差押えがなされた場合において、著しい価額の減少を生ずるおそれがあるとき、またはその保管のために不相応な費用を要するときは、抵当権の設定がある場合を除き、執行裁判所の決定により自動車を売却して、その売却代金を裁判所書記官が供託する取扱いがなされる（民保規37Ⅱ・Ⅳ・39）。この供託は、執行裁判所が金銭保管の手続として行う保管供託の性質を有するもので、執行官が行う仮差押金銭の供託と同様である。

仮差押債権者が本執行の申立てをし、強制競売の開始決定がなされたとき

は、執行裁判所が右の供託金について配当等を実施することになる（この点について、民事保全規則上明文の規定がないが、民事執行規則97条によって準用される民事執行法92条１項の規定によるべきものと解する）。供託金について配当等の実施が予定されている意味で、その性質は執行供託の一種である。また、仮差押えの効力が失われた場合は、執行裁判所の書記官の供託金取戻請求によることとされているが、便宜、支払委託によって払い渡しても差し支えないとされている（昭55.9.6民四5333号民事局長通達第二・八・２・㈡、平2.11.13民四5002号民事局長通達第二・四・(2)・イ）。

第３節　執行当事者等のする供託

　執行供託は、強制執行、保全執行および担保権実行としての競売手続を進めるうえにおいて必要とされるもので、執行機関が行うものが多いことについては、前述（前記第２節）したとおりであるが、なかには①金銭債権に対する強制執行等に基づく供託のように、第三債務者のするもの、②仮差押解放金のように、執行当事者としての執行債務者が供託することによって執行の取消しを免れようとするものがある。

1　執行債務者のする供託

(1)　**執行停止中の船舶に対する強制競売手続の取消保証供託**（民執117Ⅴ・15Ⅰ）

　これについては、前記第２節第１・２・(1)・①に詳述したので参照されたい。

(2)　**仮差押解放金供託**（民保22）**および仮処分解放金供託**（民保25・22Ⅱ）

　これについては、後記第２章に詳述したので参照されたい。

2　第三債務者のする供託

　金銭債権に対して強制執行による差押え、仮差押えの執行がなされた場合には、第三債務者は、供託することによって債務の免責を得ることができる（民執156Ⅰ・Ⅱ、民保50Ⅴ）（後記第４編詳述）。

第 2 章

民事保全法上の類似執行供託

　執行の目的物自体を供託するものではないが、供託の効果からして、執行供託に類似するものとして、民事保全法上認められる「仮差押解放金及び仮処分解放金の供託」がある。これは、執行債務者がした供託金が執行の目的物に代わる性質を有するもので、前述した（前記第1章第2節第1・2・(1)・①・①）執行停止中の船舶に対する強制競売手続の取消保証供託も、船舶解放金ともいうべきものである。

第1　仮差押解放金の供託

1　仮差押解放金

(1)　仮差押解放金の意義

　仮差押えは、金銭の支払を目的とする債権（金銭債権または金銭債権に換えることができる債権）のために、動産または不動産に対する将来の強制執行の保全を目的とする特別執行手続である（民保20Ⅰ、旧民訴737Ⅰ）。

　仮差押命令を発令する場合、発令裁判所は職権で、「仮差押えの執行の停止を得るため、または既にした仮差押えの執行の取消しを得るために債務者が供託すべき金銭の額」を定めなければならない（民保22Ⅰ、旧民訴743）。これが、「仮差押解放金」である。

　債務者が仮差押解放金の額に相当する金銭を供託したことを証明したときは、保全執行裁判所は、仮差押えの執行を取り消さなければならないとされ（民保51Ⅰ）、この取消決定は確定を待たずに即時にその効力を生ずる（民保51Ⅱ・46、民執12Ⅱ）。ここで注意を要するのは、取消決定によって取り消さ

れるのは、仮差押えの執行のみであって、仮差押命令そのものは取り消されることなくそのまま存続するということであり、仮差押命令の執行の効力は供託された仮差押解放金の上に移行するということである。なお、民事保全法22条1項（旧民訴743も同旨）には、仮差押えの執行を停止するためにも仮差押解放金の供託がされることを規定しているが、執行の停止がなされ得るのは、仮差押命令が発せられたが、いまだ執行に着手していない場合であるところ、債務者が仮差押執行の着手前に仮差押命令のあったことを知るのは実際上あり得ないものであり、したがって、仮差押解放金を供託して執行の停止を求めるということは実務上ないといってよい（永田誠一・供託先例判例百選［第二版］別冊ジュリ158号142頁、法曹会・保全処分の実務（一）改訂版77頁）。

　この制度は、金銭債権の執行を保全するためのものであって、債務者が被保全債権額に相当する金銭を供託すれば、仮差押えの執行を開始し、または存続させる必要がないことから、仮差押えに対する債務者保護および不必要な執行を避けるために設けられたものである。

(2) 仮差押解放金の額を決定する基準

　仮差押解放金の額は、被保全債権の元本・利息のほか執行費用を含めた額を基準とするのが判例の立場（大判大15.7.7民集5巻8号543頁、菊井・民訴㈡326頁）であるが、実務の取扱いでは、通常の場合、請求債権額（利息があればそれを含む）と同一の額が基準とされ、訴訟費用や執行費用は含めていない。なお、仮差押えの目的物の価額が請求債権額を下回る場合については、目的物の価額を基準とすべきであるとする立場（福岡高判昭33.6.11高民集11巻5号365頁等）が有力であり、また、実務の取扱いも、その立場をとるべきであるとされている（民事保全の実務〔後藤健〕152頁）。

2　仮差押解放金の供託

(1) 仮差押解放金の供託の性質

　仮差押解放金は、仮差押えの執行の目的物に代わって金銭債権の執行を保全するもので、仮差押解放金の供託は、仮差押えの執行の効力に代わると解

されている（注）。いいかえれば仮差押債権者は、訴訟上の担保のように仮差押解放金に優先権を有するというものではなく、仮差押えの執行の効力が仮差押債務者の有する供託金取戻請求権の上に仮差押解放金の額の限度で及ぶ（移行する）ということである（平2.11.13民四5002号民事局長通達第二・6・(2)・ア前段）。また、仮差押解放金は、債務者が仮差押えの被保全債権確定の際にその弁済に充てる趣旨で供託するものではないから、弁済供託のように債権者に直接の返還請求権を認めるべき根拠はない。このように、仮差押解放金は仮差押えの執行の目的物に代わるものであるから、仮差押解放金の供託は執行供託の類型としてとらえられる。

(注) 仮差押解放金が仮差押えの執行の目的物に代わることについては、学説、判例とも一致しており、異論をみない。
　　兼子・増補強制執行法310頁、時岡・注釈強制執行法(4)1397頁、最判昭45.7.16判時601号35頁。

(2) 仮差押解放金の供託手続

ア　供託書の記載

仮差押解放金は、裁判上の損害を担保するための担保供託とはその性質を異にし、仮差押えの執行の目的物に代わって金銭債権の執行を保全するもので、執行供託類似のものとしてとらえられるため、被供託者欄の記載を要しない（したがって供託通知書も要しない）ことはもとより、金銭債権の執行の保全のために仮差押えの目的物に代わるものであることから、供託物は金銭に限られ、有価証券をもって供託することはできない（民保51Ⅰ）。

仮差押債権者については、その氏名は「裁判所の名称及び件名等」欄の当事者欄に、その住所は備考欄に記載することとされている。

また、第三者による仮差押解放金の供託ができるかについては、仮差押債権者が仮差押解放金に対する優先的権利が認められるものではなく、仮に、第三者による仮差押解放金の供託を認め、その供託金取戻請求権の上に仮差押えの執行の効力を及ぼすと、仮差押債権者による第三者の財産に対する執行を認める結果となり不当であるとされ（高松高決昭57.6.23判時1057号76頁）、民事保全法上規定は存しないが、供託実務においても、第三者による

仮差押解放金の供託は認められていない（昭42全国供託課長会同決議受入3問・先例集（4）327頁、矢尾和子・供託先例判例百選「第二版」別冊ジュリ158号91頁）。

なお、みなし解放金（後記第4編第2章）については、仮差押債務者の有する供託金還付請求権の上に仮差押解放金の額の限度で仮差押えの執行の効力が及ぶ（昭55.9.6民四5333号民事局長通達第二・四・2・(一)・(5)・ア、平2.11.13民四5002号民事局長通達第二・3・(1)・ウ・(ア)前段）とされていることから、被供託者欄に仮差押債務者の記載を要し、したがって供託通知書も要する。

イ　管轄供託所

仮差押解放金の供託は、仮差押命令を発した執行裁判所または保全執行裁判所の所在地を管轄する地方裁判所の管轄区域内の供託所にしなければならない（民保22Ⅱ）。

ウ　仮差押解放金の供託の効果

債務者が仮差押解放金の供託をしたことを証明したときは、保全執行裁判所は、仮差押えの執行を取り消さなければならず（民保51Ⅰ）、この取消決定は確定を待たず即時に効力を生ずる（民保51Ⅱ）。仮差押解放金の供託金によって債権者の請求債権は確保され、取消決定の効果を直ちに発生させても債権者に不利益が生じないからである。

エ　仮差押解放金の供託金に対する債権者の権利

仮差押解放金の供託金に対して債権者がどのような権利を有するかについては、規定が存しないため、①仮差押債権者は、仮差押解放金の供託金に対して直接還付請求権を有するから、改めて本執行の手続を得ることなく、本案訴訟の勝訴判決とその確定証明書を提出して還付の手続ができるとするもので、債務者の有する取戻請求権に他の債権者が差し押えたとしても優先権があるとする説（福岡高決昭33.6.30高民集11巻5号369頁、吉川大三郎「仮処分命令における解放金」仮処分の諸問題322頁等）と、②仮差押債権者は、仮差押解放金の供託金の債務者の有する取戻請求権の上に仮差押えの効力を主張し得るにすぎないから、本案訴訟の勝訴判決とその確定証明書という債務名義

別紙3-2-1 裁判上の保証および仮差押・仮処分解放金の金銭供託のOCR用供託書

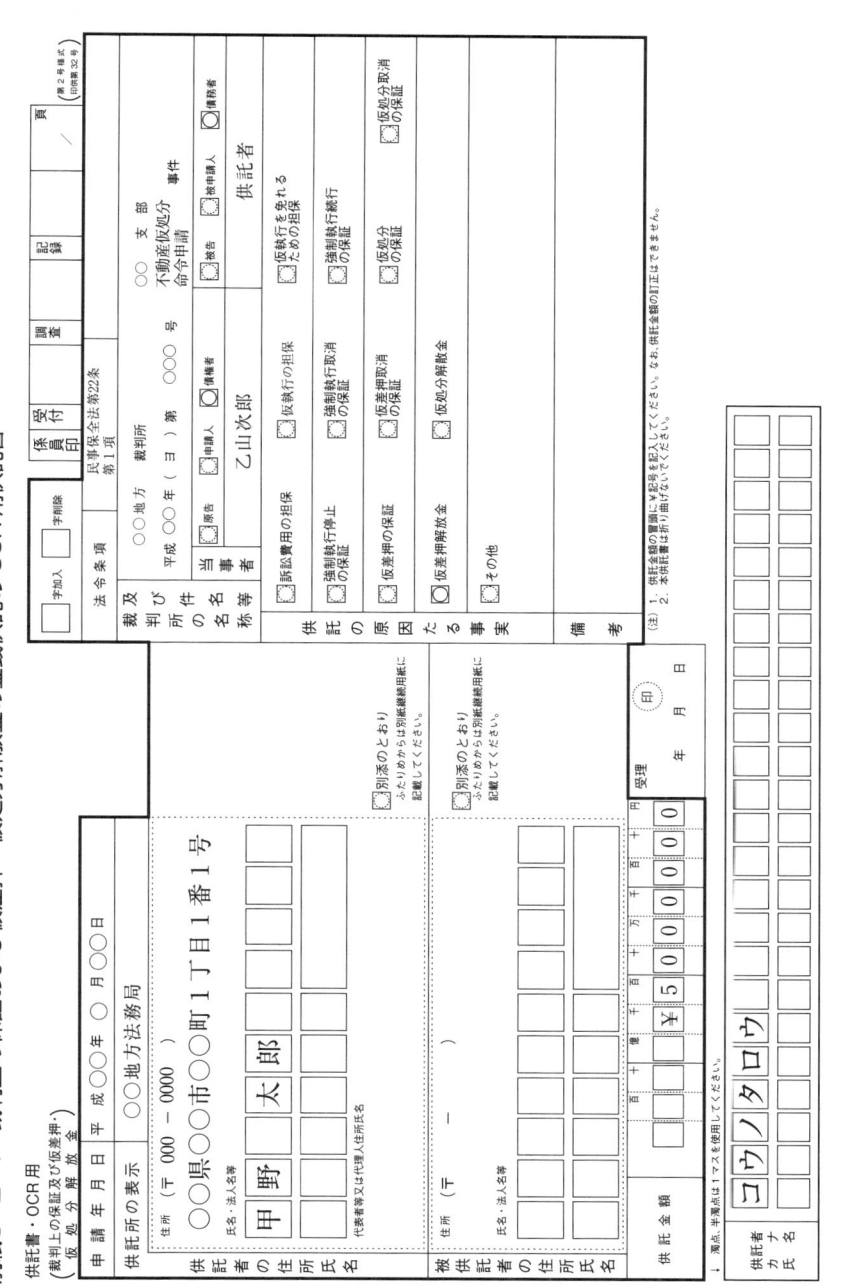

供託書・OCR用
（裁判上の保証及び仮差押・仮処分解放金）

申請年月日	平成 ○○年 ○月 ○○日
供託所の表示	（〒000-0000）○○県○○市○○町1丁目1番1号　○○地方法務局
供託者の住所氏名・法人名等	甲野 太郎　（代表者又は代理人住所氏名）別添のとおり。ふたりめからは別紙継続用紙に記載してください。
被供託者の住所氏名・法人名等	（〒 - ）別添のとおり。ふたりめからは別紙継続用紙に記載してください。
供託金額	¥5,000,000円
供託者カナ氏名	コウノタロウ

↑濁点、半濁点は1マスを使用してください。

受理　年　月　日　印

（第2号様式）
（印紙規32号）

法令条項	民事保全法第22条第1項
裁判所及び事件の名称等	裁判所　○○地方　○○支部　平成 ○○年（ヨ）第 ○○○○号　不動産仮処分命令申請事件
当事者	☐原告　☑申請人　☐被申請人　☐供託者　☐被告　☐債権者　☐債務者　乙山次郎
供託の原因たる事実	☐訴訟費用の担保　☐仮執行の担保　☐仮執行を免れるための担保 ☐強制執行停止の保証　☐強制執行取消の保証　☐強制執行続行の保証 ☐仮差押の保証　☐仮処分の保証　☐仮処分取消の保証 ☐仮差押解放金　☑仮処分解放金　☐仮処分取消の保証 ☐その他
備考	

（注）1. 供託金額の冒頭に¥記号を記入してください。なお、供託金額の訂正はできません。
　　　2. 本供託書は折り曲げないでください。

字加入　字削除　係員受付印　調査　記録　頁

第3編　執行供託（諸各）

第2章　民事保全法上の類似執行供託

別紙3-2-2　仮差押解放金の供託による執行取消決定

	平成　年（　）第　　号

決　　　定

　　　　　　　　当事者　　別紙当事者目録のとおり

　上記当事者間の平成　　年（　）第　　　号仮差押命令申立事件について、当裁判所が平成　　年　　月　　日にした仮差押命令に対し、債務者は、請求債権額(注)を供託して、その執行処分の取消しを申し立てたので当裁判所は、次のとおり決定する。

主　　　文

　上記仮差押命令に基づき別紙物件目録記載の　　　　に対してした仮差押えの執行は、取り消す。

　　平成　　年　　月　　日

　　　　　　　　　　　○○地方裁判所○○部

　　　　　　　　　　　　　裁判官

(注)　請求債権額と異なる仮差押解放金額が定められたときは、その額を記載する。

を得て、取戻請求権に差押命令を求めるとする説（札幌高決昭36.10.12高民集14巻7号489頁、田倉整「いわゆる仮差押解放金について」判タ117号16頁、永田誠一・供託先例判例百選［第二版］別冊ジュリ158号142頁等）で、判例・多数説であり、現在の供託実務は、後者によっており（平2.11.13民四5002号民事局長通達第二・3・(2)・ア後段）、還付請求権は観念する余地はないことになる。

3 仮差押解放金の供託金取戻請求権に対する強制執行等

(1) 仮差押解放金の供託金取戻請求権に対する強制執行等

　債務者の有する仮差押解放金の供託金取戻請求権には、仮差押解放金の限度で仮差押えの執行の効力が及ぶことについては前述したとおりである（平2.11.13民四5002号民事局長通達第二・6・(2)・ア前段）。しかし、債権者が当該供託金について優先権を有するものではないので、供託金取戻請求権に対しては、他の債権者もこれを差押えまたは仮差押えの執行をすることができる。債権者がこの仮差押解放金の供託金に対する権利実行をする場合の方法については、見解が分かれていたが本案勝訴の確定判決を得てそれを債務名義として債務者の供託金取戻請求権に対する強制執行により供託金の払渡請求をするというのが通説的見解であり、供託実務の一般的な考え方であるといえる（札幌高決昭36.10.12高民集14巻7号489頁、東京高決昭48.5.15高民集26巻2号214頁、昭57.6.4民四3662号通達等）。したがって、供託金取戻請求権に対して仮差押債権者による本執行としての差押命令が送達された場合には、仮差押債権者は、差押命令の取立権に基づき供託金の払渡請求をすることができるし、この場合には、供託官は、ほかに差押え等がされていない限り、当該払渡請求に応じて差し支えないとされている（民執155Ⅰ、平2.11.13民四5002号民事局長通達第二・六・(2)・ア）。

　なお、民事保全法50条3項の「みなし解放金」については、仮差押債権者は、債務者の有する供託金還付請求権に対する本執行としての差押えによって権利実行することとなるところ、この場合の供託金の払渡しは執行裁判所の支払委託によって払い渡されることとなるため仮差押解放金の場合と異なる。

(2) 供託金取戻請求権についての差押え等がされた場合の供託官の事情届

　仮差押債務者の有する供託金取戻請求権に対して仮差押債務者の他の債権者等から差押え等がされたときは、仮差押債権者の仮差押えの執行と競合することになる。

　ところで、供託金払渡請求権について差押え等が競合し、または配当要求

がされた場合において、「供託金払渡請求に応ずることができる」ときは、供託官は、その事情を執行裁判所に届け出なければならない（民執156Ⅱ・Ⅲ、昭55.9.6民四5333号民事局長通達第四・二・1・㈡・⑴）。これは、仮差押えの執行がされている供託金払渡請求権に差押えがされ、差押え等が競合した場合において、「供託金払渡請求に応ずることができる」ときも同様である（民保50Ⅴ、民執156Ⅱ・Ⅲ、平2.11.13民四5002号民事局長通達第三・二・⑵・ア）。

　仮差押解放金の供託により、供託者たる仮差押債務者は供託金取戻請求権を取得し、供託官は払渡請求に応ずることができる状態にあるところ、上述したように仮差押えの執行の効力が及んでいるために払渡しが制限されていると解することができる。したがって、仮差押解放金について差押え等が競合したときは本来の民事執行法156条2項の執行供託に転化すると考えられるから、その時点で、供託官に供託義務が生じ、同時に配当加入遮断効が生じることとなる。供託官は、供託を持続して、その事情を届け出なければならない（みなし解放金に関する昭55.9.6民四5333号民事局長通達第二・四・2・㈠・5・イなお書参照。なお、みなし解放金については、後記第4編第2章第2節第4・3・⑷を参照されたい）。

　なお、当該事情届出書には、当初の仮差押えの執行裁判所および事件番号等を記載しなければならない。そうでないと、執行裁判所は仮差押えの記録を取り寄せることができないからである。

　仮差押解放金について差押え等が競合し、供託官が事情届出をしなければならないときとは、具体的にいうと次のような場合であるが、事情届出を要しない場合についても併せて説明する。

　　① 仮差押債務者の他の債権者の仮差押えの執行がされた場合

　仮差押債権者には取立権はなく、仮差押えの執行と仮差押えの執行とが競合しても、配当加入遮断効が生ずることはなく、配当等の実施もなされないので第三債務者は供託義務を負うことはない。したがって、この場合には、供託官に供託義務は生じないから事情の届出をすることを要しない。

　　② 仮差押えの本執行としての差押えがされた場合

表3－2－1　仮差押解放金の供託金に対する差押え等

執行の形態	供託金取戻請求権に対する執行	配当加入遮断効	供託官の事情届の要否
X_1仮差押え（供託金取戻請求権に仮差押えの執行の効力が移行）	X_2仮差押え	不発生	不要
	X_1差押え（仮差押えの本執行）	不発生	不要
	X_3差押え	発生	要
	①X_2仮差押え ②X_1またはX_2差押え（仮差押えの本執行）	発生	要
	X_4滞納処分	不発生	不要
	①X_4滞納処分（一部） ②X_3差押え	発生 （滞納処分による差押えの残余の部分につき）	要

　仮差押えの被保全債権と差押えの請求債権とが同一のものである場合、すなわち、仮差押債権者が本案勝訴の確定判決を得て仮差押解放金について本執行の申立てをして差押えをした場合には、供託官は、執行裁判所に対して事情の届出をする必要はない。この場合には、債務者の供託金取戻請求権に対して仮差押えの執行の効力が及んでいた状態で、仮差押えが差押えに移行したにすぎないのである。供託官が事情の届出をするとすれば、これによって配当加入遮断効が生じたと解して配当手続が実施されることも考えられ、それは、供託官が民事執行法156条1項の供託（権利供託）をすることにほかならず、相当ではない。けだし、国家機関である供託官が事情の届出をするのは、債権者間の公平な配当を確保する趣旨から第三債務者たる供託官に供託義務が生じたときのみに限られるべきであるからである。

　もっとも、供託官が本執行としての差押えであるか否かを判断するためには供託官を第三債務者とする差押命令の請求債権と供託書副本の「供託の原因たる事実」欄に記載された仮差押えの被保全権利とを比較しなければならないところ、供託書副本には仮差押えの請求債権の内容は記載されていない

ので、その同一性を認定することは事実上困難である。したがって、この場合でも供託実務上は事情届がされることになろう。

　③　仮差押債務者の他の債権者の差押えがされた場合（仮差押えの被保全債権以外の請求債権による仮差押債権者も含む）

　仮差押えの被保全債権と差押えの請求債権とが異なる場合には、差押えが仮差押債権者によってなされたか第三者によってなされたかを問わず、仮差押解放金の取戻請求権について、仮差押えの執行と差押えとの競合を生じることとなり、したがって、第三債務者たる供託官は、これにより直ちに供託義務を負うこととなる（民保50Ⅴ、民執156Ⅱ）。供託官のする供託とは観念的なものであり、供託官が改めて供託することは無意味であるから、そのまま供託を持続して、直ちに、差押命令を発した執行裁判所に対して事情の届出をしなければならないと解される（民執156Ⅲ、民保50Ⅴ、民保規41Ⅰ）（注）。

（注）　昭57.6.4民四3662号通達
　　「仮差押解放金の供託金取戻請求権について、差押命令が送達されたときは、差押えが仮差押えの本執行としての差押えであることが明らかな場合を除いて、供託官は、直ちに執行裁判所に対して事情の届出をしなければならない」

　④　他の債権者が仮差押えの執行をし、その後仮差押えの本執行としての差押えがされた場合

　他の債権者から仮差押えの執行がされても供託官が供託義務を負わないことについては前述（前記①）したとおりであるが、さらに、いずれかの仮差押債権者が本執行としての差押えをしたときは、仮差押えの執行と差押えとが競合し、前記③と同様の法律関係となる。

　⑤　滞納処分による差押えがされた場合

　仮差押解放金について滞納処分による差押えがされた場合には、供託金取戻請求権について、仮差押えの執行後に滞納処分による差押えがされたものと解されるから、滞納処分と強制執行等との手続の調整に関する法律（昭和32年法律第94号。以下「滞調法」という）に定める権利供託ができる場合に該当する（滞調36の12Ⅰ・20の6）が、前述のように、供託官のする供託（事情の届出）は義務供託の場合に限定すべきであるから、この場合には、事情の

届出を要しないこととなる。

　滞納処分による差押え後さらに仮差押えの執行がされても、供託官に供託義務は生じないから事情の届出を要しない。また、仮差押解放金の全額についての滞納処分による差押えがされた後に、さらに強制執行による差押えがされた場合も同様であるが、仮差押解放金の一部のみに滞納処分による差押えがされた後に、さらに強制執行による差押えがされた場合には、滞納処分による差押えの残余の部分については民事執行法156条2項による供託義務が生ずるから、執行裁判所に対して事情の届出をしなければならない。この場合の事情届出書には、滞納処分による差押えを含むすべての事情を記載する（平2.11.13民四5002号民事局長通達第三・二・(3)・イ、昭55.9.6民四5333号民事局長通達第四・三・2・㈡および第四・三・1・㈠・(2)・イ参照）。

(3) 払渡手続

① 供託者たる仮差押債務者による取戻請求

　仮差押解放金について供託者たる債務者が取戻請求権を行使し得るのは、供託金取戻請求権の上に及んでいる仮差押えの執行がその効力を失い、供託原因が消滅した場合である。仮差押えの執行が効力を失うのは、債権者から仮差押執行の申請の取下げがあった場合、債務者が仮差押決定に対する異議申立てによって取消決定を得てこれが確定しもしくは取消しにつき仮執行宣言のある場合、または債権者の本案における敗訴等の事情変更により仮差押決定が取り消された場合等である。債権者の本案敗訴の判決が確定しても、仮差押命令は、当然にはその効力を失わない（大判大11.12.22民集1巻791頁）のであって、仮差押解放金の取戻請求をするためには、仮差押命令の取消しを必要とする（注）。

　この場合に、債務者は、供託物払渡請求書に仮差押えの執行裁判所が作成した供託原因消滅証明書を添付して、供託金の取戻請求をすることになる（供託規25①、平2.11.13民四5002号民事局長通達第二・六・(2)・ウ）。

　なお、債務者が解放金を供託して執行が取り消された後に、当事者間に和解が成立した場合、債務者において解放金を取り戻すには、債権者が仮差押命令を取り下げるか、仮差押命令の取消しがなければその返還を受けられな

い（昭59全国供託課長会同決議13問）。

(注)　通説　田倉「いわゆる仮差押解放金について」判タ117号18頁、菊井＝村松・仮差押・仮処分347頁等。なお、西山「注解強制執行法(4)」340頁等の反対の見解もある。

② 　仮差押債権者の権利実行

①　供託実務上、仮差押債権者が仮差押解放金について固有の還付請求権を有するものではないとされていることについては、前述（前記3・(1)）したとおりである。

したがって、仮差押債権者は本執行としての差押えの申立てをし、強制執行の方法によって権利実行すべきである（注1）。仮差押債権者が本案において勝訴し、執行力ある債務名義を取得したときは、本執行の申立てをし、仮差押解放金取戻請求権について差押命令を得て（注2）、債務者に対して差押命令が送達された日から1週間を経過したときは、取立権を行使して仮差押解放金の取戻請求をすることができる（民執155Ⅰ）。この場合に差押転付命令を得ることができるのはいうまでもない。

(注1)　札幌高決昭36.10.12前掲、高知地判昭41.1.13前掲、東京高決昭48.5.15前掲、田倉・前掲20頁等。

(注2)　有馬「仮差押解放金をめぐる問題」民研276号152頁参照。

②　供託金払渡請求書の添付書類

取戻しをする権利を有することを証する書面（供託規25Ⅰ）として供託原因が消滅したことを証する書面が必要である。これには、仮差押えの被保全債権と差押えの執行債権とが同一であることを証する書面（仮差押命令の正本等）が当たる。

③　関連問題

なお、みなし解放金の供託金還付請求権について仮差押債権者が本執行としての差押えをしたときの払渡しが裁判所の支払委託によることとされている（昭55.9.6民四5333号民事局長通達第二・四・2・㈠・(5)・イ、平2.11.13民四5002号民事局長通達第二・三・(1)・ウ・(イ)）ことに照らして、仮差押解放金の供託も執行供託であることから、仮差押債権者が本執行としての差押えを

したときの払渡しも執行裁判所の支払委託によるべきではないかという疑問もあり得る。

しかし、みなし解放金の場合は、民事保全法50条5項で準用する民事執行法156条1項の供託であるから、仮差押債権者が本執行としての差押えをしたときに純然たる民事執行法156条1項の供託がされたものとみなされ、これにより配当加入遮断効を生じて（民執165①）、執行裁判所は配当実施すべきこととされている（民執166Ⅰ①）のである。これに対して、仮差押解放金の場合は、供託者の供託所に対する供託金取戻請求権について差押えがされたのであって、第三債務者である供託官の供託、すなわち、民事執行法156条1項の供託はされていないのであるから、配当加入遮断効も生じていないし、配当が実施されることもないのである。したがって、仮差押解放金について本執行としての差押えがされても、その払渡しは、配当実施としての支払委託によることはない。

3　支払委託による払渡し

仮差押解放金について他の債権者が差押えをした場合、他の債権者が仮差押えの執行をした後に仮差押債権者のいずれかが本執行としての差押えをした場合、または仮差押解放金の一部について滞納処分による差押えがされた後に残余について強制執行による差押えがされた場合には、供託官は、執行裁判所に事情の届出をしなければならない（民保50Ⅴ、民執156Ⅱ・Ⅲ）。これらの場合における供託金の払渡しは、差押命令を発した執行裁判所の配当等の実施としての支払委託に基づいてなされ（昭55.9.6民四5333号民事局長通達第二・四・1・㈡・(1)・ウ参照）、したがって、債権者が還付請求するときは、供託金払渡請求書に裁判所から交付された供託規則第29号書式の証明書を添付しなければならない（供託規30）。

4　滞納処分としての差押えに基づく払渡請求

仮差押解放金の供託金取戻請求権に滞納処分としての差押えがされた場合には、滞納処分は、仮差押えによりその執行を妨げられない（国徴140）から、徴収職員は、差し押えた債権の取立てをすることができ（国徴67Ⅰ）、供託官は、徴収職員から払渡請求があったときは、これに応じることができ

る（注）。

　なお、この場合における仮差押えの執行の効力は、滞納処分による差押えによって直ちに消滅するものではない（大判明34.10.9民録9巻46頁）が、滞納処分による換価があった場合には消滅する（名古屋地半田支部判昭38.12.2下民集14巻2401頁）。

（注）　昭57.6.4民四3662号民事局長通達
　　　「仮差押解放金の供託金取戻請求権について滞納処分による差押えをした税務署長から払渡請求があったときは、これに応じて差し支えない」

第2　仮処分解放金の供託

1　仮処分解放金

(1)　仮処分解放金の供託

　裁判所は、保全すべき権利が金銭の支払を受けることをもってその行使の目的を達することができるものであるときに限り、債権者の意見を聴いて、仮処分の執行の停止を得るため、または既にした仮処分の執行の取消しを得るために債務者が供託すべき金銭の額（以下「仮処分解放金」という）を仮処分命令に定めることができる（民保25Ⅰ）。そして、債務者がこの仮処分解放金に相当する金銭を供託したことを証明したときは保全執行裁判所は、仮処分の執行を取り消さなければならない（民保57Ⅰ）。

　なお、この仮処分解放金の供託は、仮処分命令を発した裁判所または保全執行裁判所の所在地を管轄する地方裁判所の管轄区域内の供託所にしなければならない（民保25Ⅱ・22Ⅱ）。

(2)　仮処分解放金の性質等

　保全執行裁判所が仮処分命令によって定めることができる仮処分解放金は、仮処分の目的物に代わるものである（平2.11.13民四5002号民事局長通達第二・七・(1)・イ）から、仮処分の保全すべき権利の内容によって、次の2つに大別できる。

ア　一般型仮処分解放金

供託金について仮処分債権者に還付請求権（条件付還付請求権）が発生し、本案の勝訴判決の確定により仮処分債権者が直接これを行使することができるもので、これを「一般型仮処分解放金」という。

イ　特殊型仮処分解放金

民法424条１項の規定による詐害行為取消権を保全するための仮処分で、供託金について仮処分の当事者以外の者（詐害行為の債務者）に還付請求権（条件付還付請求権）が発生し、その権利の行使は、本案の勝訴判決の確定により仮処分債権者が債務者名義を得て、当該還付請求権に対する強制執行によるとするもので、これを「特殊型仮処分解放金」という（民保65）。

すなわち、仮処分解放金が供託された場合における供託金に対する仮処分債権者の権利の実行は、仮処分の本案の勝訴判決が確定したときは、一般型仮処分解放金にあっては仮処分権者が直接に供託所に対する還付請求権の行使により、特殊型仮処分解放金にあっては詐害行為の債務者の取得した還付請求権に対する仮処分債権者の強制執行に基づく裁判所の配当等の実施によって行われることとなる（民保65後段）。

2　仮処分解放金の供託手続

裁判所が仮処分解放金を定める場合には、仮処分命令にその金銭の還付を請求することができる者の氏名または名称および住所を掲げなければならない（民保規21）ので、仮処分解放金の供託の申請をする場合には、供託書中「被供託者」欄に仮処分命令に記載されている当該者を被供託者として記載することを要する（供託規13Ⅲ⑥）。したがって、仮処分解放金の供託の申請があった場合、当該供託が一般型仮処分解放金または特殊型仮処分解放金のいずれの仮処分解放金に係るものであるかの判断は、前記の被供託者の表示内容によってすることとなる。

そこで、供託書中「被供託者の住所氏名」欄に仮処分債権者が記載されている場合には一般型仮処分解放金に係る供託と、仮処分債権者以外の者（すなわち、詐害行為の債務者）が記載されている場合には特殊型仮処分解放金に係る供託として取り扱って差し支えないとされている（平２.11.13民四5002号

別紙3−2−3　一般型仮処分解放金の供託

供託書・OCR用
(裁判上の保証及び仮差押・仮処分解放金)

申請年月日	平成 21 年 ○ 月 ○ 日		
供託所の表示	○○法務局		

供託者の住所氏名
（〒000−0000）
○○県○○市○○町1丁目1号
甲野　太郎

代表者等又は代理人住所氏名
□別添のとおり
ふたりめからは別紙連続用紙に記載してください。

被供託者の住所氏名
（〒000−0000）
○○県○○市○○町2丁目2号
丙川　三郎

□別添のとおり
ふたりめからは別紙連続用紙に記載してください。

供託金額　¥ 5,000,000 円

受理　　年　月　日　㊞

供託者カナ氏名　コウノタロウ

↓濁点、半濁点は1マスを使用してください

□字加入　□字削除

法令条項	民事保全法第25条	
裁判所の事件の名称等	○○地方　　　支部　裁判所　平成 21 年（ヨ）第 10 号　不動産仮処分命令申請事件	
当事者	□原告　□申請人　□債権者 被供託者	□被告　□被申請人　□債務者 供託者

供託の原因たる事実
□訴訟費用の担保　　□仮執行の担保　　□仮執行を免れるための担保
□強制執行停止の保証　□強制執行取消の保証　□強制執行続行の保証
□仮差押の保証　　□仮処分の保証　　□仮処分の保証
■仮差押解放金　　□仮処分解放金　　□仮処分取消の保証
□その他

備考

(注)
1. 供託金額の資字にY記号を記入してください。なお、供託金額の訂正はできません。
2. 本供託書は折り曲げないでください。

別紙3-2-4　特殊型仮処分解放金の供託

供託書・OCR用
(裁判上の保証及び仮差押・
仮処分解放金)

（第2号様式）
（印紙第32号）

供託の表示	平成 21 年 1 月 30 日
申請年月日	○○地方法務局

供託者の住所氏名
住所（〒000-0000）
甲県乙市丙町1丁目1番1号
氏名・法人名称
甲野　太郎

代表者等又は代理人住所氏名
甲県乙市丙町2丁目2番2号
代理人　乙山次郎

□別添のとおり
ふりがなから別紙継続用紙に
記載してください。

被供託者の住所氏名
住所
甲県乙市丙町3丁目3番3号
氏名・法人名称
丙川　三郎

□別添のとおり
ふりがなから別紙継続用紙に
記載してください。

供託金額　￥30,000,000円

受理
　年　月　日　㊞

□ 手加入	□ 字削除

係員印	受付	記録
		頁／

法令条項　民事保全法第25条

裁判所の表示
○○地方　裁判所　　支部
平成 21 年（ヨ）第 10 号　不動産仮処分命令申請事件

当事者の名称等
□原告 □申請人 □債権者　丁山一郎
□被告 □被申請人 □債務者　　　　供託者

供託の原因たる事実
□訴訟費用の担保　□仮執行の担保　□仮執行を免れるための担保
□強制執行停止の保証　□強制執行取消の保証　□強制執行続行の保証
□仮差押の保証　□仮差押取消の保証　□仮処分の保証
☑仮差押解放金　　　　　　　　　　　☑仮処分解放金
□その他　　　　　　　　　　　　　　□仮処分取消の保証

備考

（注）1．供託金額の冒頭に￥記号を記入してください。なお、供託金額の訂正はできません。
　　　2．本供託書は折り曲げないでください。

供託者カナ氏名　コウノタロウ
（薄点、半濁点は1マスを使用してください）

民事局長通達・別紙記載例3・4参照)。

なお、以上のことから仮処分解放金の供託を受理した場合、供託所においては、前記の種別を印判等適宜の方法により当該供託書副本表面に明示することとされている(前掲通達第二・七・(1)・エなお書)。

3 一般型仮処分解放金の供託金の払渡請求の方法等

ア 供託金の還付請求の手続等

仮処分の保全すべき権利の内容が、民法424条1項の規定による詐害行為取消権以外の権利を保全するための一般型仮処分解放金の供託がされ、民事保全法57条1項の規定により仮処分の執行が取り消されたときは、仮処分の目的物に代わるものとして仮処分解放金の供託金の仮処分の効力、および仮処分債権者は当該供託金について停止条件付還付請求権を取得する。この場合において、仮処分の本案の勝訴判決が確定したときは、供託金還付請求権について停止条件が成就するので、仮処分債権者は執行文の付与を要することなく、還付請求権を行使して直接供託所に対して供託金の還付請求をすることができる。

この場合における供託金払渡請求書には、供託規則24条1項1号の「還付を受けることを証する書面」として、本案判決の正本およびその確定証明書のほか仮処分の被保全権利と本案の訴訟物との同一性を証する書面(例えば、仮処分申立書、仮処分命令等)を添付することを要する(供託規13Ⅲ)。

なお、本案判決において反対給付をすることが命じられている場合には、前記の添付書面のほか反対給付をしたことを証する書面を添付しなければならない(供託10、供託規24Ⅰ②)。

イ 供託金の取戻請求の手続等

仮処分の本案判決の確定前に仮処分の申立てが取り下げられ、または仮処分債権者が本案訴訟で敗訴した場合には、供託原因が消滅するので、仮処分債務者(供託者)は、供託金の取戻請求をすることができる。

この場合における供託金払渡請求書には、供託規則25条1項の「取戻しをする権利を有することを証する書面」として、仮処分の申立てが取り下げら

別紙3−2−5　仮処分解放金の供託による執行取消決定

平成　　年（　）第　　　号

　　　　　　　　　　決　　　　定(注1)

　　　　　　　当事者　　別紙当事者目録のとおり

　上記当事者間の平成　　年（　）第　　　号仮処分命令申立事件について、当裁判所が平成　　年　　月　　日にした仮処分命令に対し、債務者は、~~債務者~~別紙目録記載の者(注2)を被供託者として金　　　円(注3)を供託して、その執行処分の取消しを申し立てたので当裁判所は、次のとおり決定する。

　　　　　　　　　　主　　　　文

　上記仮処分命令に基づき別紙物件目録記載の　　　　　に対してした仮処分の執行は、取り消す。

　　平成　　年　　月　　日

　　　　　　　　　　　　　　○○地方裁判所○○部

　　　　　　　　　　　　　　　　裁　判　官

（注1）　新法においては、新たに仮処分解放金の制度が定められ（民保25Ⅰ）、債務者が仮処分解放金を供託したことを証明したときは、保全執行裁判所は、仮処分の執行を取り消さなければならないこととされた（民保57Ⅰ）。
（注2）　詐害行為取消請求権を保全するための仮処分の場合には仮処分解放金の被供託者は民法424条１項の債務者になるので、「債権者」の文字を抹消し、被供託者の氏名または名称および住所を記載した別紙目録を添付する。その他の仮処分の場合は、被供託者は債権者となるので、「別紙目録記載の者」の文字を抹消する。
（注3）　仮処分命令で定められた額を記載する。

れたことを証する書面または本案判決の正本およびその確定証明書のほか、仮処分の被保全債権と本案訴訟の訴訟物との同一性を証する書面（例えば、仮処分申立書、仮処分命令決定書等）を添付させるものとする。

4 特殊型仮処分解放金の供託金の払渡請求の方法等

① 供託金の還付請求

ア 仮処分債権者による供託金の還付請求

　仮処分の債務者が民法424条1項の規定による詐害行為取消権を保全するための仮処分における仮処分解放金を供託したときは、仮処分の目的物に代わるものとして同項の債務者（以下「詐害行為の債務者」という）が当該供託金について停止条件付還付請求権を取得するとされている（民保65前段）が、この還付請求権は、次の場合に限り行使することができる（民保65後段）。

　(ｱ) 仮処分債務者の供託によって民事保全法57条1項の規定により仮処分の執行が取り消され、かつ、

　(ｲ) 仮処分債権者の保全すべき権利につき本案の判決が確定した後に、仮処分債権者が詐害行為の債務者に対する債務名義により、詐害行為の債務者が取得した還付請求権に対して強制執行をするとき

　すなわち、仮処分債権者の保全すべき権利につき本案の勝訴判決が確定したときは、詐害行為の債務者の供託金還付請求権について停止条件が成就し、還付請求権は確定的に同人に帰属することとなるので、それを前提として仮処分債権者は当該還付請求権について差押えをすることとなる。この場合において、差押命令が詐害行為の債務者に送達された日から1週間を経過したときは、仮処分債権者は、その債権を取り立てることができるので、他の債権者による差押えまたは仮差押えの執行がされていない限り、差押命令に基づく取立権の行使として供託所に対して供託金の払渡請求をすることができる。しかし、それ以外の場合には、裁判所による配当等の実施による支払委託によって供託金の払渡しをすることとなる。

　なお、仮処分債権者が直接供託金の払渡請求をする場合の供託金払渡請求書には、供託規則24条1項1号の書面として、本案判決の正本およびその確

定証明書のほか仮処分の被保全権利と本案の訴訟物との同一性を証する書面（例えば、仮処分申立書、仮処分命令決定書等）および差押命令が債務者に送達された日から１週間が経過したことを証する書面を添付しなければならない。
イ　支払委託による供託金の払渡し
　アで前述したとおり仮処分債権者以外の者も詐害行為の債務者の有する供託金の還付請求権に対して差押えまたは仮差押えの執行をすることができるが、仮処分債権者が前記の差押えをするまでの間は、他の債権者は当該差押命令に基づく取立権の行使または転付命令による転付を受けることはできない（民保65条後段）。したがって、この場合には、他の債権者による差押え等が競合しても、供託官は、裁判所にその事情の届出をする必要はない。
　しかし、仮処分債権者が先に差押えをしてその取立権の行使に基づく供託金の払渡請求をする以前に、当該還付請求権に対して他の債権者から差押えまたは仮差押えの執行がされた場合には、供託事由が生じたものとして、供託官は、直ちに民事執行法156条２項・３項の規定に基づき、その事情を先に送達された差押命令を発した裁判所に届け出ることを要する（民執規138Ⅲ）。この場合の供託金の払渡しは、執行裁判所の配当等の実施としての支払委託に基づいてすることとなる（民執166Ⅰ）。
ウ　詐害行為の債務者による供託金の還付請求
　仮処分の本案の勝訴判決が確定した後に、仮処分債権者が詐害行為の債務者が有する供託金還付請求権に対して差押えをし、その後に当該差押えの申立てを取り下げた場合でも、民事保全法65条後段の還付請求権を行使するための要件は満たされているといえる。したがって、この場合には、他の債権者による差押えまたは仮差押えの執行がされていない限り、被供託者たる詐害行為の債務者は供託金の還付請求をすることができる。
　この場合における供託金払渡請求書には、供託規則24条１項１号の書面として、アの仮処分債権者が払渡請求をする場合と同様に、本案判決の正本およびその確定証明書のほか仮処分の被保全権利と本案の訴訟物との同一性を証する書面（例えば、仮処分申立書、仮処分命令決定書等）および仮処分債権

者の差押えの申立てが取り下げられたことを証する書面を添付しなければならない。

② 供託金の取戻請求

仮処分解放金の供託がされた後、本案の勝訴判決の確定以前に仮処分の申立てが取り下げられた場合には、供託原因が消滅することとなるので、仮処分債務者は供託金の取戻請求をすることができる。この場合における供託金払渡請求書には、供託規則25条1項の書面として仮処分の申立てが取り下げられたことを証する書面を添付しなければならない。

また、仮処分債権者が本案訴訟で敗訴した場合には、仮処分債務者は供託金の取戻請求をすることができる。したがって、この場合における供託金払渡請求書には供託規則25条1項の書面として、本案判決の正本およびその確定証明書のほか仮処分の被保全権利と本案の訴訟物との同一性を証する書面（例えば、仮処分申立書、仮処分命令決定書等）を添付させるものとする。

第 3 章

その他の執行供託

第1節　滞調法上の執行供託

1　税務官署のする供託

(1)　不動産に対する強制執行と滞納処分の競合による供託

　強制執行による差押えの登記後、滞納処分による差押えの登記前に登記された先取特権質権または抵当権がある不動産について、先行する強制執行が停止され、滞納処分続行の承認決定（滞調33Ⅰ・26Ⅰ）がされて、徴収職員等（滞調2Ⅱ）が不動産を換価して配当する場合は、徴収職員等は、先取特権等を有する債権者が受けるべき配当の額に相当する金銭を供託しなければならない（滞調33Ⅱ、民執91Ⅰ⑥）。これは、強制執行による差押えの効力の帰すうの決定が、先取特権等の効力の成否に影響をもたらすことを理由とするものである。なお、上記先取特権からは、配当要求の終期までに差押えまたは配当要求をした債権者の有する一般の先取特権は除かれている。

　供託金の払渡しは、徴収職員等の配当の実施としての支払委託に基づいてなされるが（滞調33Ⅱ、民執92Ⅰ）、先行の強制執行の手続が取り消されれば、先取特権者等に支払委託がされることになる。また、剰余があれば、執行裁判所に交付されるが、その方法は、徴収職員等の供託金の取戻しにより交付するかまたは支払委託によって交付するか、いずれかによることとなろう。

(2) **不動産に対する仮差押執行と滞納処分の競合による供託**

仮差押えの登記後、滞納処分による差押えの登記前に登記された先取特権、質権または抵当権がある不動産について、滞納処分による配当をする場合においても、仮差押えの本執行への移行の帰すうによって、先取特権等の効力が左右されるので、先取特権者等に対する配当の可否は定まらない。したがって、この場合も徴収職員等は、先取特権者等が受けることとなる配当の額に相当する金銭を供託しなければならない（滞調34Ⅱ、民執91Ⅰ⑥）。この供託金の払渡しは、前記(1)の場合と同様である。

(3) **不動産に対する担保権実行と滞納処分の競合による供託**

担保権の実行として競売のされている不動産については、滞調法36条において同法33条2項を準用しているので、この供託は、前記(1)と同様である。

(4) **船舶に対する強制執行等と滞納処分の競合による供託**

強制執行または仮差押えの執行がされている船舶に対する滞納処分については、滞調法35条において同法33条2項および34条2項の規定が準用され、担保権の実行としての競売がされている船舶に対する滞納処分については、同法36条において同法33条2項の規定を準用している。したがってこの供託は、不動産に対する強制執行、仮差押えの執行または担保権の実行と滞納処分とが競合した場合の供託と同様である。

2　第三債務者のする供託

金銭債権に対する強制執行等と滞納処分による差押えとが競合する場合の供託については、後記第4編第3章に詳述した。

第2節　国税徴収法上の執行供託

税務署長は、差押財産の売却代金、有価証券または無体財産権等の差押えにより第三債務者等から給付を受けた金銭、差し押えた金銭および交付要求により交付を受けた金銭等の換価代金等を配当することとされているが（国徴128）、その交付期日までに配当計算書に関する異議の申出があり換価代金

等を交付することができないときは、当該換価代金等を供託しなければならない（国徴133Ⅱ・Ⅲ、国徴令50Ⅰ）。また、換価代金等を配当すべき債権が停止条件付きである場合または仮登記された質権抵当権もしくは先取特権により担保される債権である場合においても、換価代金等の供託をすることになる（国徴133Ⅲ、国徴令50Ⅳ）。なお、換価代金等を配当すべき債権の弁済期が未到来のときには、その債権者に交付すべき金額を供託しなければならない（国徴134Ⅰ）。

供託金の払渡しは、税務署長の配当の実施としての支払委託に基づいてなされる（国徴令50Ⅲ・Ⅳ）。なお、弁済期未到来債権については、民事執行法では、配当時に弁済期が到来したものとみなされている（民執88Ⅰ）が、国税徴収法には同旨の規定はなく、弁済期の到来したことを証する書面を添付して、還付請求できる（昭44.12.23民甲第2619号通達）。

第3節　船主責任制限制度における供託

(1)　供託の性質

船舶の所有者等の責任の制限に関する法律（昭和50年法律第94号。以下「船主責任制限法」という）および船舶油濁損害賠償保障法（昭和50年法律第95号。船舶油濁損害賠償保障法は、責任制限手続について、船主責任制限法の規定をほとんど準用している。同法38）により、船舶所有者等（船舶所有者等とその被用者等および救助者とその被用者等）は、自己の損害賠償責任を一定の金額に制限することができる（船主責任制限法3、船舶油濁損害賠償保障法5）。船舶所有者等がこの制限をするためには、裁判所に対し責任制限手続開始の申立てをし、裁判所がこれを相当と認めるときは、申立人に対して1月を超えない一定の期間内に裁判所の定める責任限度額に相当する額（注）の金銭およびこれに対する事故発生の日から供託の日まで年6％の割合により算定した金銭を、裁判所の指定する供託所に供託し、かつ、その旨を届け出るべきことを命ずるものとされる（船主責任制限法19Ⅰ）。

この責任限度額は相当高額なものとなることから、船舶所有者等は、裁判

所の許可を得て、船主責任制限法施行令の金融機関と供託委託契約を締結し、その旨を裁判所に届け出ることによって供託を免れることができ、この場合は、受託者たる金融機関が裁判所の定める日までに供託（裁判所の定める責任限度額に相当する額の金銭およびこれに対する事故発生の日から供託委託契約を締結した旨を裁判所に届け出た日まで、年6％の割合により算定した金銭並びに責任制限手続開始決定の日から供託の日まで供託金に付される利息の利率（年0.024％）と同一の率により算定した金銭を加えたもの）することになる（船主責任制限法19Ⅰ・20Ⅰ・21Ⅰ）。また、受託者が供託しなかった場合には、受託者は管理人に対し、供託すべき金銭およびこれに対する指定日の翌日から支払の日まで年6％の割合により算定した金銭の支払義務を負担することになる。管理人は、受託者から上記金銭の支払を受けたときは、直ちに申立人が供託を命ぜられた供託所に供託しなければならない（船主責任制限法22Ⅰ・Ⅴ）。このようにして、債権者に対する弁済のための基金が、供託所の供託金という形で確保されることになる。

(注) 責任限度額は、船主責任制限法7条において、船舶のトン数に応じて1単位（国際通貨基金協定3条1項に規定する特別引出権による一特別引出権に相当する金額）に一定の倍数を乗じた金額とされている。なお、その他の場合の制限債権の弁済に充てられる金額のうち、一定割合を乗じた金額に相当する部分は、物の損害に関する債権の弁済に、その余の部分は、人の損害に関する債権の弁済に充当される。船舶油濁損害賠償保障法においても同様に、タンカーのトン数に応じて1単位（国債通貨基金協定3条1項に規定する特別引出権による一特別引出権に相当する金額）に一定の倍数を乗じた金額とされている（同法6条）。

裁判所の定める責任限度額に相当する金額は、「供託の日において公表される最終の1単位の額」により算定することになっている（船主責任制限法19Ⅱ）。この公表とは、IMF（国際通貨基金）による発表を意味するとされており、IMFでは、日本時間の深夜に直前の日についての1SDRの円換算値を発表するとのことである。したがって、最新の1SDRの円換算値を一般的に情報として入手できるのは、銀行の開業する午前9時以降と思われる。

(2) **供託金の払渡し**

責任制限手続が開始された場合には、その取消しまたは廃止の決定がない限り、制限債権者は、供託した基金から配当を受けるという形で自己の債権

を満足でき、制限債権者に対する配当は、管理人から供託所に対し支払委託の方法によってされる（船主責任制限法3・68・69、同手続規39）。この場合の管理人は、供託規則30条1項の官庁または公署に含まれる。この意味から、この供託は執行供託の一種であるといえる。

　管理人は、配当を行うに際しては、供託規則第27号書式による支払委託書に裁判所から交付を受けた供託書正本を添付して供託所に送付するとともに、制限債権者に供託規則第29号書式の証明書を交付する。

　このほか、船主責任制度の供託に関しては、責任制限手続の決定に対し即時抗告があり、裁判所が責任限度額または事故発生の日を不当と認めた場合または責任限度額の利息に相当する額の誤りを生じさせる事故発生の日の認定に誤りがあった場合の追加供託、開始決定が取り消された場合の取戻し、管理人が取り立てた費用および訴訟費用の供託、廃止決定が確定した場合の取戻し、責任制限手続の拡張の申立てに伴う供託、裁判所から返還を受けた金銭の管理人による供託、訴訟費用として支出しなかった立替金の管理人による供託および供託金の払渡請求権に対する差押え等がある。

　なお、これについては、①昭51.10.25民四5493号通達、②「船舶の所有者等の責任の制限に関する法律について」（民月31巻12号）、③昭59.5.15民四2600号通達（民月39巻6号および8号）に詳しいので参照されたい。

第4節　仮登記担保法上の清算金の供託

　仮登記担保契約に関する法律（昭和53年法律第78号。以下「仮登記担保法」という）は、清算期間が経過したときにおける仮登記担保契約の目的たる土地または建物の価額がそのときの被担保債権の額を超える場合、仮登記担保の実行をする債権者（清算金債務者）は、その超える額に相当する金銭（以下「清算金」という）を債務者または物上保証人に支払わなければならない（仮登記担保3Ⅰ）。

1　清算金の供託の性質

　清算金の支払を目的とする債権につき、差押えまたは仮差押えの執行(滞納処分またはその例によるものを含む)があったときは、債権者は、清算期間が経過した後、その清算金を債務の履行地(仮登記担保契約の債務者の住所地)の供託所に供託し、その限度において債務を免れることができる(仮登記担保7Ⅰ)。なお、清算金債権の一部につき差押え等があったときは、清算金の全額または被差押え部分のみについて供託することができるが、この場合、清算金債権者(仮登記担保契約債務者)を被供託者として記載する。債権者に送達された差押命令、仮差押命令、配当要求および交付要求はすべて供託書に記載しなければならない。なお、供託者が供託通知書の発送を請求するときは、その旨を供託書に記載し、被供託者および差押債権者(仮差押債権者を含む)の員数に応じた送付に要する費用(郵券または信書便の役務に関する料金支払のために使用できる証票で法務大臣が指定するもの)を付した封筒を添付しなければならない(仮登記担保7Ⅳ、供託規16)。

　この供託は、債務者等に対し債務免責の効果を与えるための弁済供託の性質を有するとともに、供託により差押え等の効力が債務者等の有する供託金還付請求権の上に移行する(仮登記担保7Ⅱ)ので、執行供託の性質も有する。

　なお、清算金につき、2以上の差押え等があり競合した場合には、仮登記担保法7条1項および民事執行法156条2項の双方の規定を根拠として供託することができる(昭54.6.11民四3367号通達。同通達は旧法中のものであることから、同通達中民事訴訟法621条1項を民事執行法156条2項と読み替えることができる)。この場合には被供託者の記載を要しない。

2　清算金に対して差押・転付命令がなされた場合の混合供託

　清算期間の経過後、他に競合する差押え等がない場合において、同時履行の抗弁権付きの清算金債権について差押・転付命令があったときは、債権者は、債務者等と転付権者の双方を被供託者とし、仮登記担保法7条1項およ

び民法494条の双方の規定を根拠として、清算金のうち転付に係る金額を供託することができる（前掲通達）。

3 供託金の払渡し

(1) 還付請求

1 反対給付の履行の証明

土地等の所有権移転登記等の履行が反対給付とされている場合においては、還付請求をするには、当該給付の履行がされたことを証する書面として、上記の登記の記載のある登記事項証明書等または土地等の引渡しが履行された旨の仮登記担保権者の証明書等を払渡請求書に添付しなければならない（供託10、供託規24Ⅰ②）。

2 仮登記担保法7条1項のみを根拠とする供託の場合

① 差押債権者による還付請求

清算金の供託がされたときは、清算金債権に対する差押え等は、債務者等が有する当該供託金の還付請求権に対してなされたものとみなされる（仮登記担保7Ⅱ）。したがって、差押債権者が供託金の払渡しを受けるには供託金還付請求権に対して改めて差押え等をすることなく、その差押えの取立権（民執155Ⅰ）に基づき供託金の払渡しの請求をすることができるものと解せられる（注）。

また、滞納処分による差押えの場合においても、差押えの効力として、取立権限が与えられる（国徴67）から、徴収職員は、改めて供託金還付請求権につき滞納処分による差押えをすることなく、供託金の払渡しの請求をすることができる。

（注）昭54.6.11民四3367号通達においては、差押債権者が供託金の払渡しを受けるには、供託金還付請求権に対して、取立命令または転付命令を得ることを要するとされていたが、その後民事執行法の制定により、取立命令の制度がなくなったこと、および同法155条1項の規定により差押えに取立権が付与され、滞納処分による差押えと同様の法律構成をとることとなったからである。

② 債務者等による還付請求

仮登記担保契約における債務者等（清算金債権者）は、差押え等が解除

されたときは、供託金の全部、清算金債権の一部について差押え等があった場合において清算金の全額が供託されたときは、その差額に相当する供託金について、還付請求をすることができる。
③　仮登記担保法7条1項および民事執行法156条2項の規定の双方を根拠とする供託の場合等の規定をも根拠とする清算金の供託についての供託金の払渡しは、執行裁判所の配当等の実施としての支払委託に基づいてなされる（前掲通達）。

(2)　取戻請求

仮登記担保権者は、次に掲げる場合に限り、供託金の取戻しをすることができる。供託が民事執行法156条2項の規定を根拠とする場合も、同様である。
①　土地等につき清算金の供託前の申立てに係る強制競売、担保権の実行としての競売または企業担保権の実行につき手続の開始決定があった場合（仮登記担保7Ⅲ・15Ⅰ）および清算金の供託前に滞納処分による差押えがされた場合（国徴52の2）。

この場合の供託金払渡請求の事由（供託規22Ⅱ③）は、「供託前競売開始」または「供託前差押え」等とし、供託金払渡請求書には供託規則25条1項の書面として、例えば裁判所の強制競売等の開始決定書その他の裁判所の証明書もしくは徴収職員による差押通知書または競売開始決定等の記載のある登記事項証明書を添付する。
②　供託が錯誤によるものである場合（供託8Ⅱ）。
③　供託原因が消滅した場合（供託8Ⅱ）。例えば、土地等が仮登記担保法11条により受け戻されたとき。

第5節　土地収用法上の供託

土地収用法における補償金は、通常の民事上の債務とその性質を異にするところから、土地収用法95条2項（同法97Ⅱも同様）において受領拒否、受領不能（同項1）、債権者不確知（同項2）という民法494条と同様の供託事

由を規定しているが、これらの供託は、いずれも土地収用法95条2項1号、2号を根拠条文とするものである。また同項4号は、起業者が差押えまたは仮差押えにより補償金等の払渡しを禁じられたときの供託についても規定しているが、この供託は、いわゆる執行供託としての性質も有すると解されることから、第三債務者である起業者は、民事執行法156条3項の規定により、執行裁判所に対して事情届をすることになろう。

第4編

金銭債権における第三債務者のする執行供託

第 1 章

概　説

　昭和55年10月1日から、民事執行法（昭和54年法律第4号。以下「民執」という）、滞調法の一部を改正する法律等が施行され、いくつかの新しい類型の供託の根拠規定が定められ、また、従来認められていた供託についても変更が加えられることとなった。さらに平成3年1月1日から、民事保全法（平成元年法律第91号）が施行され、法務省においても、新たな供託事務の取扱いの指針を示すべく、昭和55年9月6日付け民四第5333号民事局長通達および平成2年11月13日付け民四第5002号・第5003号民事局長通達が発せられ、従来の関係先例が整備され、併せて供託規則（昭和34年法務省令2号）、供託事務取扱手続準則（昭47.3.7民甲1050号法務省民事局長・官房会計課長通達）の手直しがなされた。そこで、これらを前提として、第三債務者の供託から配当手続に至る過程を若干の重複はあるが事例ごとに考察することとする。

　なお、債権執行のうち、第三債務者のする執行供託に直接関係しないと思われる部分については意識的に触れていない。

第 2 章

民事執行法上の供託

第1節　債権執行

第1　債権執行の意義

　債権その他財産権に対する強制執行、いわゆる債権執行は、執行力ある債務名義の正本を有する債権者が、強制執行の手続により、債務者の有する金銭の給付を目的とする債権有体物の給付を目的とする債権等を差し押え、第三債務者からその給付を受けて執行債権の弁済に充てる執行方法である。

　金銭債権に対する強制執行は、債権者が執行裁判所に差押命令の申立てをし、裁判所の差押命令によって開始し、換価段階、配当段階を経て、その目的を達することになる。第三債務者のする執行供託に関して、民事執行法制定前の旧民事訴訟法（以下「旧法」という）と対比した民事執行法のもとにおける主要な改正事項は次のとおりである。

　　[1]　手続開始段階
① 　旧法では、差押債権者が債権を取り立てるには、取立命令を必要としたが、民事執行法では、差押命令が債務者に送達された日から1週間経過したときは直ちに取り立てることができることとされる（民執155Ⅰ）。
② 　差押えが債権の一部につき競合する場合、その効力は債権の全部に及ぶことが規定上明確にされている（民執149）。
③ 　差押禁止債権の範囲を現代の社会生活に適合するように整理し、同時に裁判所は債権者・債務者に関する具体的な事情により差押禁止の範囲を変

更できることとされる（民執152・153）。

2 換価段階

① 単発の差押えがなされた場合でも、第三債務者に権利としての供託が認められる（民執156Ⅰ）。
② 差押えが競合した場合には、第三債務者に供託が義務づけられる（民執156Ⅱ）。
③ 第三債務者が支払または供託に応じない場合における取立訴訟の手続と効力が規定上明確にされている（民執157）。
④ 配当要求ができる債権者は先取特権者のほか、執行力ある債務名義の正本を有する債権者（いわゆる有名義債権者）に限定される（民執154）。
⑤ 転付命令に対する執行抗告が認められ、転付命令は確定しなければその効力を生ぜず、確定したときは、第三債務者に送達されたときにさかのぼってその効力が生ずることとされる（民執159）。

3 配当段階

配当を受けるべき債権者の範囲および配当等の実施方法が規定上明確にされている。

旧法においては、その手続が明確でない点が少なくなく、執行供託の事情届のときに配当要求の終期が到来すると解されていたが、民事執行法では、供託の時点をもって、配当要求の終期が到来することとされる。

第2 金銭債権に対する強制執行

1 執行の対象となる権利

金銭債権は、執行債務者が第三債務者に対し金銭的給付を求めることができる各種の請求権で、その請求権の発生が私法上の法律関係に基づくものである場合はもちろん、それが公法上の法律関係（土地収用法による損失補償請求権など）に基づくものであっても、執行の対象となる。既に差押えがされている債権、質入れされている債権滞納処分による差押えがされている債権であっても差し押えることができる。

金銭債権には、次のようなものがある。
① 貸金債権、売掛代金債権、預金債権、損害賠償債権

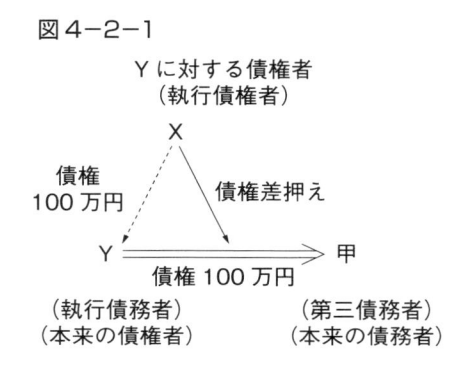

図4-2-1

```
        Yに対する債権者
        （執行債権者）
              X
   債権      ╱  ╲ 債権差押え
  100万円  ╱      ╲
        ╱          ↓
      Y ═══════════ 甲
         債権100万円
   （執行債務者）    （第三債務者）
   （本来の債権者）  （本来の債務者）
```

② 賃料、俸給、給料などの債権（これらの権利は賃貸借契約、雇用契約などによって直ちに発生するが、一定の期日の経過によって初めて具体的に請求権が発生する。したがって、あらかじめ差押えをすることができる）
③ 会社、組合に対する将来の利益配当請求権、財産分配請求権（株主権は株券に化体されて譲渡されるから、記名式の場合でもこれを1個の有価証券と認めるのが相当で、これに対する執行は動産の差押えの方法による〔大判大8.6.23民録25巻1085頁〕）

　一定の有価証券（手形、小切手、国債等）は性質上は債権であっても、動産執行の方法によって行われる（民執122Ⅰ・177）。
④ 供託金払渡請求権も差押えの対象となるが、供託有価証券払渡請求権に対する執行は動産の差押えの方法による（民執163Ⅰ）（仮差押金銭または仮差押えの目的物の売得金を執行官が供託した場合（民保49Ⅱ・Ⅲ）、その供託金は仮差押え中の金銭または動産であって債務者の所有に属し執行官はその保管方法として供託しておくにすぎないが、しかし、その取戻請求権を有する者は執行官であって債務者ではないから、これに対する執行は動産の差押えの方法による（大10.11.30民事4453民事局長回答、昭5.12.16民事1128民事局長回答））。

第2章　民事執行法上の供託

2　差押手続

(1) 執行裁判所（民執144）

債権執行の執行機関は、執行裁判所である。執行裁判所は、原則として債務者の普通裁判籍の所在地（一般的には、住所または法人にあっては主たる事務所もしくは営業所）の地方裁判所である。この普通裁判籍がないときは差し押えるべき債権の所在地（差押えの対象となる債権の債務者たる第三債務者の普通裁判籍の所在地）の地方裁判所が執行裁判所となる（民執144Ⅰ・Ⅱ）。

管轄裁判所は、債権者の差押命令申立てのときを基準とし、かつ人の住所等が基準となるため、差押命令が発せられた後に債務者が住所を移転したような場合には、その後に同一の債権に対して差押命令の申立てをする債権者は、別の裁判所に事件を申し立てなければならない。この場合には、配当等の手続に入ると事件を併合して処理する必要から、事件を他の執行裁判所に移送することができる（民執144Ⅲ）。

なお、差押命令が発せられた後、換価手続（転付命令等）までの間に債務者が住所を移転していた場合には、差押債権者は、差押命令を発した裁判所に転付命令等の申立てをすればよい（宮脇・各論42頁、稲葉・注解(2)268頁、松岡・要論㊥870頁、執行事件実務研究会編・債権・不動産執行の実務2頁、（反対）兼子198頁、菊井・民訴㊤177頁）。債権執行の管轄は、申立て時（民訴15、民執20）にあれば、以後住所等の変更があっても管轄裁判所は変動しないとの見解によるものである。

(2) 差押命令の申立て

1　差押命令申立ての方式と申立書の記載事項

債権に対する強制執行は、執行裁判所の差押命令によって開始されるが（民執143）、執行裁判所の差押命令は債権者の申立てによってなされる。

差押命令の申立ては、書面をもってしなければならず（民執規1）、執行力のある債務名義の正本の添付のほか執行開始に必要な要件（民執29・30・31）が具備されなければならない。

なお、実務では債権差押命令の申立てと同時に転付命令の申立てをするこ

書式4-2-1　債権差押命令申立書

債権差押命令申立書

収入印紙
4,000円

○○地方裁判所民事第○部　御中

平成○○年○○月○○日

申立債権者　　○○機械株式会社
代表者　代表取締役　甲　野　太　郎㊞

当事者　　　　　｝
請求債権　　　　｝別紙目録のとおり
差押債権　　　　｝

　債権者は、債務者に対し、別紙請求債権目録記載の執行力のある公正証書の正本に表示された上記請求債権を有しているが、債務者がその支払をしないので、債務者が第三債務者に対して有する別紙差押債権目録記載の債権の差押命令を求める。

添付書類

1　執行力のある公正証書の正本　　1　通
2　同謄本送達証明書　　　　　　　1　通
3　資格証明書　　　　　　　　　　3　通

　　　　　　　　当　事　者　目　録

〒105―○○○○
　　東京都○○区○○2丁目5番5号
　　　　債　権　者　　　　　　　○○機械株式会社
　　　　代表者　代表取締役　　　　甲　野　太　郎
〒123―○○○○
　　東京都○○区○○2丁目25番8号
　　　　債　務　者　　　　　　　株式会社○○産業
　　　　代表者　代表取締役　　　　乙　野　二　郎
〒160―○○○○
　　東京都○○区○○4丁目30番22号
　　　　第三債務者　　　　　　　丙野建設株式会社
　　　　代表者　代表取締役　　　　丙　野　三　郎

（注）　後の決定、通知等の別紙として用いるために申立て時に申立書に添付する目録とは別に相当枚数の当事者目録、および以下の請求債権目録、差押債権目録を提出する（必要な枚数は裁判所によって異なる）。

　　　　　　　請　求　債　権　目　録

　〇〇法務局所属公証人何某作成平成〇〇年第4282号の執行力のある公正証書正本に表示された金〇〇〇円の残元金
(1)　元　本　　金〇〇〇円
　　　但、平成〇〇年〇〇月〇〇日の金銭消費貸借契約に基づき貸付けた金員の残元金
(2)　利　息　　金〇〇〇円
　　　上記(1)に対する平成〇〇年〇〇月〇〇日より同年〇〇月〇〇日迄年１割５分の割合による利息金
(3)　損　害　金　　金〇〇〇円
　　　上記(1)に対する平成〇〇年〇〇月〇〇日より平成〇〇年〇〇月〇〇日迄年２割の割合による損害金
(4)　執行費用

執行証書謄本作成手数料	金〇〇円
同　　申請書の交付に要する費用	金〇〇円
同　　謄本送達手数料	金〇〇円
同　　送達証明手数料	金〇〇円
執行証書の執行文付与手数料	金〇〇円
執行文の交付に要する費用	金〇〇円
差押命令の申立手数料	金〇〇円
同　　申立書作成・提出費用	金〇〇円
差押命令正本送達費用	金〇〇円
送達通知書の送付費用	金〇〇円
資格証明書交付手数料	金〇〇円

合　計　金〇〇円

(注１)　債務名義の表示は、請求債権目録中に明らかにする。
(注２)　期限の利益喪失により履行期の到来したものは、その旨を明記する。

　　　　　　　　差　押　債　権　目　録

　　金○○○円
　　但、債務者が第三債務者に対して有する下記債権で頭書金員に満つる
　まで

　　　　　　　　　　　　　　　記

　　債務者が第三債務者に対して有する、○○県○○市○○7丁目7番1
　号の東急線○○駅の橋上駅舎新設工事の基礎土木工事の請負工事代金債
　権

（注）　実務では債権差押命令の申立てと同時に転付命令の申立てをするのが比較的多
　　　いので、その申立ての様式も、次頁に併せて掲げる。

とが比較的多い。

　差押命令の申立書には、債権者、債務者、第三債務者、債務名義、差し押えるべき債権（被差押債権）の種類および額等債権を特定するに足りる事項、債権の一部を差し押える場合にはその範囲を明らかにしなければならない（民執規21・133）。差押禁止債権（民執52）については、差押えが許容される限度内の範囲を特定する必要がある。
① 　差押命令の申立てと転付命令の申立てを同時にする場合（書式4-2-2）
② 　差押命令の申立てとは別個に転付命令の申立てをする場合（書式4-2-3）
　　2　被差押債権の表示

　申立書には、被差押債権の種類とその額を記載しなければならないことは前述したとおりであるが、債権執行においても、動産執行の場合の超過差押禁止の原則（民執128）とは異なるものの超過差押禁止の原則がとられている（民執146Ⅱ）。例えば、被差押債権を執行債権の額に限定して差し押えた

書式4-2-2　差押命令の申立てと転付命令の申立てを同時にする場合

債権差押え及び転付命令申立書

収入印紙
4,000円

○○地方裁判所民事第○部　御中

平成○○年○○月○○日

　　　　　　　　　　　申立債権者　　○○機械株式会社

　　　　　　　　　　代表者　代表取締役　甲　野　太　郎㊞

当事者　　｝
請求債権　｝別紙目録のとおり（省略）
差押債権　｝

　債権者は、債務者に対し、別紙請求債権目録記載の執行力ある債務名義正本に表示された請求債権を有しているが、債務者がその支払をしないので債務者が第三債務者に対して有する別紙差押債権目録記載の債権に対し差押命令及び請求債権の支払に代えて券面額で債権者に転付するとの命令を求める。

添付書類

1　執行力ある公正証書の正本　　　　　　　1通
2　同謄本送達証明書　　　　　　　　　　　1通
3　資格証明書　　　　　　　　　　　　　　1通

書式4-2-3　差押命令の申立てとは別個に転付命令の申立てをする場合

転 付 命 令 申 立 書

　　○○地方裁判所民事第○部　　御中

　　平成○○年○○月○○日

　　　　　　　　　　　申立債権者　　　○○機械株式会社
　　　　　　　　　　　　代表者　代表取締役　甲　野　太　郎㊞

　　　当事者　　　
　　　　　　　　｝別紙目録のとおり（省略）
　　　差押債権　　

　　上記当事者間の、御庁平成　年（ル）第　号債権差押命令申立事件について、平成　年　月　日なした債権差押えにより差し押さえた別紙差押債権目録記載の債権は支払に代えて券面額で債権者に転付するとの命令を求める。

場合に、配当要求があると債権者は全額の弁済を受けられなくなるので、債権の全部（請求債権額を超過して）についての差押えが許される（したがって、その申立てもできる）（民執146Ⅰ）が、被差押債権の価額が差押債権者の債権および執行費用の額を超えるときには、他の債権を差し押えることはできない（民執146Ⅱ）。

　例えば、執行債権50万円で債務者の第三債務者に対する100万円の債権の差押えの申立てをすることができる。また、債務者が第三債務者に対して

100万円の金銭債権を2つもっている場合に、債権者の執行債権額（債権および執行費用）が100万円を超えているときは、2つとも差し押えることができるが、100万円未満のときは、一方の100万円の債権しか差し押えることができない。1つの債権しか差し押えていないときに、配当要求があると、差押債権者は自己の債権全部の弁済を受けられないことになるので、この場合には、債権者は執行文の付された債務名義の正本の再度付与を受けて（民執28）、他の債権の差押えの申立てをすることができることになる。

もちろん、1つの債権については全部の差押えができるとしても、一部差押えも、明確に認められている（民執149、民執規133Ⅱ）。なお、実務では被差押債権の額自体が債権者にわからない場合が多いので、これを執行債権額と同額にして「……頭書金額に満つるまで」というような記載をするものが多い。

(3) 第三債務者の表示

第三債務者とは差し押えるべき債権の債務者で（民執144Ⅱ）、執行債務者に対して債務を負担している者をいう。第三債務者は厳密には執行当事者ではないが、債権の差押えは差押命令が第三債務者に送達されたときにその効力を生ずること（民執145Ⅳ）、執行管轄の基礎となること（民執144Ⅰ）、あるいは転付金請求訴訟や取立訴訟の当事者となることもあるので、執行当事者と同様に重要な意義を有する。したがって、その表示は的確にされることが要求されている（民執規133Ⅰ）。第三債務者が法人の場合には、主たる事務所または営業所を表示する。国または地方公共団体あるいは法人などが第三債務者であるときはその代表者を記載する。

第三債務者が国の場合には代表者を支出官とか、資金前渡官吏または歳入歳出外現金出納官吏、供託官を表示することになっていて、訴訟において国を被告とする場合に法務大臣が代表者となる定めとは異なっていることに注意する必要がある（明治26年勅令261号東京控判大10.9.15評論10諸342、東京地判明38.4.1新聞278号11頁）。

なお、第三債務者に対する送達場所を記載することは明文の規定はないが、会社、銀行、信用金庫等の支店、出張所に勤務する者の受ける俸給、給料その他の報酬を差し押えるような場合には、現実に支払事務を担当する支

払担当者に命令を送達することが迅速に執行の目的を達する所以であるところから、送達場所を表示する例となっている。また、債務者の有する銀行、信用金庫等の預金債権を差押えの目的とする場合に、その預金が当該銀行等の支店または営業所になされているときでも、その本店に差押命令を送達すれば差押えの効力は生ずるのであるが、そうすると差押えのあったことを当該支店に連絡するのが遅延したため、支店等が債務者の預金の引出しや手形の決済に応じ、第三債務者が民法481条により二重支払の危険を負担することもあり得るので、差押命令は預金口座所在の支店に直接送達されることが執行の目的に合致するということで「送達場所何々所在何々銀行何々支店」というように記載するのが実務の取扱いである（深沢・民事執行の実務㊥390頁）。

なお、第三債務者の表示とその場合の代表者とその送達場所について、国等機関のうち比較的多いと思われるものは表4-2-1のとおりである。

(4) **差押命令の内容**

① 執行裁判所は、債権執行の申立てが形式的に適法で理由があるときは、立件手続（事件符号㊄）をし被差押債権を特定して（注1）、差押命令を発する。この差押命令によって債権執行は開始されることになる（民執143）。

しかし、裁判所は、差押命令を発するためには、申立ての方式等の審査をするが、被差押債権の存否、その帰属、債権の額等については、これを実質的に判断することなく、申立債権者の主張するとおりに存在するものとして命令を発しなければならない。このために、債務者および第三債務者を審尋することは許されない（民執145Ⅱ）。これは、被差押債権の存否についての判断をするには時間を要するが、それよりは、手続の迅速的処理のために、差押債権者の調査を前提として手続を続行するほうが妥当だと考えられるからであり（田中310頁）、債務者が債権執行申立てを察知し、債権譲渡等の処分行為に出ることを防ぐ必要があるからである（三ケ月・民事執行法377頁）。旧法（旧民訴597）と同一の規定である。なお、債権仮差押え後、仮差押債権者が債務名義を得て差押命令の申立てがあった場合、裁判所の実務は重ねて

表4-2-1

差押債権	第三債務者の表示	送達場所	備考
1　第三債務者が国の場合			
(1)　国家公務員の職務上の収入	国 代表者　何省支出官もしくは資金前渡官史	支出官もしくは資金前渡官史	
各省職員、裁判所職員の場合は代表者を支出官とする。参議院、衆議院職員の場合は代表者を同院支出官とする。			
(2)　国家公務員の退職金	国 代表者　何省支出官	支出官	
2　地方公務員の職務上の収入	都道府県 代表者　都道府県知事	都道府県知事	
3　供託物払戻請求権	国 代表者　供託官	供託官	昭26.4.18民事局長回答参照
4　郵便貯金払戻請求権	(ゆうちょ銀行) 株式会社 ゆうちょ銀行 代表者　代表取締役	○○貯金事務センター	
	(郵便貯金・簡易生命保険機構) 独立行政法人 郵便貯金 簡易生命保険管理機構 代表者　理事長	代表者	
5　銀行預金払戻請求権	当該銀行 代表者　代表取締役	本店または当該預金のある支店	
6　社会保険診療報酬債権	社会保険診療報酬支払基金 代表者　理事長	都道府県社会保険診療報酬支払基金事務所の幹事長	社会保険診療報酬支払基金法1条・9条・12条1項参照
7　国民健康保険法に基づく診療報酬債権	都道府県 国民健康保険団体連合金 代表者　理事	代表者	

差押命令を発している。

また、転付命令等も、申立てがあるときは、差押命令と同時に発することも可能である。

② 差押命令は、執行裁判所が職権で債務者と第三債務者の双方に送達するが（民執145Ⅲ）、その送達の時点が異なることもあり得るから、差押えの効力は、差押命令が第三債務者に送達されたときに生ずるとされている（民執145Ⅳ）。債務者への送達の有無は、差押えの効力発生につきなんら影響を及ぼさない（注2）。ただし、債務者に対し差押命令が送達されていなければ取立権（民執155）は発生せず、また、差押命令に対する執行抗告期間についても影響することになる。

(注1) どの程度で特定されたものと認められるかは、具体的事例により一義的に説明することは困難であるが、他の債権と区別できる程度に特定されていればよいとされる（大阪高判昭49.11.29判タ327号207頁）。債権の特定が欠けると、差押えは無効となる（最判昭46.11.30判時653号90頁、大阪高判昭30.5.19高民集8巻4号320頁、福岡高判昭35.6.28下民集11巻6号1375頁、東京高判昭37.4.11金融法務308号4頁、東京高決昭54.6.28判時939号51頁）。

(注2) 最判昭46.4.8判時631号57頁（仮差押命令の事案であるが、差押命令のときも同様に考えられる）。

(5) 差押命令書の形式

① 差押命令には、当事者、執行債権、被差押債権を表示し、執行債務者に対しては差し押えられた債権について取立てその他の処分の禁止を命じ、第三債務者に対しては、差し押えられた債権について執行債務者への弁済をなすことを禁ずる旨を命ずる（民執145Ⅰ）。

② 書　　式

差押命令は、執行裁判所の決定の一種であり、その結果は、書式4-2-4～4-2-7のような大体4枚綴りの決定書になっている。

命令の主文に当たる部分である。執行力のあるというのは、この債務名義に執行文が付与されているということである。金銭の支払を内容とする債務名義としては、仮執行宣言付支払督促のほか、確定判決、仮執行宣言付判決（判決の主文中に、この判決は仮に執行できる旨の文言がある）、抗告によらなけ

書式4−2−4−Ⅰ

|平成　　年(ル)第　　　号|

債 権 差 押 命 令

　　　　　　　　　　　　　　当 事 者　別紙目録のとおり
　　　　　　　　　　　　　　請求債権　別紙目録のとおり
1　債権者の申立てにより、上記請求債権の弁済に充てるため、別紙請求債権目録記載の執行力のある債務名義の正本に基づき、債務者が第三債務者に対して有する別紙差押債権目録記載の債権を差し押さえる。
2　債務者は、前項により差し押さえられた債権について取立てその他の処分をしてはならない。
3　第三債務者は、第1項により差し押さえられた債権について債務者に対し弁済をしてはならない。
　　　平成　　年　　月　　日
　　　　　　　　　　　　　　　　　○○地方裁判所民事○○部
　　　　　　　　　　　　　　　　　　　裁 判 官

書式4−2−4−Ⅱ　債権差押え及び転付命令

|平成　　年(ル)第　　　号|
|平成　　年(ヲ)第　　　号|

債権差押え及び転付命令

　　　　　　　　　　　　　　当 事 者　別紙目録のとおり
　　　　　　　　　　　　　　請求債権　別紙目録のとおり
1　債権者の申立てにより、上記請求債権の弁済に充てるため、別紙請求債権目録記載の執行力のある債務名義の正本に基づき、債務者が第三債務者に対して有する別紙差押債権目録記載の債権を差し押さえる。
2　債務者は、前項により差し押さえられた債権について取立てその他の処分をしてはならない。
3　第三債務者は、第1項により差し押さえられた債権について債務者に対し弁済をしてはならない。
4　債権者の申立てにより、支払に代えて券面額で第1項により差し押さえられた債権を債権者に転付する。
　　　平成　　年　　月　　日
　　　　　　　　　　　　　　　　　○○地方裁判所民事○○部
　　　　　　　　　　　　　　　　　　　裁 判 官

れば不服申立てのできない裁判、執行判決、執行決定のある仲裁判断、訴訟費用・和解費用・執行費用等の額を定める裁判所書記官の処分、裁判上の和解調書、起訴前の和解調書（即決和解といわれているもの）、調停調書、公正証書で執行文が付与された執行証書（書式4-2-6）等がある（民執22）。

差押命令と同時に転付命令を発する場合の例である。

債権者、債務者、第三債務者が表示されるが、この例では、第三債務者とその送達場所が併記してある（書式4-2-5）。

差押えの原因となった債権が表示される（書式4-2-6）。この例では、執行力のある公正証書正本が債務名義である。費用については、元来、債務名義に表示できるものではないが、請求債権として請求できることになっている（民執155Ⅰ）。

差押えに係る債権が表示されている（書式4-2-7-Ⅰ・Ⅱ）。被差押債権の特定は、債権の種類（賃料債権、売掛債権、給料債権等）およびその額のほか、債権の発生時期、原因、弁済期（預金債権にあっては口座番号）等です（民執規133Ⅱ）。

特定を欠いた申立ては却下されるし、仮に差押命令が発せられたとしても無効となる（前記(4)・①の（注1）参照）。どの程度で特定されたものと認め

書式4-2-5

```
            当 事 者 目 録
〒150─○○○○  東京都渋谷区桜丘町1丁目10番20号
                債権者   ○○株式会社
                代表者 代表取締役 甲 野 太 郎
〒169─○○○○  東京都新宿区大久保2丁目13番19号
                債務者   乙 野 次 郎
〒101─○○○○  東京都千代田区神田神保町2丁目21番地1
                第三債務者 株式会社○○銀行
                代表者 代表取締役 何        某
      送達場所
〒150─○○○○  東京都渋谷区広尾1丁目15番2号
                              ○ ○ 支 店
```

書式4−2−6

請 求 債 権 目 録

　〇〇法務局所属公証人何某作成平成〇〇年第〇〇〇〇号の執行力のある公正証書正本に表示された金〇〇〇円の残元金
(1)　元　本　　金〇〇〇円
　　　但、平成〇〇年〇〇月〇〇日の金銭消費貸借契約に基づき貸付けた金員の残元金
(2)　利　息　　金〇〇〇円
　　　上記(1)に対する平成〇〇年〇〇月〇〇日より同年〇〇月〇〇日迄年1割5分の割合による利息金
(3)　損　害　金　金〇〇〇円
　　　上記(1)に対する平成〇〇年〇〇月〇〇日より平成〇〇年〇〇月〇〇日迄年2割の割合による損害金
(4)　執行費用
　　　執行証書謄本作成手数料　　　　　　　　金〇〇円
　　　　同　　申請書の交付に要する費用　　　金〇〇円
　　　　同　　謄本送達手数料　　　　　　　　金〇〇円
　　　　同　　送達証明手数料　　　　　　　　金〇〇円
　　　執行証書の執行文付与手数料　　　　　　金〇〇円
　　　執行文の交付に要する費用　　　　　　　金〇〇円
　　　差押命令の申立手数料　　　　　　　　　金〇〇円
　　　　同　　申立書作成・提出費用　　　　　金〇〇円
　　　差押命令正本送達費用　　　　　　　　　金〇〇円
　　　送達通知書の送付費用　　　　　　　　　金〇〇円
　　　資格証明書交付手数料　　　　　　　　　金〇〇円
　合　　計　金〇〇円

書式4-2-7-Ⅰ

```
                差 押 債 権 目 録
  金        円
   債務者が第三債務者（　　支店扱）に対して有する定期預金、定期積
  金、通知預金、普通預金、当座預金、別段預金の各債権のうち左に記載の順
  序で、かつ同種の預金は口座番号の若い順序で頭書金額に満つるまで。
```

書式4-2-7-Ⅱ

```
                差 押 債 権 目 録
  1  差押の目的および限度
      債務者が第三債務者（○○支店扱い）に対して有する預金債権金○○円
  2  差押の順序
    (1) 数種または数口の預金のうち、先行の差押え・仮差押えのある預金が
        あるときは、次の順序による。
       (イ) 先行の差押え・仮差押えのないもの　(ロ) 先行の差押え・仮差押え
           のあるもの
    (2) 数種の預金があるときは、次の順序による。
       (イ) 普通預金　(ロ) 通知預金　(ハ) 当座預金　(ニ) 定期預金
       (ホ) 定期積金　(ヘ) 別段預金
    (3) 同種の預金が数口あるときは、次の順序による。
       (イ) 弁済期の早いもの　(ロ) 金額の多いもの　(ハ) 口座番号の若いもの
```

られるかは、具体的事例により一義的に説明することは困難であるが、他の債権と区別できる程度に特定されていればよいとされ（大阪高判昭49.11.29判タ327号207頁）、通常用いられる特定方法は、次のとおりである（これは差押命令の記載内容としてだけではなく、申立書の記載内容としても参考となるものである）。

(6) **差押命令の送達**

① 差押命令は裁判所が職権をもって債務者および第三債務者に送達しなければならない（民執145Ⅲ）。

差押命令は、まず、第三債務者に発送し、その翌日かまたは第三債務者へ

書式4−2−8　給料債権と退職金債権（会社員等）

```
                    差　押　債　権　目　録
　金　　　　　　　　円
　債務者（　　　　勤務）が第三債務者から支給される
(1)　給料（基本給と諸手当、ただし、通勤手当を除く）から給与所得税、住
　　民税、社会保険料を控除した残額の4分の1
　　　（ただし、上記残額が月額44万円を超えるときは、その残額から33万円を
　　控除した金額）
(2)　賞与から(1)と同じ税金等を控除した残額の4分の1
　　　（ただし、上記残額が44万円を超えるときは、その残額から33万円を控除
　　した金額）
　宛頭書の金額に満つるまで。
　　　なお、(1)、(2)により弁済しないうちに退職したときは
(3)　退職金から所得税、住民税を控除した残額の4分の1につき頭書金額に
　　満つるまで。
```

（注1）　継続的収入は、差押額を限定することなく、「請求債権額に達するまで」「頭書の金額に満つるまで」と表示してよい。

（注2）　継続的給付に係る債権に対する差押えの効力は、法律上当然に差押債権者の債権および執行費用の額を限度として差押えの後に受けるべき給付に及ぶとされている（民執151条）ので「満つるまで」と表示しなくてもよいわけであるが、普通の債権の場合だと支分権である利息や損害金債権の範囲を特定するために「満つるまで」という記載をしてきた従来の取扱いを特に変えるまでもない。

（注3）　毎月の支給額の限定は民事執行法151条との関連において不要である。

（注4）　各種手当は判明しておれば明記することが望ましいが、それが記載されないからといって差し押えるべき範囲が不特定または不明確とはいえない。

（注5）　控除すべき社会保険料は、所得税法74条2項および所得税法施行令208条に17種のものを定めているが、その種別を逐一掲げることは困難なので、一括して社会保険料と表示すればよい。

の送達確認後債務者に対して発送するのが実務の取扱いである。第三債務者に送達される前に債務者に送達されると、被差押債権を処分されて執行の目的を達することができない場合が生ずるので、これを防止しようとするための実務上の工夫である。ただし、そのような懸念のない給料債権等については、債務者と第三債務者に同時に発送してよい。差押命令の正本は、原則として特別送達の方法によってすべきで、一定の場合に就業場所に送達する方

書式4-2-9 給料債権（控除後の金額が44万円以下の場合）

```
　　　　　　　　差　押　債　権　目　録
金　　　　　　円
　債務者（　　　　勤務）が第三債務者から支給される給料（基本給と諸手当、ただし通勤手当を除く）および賞与にして各支払期に受ける金額から、給与所得税、住民税、社会保険料を控除した残額の4分の1宛、頭書の金額に満つるまで。
　なお、前記によって弁済しないうちに退職したときは退職金から所得税、住民税を控除した残額の4分の1につき頭書金額に満つるまで。
```

書式4-2-10　俸給債権と退職金債権（公務員）

```
　　　　　　　　差　押　債　権　目　録
金　　　　　　円
　債務者（　　　　勤務）が第三債務者から支給される
(1)　俸給、扶養手当、調整手当、超過勤務手当のうち、給与所得税、住民税、共済組合掛金を控除した残額の4分の1
　　（ただし、上記残額が月額44万円を超えるときは、その残額から33万円を控除した金額）
(2)　期末手当、勤勉手当のうち(1)と同じ税金等を控除した残額の4分の1
　　（ただし、上記残額が44万円を超えるときは、その残額から33万円を控除した金額）
宛頭書の金額に満つるまで。
　なお、(1)、(2)により弁済しないうちに退職したときは
(3)　退職金から所得税、住民税を控除した残額の4分の1につき頭書金額に満つるまで。
```

法（民執20、民訴103）による場合において就業場所が判明しない等のときは、受送達者の住所地（民訴103Ⅰ）に居住していることを確認したうえで、同所に書留郵便に付する送達を実施する（民執20、民訴107Ⅰ①）。

[2]　差押命令を送達する際に、執行裁判所は、第三債務者に対しては、①

書式4-2-11　預託金返還請求権

　　　　　　　　差　押　債　権　目　録
　金　　　　　　円
　債務者が、下記表示の約束手形の不渡処分を免れるため、第三債務者の加盟する銀行協会に提供させる目的で第三債務者（　　　　支店扱）に預託した金員の返還請求権
　　　　　　　　　　　　　　　記
　約束手形の表示
　金　　　　額
　支　払　期　日
　支　払　　　地
　支　払　場　所
　振　出　　　地
　振　出　　　日
　振　出　　　人
　受　取　　　人

書式4-2-12　社会保険診療報酬金債権

　　　　　　　　差　押　債　権　目　録
債務者が第三債務者に対して有する下記債権
　　　　　　　　　　　　　　　記
1　金　　　　円
　　　ただし、債務者が東京都千代田区　　　　　　　　　　　　所在　　　　　　名義で第三債務者から支払を受ける平成20年11月1日から同21年10月31日までの債務者の診療にかかる社会保険診療報酬債権のうち、支払期日の到来した順序で、支払期が同じ場合は、金額の大きい順序で頭書金額に満つるまで。

（注）　他府県の社会保険診療報酬支払基金事務所から支払を受ける報酬をも差し押えるときは、その事務所ごとに差押債権の表示をする。
　　　したがって差押命令の送達も各別に行うことになる。

書式4-2-13　事情届

1	○○地方裁判所民事第○部　御中　　　　　　　　　　　　　　　　　　　　　　　　　　　平成　年　月　日　　　　　　　　　　　　　　　　　第三債務者　住　所　　　　　　　　　　　　　　　　　　　　　　　氏　名　　　　　㊞　　　　　　　　　　　　　　　　　　　　　（電）				
2 事件の表示	事件番号	○○地方裁判所　平成　年（ル）第　　号			
	当事者名	債権者　　　　　　　　　　　　　　外　　名			
		債務者			
3	差押命令の送達日	平成　　　年　　　月　　　日			
4	供託した金額	金　　　　　　　　　　　　円也			
5	供託した金額	平成　年　月　日　前後　時			
	供　託　所	法務局			
	供　託　番　号	平成　　年度　金第　　　号			
6 供託の事由	上記に競合する差押命令、仮差押命令、配当要求、滞納処分による差押えは下記のとおり				
	裁判所名事件番号	債権者名	命令送達日	請求債権額	

（注）1　上記6欄に記入しきれないときは、適宜の用紙を使用して横書きで記載してください。
　　　2　取立訴訟の訴状の送達時以降の差押え、仮差押え、配当要求分は記入できません。

第三債務者が差押債権者に支払をしたときは支払届を提出すべきこと、②差押えに係る債権について供託した場合は事情届を差し出すべきことを了知させるために書式4-2-14のような書類を同封して送付し、その励行を促している。

(7)　**差押債権者に対する差押命令の送達通知**

　差押命令が債務者および第三債務者に送達されたときは、裁判所書記官

書式4−2−14

```
                    お 知 ら せ
  あなたを第三債務者として差押命令が発せられましたので、次の要領で支
 払届または事情届を提出してください。
 1 支払届
   ア 差押命令が債務者（あなたの債権者）に送達された日（差押債権者の
     持参する裁判所の送達通知書に記載されています。）から１週間を経過す
     れば、差押えの額の範囲内で差押債権者に支払ができます。ただし、２
     のアのように供託の義務があるときは、支払はできません。
   イ 支払をしたときは、同封の用紙の支払届を、当裁判所に提出してくだ
     さい。このときは、支払金についての領収証の写し等をできるだけ添付
     してください。
 2 事情届
   ア 本件差押え以外に差押えまたは仮差押えがされた場合で両方の（仮）
     差押えの額の合計が債務額を超えるとき、もしくは配当要求がされたと
     きは、必ず供託をしなければなりません（民事執行法156条２項参照）。
     ただし、滞納処分による差押えが先にされているときには、供託の義務
     はありません。
   イ 上記の場合以外でも、供託をすることはできます（民事執行法156条１
     項参照）。
   ウ 供託をしたときは、同封の用紙の事情届を、裁判所に提出してくださ
     い。事情届の提出先は、最初に送達された差押命令を発した裁判所（た
     だし、仮差押命令を発した裁判所を除く。）です。ただし、滞納処分に
     よる差押えが先にされているときには、滞納処分をした官署に届出をす
     ることになります。
   エ 事情届には供託書正本を必ず添付してください。
                                                以　上
 ○○地方裁判所民事第○○部債権係（TEL ○○○○−○○○○内線○○○）
```

は、差押債権者に対して送達された旨および送達の年月日を通知しなければならないとされている（民執規134）。実務では、送達通知書を差押債権者に送付する際に同時に差押命令正本を送付している取扱いがある（深沢・民事執行の実務(中)468頁）。

　差押債権者に差押命令が債務者へ送達されたことおよびその年月日を通知するのは、差押命令が債務者に送達された日から１週間を経過すると、差押

書式4-2-15　債権差押え・転付命令正本送達通知書

| | 事件番号 | 平成　年(ル)第　　号 |

　　　　　　　　　送　達　通　知　書

　債　権　者　　　　　　　殿
　　平成　年　月　日
　　　　　　　　　　　○○地方裁判所民事第○部
　　　　　　　　　　　　裁判所書記官

　　債　権　者
　　債　務　者
　　第三債務者
　上記当事者間の債権差押え・転付命令正本は下記のとおり送達されました。
　　　　　　　　　　　　　記
　債　務　者に対し、平成　　年　　月　　日
　第三債務者に対し、平成　　年　　月　　日

（規則134・136Ⅰ・Ⅲ）

書式4-2-16　債権差押命令正本送達通知書

| | 事件番号 | 平成　年(ル)第　　号 |

　　　　　　　　　送　達　通　知　書

　債　権　者　　　　　　　殿
　　平成　年　月　日
　　　　　　　　　　　○○地方裁判所民事第○部
　　　　　　　　　　　　裁判所書記官

　　債　権　者
　　債　務　者
　　第三債務者
　上記当事者間の債権差押命令正本は下記のとおり送達されました。
　　　　　　　　　　　　　記
　債　務　者に対し、平成　　年　　月　　日
　第三債務者に対し、平成　　年　　月　　日

（規則134・136Ⅰ・Ⅲ）

命令が効力を生じている限り、差押債権者は取立権を行使することができることになるから（民執155Ⅰ）、その時期を知らせるためのものである。

(8) **差押命令の更正**

債権差押命令は決定の一種であり、決定についてはその性質に反しない限り判決に関する規定が準用されるから（民訴122）、差押命令についても判決の更正決定に関する民事訴訟法257条の規定に基づき決定に違算、誤記その他これに類する明白な誤謬があるときは裁判所はいつでも利害関係人の申立てまたは職権で更正決定をすることができる。

更正決定が確定すると、当初の差押命令は更正決定と一体となって、最初から更正どおりに差押えがなされたことになるから、その効力は差押命令送達のときまで遡及するのが原則である（大判昭15.6.28民集19巻1045頁、大決大8.7.22民録25巻1340頁）。どの程度の誤謬を明白な誤謬といえるかは具体的な事案に即して判断することになるが、名は更正決定であっても実質は新たな差押命令と同様に考えるべき場合がある（東京地判昭9.12.20新聞3851号18頁）。

裁判所における実務の取扱いは通常の更正決定の要件を備えれば金額その他を問わず更正できるとするものが多数を占めているが、①金額以外の表示のみ更正を認める、②金額については減額のときのみ更正を認めるという厳格な取扱いもみられる（山口＝深沢・「実務より見た債権その他の財産権に対する強制執行の実態」ジュリ323号30頁）。

更正決定は差押命令の原本および正本に付記して行うのが原則であるが、正本は既に債務者、第三債務者に送達されてしまって回収困難ということであれば、別に更正決定を作成してその正本を送達すべきである。

(9) **差押命令の申立てについての裁判に対する不服申立て**

旧法においては、差押命令に対し不服ある利害関係人は、まず民事訴訟法旧544条の執行方法の異議の申立てをなし、さらにその裁判に対し不服があれば同法558条により即時抗告をなすべしとされていたが、民事執行法はこの点については差押命令および差押命令申立却下の裁判に対しては、執行抗告ができると規定された（民執145Ⅴ）（後記3・(1)・1・③参照）。

(10) 第三債務者に対する陳述の催告

　差押命令は、前述したように、債務者と第三債務者間の債権の存否、範囲等を確認することなく発せられるが、差押債権者としては、被差押債権が支払を受けられるかどうか、他の債権者が競合しているかどうかを知り、それによって事後の換価手続（転付命令等）の選択の判断資料とするため、第三債務者に対し最高裁判所規則（民執規135Ⅰ）で定める事項について陳述を求

書式4-2-17　第三債務者に対する陳述の催告書

	事件番号	平成〇〇年(ル)第〇〇〇号

催　　告　　書

第　三　債　務　者　殿

　　　　平成〇〇年〇〇月〇〇日
　　　　　　〇〇地方裁判所民事部
　　　　　　　裁判所書記官　〇　〇　〇　〇　㊞

　　債　権　者 ⎫
　　債　務　者 ⎬ 別紙差押命令記載のとおり
　　第三債務者 ⎭

　上記当事者間の債権差押命令申立事件について、差押命令が送達された日から2週間以内に、同封の「陳述書」に所要事項を記載して陳述されたく催告します。

(注)① 陳述書の作成に当たっては、陳述書用紙をよく読み、必要事項を正確に記入してください。
　　② 同封の「陳述書」用紙2通の該当箇所を記入し1通は同封の裁判所あての封筒に入れて書留郵便で返送してください。もう1通は、同封の債権者あての封筒に入れて債権者に郵送してください。
　　③ 第三債務者は、この催告に対して、故意または過失により、陳述をしなかったとき、又は不実の陳述をしたときは、これによって生じた損害の賠償をする責任があります。

書式4−2−18　第三債務者の陳述書

(一般)

[該当する答えの□に✓印をつけ、必要な事項を記載してください。]

平成　年（　）第　　号

陳　述　書

平成　年　月　日

○○地方裁判所民事部　御中
　　　第三債務者　　住所
　　　　　　　　　　氏名　　　　　　　　　　　印
　　　　　　　　　　電話＿＿＿＿＿＿＿＿＿＿＿＿

下記のとおり陳述します。

1　差押債権の存否 □ある　□ない	2　差押債権の種類及び金額（金銭債権以外の債権は、その内容）
3　弁済の意思の有無 □ある　□ない	4　弁済する範囲、又は弁済しない理由

5　差押債権について、差押債権者に優先する権利を有する者（例えば、質権者）がある場合の記入欄

優先権利者の住所、氏名	その権利の種類及び優先する範囲（金額）

6　他の差押え（滞納処分又はその例による差押えを含む）仮差押え、仮処分

執行裁判所等 事件番号	債権者の住所氏名	差押え等の送達年月日	差押え等の執行された範囲（金額）

(注意)(1)　1の欄で「ある」と陳述したときだけ2以下の欄に記入してください。
　　　(2)　2については、現存債権について記入するもので、命令正本記載の債権をそのまま記入するものではありません。
　　　(3)　5及び6の欄には、すでに取下げ又は取消しのあったものについては記入する必要はありません。
　　　(4)　この陳述書に記入しきれないときは、適宜の用紙を使用して記載してください。

第2章　民事執行法上の供託

まずお読みください

1 はじめに

　これから、あなた（貴社）のことを「第三債務者」とお呼びしますが、これは、債務者に対し、何らかのお金を支払う立場にある者、という意味の法律上の名称です。したがって、あなたが債務者になるわけではなく、連帯保証人になるわけでもありません。

2 債権差押命令について

　今回、あなたに送られた「債権差押命令」の2枚目に「当事者目録」と標題がついているものをご覧ください。ここに書いている「債務者」が「債権者」にお金を払ってくれないので、債権者は、債務者があなたに対して持っているであろう債権を差し押さえるため、裁判所に申立てをしました。裁判所がこの申立を書面審査し、今回の債権差押命令が出されたわけです。したがって、あなたが債務者に支払うべき債権があれば、原則として、これを債権者に「差押債権目録」の頭書金額の範囲内で支払わなければなりません。一方、債務者に支払うべき債権が存在しない場合は、支払義務はありません。

3 同封の「陳述書」について

　まず、同封の「陳述書」という用紙の該当する答えに✓印でチェックし、必要事項を記載のうえ、同封の封筒を利用するなどして、この書類を受け取った日から2週間以内に当裁判所に提出してください。「差押債権」がない場合には、陳述書を提出していただくほかにすることはありません。

(1) 陳述書の1の欄に「ある」とチェックした場合は、2の欄にその種類と金額を書いてください。なお、ここでいう「差押債権」とは、差し押さえられた債権部分を含む債権の全体を指します。

(2) 陳述書の3の欄に「弁済（支払）の意思がある」とチェックした場合は、4の欄に弁済する範囲（金額）を書いてください。「弁済（支払）の意思がない」とチェックした場合は、弁済をしない理由を書いてください。

　　※ 弁済しない理由は、「後記6の欄の差押えがあり、差押総額を一括して支払えないので、供託する。」などと書いてください。

　　　なお、弁済の意思が不明の場合は、「不明」として、その具体的な理由を書いてください。

(3) 陳述書の5及び6の欄には該当する場合に書いてください。ただし、既に取下げ、取消しがあったものは含まれません。また、「転付命令」や「譲渡命令」が送達されている場合には、6の欄にその旨を書いてください。

4　差し押えられた債権の支払方法

あなたが債権差押命令を受け取った日（従業員の方などが受け取った場合も含まれます。）以降、支払期限が到来する債権を次のように支払ってください。

(1) 債権差押命令が今回送られてきたものしかない場合

　差押命令が本件だけの場合には、法律により、債権差押命令を債務者が受け取った日から1週間経過しますと債権者に支払うことができます（今回の債権差押命令と同じものが後日債務者にも送付されます。）。債権者は、裁判所発行の「送達通知書」という書面を持っていますので債務者が受け取った日を確認してください。

　支払うべき債権があるときは、債権者から連絡があるまで債務者に支払うことなく、あなたの方で保管しておいてください。

　なお、銀行振込等により支払うときの振込手数料は、基本的に、あなたが負担する必要はありませんが、念のため、債権者から取立ての連絡があったときに、債権者が負担するということを確認しておいてください。

　債権者に支払いをしたときは、同封の「支払届」を当裁判所に提出してください。

　なお、銀行振込等の場合は、できるだけ振込金受領書等のコピーを支払届に添付してください。支払届に記載する金額は、振込手数料を債権者が負担する場合には、実際の振込額に振込手数料を加えた金額です。

　なお、債権者に直接支払うことができる場合でも、法務局に供託することは可能（この場合の供託の法令条項は、「民事執行法156条1項」となります。）ですが、債権者に直接支払う方が簡単で、債務が早期に弁済されて債務者に有利になりますので、できるだけ直接債権者にお支払いください。

(2) 債権差押命令などが今回送られてきたもの以外にも既に送られている場合

　本件以外にも、債権差押命令、仮差押命令などを受け取っている場合（既に取下げになっているものを除きます。）で、競合が生ずる場合（差押えが重複し、各差押命令によって差し押さえられた金額の合計額が被差押債権額を超えるときをいいます。）には、供託しなければなりません（民事執行法156条2項）。

　供託したときは、同封されている「事情届」に必要事項を記入して、供託書正本を添えて、最初に差押命令をした裁判所に提出してください。

　なお、供託に関しては、「法務局」で取り扱っていますので、最寄りの法務局におたずねください。

【今後の手続きの流れ】

第三債務者の差押命令の受領 → 裁判所に陳述書の提出 → 債権者からの連絡

債権者に支払 → 裁判所に支払届提出

法務局に供託 → 裁判所に事情届提出

　なお、ご不明の点については、当裁判所民事部債権執行係（電話○○○－○○○○内線○○○○）にご照会ください。

(給料)

[該当する答えの□に✓印をつけ、必要な事項を記載してください。]	平成　年（　）第　　　号

陳　　述　　書
　　　　　　　　　　　　　　　　　平成　　年　　月　　日
○○地方裁判所民事部　御中
　　　第三債務者　住所
　　　　　　　　氏名　　　　　　　　　　　　　　　　印
　　　　　　　　電話
下記のとおり陳述します。

1　差押命令正本記載の債務者を雇用していますか。
　　□　全く雇用したことがない。→以下の記入は、不要です。
　　□　現在雇用している。
　　　　→現在支給の給料（通勤手当を除く）から所得税、住民税及び社会保険料
　　　　　を控除した手取り金額
　　　　給与月額　約　　　　　円（支給方法　□月給　□日給）
　　　　賞与　（　）月期　約　　　　　円、（　）月期　約　　　　　円
　　　　　　　（　）月期　約　　　　　円、（　）月期　約　　　　　円
　　□　過去に雇用したことがある。（退職　平成　　年　　月　　日）
　　　　差押命令到達後、支払期の到達する給料が、
　　□　ない　→以下の記入は、不要です。
　　□　ある
　　　　→支払う給料等の金額（所定の税金及び社会保険料を控除した手取り金額）
　　　　給　与　約　　　　　　　　円、賞与　約　　　　　　　　円
　　　　退職金　約　　　　　　　　円
2　差押えられた給料を債権者に、
　　□　支払う。
　　□　支払わない。→理由を陳述欄に記載してください。
3　本件債務者の給料差押えについて、本件以外にも差押え（裁判所、税務署、社会保険事務所等）又は仮差押えが、ありますか（本件以外に、税務署、市町村、又は裁判所から（仮）差押えがされているのかどうかということです。既に、取下げ、取消又は解除になったものは、除いてください。）
　　□　ない。
　　□　ある。→内容は、下の表に記載してください。

税務署、裁判所等事件番号	債権者の住所氏名	(仮)差押え等の送達年月日	(仮)差押え等の金額(円)

陳述欄（上記以外に陳述したいときは、この欄に併せて記載してください。）

この陳述書に記載しきれないときは、適宜の用紙を使用してください。

まずお読みください

1 はじめに

　これから、あなた（貴社）のことを「第三債務者」とお呼びしますが、これは、債務者に対し、給料等のお金を支払う立場にある者、という意味の法律上の名称です。したがって、あなたが債務者になるわけではなく、連帯保証人になるわけでもありません。

2 債権差押命令について

　今回、あなたに送られた「債権差押命令」の2枚目に「当事者目録」と標題がついているものをご覧ください。ここに書いている「債務者」が「債権者」にお金を払ってくれないので、債権者は債務者の給料の一部を差し押さえるため、裁判所に申立てをしました。裁判所がこの申立てを書面審査し、今回の債権差押命令が出されたわけです。

　なお、この命令は、給料の一部を債務者に払わずに債権者に支払うよう命ずるものですが、債務者をそもそも雇っていない場合（何らかの契約はあるものの、雇用契約ではない場合なども含む。）は支払義務はありません。

3 同封の「陳述書」について

　まず、同封の「陳述書」という用紙の該当する答えに✓印でチェックし、必要事項を記載のうえ、同封の封筒を利用するなどして、この書類を受け取った日から2週間以内に当裁判所に提出してください。「債務者を全く雇用したことがない。」「雇用したことはあるが支払期の到来する給料がない。」という場合には、その旨の陳述書を提出していただくほかにすることはありません。

　「債務者を現在雇用している。」「退職したが、これから支払う給料や退職金がある。」という場合には、陳述書を提出したうえで、「債権差押命令」の「差押債権目録」の頭書金額に満つるまで給料の一部を債権者に支払うか、法務局に供託することになります。

　以下、順を追って詳しくご説明しますので、4以下の記載を充分にお読みください。

4 差押可能金額の計算方法

　給料債権の差押可能金額には、以下のとおり2種類があります。

　まず、あなたに送られた差押命令の「差押債権目録」の記載が、以下のどのパターンに該当するかを確かめた上で、そのパターンの計算例を参考にして、差押可能金額を計算してください（計算例は、いずれも通勤手当1万円、所得税・住民税・社会保険料の合計3万円とした場合の例で説明しています。）。

―――― Aパターン（一般債権による差押え）――――

給料（基本給と諸手当、ただし、通勤手当を除く。）から所得税、住民税、社会保険料を控除した残額の<u>4分の1</u>（ただし、前記残額が月額<u>44万円</u>を超えるときは、その残額から<u>33万円</u>を控除した金額）

（計算例1） 支給額36万円の場合
　　36万円－1万円－3万円＝<u>32万円</u>⇒これは44万円以下なので、その4分の1の<u>32万円</u>÷4＝<u>8万円</u>が差押可能金額となります。

（計算例2） 支給額50万円の場合
　　50万円－1万円－3万円＝<u>46万円</u>⇒これは44万円を超えるので、46万円－33万円＝<u>13万円</u>が差押差可能金額となります。

―――― Bパターン（扶養義務等に係る債権による差押え）――――

給料（基本給と諸手当、ただし、通勤手当を除く。）から所得税、住民税、社会保険料を控除した残額の<u>2分の1</u>（ただし、前記残額が月額66万円を超えるときは、その残額から<u>33万円</u>を控除した金額）

（計算例1） 支給額36万円の場合
　　36万円－1万円－3万円＝<u>32万円</u>⇒これは66万円以下なので、その2分の1の32万円÷2＝<u>16万円</u>が差押可能金額となります。

（計算例2） 支給額72万円の場合
　　72万円－1万円－3万円＝<u>68万円</u>⇒これは66万円を超えるので、68万円－33万円＝<u>35万円</u>が差押可能金額となります。

5　差し押さえられた金額（債務者に払ってはいけない金額）の計算方法

(1)　上記4で計算した差押可能金額が、「差押債権目録」の頭書金額より、<u>小さい場合には、差押可能金額が差し押さえられたことになるため</u>、これを債務者に払ってはいけません。この場合、次回以降の給料についても、「差押債権目録」の頭書金額に達するまで、債務者に払ってはいけません。

(2)　上記4で計算した差押可能金額が、「差押債権目録」の頭書金額より<u>大きい場合には、「差押債権目録」の頭書金額が差し押さえられたことになる</u>ため、これを債務者に払ってはいけません。

(3)　Bパターンの場合で、「差押債権目録」の頭書金額が次の例のように記載されている場合には、次の「1」に記載されている確定金額と「2」のうち給料の支給日までに弁済期の到来している請求債権額の合計額が頭書金額となります。また、この場合、次回以降の給料についても、給料支給日までに弁済期が到来した分が請求債権額に加算されますので、

注意してください。

━━━ Bパターンのうち「定期金の場合」の記載例 ━━━

1　金300,000円（請求債権目録記載の1）
2　平成20年4月から平成30年4月まで、毎月末日限り金5万円ずつ（請求債権目録記載の2）
　　債務者が第三債務者から支給される、本命令送達日以降支払期の到来する下記債権にして、頭書1及び2の金額に満つるまで。ただし、頭書2の金額については、その確定期限の到来後に支給期が到来する下記記載に限る。

(計算例)

以下の例は、第三債務者に差押命令が送達された日を平成20年4月28日、給料の支給日を毎月25日、給料の支給額を36万円（支給額は毎月変動しないものとします。）、通勤手当を1万円、所得税・住民税・社会保険料の合計額を3万円として計算しています。

「差押可能金額の計算」

36万円－1万円－3万円＝32万円⇒これは66万円以下なので、その2分の1の<u>32万円</u>÷2＝<u>16万円が差押可能金額</u>となります。

「差し押さえられた金額の計算」

① 平成20年5月25日支給の給料
　　差押可能金額16万円＜30万円（差押債権目録記載の頭書金額1）＋
　　　　　　　　　　　　5万円（同目録記載の頭書金額2のうち4月
　　　　　　　　　　　　末日の期限到来分）【合計35万円】
　　　　<u>よって、差し押さえられた金額は16万円</u>
　　　　　　→35万円に16万円が充当され、残額は19万円になります。

② 平成20年6月25日支給の給料
　　差押可能金額16万円＜19万円＋5万円（頭書金額2のうち5月末日
　　　　　　　　　　　　の期限到来分）【合計24万円】
　　　　<u>よって、差し押さえられた金額は16万円</u>
　　　　　　→24万円に16万円が充当され、残額は8万円になります。

③ 平成20年7月25日支給の給料
　　差押可能金額16万円＞8万円＋5万円（頭書金額2のうち6月末日
　　　　　　　　　　　　の期限到来分）【合計13万円】
　　　　<u>よって、差し押さえられた金額は13万円</u>
　　　　　　→13万円全額に13万円が充当され、残額は0円になります。

④ 以後、平成20年8月25日以降に支給される給料については、頭書金額2のうち毎月（毎給料月の前月）末日に期限が到来する定期金5万円についてのみ差し押さえられることになります。

6 差し押さえられた金額（債務者に払ってはいけない金額）の支払方法

あなたが債権差押命令を受け取った日（従業員の方などが受け取った場合も含まれます。）以降支払期（給料日など）が到来する債務者の給料の一部（上記5の例により算出した金額）を次のように支払ってください。

(1) 給料等に対する債権差押命令が今回送られてきたものしかない場合（今回の差押えの中にAパターンとBパターンの両方が含まれている場合を除く。）

　差押命令が本件だけの場合には、法律により、差押命令を債務者が受け取った日から1週間経過しますと債権者に支払うことができます（今回の債権差押命令と同じものが後日債務者にも送付されます。）。債権者は、裁判所発行の「送達通知書」という書面を持っていますので債務者が受け取った日を確認してください。

　支払うべき給料があるときは、債権者から連絡があるまで、差し押さえられた金額を債務者に支払うことなく、あなたの方で保管しておいてください。なお、銀行振込等により支払うときの振込手数料は、基本的に、あなたが負担する必要はありませんが、念のため、債権者から取立ての連絡があったときに、債権者が負担するということを確認しておいてください。

　債権者に直接支払いをしたときは、同封の「支払届」を当裁判所に提出してください。銀行振込等の場合は、できるだけ振込金受領書等のコピーを支払届に添付してください。支払届に記載する金額は、振込手数料を債権者が負担する場合には、実際の振込額に振込手数料を加えた金額となります。

　なお、債権者に直接支払うことができる場合でも、供託することは可能（この場合の供託の法令条項は、「民事執行法156条1項」となります。）ですが、債権者に直接支払う方が簡単で、債務が早期に弁済されて債務者に有利になりますので、できるだけ直接債権者にお支払いください。

(2) 給料等に対する債権差押命令などが今回送られてきたもの以外にも既に送られている場合

　本件以外にも、債権差押命令、仮差押命令などを受け取っている場合（既に取下げになっているものを除きます。）で、競合が生ずる場合（差

押えが重複し、各差押命令によって差し押さえられた金額の合計額が差押可能金額を超えるときをいいます。）には、供託しなければなりません。この場合には、競合しない部分も含めて全額を供託してください。また、全く競合が生じない場合でも、民事執行法156条１項により、差し押さえられた金額の全額を供託することができます。

　競合が生ずる場合で、本件を含め今までに受け取っているそれぞれの差押命令について差押可能金額を計算し、その金額に差がない場合には、差押可能金額の範囲内で、各差押命令の差押債権目録の頭書金額の合計額に達するまでの金額を供託してください（この場合の供託の法令条項は、「民事執行法156条２項」となります。）。

　競合が生ずる場合で、差押可能金額に差がある場合には、大きい方の金額の範囲内（ただし、各パターンそれぞれの差し押さえられた金額の合計の範囲内）で、各差押命令の差押債権目録の頭書金額の合計額に達するまでの金額を供託してください（この場合の供託の法令条項は、「民事執行法156条１項、２項」となります。）。

　供託したときは、同封されている「事情届」に必要事項を記載して、供託書正本を添えて、最初に差押命令を発付した裁判所に提出してください。

(3)　今回の差押えの中にＡパターンとＢパターンの両方が含まれている場合

　差押命令が本件だけの場合には、Ａ、Ｂ両パターンが含まれていても債権者に直接支払うこともできますが、支払った後のパターンそれぞれの差押債権の残額を正確に把握することは困難であると思われますので、なるべく供託されることをお勧めします。

　また、本件以外にも、債権差押命令、仮差押命令などを既に受け取っている場合には、競合する部分については供託義務が生じますので、債権者に直接支払うことができません。この場合には、競合しない部分も含めて全額を供託してください。

　なお、いずれの場合でも、供託する金額はＢパターンの差押可能金額の範囲内（ただし、各パターンそれぞれの差し押さえられた金額の合計額の範囲内）となります。

　供託に関しては、「法務局」で取り扱っていますので、ご不明な点がありましたら、最寄りの法務局におたずねください。

【今後の手続きの流れ】

```
第三債務者の差押命令の受領
        ↓
裁判所に陳述書の提出 ──競合が生ずる場合→ 法務局に供託 → 裁判所に事情届提出
        ↓競合が生じない場合
債権者からの連絡 ─────────────→ 債権者に支払 → 裁判所に支払届提出
```

なお、ご不明の点については、当裁判所民事部債権執行係（電話〇〇〇－〇〇〇－〇〇〇〇内線〇〇〇〇）にご照会ください。

(賃料)

[該当する答えの□に✓印をつけ、必要な事項を記載してください。]　　　平成　年（　）第　　　号

陳　述　書

平成　年　月　日

○○地方裁判所民事部　御中
　　　　　第三債務者　　住所
　　　　　　　　　　　氏名　　　　　　　　　　　　　　印
　　　　　　　　　　　電話

下記のとおり陳述します。

1　**本件不動産を借りていますか。**
　□　借りていない。→以下の記入は、不要です。
　□　現在、借りている。
　　　□　所有者（債務者兼所有者）<u>以外の人から借りている。</u>
　　　　　<u>→以下の記入は、不要です。</u>
　　　□　所有者（債務者兼所有者）から借りている。
　　　　　→現在支払っている賃料等の金額を記載してください。
　　　　　賃料　　　　　　円、管理費　　　　　円、共益費　　　　　円
　　　　　その他（　　　　　　　）　　　　　　円、合計　　　　　　円
2　**差押えられた賃料を債権者に、支払いますか。**
　　　□　支払う。
　　　□　支払わない。→理由を陳述欄に記載してください。
　　［例：優先する質権者がいる。譲渡通知を受けている。］
3　**本件賃料差押え以外にも差押え（裁判所、税務署、社会保険事務所等）又は仮差押えが、ありますか**（税務署、市町村、又は裁判所から（仮）差押えがされているのかどうかということです。既に、取下げ、取消又は解除になったものは、除いてください。）
　　　□　ない。
　　　□　ある。→内容は、下の表に記載してください。

税務署、裁判所等 事　件　番　号	債権者の住所 氏名	（仮）差押え等 の送達年月日	（仮）差押え等 の金額（円）

陳述欄（上記2以外に陳述したいときは、この欄に併せて記載してください。）

この陳述書に記載しきれないときは、適宜の用紙を使用してください。

まずお読みください

1 はじめに

これから、あなた（貴社）のことを「第三債務者」とお呼びしますが、これは、債務者に対し、何らかのお金を支払う立場にある者、という意味の法律上の名称です。したがって、あなたが債務者になるわけではなく、連帯保証人になるわけでもありません。

2 債権差押命令について

今回、あなたに送られた「債権差押命令」の2枚目に「当事者目録」と標題がついているものをご覧ください。ここに書いている「債務者」が「債権者」にお金を払ってくれないので、債権者は、債務者または所有者の賃料を差し押さえるため、裁判所に申し立てをしました。裁判所がこの申立を書面審査し、今回の債権差押命令が出されたわけです。

なお、この命令は、賃料を債務者（所有者）に払わずに債権者に支払うよう命ずるものですが、債務者（所有者）からそもそも借りていない場合、または別の人から借りている場合などは支払義務はありません。

<u>※1　この命令により貸主が変わるわけではありませんので今後の契約の更新、解約（敷金などの返還など）は今までどおり行ってください。</u>

<u>※2　賃料を自動引き落としにしている方は、これを停止してください。</u>

<u>※3　この命令で差押えがされているのは、賃料のみであって、共益費、管理費などは含みません。共益費などは今までどおり貸主にお支払いください。</u>

3 同封の「陳述書」について

まず、同封の「陳述書」という用紙の該当する答えに✓印でチェックし、必要事項を記載のうえ、同封の封筒を利用するなどして、この書類を受け取った日から2週間以内に当裁判所に提出してください。

「借りていない。」または、「別の人から借りている。」場合は、陳述書を提出していただくほかにすることはありません。

債務者（所有者）から借りており、支払うことができないとする理由がない場合は、陳述書を提出したうえで、「債権差押命令」の「差押債権目録」記載の頭書金額に満つるまで債権者に支払うか、法務局に供託することになります。

4 差し押えられた賃料の支払方法

あなたが債権差押命令を受け取った日（従業員の方などが受け取った場合も含まれます。）以降、支払期限が到来する賃料を次のように支払ってください。

(1) 債権差押命令が今回送られてきたものしかない場合

差押命令が本件だけの場合には、法律により、債権差押命令を債務者が受け取った日から１週間経過しますと債権者に賃料を支払うことができます（今回の債権差押命令と同じものが後日債務者にも送付されます。）。債権者は、裁判所発行の「送達通知書」という書面を持っていますので債務者が受け取った日を確認してください。
　　支払うべき賃料があるときは、債権者から連絡があるまで債務者（所有者）に支払うことなく、あなたの方で保管しておいてください。
　　なお、銀行振込等により支払うときの振込手数料は、基本的に、あなたが負担する必要はありませんが、念のため、債権者から取立ての連絡があったときに、債権者が負担するということを確認しておいてください。
　　債権者に支払いをしたときは、同封の「支払届」を当裁判所に提出してください。
　　なお、銀行振込等の場合は、できるだけ振込金受領書等のコピーを支払届に添付してください。支払届に記載する金額は、振込手数料を債権者が負担する場合には、実際の振込額に振込手数料を加えた金額です。
　　なお、債権者に直接支払うことができる場合でも、法務局に供託することは可能（この場合の供託の法令条項は、「民事執行法156条１項」となります。）ですが、債権者に直接支払う方が簡単で、債務が早期に弁済されて債務者に有利になりますので、できるだけ直接債権者にお支払いください。
(2)　債権差押命令などが今回送られてきたもの以外にも既に送られている場合
　　本件以外にも、債権差押命令、仮差押命令などを受け取っている場合（既に取下げになっているものを除きます。）で、競合が生ずる場合（差押えが重複し、各差押命令によって差し押さえられた金額の合計額が被差押債権額を超えるときをいいます。）には、賃料を供託しなければなりません（民事執行法156条２項）。
　　供託したときは、同封されている「事情届」に必要事項を記入して、供託書正本を添えて、最初に差押命令をした裁判所に提出してください。
　　なお、供託に関しては、「法務局」で取り扱っていますので、最寄りの法務局におたずねください。

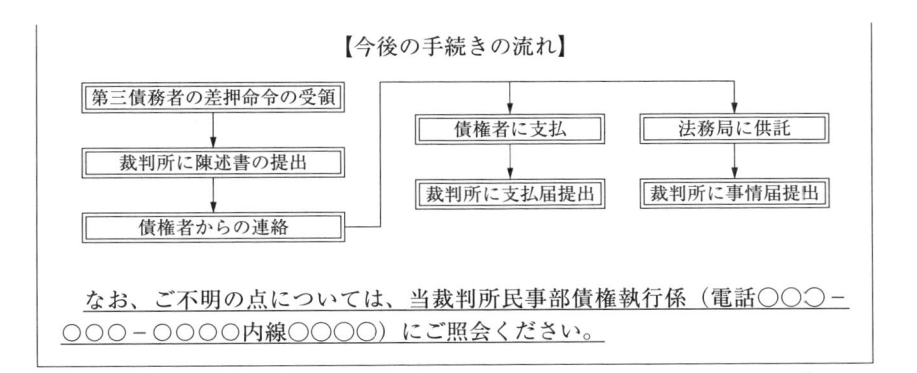

```
【今後の手続きの流れ】
第三債務者の差押命令の受領 → 債権者に支払     法務局に供託
      ↓                    ↓             ↓
裁判所に陳述書の提出       裁判所に支払届提出  裁判所に事情届提出
      ↓
債権者からの連絡
```

なお、ご不明の点については、当裁判所民事部債権執行係（電話○○○－○○○－○○○○内線○○○○）にご照会ください。

める申立てができることが認められている（民執147Ⅰ）。

　第三債務者は、裁判所書記官の上記右陳述の催告があったときは、差押命令送達の日から2週間以内に陳述しなければならないとされており、故意または過失により、この陳述をしなかったり、不実の陳述をした場合において、これによって差押債権者が損害を被ったときは、第三債務者はその損害につき賠償責任を負わなければならない（民執147Ⅱ）。

　この損害とは具体的には、既に弁済により債権が存在しないのに、第三債務者が被差押債権の認諾と支払意思存在の陳述をしたため、①差押債権者が転付命令によって債権の満足を受けられるものと考え、その申立てをした場合の執行費用、②転付命令を得て第三債務者に支払を求めたところ拒絶されたので、支払請求訴訟を起こしたところ敗訴するに至った場合の訴訟費用、③その間債務者の他の財産に対する強制執行の機会を逸し弁済を受けられなくなった損害などがある。

3　差押命令の効力

(1)　効力の人的範囲（主観的範囲）

　差押命令の効力は、債権者・債務者・第三債務者のそれぞれについて異なるので、それぞれに分けて考察する。

　　1　執行債務者に対する効力
①　処分制限効……債務者は、差し押えられた債権を自ら取立てその他の処

分行為（例えば、譲渡、免除相殺、質入れ等）をすることが禁止される（民執145Ⅰ）。ただし、債務者は差押えにより被差押債権の債権者たる地位まで失うものではない。したがって、処分禁止の効力も差押債権者の執行手続との関係で生ずるだけである。つまり、処分禁止に違反して処分行為をしても、執行手続が取下げ、取消決定等により失効しない限り、処分による効力は無視される。民事執行法の採用した、いわゆる「手続相対効」はこの解釈のうえに立っている（手続相対効については、後記第4章第2節1参照）。

差押えによって被差押債権を発生させる基本の法律関係、例えば給料が差押えを受けたときの雇用契約を解消したりすることは差し支えない。もっとも、解消後直ちに同種の法律関係に入ることは、執行を免れる目的であるとして、差押えの効力が継続する場合もある。

② 被差押債権の消滅時効は、差押えによって中断されないから、差押債権者に取立権が生ずるまでは、債務者には保存行為としての訴提起は許される（宮脇・各論120・149頁、稲葉・注解(2)300頁、最判昭48.3.13民集27巻3号344頁参照）。差押えの効力を害しない他の保存行為、例えば、破産手続での債権届出（破111）等も同様である（宮脇・各論121頁、三ケ月・民事執行法379頁）。

③ 異議申立て……債務者は、差押命令が違法であれば、命令を発した執行裁判所に異議申立（執行抗告）をすることができる（民執145Ⅴ）。しかし、民事執行法は執行抗告があっても手続は停止しないことが原則であり、抗告期間内および抗告をしている間に裁判の効力を生じさせることが適当でないものについては、個別的に効力が発生しない旨の規定を設けている（民執12Ⅱ・42Ⅷ・55Ⅶ・74Ⅴ・77Ⅱ・83Ⅴ・118Ⅲ・159Ⅴ等）。したがって、「確定しなければその効力を生じない」旨の規定のない差押命令に対して執行抗告をしても、執行停止の効力はないので、執行抗告の申立てにより差押命令が確定しなくても、その効力たる差押債権者の有する取立権能は、差押命令が債務者に送達後1週間経過すれば効力を生ずることとなる（富越・NBL199号17頁、田中331頁、（反対）山口・民事執行法の基本構造447

頁）。この取立権能を阻止するには、債務者は、執行抗告に伴う執行停止決定（民執10Ⅵ）を得て、その決定書を執行裁判所に提出する方法をとらなければならない（民執39Ⅰ⑦・⑧）。この場合、裁判所書記官は、差押債権者および第三債務者に対し、その旨の通知をしなければならず（民執規136Ⅱ）、この通知を受けた後の第三債務者による差押債権者への支払は、有効な弁済とはならない。ただし、この通知の送達前に差押債権者の取立てに応じて支払をしても、善意・無過失であれば有効な弁済とみられよう（民478）。

また、執行抗告の理由も手続上の瑕疵に限られ、例えば被差押債権が不存在などの実体法上の瑕疵は、請求異議の訴（民執35）等によらなければならない（民執10Ⅰ）。

２ 第三債務者に対する効力

① 被差押債権につき、債務者への弁済が禁止され（民執145Ⅰ）、債務者との間で、代物弁済、相殺契約、債権の減少、弁済期の延期等債務の消滅または変更を目的とする契約をすることは許されず（最判昭45.6.24民集24巻6号587頁）、これに違反して債務者またはその他の者に弁済しても、差押債権者に対抗できない（民481）。改めて差押債権者から請求があれば二重払いをせざるを得ない。

② 被差押債権の弁済期の徒過により、第三債務者は、差押えの有無にかかわらず、実体法上履行遅滞（民415）の責任を免れることはできない。なぜなら、差押命令は債務者と第三債務者との関係で実体法上の弁済を禁止しているものではないと解されているからである。そこで、このような場合、第三債務者に対して供託を認めるかどうか従来争いがあったが（注）、民事執行法は明文の規定をもって認めることとした（民執156Ⅰ）。

（注） 昭27.7.9民事甲988号民事局長通達以来、供託実務では消極に解されていた。それ以前においては、昭3.4.21民事甲5137号民事局長回答など、民法494条の受領不能の場合に準じて供託を認めた先例がある。これについては、佐藤・供託実務151頁以下、上田・別冊ジュリ供託先例百選62頁以下に詳しい。

③ 第三債務者は、差押え時に債務者に対して主張することができた抗弁

（例えば、同時履行の抗弁など）をもって差押債権者に対抗できるほか、第三債務者が差押命令を受ける前から有していた反対債権であれば、弁済期のいかんを問わず、その反対債権による相殺が認められる（最判昭45.6.24民集24巻6号587頁）。
④ 裁判所書記官の催告により、被差押債権の存否その他の事項について陳述する義務がある（民執147Ⅰ）。
⑤ 供託義務……債権者が取立訴訟（民執157）を提起し、その訴状の送達を第三債務者が受けるまでの間に、差押え等が競合したときは、第三債務者は、被差押債権額を供託しなければならない（民執156Ⅱ）。

③ 債権者に対する効力

① 差押え後、債務者が債権を他に処分し、または第三債務者が債務者に弁済するなどしても、これを無視して手続を進めることができる。
② 差押命令が債務者に送達後1週間経過すれば、法律上当然に債権者は差押債権を取り立てることができる（民執155）。旧法下においては、差押債権者は取立命令を得て初めてこの取立権が与えられることとなっていた（旧民訴602）。なお、差押債権者の請求にもかかわらず、第三債務者がこれを拒否すれば、債権者は取立訴訟を提起することとなる（民執157）。

④ その他の第三者に対する効力

① 既に差押債権に差押えをしていた債権者は、どちらかが優先権を有しない限り二重差押えになり、平等配当になる。
② 差押え後、債務者が被差押債権を他に譲渡した場合、その債務者の他の債権者は前の差押命令が続行している限り、右譲渡後その債権に配当加入できる（手続相対効、後記第4章第2節1参照）。
③ 執行当事者（執行債権者、執行債務者）以外の第三者が差し押えられた債権を当初からもち、または債権譲渡により有しているとき、あるいはそれに質権設定を受け、かつ対抗要件を具備するときには、第三者の有する権利は、差押命令によって影響を受けない。

(2) 効力の量的範囲（客観的範囲）

① 超過差押え

差押債権者は、自己の執行債権額に見合った限度までしか債務者の債権を差し押えられないのか、それとも被差押債権の全額を差し押えることができるのか、という問題がある。民事執行法は、動産執行の場合、超過差押禁止（民執128Ⅰ）とは異なる超過差押禁止（民執146Ⅱ）を採用するものの、執行裁判所は差し押える債権の全部について差押命令を発することができるとしている（民執146Ⅰ）。したがって、超過差押えも可能となるわけである。ただし、1個の債権に関する限り超過差押えは禁止されないとしても不必要に他の（別口の）債権まで差し押えることを認める必要はなく、差し押えた債権の価額が差押債権者の債権および執行費用の額を超えるときは、他の（別口の）債権を差し押えてはならないとされている（民執146Ⅱ）。

例えば、50万円の債権をもつ差押債権者が、200万円の債権全部を差し押えることは認められるが、100万円と100万円との2口の債権を同時に差し押えることは許されないのである。この場合には、差押債権者はいずれか一方の債権を選択して差し押えなければならないことになる。

② 差押えが一部競合した場合の効力

なお、民事執行法は二重差押えを肯定したことに伴い（民執144Ⅲ）、差押命令により債権の一部を差し押えたが、残余を超えて差押えまたは仮差押えの執行があったときは、最初の差押えも含めて各差押え等の効力は債権全部に拡張するとされている（民執149）。債権の全部が差し押えられ、その債権の一部について差押命令が発せられたときの差押えの効力も同様である。

例えば、債権者X_1が、100万円の債権につき、60万円のみを差し押えたところ、債権者X_2が同一債権につき、50万円を差し押えたときは、X_1およびX_2はともに当初から100万円の債権全部を差し押えたことになる。

旧法下においては、重複差押えがあった場合において、各債権者の差押額の合計額が被差押債権の額を超え、差押えの競合が生じたときは、いかなる部分に差押えの競合が生ずるかについて次の2つの見解が対立していた。

図4-2-2

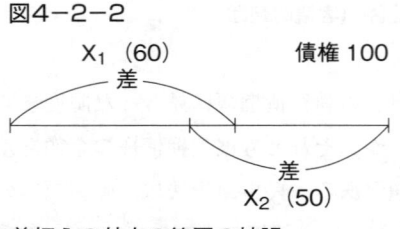

```
        X₁ (60)           債権 100
    ┌────差────┐
    ├─────────────┼─────────┤
                  └────差────┘
                     X₂ (50)
```

差押えの効力の範囲の拡張
X₁ 60→100
X₂ 50→100

① 一部競合説

重複する部分のみについて競合が生ずるとする見解（昭36.11.9民事甲2766号民事局長認可、大判昭10.2.27新聞3820号5頁、最判昭46.4.8判時631号57頁）。

② 全部競合説

目的債権全額について競合が生ずるとする見解（近時の多数説　稲葉・注解(2)336頁、宮脇・各論221頁等、大判昭10.10.14評論24巻民法1029頁）。

民事執行法は、差押えが競合するときは、各差押えの効力は債権全部に拡張するものとして（民執149）、明文の規定をもって全部競合説を採用したものである。このように規定したのは、取立訴訟が提起されたときは、第三債務者の申立てにより訴状の送達のときまでに、同一の債権を差し押えた者で、共同訴訟人として原告に参加すべきことを命ぜられた差押債権者には、取立訴訟の判決の効力が及ぶこととされているので、差押えの効力が被差押債権の全額に及ぶこととしないと債権者の保護に欠けることになるからであると解されているからである（田中325頁）。

なお、民事執行法149条の規定は、重複差押えについて互いに配当要求効を認める（宮脇・各論220頁、大判明44.5.4民録17集253頁）という形ではなく、差押効が全体に及ぶこととしているから、いったん競合状態が生じ、その後一部差押えが取下げ、取消しによって失効したとしても、差押効は全部に及んだままになると解せられる（富越・NBL14頁、田中324・325頁、（反対）山口・民事執行法の基本構造442頁）。したがって、債権の一部差押えが重複し競合状態が生じた後に、1つの差押えが取り下げられたとしても、差押えの

効力は全体に及んだままとなり、元の一部差押えの状態に戻らないので、第三債務者が供託する前ならば差押債権の全額についてしなければならないとする供託先例がある（昭57全国供託課長会同7問）。

なお、債権の一部差押えの競合が、異なる執行裁判所の差押命令によって生じた場合でも、配当手続は単一の手続で行うことが予定されているので（民執165）、一方の事件を配当事件を実施する他方の裁判所へ移送することができることになっている（民執144Ⅲ）。

3　従たる権利に対する効力

差押命令に元本債権のみ表示してあっても、従たる権利（利息債権等）にも及ぶ。したがって、将来発生する利息にもその効力が及ぶが、逆に、既発生の利息は別個独立の債権なので、差押命令に表示されない限り、当然にはその効力は及ばない（大判大5.3.8民録22集537頁、大判昭12.12.14裁判例(11)民318頁、昭56.2.13民四842号民事局長回答参照）。

4　継続的給付債権に対する差押えの効力

被差押債権が給料債権、賃料債権等の継続的給付に係る債権であれば、特に限定しないときは、差押債権額および執行費用（差押命令の請求債権目録記載の費用に限定される）の全額に至るまで、毎時期ごとに差押えをしなくても当然に継続的に支払われる金額に効力が及ぶ（民執151）。

例えば、100万円の請求債権に基づき、月額50万円の給料債権のうち、差押可能（差押禁止については、後記4参照）な17万円を差し押えた場合、各弁済期（毎月の給料支給日）ごとに各別に差し押える必要はなく、差押えの効力は当然に6カ月後の弁済期の給料債権に及ぶ（ただし、差押範囲を「請求債権に満つるまで」としない限り、費用との合算額を超えても、その最終の6カ月後の弁済期分全部に及ぶ）。

なお、継続的給付債権について差押えが競合した場合には、各債権者の差押債権額および執行費用の合計額を限度として将来の給付に差押えの効力が及ぶので、その分だけ差押えの期間は延びることとなる。

4 差押禁止

(1) 差押禁止債権とその範囲
① 原　　則

一般的に次に掲げる債権でその支払期に受けるべき給付の4分の3に相当する部分は、請求する債権の種類を問わず差し押えてはならないとされていたが（民執152Ⅰ）、平成15年法律第134号改正により、請求する債権が扶養義務等に係る金銭債権の場合には特例が設けられた（民執152Ⅲ。後記③参照）。

① 債務者が国および地方公共団体以外の者から生計を維持する継続的給付に係る債権（国および地方公共団体から受ける給付については、特別法で差押禁止とされているのが通常である）

② 給料・賃金・俸給・退職年金および賞与並びにこれらの性質を有する給付に係る債権

　　この4分の3に相当する額が標準的な世帯の必要生計費を勘案して民事執行法施行令（以下「民執令」という）で定める額を超えるときは、その政令で定める額については差し押えることができない。

政令によると、次のとおりとなる。

ア　賞与およびその性質を有する給与に係る債権については33万円（民執令2Ⅱ）（注）

イ　右以外の給与の性質を有する債権については、支払期によって区別される（民執令2Ⅰ）

　　月単位　　　33万円

　　半月単位　　16万5,000円

　　毎旬単位　　11万円

　　週単位　　　7万7,000円

　　日単位　　　1万1,000円

（注）　給与債権が44万円以下の場合には、その収入金額の4分の1が差押可能であるが、44万円を超えると標準的な世帯の必要生計費を勘案した額（民執152

（括弧書、民執令2）として33万円（従来21万円だったが、平成16年政令45号改正により33万円とされた）を超える額について差押可能となる。

退職手当およびその性質を有する給付に係る債権については、その給付の4分の3に相当する部分は、差し押えることができない（民執152Ⅱ）。請求する債権が扶養義務等に係る金銭債権の場合には特例が設けられた（民執152Ⅲ。後記③参照）。

ところで、このような債権の給付についての差押額の基礎を、税金（所得税・地方税）、社会保険料を控除した手取額とする説と、名目額とする説とがあるが、債務者（その家族を含めて）の最低生活の維持を図ろうとする法の趣旨からして、手取額によるべきものと考える。

② 扶養義務等に係る金銭債権を請求する場合の特例

平成15年法律第134号改正により、債権者が民法752条の規定による夫婦間の協力および扶助の義務760条の規定による婚姻から生ずる費用の分担の義務766条（同法749・771および788において準用する場合を含む）の規定による子の監護に関する義務および877条から880条までの規定による扶養の義務に係る金銭債権を請求する場合における民事執行法152条1項および2項の規定の適用については、それらの規定中「4分の3」とあるのは、「2分の1」とすることとされた（民執152Ⅲ）。請求する債権が扶養義務等に係る金銭債権か否かは、差押命令の請求債権目録の記載の債務名義の表示から判断されよう。

③ 国税徴収法上の差押禁止

給与については、その性質に応じて、①給料等、②賞与、③退職手当に区分して差押えの禁止を定めている（国徴76）が、これらの規定は、差押えにつき滞納者の承諾があるときは適用されない（同条Ⅴ）。

① 給料等の差押禁止とその支払金銭の差押禁止……給料等（給料、賃金、俸給、歳費、退職年金およびこれらの性質を有するもの）については、次の⑦から⑨までの金額の合計額の部分の金額の差押えができない（国徴76Ⅰ）。

なお、滞納者が給料等の支給を受けた金銭を所持している場合に、次の④および⑨の金額を差し押えた日から次の給料日までの日数に応じて日割

計算を行い、差押禁止額を計算する（国徴76Ⅱ）。
- ㋐ 給料等から差し引かれる所得税、道府県民税、市町村民税、社会保険料に相当する金額
- ㋑ 滞納者については1カ月につき10万円、生計を一にする配偶者その他の親族については1人につき1カ月4万5,000円として計算した金額の合計額（国徴76Ⅰ④、徴収令34）
- ㋒ 給料等から㋐および㋑の金額を控除した残額の100分の20に相当する金額（この金額がイの金額の2倍を超えるときは、その2倍までの金額（国徴76Ⅰ⑤））。これは、いわば収入に相応する地位、体面に応じて差押えの禁止を認めようとするものである。

② 賞与等の差押禁止……賞与およびその性質を有する給与に係る債権については、その支給期間が1カ月であるものとみなして①の給料等の場合と同じ方法で差押禁止額を計算する（国徴76Ⅲ）。

③ 退職手当等の差押禁止……退職手当およびその性質を有する給与に係る債権については、次の㋐から㋒までの金額の合計額の部分の金額の差押えができない（国徴76Ⅳ）。
- ㋐ 退職手当等から差し引かれる所得税、道府県民税、市町村民税、社会保険料に相当する金額
- ㋑ 滞納者については30万円、生計を一にする配偶者その他の親族については1人につき13万5,000円として計算した金額の合計額（国徴76Ⅳ③）
- ㋒ 退職手当等の支給の基礎となった期間が5年を超える場合は、その超える年数1年につき②の金額の100分の20に相当する金額

なお、民事執行法152条の規定により計算した差押禁止額が、国税徴収法の規定により計算した差押禁止額を超えるときは、給料等の差押えが滞納者およびその者と生計を一にする親族の最低生活に支障を及ぼすと認められる場合に限り、民事執行法に規定する差押禁止額の限度において、その差押えを行わない実務取扱いがされている（西沢＝矢ケ崎・民事執行と滞納処分の実務25頁）。

(2) 差押禁止債権の範囲の変更

　執行裁判所は、申立てにより、債務者の事情だけでなく債権者の事情をも考慮して、差押命令の全部もしくは一部を取り消し、または差押禁止部分について差押命令を発することができるとされている（民執153Ⅰ）。

　差押禁止債権の範囲の変更が許されるのは、民事執行法152条に規定する債権についてであって、他の特別法（恩給法11、国民健康保険法67、労働基準法83Ⅱ、雇用保険法11等）による差押禁止規定の債権には適用がない。

(3) 差押禁止規定違反の効果

　債権者は、差し押えるべき債権を特定して差押命令を申請しなければならず（民執規133）、執行機関である執行裁判所は、差押命令を発するにあたり、被差押債権が差押禁止債権であるか否かを職権で調査しなければならない。差し押えるべき債権が差押禁止債権に該当するときは、その申請を却下しなければならない。

　もし、差押禁止債権が誤って差し押えられた場合には、債務者や利害関係のある第三者は、違法な執行として執行抗告（民執145Ⅴ）によりその取消しを求めることができる。

　そこで、取消しを求めなくても差押禁止に反する差押えは当然無効といえるかどうかについては、差押命令は裁判であり、一般に裁判には当然無効が認められないのが原則であることに関連して、問題である。

　差押禁止債権には、実体法上の任意譲渡を禁止されないで、単に執行手続上制限されるにすぎない債権と、任意譲渡だけでなく差押えも禁止される債権とに大別できるが、民事執行法上の差押禁止債権は前者の債権に属し、特別法上の差押禁止債権（恩給法11Ⅰ・Ⅱ、厚生年金保険法41Ⅰ等）は後者の債権に属する。

　民事執行法上の差押禁止の趣旨が、任意譲渡までは禁止していないが強制換価は認めないというにとどまるというものであると解すれば、差押命令によっていわば創設的に債権の処分権能が失われるにとどまるものである。したがって、手続上適法な差押命令が発せられた場合は、その差押命令は取消し可能な瑕疵をおびるにすぎないから、利害関係人から執行抗告によって取

書式4-2-19　差押禁止債権の範囲の変更の決定

	平成　　年(ヲ)第　　　　号

決　　　　　　定（注1）

　　　　　　　　　当事者　　別紙目録のとおり

　上記当事者間の平成　　年（　）第　　　　号事件の差押命令について、債務者の申立てを相当と認め、その全部を消す。／別紙目録に記載されたその一部を取り消す（注2）。

　申立人が下記の担保を立てたので（注3）、前項の裁判が効力を生ずるまでの間、第三債務者は、差押債権者に対し、前項により差押えが取り消された債権／部分（注2）について、支払その他の給付をしてはならない（注4）。

記（注5）

　　平成　　年　　月　　日

○○地方裁判所○○部
裁　判　官

(注1)　民事執行法153条1項の規定により差押命令の全部または一部を取り消す決定である。同項により追加的に差押命令を発するときは、通常の債権差押命令の書式を適宜修正して用いる。
(注2)　全部取消しのときは下段を、一部取消しのときは上段を抹消する。
(注3)　無担保のときは、この句を抹消する。
(注4)　民事執行法153条3項の規定による決定を同条1項の規定による決定と同時にしないときは、この項を抹消する。
(注5)　申立人が立てた担保を具体的に記載する。

り消されないまま確定すれば、もはやこれを争う余地がなく、有効と解すべきであろう（三ケ月・民事執行法385頁、兼子196頁、戸根・注解(2)431頁等）。

しかし、差押禁止規定に違反する差押命令は適式に発せられたとしても、本来の債権と供託金還付請求権との同一性が認められるとして、実体法上当然無効とするのが供託実務の取扱いである（昭48.5.30民四4022号民事局長回答、昭59全国供託課長会同決議14問、昭61全国供託課長会同決議8問および13問、平6.9.19民四5865号民事局第四課長回答、稲葉「供託先例判例百選」別冊ジュリ158号130頁）。

5　差押命令の申立ての取下げおよび執行の取消決定

(1)　差押命令の申立ての取下げと通知

1　差押命令の申立ての取下げ

差押債権者は、差押命令が第三債務者に送達された場合でも、その申立てを取り下げることができる。東京地方裁判所においては、執行事件の迅速な処理を図るため、差押債権者に対し差押命令正本送達通知の際に次のような注意書とともに取下書を同封して送付している（深沢・園部「新版民事執行の実務」㊥588頁）。

2　供託後の取下げの可否

第三債務者が供託した後に差押命令の申立ての取下げが許されるか否かについては問題である。

供託は換価の一種であるから、換価された後はもはや取下げは許されないとする見解（田中310頁）があるが、供託実務は供託後の申立ての取下げができることを前提としている（民事執行基本通達第二・四・1・㊀・(3)・イ）。取下げは許されないとする見解によっても、配当等の額の受領権の放棄とみなせば、その債権者を除いて配当等が行われることになり、結果は同様となる。なお、ほかに債権者がないときは、供託金は債務者に交付されることになる。

3　申立取下げの通知

差押命令の申立てが取り下げられた場合、裁判所書記官は、取下げの旨を

書式4-2-20 取下書

平成　年（　）第　　　号

取　下　書

平成　年　月　日

○○地方裁判所民事部債権執行係　御中

申立債権者　　　　　　　　印

債権者

債務者

第三債務者

　上記当事者間の債権差押命令申立ては、これを取り下げます。
ただし、
① □　既に取り立てた分および配当を受けた分は除く。
② □　取下書が受理されるまでに事情届（供託書）が提出された分は除く。

注意Ⅰ　差押えがなされた債権について、(1)第三債務者から取り立てをしたり、裁判所から配当金の交付を受けた場合は上記の①の□にチェック（✓印）を、(2)未配当であるが供託した旨の事情届があり、これらについて配当を受ける意思がある場合は、上記の②の□にチェック（✓印）をしてください。このチェックをしないと、配当金の受領をすべて放棄した取り扱いになります。

　　両方に該当する場合は両方にチェックをしてください。

　　これらに該当しないときには空欄のままで構いません（例えば、債務者からの任意の弁済、差押債権がなかった場合、申立ての全部を取り下げる場合等）。

　Ⅱ　取下書の捺印は、申立ての際に使用した印鑑、あるいは印鑑証明書を添付した上で実印を押印してください。上部欄外に捨印もお願いします。

書式4-2-21　債務名義等還付申請書

債務名義等還付申請書

債権者
債務者
第三債務者

　上記当事者間の平成　　年（　）第　　　　　号事件ついて、取下げにより事件が終了したので、債務名義及び送達証明を還付してください。

　　平成　年　月　日

　　　　債　権　者　　　　　　　　　　　印

　○○地方裁判所民事部　御中

受　　　書

下記書類を受領しました。
　1　執行力のある債務名義正本（奥書付き）　　通
　2　同送達証明書　　　　　　　　　　　　　　通

　　平成　年　月　日

　　　　債　権　者　　　　　　　　　　　印

　○○地方裁判所民事部　御中

第2章　民事執行法上の供託

〔債権差押命令申立ての取下書および債務名義等の還付申請書の作成について〕
（注）
　⑴　一部取下げの場合は、取下げの範囲を明確に記載する。
　⑵　印鑑は、債権差押命令申立書に押印したものと同一のものを使用する。
　⑶　取下書正本1通と副本が債務者および第三債務者の人数分必要。
　⑷　郵便切手は、80円切手が債務者および第三債務者の人数分必要。
　⑸　取下げに伴う債務者名義等の還付申請をする場合、債権差押命令申立書に押印したものと同一の印鑑を使用した債務名義等還付申請書および受書を提出する。

　　　　　　　　　　　　　　取下通知書

　　　　　　　　　　　　　　　　　　事件番号　平成19年(ル)第〇号

　　　　　　　　　　　　通　知　書

〇〇〇〇殿
平成20年〇月〇日

　　　　　　　　　　　東京地方裁判所民事第21部
　　　　　　　　　　　裁判所書記官　　〇　〇　〇　〇　㊞

　　　　　　　　債権者
　　　　　　　　債務者　　　別紙記載のとおり（別紙省略）
　　　　　　　　第三債務者
上記当事者間の債権差押命令申立事件について下記の〇印の事項を通知します。
　　　　　　　　　　　　　　　記
　1．上記事件についての同命令正本は
　　　　　債　務　者に対し、　　　　年　　　月　　　日
　　　　　第三債務者に対し、　　　　年　　　月　　　日
　　　各送達されました。
　2．上記事件は、平成20年3月14日取下げにより終了しました。
　3．上記事件の執行手続は、取り消されました。

差押命令の送達を受けた第三債務者に通知すべきとされている（民執規136Ⅰ）。第三債務者が差押命令の送達を受けていない場合（例えば、①差押命令の発令前であるとか、②第三債務者に送達される前、③送達不能であるときなど）には、通知は不要である。

債務者に対しては、裁判所書記官は民事執行規則14条の規定に従い取下げの旨を通知しなければならない。

なお、これらの通知は、債務者、第三債務者の所在が明らかでないとき、または外国にあるときはすることを要しない。この場合には、裁判所書記官は、その事由を記録上明らかにしておくべきである（民執規3Ⅰ、民訴規4Ⅴ）。

(2) 執行取消決定と通知

差押命令に対する執行抗告または執行異議の申立てによる裁判に基づき執行が取り消されることがある。また、民事執行法39条1項1号から6号までに掲げる文書が提出されたときは、執行裁判所は既にした執行処分を取り消さなければならないとされている（民執40）。

このように、債権執行の手続を取り消す旨の決定がされたときは、裁判所書記官は差押命令の送達を受けた第三債務者に対しその旨を通知しなければならない（民執規136Ⅲ）。抗告裁判所において執行取消しがされたときは、抗告裁判所の裁判所書記官において第三債務者にその旨を通知すべきである。

第三債務者が差押命令の送達を受けていないときには通知は不要であることは、前記取下げ通知の場合と同様である。

なお、この執行取消決定は、民事執行規則2条1項2号または3号の裁判であるから、差押債権者および債務者に対しては同条の規定によって告知される。通知書の様式は、前記取下通知書と同様であり、また、通知の方法は民事執行規則3条（民訴規4準用）の規定による。

6 債権執行の競合

1つの債権執行手続に複数の債権者が参加する手続としては、次のものがある。

(1) 共同差押え

複数債権者が共同して1個の申立てにより差押えを求める場合であって、執行裁判所が1通の差押命令を発することとなる。民事執行法では共同差押えの規定は設けられていないが（旧民訴619）、その効力は二重差押えの場合と同様に取り扱うべきであろう。例えば、3名の債権者が各50万円の債務名義により150万円の債権を差し押えた場合には、各債権者は50万円ずつ取り立てるつもりであっても、各50万円について150万円を差し押えているから、差押えの競合が生じていることになる。

なお、一部の債権者について、申立ての取下げ、執行停止、執行の取消し等は、他の債権者に影響しないという点ではそれぞれ独立の差押えであるが、差押えから換価までの手続と同視して取り扱われる。ただし、各債権者は換価の手続について独自にすることができる。

(2) 二重差押え

① 時間を異にして複数の債権者が各別に同一債権につき差押手続を行う場合である。この形態には、差押えと仮差押えの執行との競合形態も含まれる（仮差押えの執行と仮差押えの執行との競合については、後記6・(6)・①・②参照）。

旧法下においては、二重差押えの許容と差押えの効力の及ぶ範囲について争いがあったが、学説・判例とも異論なく二重差押えを認めていた。民事執行法には、二重差押えを許容する旨の規定は直接存しないが、二重差押えを許容する建前をとっている（民執144Ⅲ・149・156Ⅱ・165、民執規135Ⅰ④等参照）。

② 二重差押えが許容されるには、被差押債権が存在することを前提とするから、換価手続の終了（供託、取立て等）または債権譲渡等による移転前であることを要する。したがって、差押債権者が取立権に基づきその債権の取立てを終えたときには二重差押えの余地はないし、また第三債務者が債務額を供託したときも弁済の効果が生ずるから、被差押債権は消滅し、もはや二重差押えは許されない。

第三債務者が供託したとき、あるいは取立訴訟の訴状が第三債務者に送達

されたときまでに差押えをしていない債権者は、配当にあずかることができないから（民執165①・②）、二重差押えの終期は配当要求の終期であって、右終期までに差押命令が第三債務者に送達されることを要する。したがって、右終期後は、配当等の手続において剰余金を生ずるときにのみ執行債務者の有する供託金還付請求権を差し押えるしかないことになろう。

　二重差押えがあったときは、第三債務者は、1人の差押債権者に被差押債権の弁済をすることができず、供託しなければ債務の免責は得られないのである。

(3)　**差押えの競合**（前記3・(2)・②参照）

　差押えと差押え（または仮差押えの執行）とが重複するが、各差押額の総額が被差押債権の額の範囲内であれば、各差押えは、他の債権者によって差し押えられていない部分を差し押えたものとみるべきであるから、差押えは競合したことにはならない。

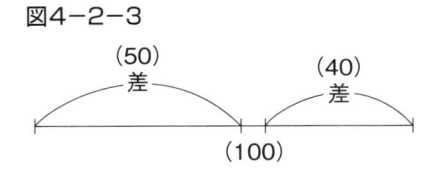

図4-2-3

```
         (50)              (40)
          差                差
    ┌─────────┐     ┌────────┐
    └────────────┴─────────────┘
              (100)
```

　ところが、各差押えの総額が被差押債権の額を超えるときは、その差押えまたは仮差押えの執行の効力はその債権の全部に及び（民執149、民保50Ⅴ）、被差押債権全額について競合が生ずる（民事執行法は全部競合説の立場を明らかにしている）。

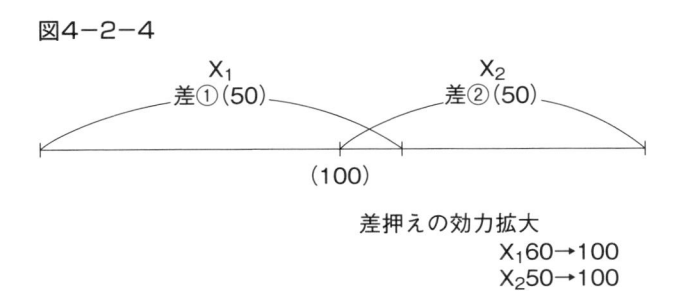

図4-2-4

```
          X₁                X₂
       差①(50)           差②(50)
    ┌─────────────┐ ┌─────────────┐
    └────────────────┴────────────────┘
              (100)
```

差押えの効力拡大
X_1 60→100
X_2 50→100

例えば、100万円の債権について、債権者X_1が60万円、債権者X_2が50万円の部分を差し押えた場合には、差押えの効力はX_1、X_2ともに100万円全部に及ぶことになる。また、一方の差押えが全部差押えの場合も同様である。

ところで、差押えの競合により一度拡張した差押えの効力は、後に他の債権者の差押えが取り消されたり、または取り下げられても、減縮しないと解されている（田中325頁、富越・NBL199号14頁、昭57全国供託課長会同決議7問参照）。したがって、前記の例（$X_1$60万円、$X_2$50万円が競合）において、X_2の取下げ後X_3が30万円を差し押えた場合には、X_1の差押え100万円（X_2の差押えとの競合により100万円に拡張）とX_3の差押え30万円とが競合することとなり、第三債務者に供託義務が生ずることになる（富越・NBL199号14頁）。

なお、数個の債権を差し押えた場合には、差押えの競合の有無は目的債権ごとに考えるべきであろう。

(4) **差押禁止債権に対する差押競合範囲**

① 差押禁止債権に対して差押えが重複した場合

差押禁止債権に対して差押えが重複した場合、差押えの競合がいかなる範囲に生ずるかは問題である。

給与債権等については、原則としてその給付の4分の3（請求債権が扶養義務等に係る定期金債権の場合は2分の1）に相当する部分を差し押えてはならないとされているが（民執152Ⅰ・Ⅱ・Ⅲ）、債務者（給与債権等受給権者）または債権者は差押禁止の範囲の変更の申立てができる（民執153）ことについては前述したとおりである（前記4）。執行裁判所が民事執行法153条の差押禁止債権の範囲の変更の判断をするにあたっては、債務者の事情のほか、債権者の事情をも考慮する旨定められているので、同一債務者に対する関係であっても、申立債権者が誰であるかによって結論を異にする場合がある。

［事例１］

図4−2−5

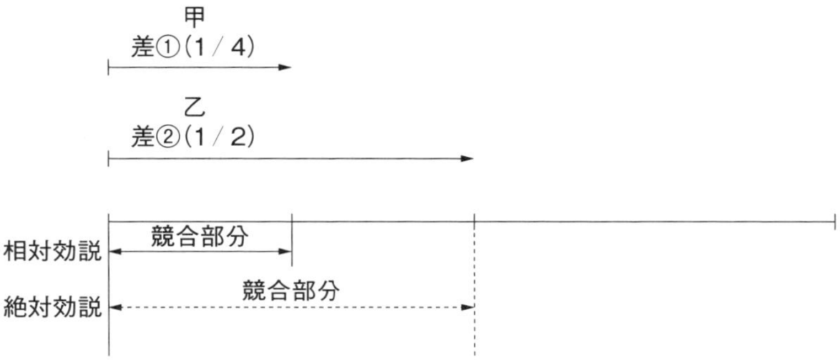

甲
差①(1／4)
乙
差②(1／2)
相対効説
競合部分
絶対効説
競合部分

債権者甲が債務者Ａの有する給与債権の４分の１を差し押え、債権者乙が差押禁止範囲の変更を得たうえ２分の１を差し押えたような場合、差押競合範囲はどのようになるであろうか。

これについては、２つの考え方がある。その１は、相対効説といわれるもので、民事執行法153条の差押禁止の範囲の変更の効果は、当該変更の申立てをした債権者についてのみ生じ、差押競合の場合、各差押えの効力は、債権の全部に及ぶが（民執149）、差押禁止部分にまで広がるものではないとする立場（民裁資料136号民事執行事件執務資料㈡36頁、深沢・民事執行の実務㈥531頁、深沢・園部「新版民事執行の実務」㈥610頁）（注１）である。もう１つは絶対効説といわれるもので、債権者ごとに差押えの範囲を異にするのは不当であり、民事執行法149条の立法趣旨である平等主義からも差押えの広いほうで差押えの競合するとする立場（昭和56年度民事執行法（配当）研究会研究報告書179頁以下、古島・書協会報87号60・61頁）である。

後説の立場からは、前説によれば、差押命令を発する債権の範囲を拡張した効果が当該申立てをした者のみに生ずることになり、実体法上の根拠なしに右拡張部分につき当該申立権者に優先権を認めることになると同時に、債権者が多数の場合には配当が複雑化して処理が困難となるとして前説を批判する。

[事例2]

　これに対して、次のような事例、すなわち甲がAの有する給与債権の4分の1を差し押え、第三債務者が残余の4分の3をも含めた全額を民事執行法156条1項により供託した後、乙が差押禁止範囲の変更を得たうえ供託金還付請求権について、本来の給与債権の2分の1に相当する額を差し押えたような場合を例にとると、前説の立場からは、甲の差し押えた4分の1については供託によって既に配当加入遮断効が生じているので、乙の差し押えた2分の1に相当する額のうちその半分の4分の1については空振りであるが、残余の4分の1については乙の差押えのみが供託金還付請求権の上に効力を生じているということになる（注2）。

　このことは、相対効説の立場からは説明が容易であるが、絶対効説の立場からは説明がつかなくなる。すなわち、絶対効説の立場からは、甲の差押えの効力が2分の1の部分にまで拡張することとなるにもかかわらず、乙の差押えの効力は甲の差し押えた4分の1の部分には拡張しないという不合理な結果となるからである。

　したがって、差押禁止範囲の変更の効果は、当該変更の申立てをした債権者についてのみ生じるという相対効説が妥当と考えられるから（注3）、前記事例1における甲、乙各債権者の差押えは、4分の1の範囲においてのみ競合し、第三債務者はその4分の1の額につき供託義務が生じていることになる（平16.3.19民商782号通達第2・3）。

　②　差押えの金額が異なる差押えが競合した場合の供託書の記載

　民事執行法152条1項または2項の債権について、扶養債権等に基づく差押えとそれ以外の差押えが競合し、各差押えの金額が異なる場合において、これらの差押えの金額のうち最も多い金額の供託をするときは、供託書の「法令条項」欄に「民事執行法156条1項・2項」と記載するものとする。

　改正政令の施行日前に申立てがされた差押えと執行日後に申立てがされた差押えが競合し、各差押えの金額が異なる場合において、これらの差押えの金額の最も多い金額の供託をする場合も、同様とする。

　給料債権につき差押えの競合を理由に第三債務者が義務供託する場合の供

託金額は、相対効説、絶対効説の「いずれの場合による申請であっても、有効なものとして供託官は受理すべきであるとの見解もあり得ようが、第三債務者としても、あえて危険（場合によっては、二重弁済、供託無効が考えられる）を冒すことなく最も広い範囲について差押競合があるとして、民事執行法156条2項による義務供託をし、最終的には執行裁判所の配当（判断）に任すのが相当であり、この考え方によったとしても、特に差押債権者を害することにもならない」（田中一泰・登記先例解説集24巻9号107頁）との見解もある。

③ 扶養義務等に係る金銭債権者による差押えと一般債権者による差押えの競合

民事執行法152条1項・2項に規定される給料等の債権に対して、扶養義務等に係る金銭債権者による差押え（給料等の債権の2分の1の部分の差押えが認められる—民執152Ⅲ）と一般債権者による差押え（給料等の債権の4分の1の部分の差押えが認められる—民執152Ⅰ・Ⅱ）が競合した場合、差押対象である給料等の4分の1を超え2分の1までの部分については差押えが競合することになるのかどうかが問題となる。

これについては、民事執行法152条1項・2項の差押禁止部分4分の3は、「標準的な世帯の必要生計費」を勘案して定めたものである（民執152Ⅰ・Ⅱ）が、「標準的な世帯の必要生計費」には、扶養を受けるべき者の必要生計費も含まれているはずであるから、扶養義務等に係る金銭債権については、前記差押禁止部分も差押えの対象とすべきであるとして、扶養義務等に係る金銭債権者による差押えの場合の差押禁止部分を2分の1に減縮した（民執152Ⅲ）立法趣旨から考えて、一般債権者による差押えは差押対象である給料等の4分の1を超え2分の1までの部分に拡張されることはないと考えるべきである（「特別座談会—担保・執行法制の改正と理論上の問題点」ジュリ1261号59頁）。したがって、差押えが競合しているのは差押対象である給料等の4分の1までの部分のみであり、4分の1を超え2分の1までの部分は差押えが競合していないことになり、給料等の4分の1までの部分は供託しなければならない（義務供託—民執156Ⅱ）が、4分の1を超え2分の1まで

の部分は扶養義務等に係る金銭債権者による取立ても可能であり（民執155Ⅰ）、供託する場合も権利供託となる（民執156Ⅰ）。

（注１）　給料債権について民事執行法による差押えと滞納処分による差押えが競合（①強制執行による差押え７万5,000円（民事執行法152条による差押禁止額を控除した金額）②滞納処分による差押え９万5,000円）した場合、滞調法36条の４の競合により差押えの効力が及ぶ範囲は、民事執行法による差押可能な金額に限られるから、競合しているのは、７万5,000円についてのみであり、これを超える２万円については滞納処分による差押えのみがされていることになるとされている。

①　昭55名古屋高裁管内民事事件担当裁判官等協議会協議結果

給料債権について民事執行による差押えと滞納処分による差押えが競合した場合の配当の実施

給料債権について、７万5,000円（民執152による差押禁止額を控除した金額）の差押えがされた後、滞納処分（滞納税金７万5,000円）による９万5,000円（国税徴収法76条による差押禁止額を控除した金額）の差押えがあったので、第三債務者は、滞調法36条の６により９万5,000円を供託してその事情届を執行裁判所に提出した。

右の場合の配当の実施方法はどうか。

滞調法36条の４の、競合により差押えの効力が及ぶ範囲は、民事執行法による差押え可能な金額に限られるから、設問の場合、競合しているのは７万5,000円についてのみであり、これを超える２万円については滞納処分による差押えのみがされていることになる。また、同法36条の６により供託義務を生ずるのは、差押えが競合している７万5,000円についてのみである。

執行裁判所としては、競合部分である７万5,000円についてのみ配当等をすれば足りる。

②　昭61全国供託課長会同決議１問

（注２）　事例２について、甲の差押部分４分の１払渡しされた後、供託金還付請求権について乙の差押えがその２分の１についてなされた場合には、乙の差押えはどの部分にかかっていくかという問題がある。

私見は、後記事例６との関連から残余の４分の３の部分にかかっていくと考えるが、供託実務は甲の差押部分４分の１を含めた部分にかかっていくという取扱いである（昭59全国供託課長会同決議14問参照）。

図4-2-6

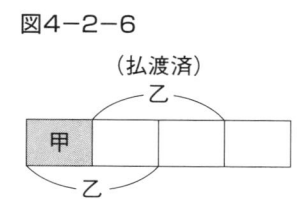

```
         （払渡済）
          ┌─ 乙 ─┐
       ┌──┬───┬───┐
       │甲│   │   │
       └──┴───┴───┘
          └─ 乙 ─┘
```

(注3) ① 田中一泰氏（登記先例解説集24巻9号107頁）は、結論としては絶対効説の立場によりながら、供託実務における受理上の問題としては、どちらの説によったとしても最終的には執行裁判所の判断に委ねるという便宜論であって、執行裁判所が相対効説によることまで否定したものではない。
② 昭61全国供託課長会同決議8問参照
③ 平6.9.19民四5865号民事局第四課長回答
④ 稲葉威雄「供託先例判例百選」別冊ジュリ158号130頁

(5) **配当要求**

1 他の債権者が債権執行手続を遂行している手続に対して、配当の分配を求める形態である（民執154Ⅰ）。

配当要求の効力は、執行裁判所にその申立てをしたときに生ずる。執行裁判所は、右配当要求があったときは、その旨を記載した文書を第三債務者に送達しなければならない（民執154Ⅱ）。

2 差押えの競合の場合と異なり、差押えの拡張効が生じないことに注意すべきである。配当要求があったときは、差押えの範囲には変動はないが、被差押部分について執行競合が生じ、第三債務者は被差押部分につき供託義務を負う。

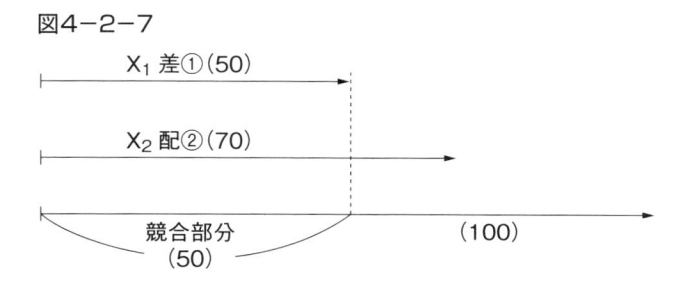

図4-2-7

```
       ├──── X₁ 差①(50) ────┤
       ├──── X₂ 配②(70) ────────────┤
       ├── 競合部分 ──┤     (100)
           (50)
```

この供託義務の発生を知るのは、この通知書の送達を受けたときであるから、配当要求の申立ての時点と時間的ずれを生ずることになる。したがって、第三債務者は、配当要求の申立てがあるにもかかわらず自己の債務の弁済をしてしまうこともあり得るが、第三債務者のなした弁済または供託はいずれも有効と解される。

(6) 他の手続との関係

1 仮差押え

① 差押えと仮差押え

既に仮差押えの執行のなされた債権について差押命令が発せられた場合（差押えが先行する場合も同様）の法律関係は、すべて差押えの競合の場合と同様である。配当要求の終期（民執165）までに、仮差押えの執行をした債権者は、配当等を受けるべき債権者として扱われる。

② 仮差押えと仮差押え

仮差押えの執行と仮差押えの執行とが競合した場合には、民事保全法50条5項により準用される民事執行法156条2項により供託義務が発生するかのようにみえる。しかし、供託義務の意義は、取立権を有する債権者の1人に取立てによる優先的地位を与えないということにもある。この意味からすれば、仮差押債権者は被差押債権の取立てをすることができないのであるから、第三債務者はその履行を強制されることはなく、このことは、仮差押えが単発であろうと複数であろうと同様である（稲葉・金融法務事情932号4・5頁）。したがって、仮差押えの執行が競合した場合には、差押えの拡張効は生ずるが（民執149、民保50Ⅴ）、供託義務は生じない（昭55.9.6民四5333号民事局長通達第二・四・2・㈠・(1)、平2.11.13民四5002号民事局長通達第二・三・(1)・ア・(ｱ)参照）。

2 仮処分

債権に対する仮処分は、債権譲渡の効力に争いがある場合などに処分禁止の仮処分としてなされ、その主文は「第三債務者から債権を取立て若しくは譲渡、質入等一切の処分をしてはならない。第三債務者は債務者に右債務を支払ってはならない」となる。

仮処分と仮差押えとは、その執行の時間的先後によって決まるが、仮処分と差押えの競合については問題のあるところであり、一応次のようにいうことができる。

　差押命令の発せられた被差押債権について、処分禁止の仮処分がなされても、その債権執行手続が継続する限り効力を生じない。これに対して、既に処分禁止の仮処分がなされている債権については、これを被差押債権として差押命令を発することができるが、仮処分の効力が優先する（取立権は生ずるが、その行使は仮処分に抵触して許されない）。仮処分債権者が本案訴訟で勝訴し、その債権が仮処分債権者に移転すれば、債権執行手続はその目的を失い差押命令を取り消して終局するほかないが、仮処分債権者が本案訴訟または異議訴訟で敗訴あるいは特別の事情等により取消しされたときは、債権執行手続を続行することができる（菊井ほか2名「仮差押・仮処分」現代実務法律講座三訂版501頁、吉川還暦下・宅間「仮処分と強制執行との競合」760頁、中川・兼子編実務法律大系8「仮差押・仮処分」146・163頁以下）。

　ところで、処分禁止の仮処分と強制執行等の競合の問題について、不動産の処分禁止処分との関係については、民事保全法53条以下で立法的に解決されたとみられる（丹野・青山編「裁判実務大系4・民事保全法」598頁参照）が、債権に対する場合にはほとんど論ぜられることがない（徳田和幸・別冊ジュリ158・供託先例判例百選「処分禁止の仮処分と差押・転付命令の競合した場合の供託」88・89頁、「新版供託事務先例解説」107頁以下）。

　③　滞納処分

　強制執行による差押命令は、滞納処分による差押えがされている債権に対しても発することができるし（滞調20の3Ⅰ）、滞納処分による差押えは、強制執行による差押えがされている債権に対してもすることができる（滞調36の3Ⅰ）。両者の差押えが競合した場合には、執行裁判所の書記官と徴収職員等との間で相互に（第三債務者の供託による事情届を受けて相互に通知した場合（滞調20の6Ⅲ・36の6Ⅲ）を除き）、その旨を通知し（滞調20の3Ⅱ・36の3Ⅱ）、滞納処分による差押えが先行するときは、後行の強制執行の差押債権者は取立てをすることができず（滞調20の5）、強制執行による差押えが先

行するときは、両者ともに取立権が認められず、第三債務者は、債権の全額に相当する金銭を供託しなければならない（滞調36の６Ⅰ）。

なお、滞納処分による差押えと強制執行による差押えとが競合した場合には、強制執行による差押えの効力は、その債権の全部に及ぶ（滞調20の４・36の４）。

7　換価手続

金銭債権の差押えによって第三債務者の執行債務者に対する支払は禁じられるが、それだけでは差押債権者に執行債権の満足を与えることはできないから、差押債権者が満足を得るためには、差し押えた金銭債権を換価する必要がある。

換価方法としては、①差押債権者による取立て（前記３・(1)・3参照）、②転付命令（後記第２章第２節第５参照）、③取立訴訟（後記第２章第２節第３・１・(1)・(3)参照）、④第三債務者の供託（後記第２節参照）、⑤特別の換価方法（譲渡命令、売却命令、管理命令）がある。

8　少額訴訟債権執行の概要

1　少額訴訟債権執行とは

平成17年４月１日施行の改正民事執行法（平成16年法律第152号）により、少額訴訟債権執行制度が創設され、少額訴訟に係る債務名義については、地方裁判所のほか、簡易裁判所でも債権執行（例えば、預金債権を差し押えて、取立てを可能とすること等）を行うことができるようになった。

すなわち、少額訴訟に係る債務名義（①少額訴訟における確定判決、②仮執行宣言を付した少額訴訟の判決、③少額訴訟における訴訟費用または和解の費用の負担の額を定める裁判所書記官の処分、④少額訴訟における和解または認諾の調書、⑤少額訴訟における民事訴訟法275条の２第１項の規定による和解に代わる決定）による金銭債権に対する強制執行については、執行裁判所の差押命令（民執143条）によるほか、「簡易裁判所の裁判所書記官による差押処分」により開始することとされた（民執167の２）。この裁判所書記官が行う強制執

行を「少額訴訟債権執行」という（民執167の２Ⅱ）。

少額訴訟債権執行の申立ては、少額訴訟における確定判決等をした簡易裁判所の裁判所書記官に対して行う（民執167の２Ⅲ）。

少額訴訟債権執行の手続において裁判所書記官が行う執行処分に関しては、その裁判所書記官の所属する簡易裁判所をもって執行裁判所とすることとされている（民執167の３）。

② 差押処分の内容等

① 内　　容

裁判所書記官は、差押処分において、債務者に対し金銭債権の取立てその他の処分を禁止し、かつ、第三債務者に対し債務者への弁済を禁止しなければならない（民執167の５Ⅰ）。

この差押処分は、債務者および第三債務者を審尋しないで発することができ、また、債務者および第三債務者に送達しなければならず、差押えの効力は差押処分が第三債務者に送達された時に生じる（民執167の５Ⅱによる145ⅡないしⅤの準用）。さらに、差押処分の申立てについての裁判所書記官の処分に対しては、執行裁判所（当該裁判所書記官の所属する簡易裁判所）に執行異議の申立てができ（民執167の４Ⅱ。なお、当該申立期間は１週間の不変期間（民執167の５Ⅲ））、当該申立てについての裁判に対しては、執行抗告をすることができる（民執167の５のⅣ）。

これらは、執行裁判所の発する差押命令と同様である。

② 配当要求

執行力ある債務名義の正本を有する債権者および文書により先取特権を有することを証明した債権者は、裁判所書記官に対し、配当要求をすることができる（民執167の９Ⅰ）。

この配当要求があったときは、その旨を記載した文書（配当要求文書）を第三債務者に送達しなければならない（民執167の９Ⅲによる154Ⅱの準用）。

③ 転付命令等のための移行

差押えに係る金銭債権について転付命令、譲渡命令等を求めようとするときは、差押債権者は、執行裁判所（簡易裁判所）に対し、転付命令を求める

ことを明らかにして、債権執行の手続に事件を移行させることを求める旨の申立てをしなければならず（民執167の10Ⅰ）、当該申立てがあったときは、執行裁判所（簡易裁判所）は、その所在地を管轄する地方裁判所における債権執行の手続に事件を移行させなければならない（民執167の10Ⅱ）。

③ 債権差押命令に関する規定の準用

少額訴訟債権執行手続には、上記で述べたほか、債権差押命令に関する規定が多く準用されている。すなわち、差押えの範囲（民執146）、第三債務者の陳述の催告（民執147）、差押えの拡張効（民執149）、継続的給付の差押え（民執151）、扶養料債権を請求する場合の特例（民執151の2）、差押禁止債権（民執152）、差押債権者の金銭債権の取立て（民執155）、第三債務者の供託（民執156）、取立訴訟（民執157）および配当等を受けるべき債権者の範囲（民執165①・②）等の規定が準用されている（民執167の14）。

第2節　第三債務者のする供託

第1　概　説

(1)　金銭債権に対する強制執行等は、前述したように、執行裁判所において執行債権の存否を確認することなく、債権者の申立てに従って単に命令を発するという方法によってなされる。したがって、差押債権者がその満足を得るためには、その取立権（民執155Ⅰ）に基づいて第三債務者に対し直接支払を求めるかまたは第三債務者の供託という換価手続の終了とその後の執行裁判所の配当等の実施によることとなり、この換価手続によって、第三債務者はその債務の免責を得ることができる。

このように、金銭債権に対する強制執行等は、差押債権者と第三債務者の行為によることになるが（民執155・156・157・159・160等）、特に債権者が競合した場合は、第三債務者に対し強制執行手続に対する協力義務を課し、供託の方法によらなければ、その債務の免責を得ることができないとされている（民執156Ⅱ）。

(2) 金銭債権に対して強制執行等がされた場合の第三債務者のする供託は、おおよそ次の２つの場合である。
① 民事執行法156条１項（または民保50Ⅴ）または滞調法20条の６第１項（または滞調20の９Ⅰ・36のⅠ）による権利供託
② 民事執行法156条２項または滞調法36条の６第１項による義務供託

①については、㋐単一の差押えまたは仮差押えの執行がされた場合（２以上の差押え等がされたが差押え額の合計が金銭債権額以下の場合および仮差押えの執行が競合する場合を含む）、㋑滞納処分による差押えと強制執行による差押えとが競合し、滞納処分が先行する場合、㋒滞納処分による差押えと仮差押えの執行とが競合する場合（先後を問わず）には、第三債務者は、債務の免責を得るために金銭債権の全額に相当する金銭を供託することができる。この場合供託を義務づけられていないという意味で、これらを「権利供託」という。

②については、㋐差押え等が競合した場合（差押えと仮差押えの執行とが競合する場合を含むが、仮差押えの執行と仮差押えの執行とが競合する場合は前記①による）、㋑配当要求があった旨の文書の送達を受けた場合、㋒滞納処分による差押えと強制執行による差押えとが競合し、強制執行による差押えが先行する場合には、第三債務者は、債務の免責を得るために金銭債権の全額に相当する金銭を供託しなければならない。これを「義務供託」という。

上記供託については、いずれの場合にも、その管轄供託所は債務の履行地の供託所である（民執156Ⅰ・Ⅱ、滞調20の６Ⅰ・36の６Ⅰ）。また、その供託によって（仮差押えの執行による供託または仮差押えの執行と滞納処分とが競合する場合の供託を除く）、配当加入遮断効が生じ（民執165）、執行裁判所によってその供託金につき配当等が実施される（民執166Ⅰ①、滞調20の７Ⅰ・Ⅱ・36の９）。したがって、これらの供託は狭義の執行供託である。

第三債務者は、供託することによって、その供託額の範囲で、自己の本来の債権者たる差押債務者（執行債務者）に対する関係において債務を免れ、かつその効果を差押債権者等に対抗することができる（民481）。

第２章　民事執行法上の供託

第2　強制執行が単発の場合（重複差押えがあるが債権額以下の場合を含む）の権利供託

民事執行法156条1項は、「第三債務者は、差押えに係る債権の全額に相当する金銭を債務の履行地の供託所に供託することができる」とし、第三債務者に供託する権利を認めている。

権利供託は、次の場合に認められるが、本項第2では、①および②について述べることとし、③ないし⑤については後述する（③については第4、④および⑤については第3章第2節および第5節）。

① 差押えが単発の場合
② 差押えが2個以上であるが差押額の合計が債権額以下の場合
③ 仮差押えの執行のみの場合
④ 滞納処分による差押え（先行）と強制執行による差押え（後行）とが競合した場合
⑤ 滞納処分による差押えと仮差押えの執行とが競合した場合

1　差押えが単発で被差押部分のみを供託する場合

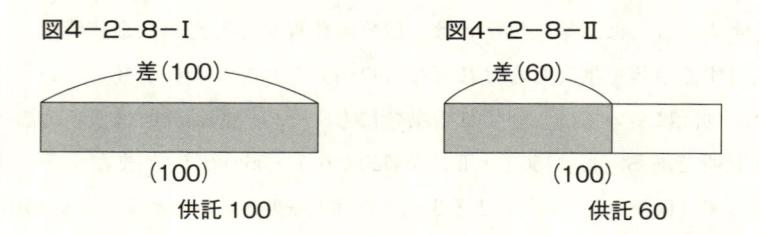

図4-2-8-Ⅰ
差(100)
(100)
供託 100

図4-2-8-Ⅱ
差(60)
(100)
供託 60

(1) **供託の性質**

⑴　金銭債権の全額またはその一部が差し押えられた場合には、第三債務者は、差押えに係る債権の全額を供託することができ（民執156Ⅰ）、一部差押えの場合に被差押部分のみを供託することもできる（昭55.9.6民四5333号民事局長通達第二・四・1・㈠・(1)・イ）。この両者は全く同じ法律関係に服する。

なお、一部が差し押えられ、全額を供託する場合については後述する（後記2参照）。

単発差押えの場合は第三債務者は権利として供託するものであるから、実質的には弁済供託の性質を有すると解すべきで、供託によって債務の弁済としての効果が生ずる。しかし形式的には執行手続上の執行供託であり、規定上明らかではないが、差押えに係る部分に限って配当等を実施すべきものと解されるから、その限度で配当財団を形成するものである。したがって、差押金額に相当する部分については第三債務者の取戻しは認められない。

② 供託時期

供託時期については、民事執行法はなんら規定していないが、供託するか否かは第三債務者の判断に委ねられており、差押命令または差押・転付命令が第三債務者へ送達され、差押えの効力が生じたときから、差押えの効力が消滅するとき（転付命令が効力を生じたとき、差押命令の取消し、差押命令の申立ての取下げ）まで許される。差押債権者の取立権（民執155Ⅰ）の行使に応じて支払うと債務弁済の効力を生じ、また、この供託は執行供託ではあるが、実質的には弁済供託の性質を有するものであるから、この供託により第三債務者は執行債務者（本来の債権者）に対する自己の債務の免責の効果を得るものである。したがって、通常の債権と同様に弁済期前に弁済を強いられるものではないから、差し押えられた債権に支払期の定めがあるときは、支払期到来後供託することになる。これは義務供託の場合も同様である。

③ 第三債務者が差押債権者の取立てに応じないとき、または第三債務者において差押債権の存在を争って供託も弁済もしないときは、差押債権者は第三債務者を相手として取立訴訟を提起し（民執157）、第三債務者に対する債務名義を得て（この場合は単純な給付判決となる）、第三債務者に対し第二次の強制執行を申し立てなければ、差押債権者は債権の満足を得ることができない（取立訴訟については後記第3・1・(3)に詳述したので参照されたい）。

④ 重複して一部差押えがされたが、その差押合計額が債権額以下であるとき、または配当要求の終期たる取立訴訟の送達（民執165②）の後に、差押えが競合したときも同様に取り扱われ、民事執行法156条2項の供託が義務

づけられるわけではない。

(2) 供託すべき金額

1 全額差押えの場合（図4-2-8-Ⅰ）

　金銭債権の全額が差し押えられた場合において、第三債務者が供託する以上は、金銭債権の全額を供託しなければならない。差押額以下の額の供託は執行供託の趣旨からして認められない。

　もっとも、金銭債権の額が100万円であるとしてその金額に対して差押えがされた場合でも、もともと金銭債権の額が60万円であったり、一部譲渡や、第三債務者の相殺権（浦野・逐条511頁、ジュリ増刊民事執行セミナー307頁以下）によって100万円の債権が60万円になった場合には、この60万円が差押えに係る金銭債権の全額であるから、この60万円を供託することができることはいうまでもない（佐藤・NBL219号7頁）。この場合はその理由を供託書の備考欄に記載して明らかにすべきである。

2 一部差押えの場合（図4-2-8-Ⅱ）

　金銭債権執行においては、執行債権の額のいかんにかかわらず、債権全額を差し押えることも、執行債権の限度において債権の一部を差し押えることができることについては前述したとおりである（前記第2章第1節第2・2・(2)参照）。金銭債権の一部が差し押えられた場合には、第三債務者は差押えに係る一部供託もできるし（昭55.9.6民四5333号民事局長通達第二・四・1・㈠・(1)・イ）、差押えに係る金銭債権の全額に相当する金銭を供託することもできるとされているが（民執156Ⅰ）、いずれを選択するかは第三債務者の自由である。民事執行法156条1項はあくまでも「差押えに係る債権の全額」について供託できるというように規定しており、債権の一部が差し押えられた場合にその差し押えられた部分だけについて供託できるかどうかについて、法文上明らかでないので、通達で認めたわけである。法文上、差押金額のいかんにかかわらず差押えに係る債権の全額の供託ができると規定したのは、第三債務者に一度の行為で全額の免責を得ることを認めようということである。しかし、第三債務者がこの不利益を甘受しようとするのであれば一部供託を認めてもよいわけで、前掲通達もこれを許容しているのである。

ただし、被差押部分の一部を供託することが認められないこと、また、被差押債権の一部が弁済等により消滅しているときは、残存額を供託することができることはもちろんである（前記①参照）。この場合はその理由を供託書の備考欄に記載して明らかにすべきである。

　③　差押命令の効力は、差押命令送達後に発生する利息・損害金にも及ぶとされているので（稲葉・注解⑵297頁、宮脇・各論119頁）、差押債権に対する差押命令送達後の利息または損害金を含めて供託すべきである。

　したがって、弁済期から供託日までの遅延損害金（利息を生ずる債権については弁済期から供託日までの利息も併せて）を付すことを要する（昭55全国供託課長会同決議７の⑺問）。ただし、実体法上履行遅滞になければ遅延損害金を付すことを要しない（前掲会同決議、昭57.10.28民四第6478号民事局第四課長回答参照）。

　④　弁済期前であっても、供託書に期限の利益を放棄した旨が記載され、弁済期までの利息を付した合計金額の供託であればすることができる（昭55全国供託課長会同決議７の⑾、大判昭９.９.15民集13巻1839頁参照）。

(3)　供託書の記載

　債権全額につき差押えがされた場合（図４−２−８−Ⅰ）の記載例は別紙記載例４−２−１、債権の一部につき差押えがされ被差押部分のみを供託する場合（図４−２−８−Ⅱ）の記載例は別紙記載例４−２−２による。

　両者とも被供託者欄の記載および供託通知書の送付を要しない。なぜなら、この供託は前述したようにすべて執行供託であって、供託金のすべては執行裁判所の配当財団として執行裁判所の支配下に入り、執行債務者または差押債権者は当然には還付請求権を有さず、執行裁判所の配当等の実施としての支払委託によって初めて還付請求権が現実に発生するものであるからである。

(4)　配当加入遮断効

　債権執行における配当要求の終期は、被差押債権が執行債務者の支配できる一般財産から形式的に独立したと認められる次に掲げるときである（民執165）。

記載例4-2-1
供託書・OCR用
(株)

申請年月日	平成 20 年 8 月 19 日	供託カード番号
供託所の表示	○○地方法務局	（カードご利用の方は記入してください）

供託者の住所氏名
住所（〒　－　）
甲県乙市丙町1丁目1番1号
氏名・法人名等
甲野　太郎
代表者印又は代理人住所氏名

被供託者の住所氏名
住所（〒　－　）
氏名・法人名等

供託金額
百億十億億千万百万十万万千百十一
￥1 0 0 0 0 0 0

受理　年　月　日　㊞
□供託カード発行

字加入 □字削除	民事執行法第156条第1項
法令条項	

供託の原因たる事実
供託者は、被供託者に対し、平成19年8月19日付けの金銭消費貸借契約に基づく金100万円の貸金債務（弁済期平成20年8月19日、弁済場所乙山次郎住所）を負っていたが、上記貸金債権について、下記の差押命令が送達されたので、貸金債権の全額に相当する金100万円を供託する。
記
仮差押命令の表示
○○地方裁判所平成20年（ル）第596号、債権者供託者、第三債務者被供託者、債務者丙村三郎、差押債権額金80万円、平成20年8月1日送達。

□供託により消滅すべき質権又は抵当権
□反対給付の内容

備考

（注）1. 供託金額の冒頭に￥記号を記入してください。なお、供託金額の訂正はできません。
2. 本供託書は折り曲げないでください。

供託者カナ氏名
コウノタロウ

↓濁点、半濁点は1マスを使用してください

記載例4-2-2

供託書・OCR用
(横)

申請年月日	平成20年8月19日	供託所の表示	○○地方法務局	供託カード番号

供託者の住所氏名
住所　甲県乙市丙町1丁目1番1号
氏名・法人名等　甲野　太郎
代表者印又は代理人住所氏名

被供託者の住所氏名
住所
氏名・法人名等

供託金額　￥800,000

法令条項	民事執行法第156条第1項

供託の原因たる事実

供託者は、甲県丙市丁町2丁目2番2号乙山次郎に対し、平成19年8月19日付けの金銭消費貸借契約に基づく金100万円の貸金債権（弁済期平成20年8月19日、弁済場所乙山次郎住所）を負っていたが、上記貸金債権について、下記の差押命令が送達されたので、貸金債権の全額に相当する金80万円を供託する。

記

差押命令の表示
○○地方裁判所平成20年（ル）第596号、債権者丙山三郎、債務者乙山次郎、第三債務者供託者とする債権差押命令、第3号丙村三郎、差押債権額金80万円、平成20年8月1日送達。

供託により消滅すべき質権又は抵当権

反対給付の内容

備考

(注) 1. 供託金額の冒頭に￥記号を記入してください。なお、供託金額の訂正はできません。
2. 本供託書は折り曲げないでください。

供託者カナ氏名　コウノタロウ

第4編　金銭債権における第三債務者のする執行供託

第2章　民事執行法上の供託　197

①　差押債権者が被差押債権を第三債務者から取り立てたとき（弁済があったとみなされるから、以後の配当要求は空振りとなる）
②　第三債務者が供託したとき（民執165①）
③　差押債権者が第三債務者に対して提起した取立訴訟の訴状が第三債務者に送達されたとき（民執165②）

したがって、第三債務者が供託した後に差押え、仮差押えの執行または配当要求の申立てをしても、当該配当等の手続においては原則として配当等を受けることができない。なお、供託したときと配当要求の申立てとは時刻の先後関係で決まる。

例えば、表4-2-2については次のようにいうことができる。

表4-2-2

執行内容（債権100）	供託金額 供託の性質	配当等債権者
①　X_1差（50）	50または100 権利供託（156Ⅰ）	X_1
②　X_2差（30）	80または100（3050、70も可） 権利供託（156Ⅰ）	X_1、X_2
③　X_1の取立訴状送達		
④　X_3差（40）	50または100 義務供託（156Ⅰ） その50については権利供託（156Ⅰ）	X_1、X_2、X_3

㋐　①の時点で供託する場合

この場合には、50ないし100を供託金額とし、供託書にX_1の差押えを記載して供託することになる。

㋑　②の時点で供託する場合

この場合には、80ないし100を供託金額とし、供託書にX_1およびX_2の差押えを記載して供託することになる。

もっとも、X_1またはX_2のいずれかの取立てに応じて支払った場合に

は、その残余を供託することになるが、そういう事情がないにもかかわらずX_1とX_2を別々にした金額（例えば、30、50、70）を供託することも理論上可能であるが、現実の問題としては無意味であろう。

㋒　④の時点で供託する場合

　X_3の差押えによって差押えの競合が生ずるが、X_1の取立訴状の送達によって配当加入遮断効が生じているのはX_1の50についてであるから、その後に執行されたX_3の差押えは当該50については配当に加入することができないが、残余の50についてはX_2とともに配当にあずかることになろう。したがって、この場合には、X_1の50については権利供託、X_2、X_3の50については義務供託となろうから、100全額について供託することができよう。

(5)　**払渡手続**

[1]　事　情　届

　第三債務者が供託したときは、その供託金は配当財団を形成し、執行裁判所の配当等の手続に入ることになるので、第三債務者は、民事執行法156条1項の供託をしたときは、その旨の事情を執行裁判所に届け出なければならない（民執156Ⅲ）。これを通常「事情届」（民執規138）と呼んでいる。

　この事情の届出は書面によるとされ、この届出書には、一定の事項（①事件の表示、②差押債権者および債務者の氏名、法人の場合はその名称、③供託の事由および供託した金額）を記載することを要し（別紙4-2-1参照）、この届出書には供託書の正本を添付する（民執規138Ⅰ・Ⅱ）。この事情届の用紙は、執行裁判所において差押命令を第三債務者に送達する際に同封して送付する取扱いがされている（前記第1節第2・2・(6)参照）。

[2]　配当等の手続（弁済金交付手続に基づく支払委託）

　執行裁判所は、第三債務者からの「事情届」および「供託書正本」の提出により配当手続事件（符号(リ)）を立件し、配当等の手続に入る（民執166Ⅰ①）。

　執行裁判所のする配当等の手続としては配当手続と弁済金交付手続（両者を併せて配当等手続という。民執166Ⅱ・84Ⅲ）とがあるが、本項の場合は差押

別紙4-2-1

事　情　届

1	東京地方裁判所民事第21部　御中		
	平成20年3月21日		
	第三債務者　住　所	東京都千代田区丸の内3丁目1番1号	
		株式会社　丸の内銀行	
	氏　名	代表取締役　南山一郎	
		東京都千代田区大手町1丁目3番3号	
		株式会社　丸の内銀行大手町支店内	
		上記代理人　北田幸三　㊞	
		（電）　　　（012）34―5678	
2 事件の表示	事　件　番　号	東京地方裁判所　平成20年(ル)第299号	
	当　事　者　名	債務者　○○○○外名 債務者　株式会社　○○○○	
3	差押命令の送達日	平成20年3月3日	
4	供託した金額	金1,000,000円也	
5	供託の日時	平成20年3月21日　前/後　1時	
6 供託の事由	供　託　所	東京法務局	
	供　託　番　号	平成20年度　金　第2587号	
	上記に競合する差押命令、仮差押命令、配当要求、滞納処分による差押えは下記のとおり		
	裁判所名事件番号	債権者名	命令送達日	請求債権額
	東京地方裁判所 平成20年(ル)第290号	○○○○	平成20年3月4日	50万円

（注）（1）上記6欄に記入しきれないときは、適宜の用紙を使用して横書きで記載してください。
　　　（2）取立訴訟の訴状の送達時以降の差押え、仮差押え、配当要求分は記入できません。

別紙4-2-2
(第二十七号書式)

支払委託書

供　託　番　号	平成 20 年度金第 1 7 2 9 号		
供　託　金　額	￥1,000,000円		
払渡しを受ける者		左の者の受け取る供託金及び利息	
氏　　名	住　　所	供　託　金	利　　息
○○○○	豊島区巣鴨4-14-16	￥600,000円	￥　　0円
○○○○	港区東麻布2-11-11	￥250,000円	￥　　0円
○○○○	千代田区大手町1-3-3	￥150,000円	￥　　0円
		￥	￥
		￥	￥
		￥	￥
		￥	￥
		￥	￥
		￥	￥

上記供託金は　　当庁平成20年(リ)第100号配当事件（事件完結）により上記のとおり払渡しを必要とするので委託する。
　　平成20年5月4日
　　　　　　　　　　東京地方裁判所民事第21部
　　　　　　　　　　　裁判所書記官　○　○　○　○　㊞
　　　東　京　法　務　局　　　御中

備考　事由の記載として、「内渡し」又は「事件完結」の旨を括弧書で記載すること。

別紙4-2-3

　　　　　　　　　　　　　　　　　　　　　平成　年(リ)第　　号

証　明　書	
受 取 人 氏 名	○○○○
住　　　　所	港区東麻布2-11-11
供 託 番 号	東京法務局 平成20年度金第1729号
払渡しを受けるべき供託金及び利息の表示	
供 託 金　¥　250,000円 利　息　¥　　　　0円	
上記のとおり証明する。 平成20年5月4日 　　　　　　　　東京地方裁判所民事第21部 　　　　　　　　　　裁判所書記官　○○○○　㊞	

（供託規第32条、第29号書式）

債権者が1人の場合を前提としているから弁済金交付手続となる（重複差押えがあるが、競合しない場合も配当手続ではなく弁済金交付手続である）。

　3　払渡手続

　供託金の払渡しは、全体がいわゆる執行供託であるから、執行裁判所の弁

済金交付手続の実施としての支払委託に基づいてなされる（民事執行基本通達第二・四・1・㈠・⑶・ア、民執166Ⅰ①）（注）。すなわち、執行裁判所は、直接供託所に対して別紙4－2－2の書式による支払委託をするとともに、債権者に対しては別紙4－2－3の書式の証明書を交付する（供託規32）。具体的な支払委託の手続の担当者は、執行裁判所の裁判所書記官である（民執規145・61）。

なお、第三債務者は、錯誤のない限り供託金を取り戻すことは許されない（供託8Ⅱ）。裁判所の手続を不安定ならしめるからである。

（注）　佐藤・民事執行法と登記・供託実務155頁
　　「第三債務者Aから事情届がありますと、執行裁判所は、配当等を実施することになります（民執166条1項1号）。法律上は、配当等を実施するについては、事情届がされたことは要件にはなりませんが、事情届がなければ、執行裁判所としては、第三債務者が供託したことがわかりませんので、通常は、事情届をまって配当等を実施します。その配当等の実施の手続については、民事執行法166条2項で民事執行法84条の規定が準用されていますので、それからいえば、執行裁判所が差押債権者Xに対して、交付計算書を作成して、弁済金を交付し（そのためには、執行裁判所が供託金を取り戻しておくことが必要になってきます）、剰余金を債務者Yに交付するということになるのかもしれませんが、同条は、最初から執行裁判所が換価金を保管していることを前提とする規定ですので、この場合には働かないと思います。つまり、執行裁判所は、直接供託所に対して支払委託をすることになります（昭55.9.6民四5333号民事局長通達第二・四・1・㈠・⑶・ア）。差押債権者Xは、執行裁判所から証明書（供託規則付録第29号書式）の交付を受け、これを供託金払渡請求書に添付して供託金の還付を受けることになるわけです」

⑹　供託後、差押命令が失効（取下げ、取消決定）した場合

<u>1</u>　第三債務者が供託した後、差押命令の申立てが取り下げられ、または差押命令を取り消す決定が効力を生じた場合には、供託金は執行債務者に対して払渡しがなされるものであって、供託原因消滅（供託8Ⅱ）として第三債務者の取戻しを認めるべきでない（稲葉・金融法務事情930号6頁、佐藤・NBL219号8頁、浦野・逐条518頁）。なぜなら、第三債務者の供託は、錯誤により無効であればともかくとして、第三債務者の免責の効果は供託によって確定的に生ずるものと解されるので、たとえ差押命令が失効したとしても、

その効果は失われないものであり（差押えがされていなければ執行債務者が第三債務者から支払がされたものである）、供託原因消滅による第三債務者の取戻しは問題になる余地はないと解されるからである。

②　供託金の払渡手続

執行裁判所の支払委託手続に基づいてなされる（民事執行基本通達第二・四・1・㈡・(1)・ウ）。支払委託によって払渡しを受けるのは執行債務者であって、第三債務者ではない。なお、執行債務者から、供託金払渡請求書に、差押命令が失効したこと（差押命令の申立てが取り下げられたこと、または差押命令を取り消す決定が効力を生じたこと）を証する書面を添付して払渡請求があったときは、これを認可して差し支えないとされている（前掲通達同）。以上は、法務省昭51.2.4民四1138号回答と同趣旨である。

2　金銭債権の一部が差し押えられ全額を供託する場合

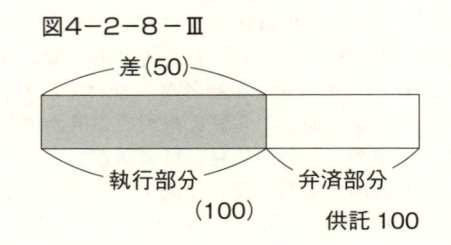

図4-2-8-Ⅲ

差(50)

執行部分　　弁済部分
　　(100)　　供託100

(1) 供託の性質

①　金銭債権の一部が差し押えられた場合に、第三債務者は、差押えに係る金銭債権の全額を供託することができる。

差押えを機縁として供託を認める以上、本来は差押えによる拘束を受ける部分のみに限定されるのが合目的的であって、その余の部分は特に供託による免責を受ける必要はない。しかし、そうすると第三債務者としては、差押えという自己の意思とはかかわりのない不測の出来事によって一部弁済を強いられることになり、差し押えられた部分のみ供託した場合には、残余は改めて本来の債権者に弁済しなければならない。そのような第三債務者の不利益を避けるために、民事執行法は差押えに係る債権全額の供託を認めたもの

である。

② 供託金のうち、もともと差押えの効力の及んでいない部分については、弁済供託の性質を有するものであって、この部分の供託金は、執行裁判所の支配下に入らない。したがって、実質的にいうと差し押えられた部分については執行供託、その余の部分については弁済供託の性質を有する混合供託と考えるのが相当である。

(2) 供託すべき金額

第三債務者が供託できるのは、差押金額か債権全額であって、差押金額と債権全額の間の適宜の額を選んで供託することはできない（稲葉＝佐藤・月報23頁、佐藤・供託実務154頁）。民事執行法156条1項が、一部差押えの場合でも全額供託を認めたのは、前述したように第三債務者に一度の行為（供託）で債務全額の免責を得ることを認める必要があるからである。

なお、利息・損害金については、前記1の場合と同様である。

(3) 供託書の記載

金銭債権の一部が差し押えられ債権全額を供託する場合（図4-2-8-Ⅲ）は、別紙記載例4-2-3による。

この供託の一部が弁済供託であるとする結果、この弁済供託部分は執行債務者を被供託者としなければならない。したがって、供託書の被供託者欄に執行債務者を記載し、供託官に対し供託通知書の発送を請求するときは、郵券（または民間事業者による信書の送達に関する法律2条2項による信書便の役務に関する料金の支払のために使用できる証票）を付した封筒を添付することを要する（民事執行基本通達第二・四・㈠・(2)、民495Ⅲ、供託規16、供託準則33）。

供託書の法令条項は、あくまでも民事執行法156条1項に基づくものとして扱われ、供託金のうち、弁済供託として取り扱われる部分の額は、「供託の原因たる事実」欄の記載によって明らかにされる。

(4) 配当加入遮断効

第三債務者が民事執行法156条1項を根拠として供託をしたときは、その時点において配当加入遮断効を生ずる（民執165①）。

第2章　民事執行法上の供託　205

記載例4-2-3

供託書（兼）　第11号書式・OCR用（印供第7号）

申請年月日	平成 20 年 8 月 19 日
供託所の表示	○○地方法務局
供託カード番号	（カードご利用の方は記入してください。）

供託者
- 住所：甲県乙市丙町1丁目1番1号
- 氏名・法人名等：甲野 太郎
- 代表者印又は代理人住所氏名

被供託者
- 住所：甲県乙市丙町2丁目2番2号
- 氏名・法人名等：乙山 次郎

供託金額：￥1,000,000 円

供託者カナ氏名：コウノ　タロウ

法令条項：民事執行法第156条第1項

供託の原因たる事実：
供託者は、被供託者に対し、平成19年8月19日付けの金銭消費貸借契約に基づく金100万円の貸金債務（弁済期平成20年8月19日、弁済場所乙山次郎住所）を負っていたが、上記貸金債権について、下記の差押命令が送達されたので、貸金債権の全額に相当する金100万円を供託する。

記

差押命令の表示
　○○地方裁判所平成20年（ル）第596号、債権者乙県丁市丙町3丁目3番3号丙村三郎、債務者被供託者とする債権差押命令、債権額金80万円、差押債権額金80万円、平成20年8月1日送達。

供託により消滅すべき質権又は抵当権

反対給付の内容

備考

受理　年　月　日　㊞
□供託カード発行

（注）
1. 供託金額の冒頭に￥記号を記入してください。なお、供託金額の訂正はできません。
2. 本供託書は折り曲げないでください。

↓濁点、半濁点は1マスを使用してください。

なお、執行供託部分については供託した時点で配当等を受ける債権者が確定し、供託後の差押債権者等は配当等を受けることはできないが（前記1・(5)参照）、残部の弁済供託部分については債務者に還付請求権が現存するので、改めて債務者の第三債務者たる供託所に対して有する還付請求権を差し押えることができる。

(5) **払渡手続**

1 事情届

前記1の場合と同様である。

2 配当等の手続

① 金銭債権のうち差押えの効力の及んでいる部分については、前記1と全く同様である。

② 差押えの効力が及んでいない弁済供託部分については、執行裁判所に支払委託をする権能がなく、執行債務者が供託を受諾して直接還付を受けることができる（昭55.9.6民四5333号民事局長通達第二・四・1・㈠・(1)・ア）。この供託金払渡請求は、通常の弁済供託の場合と同様である。

③ 弁済供託部分については、第三債務者（供託者）も、供託不受諾を原因として取戻請求をすることができる（民496Ⅰ、前掲通達第二・四・二・㈠・(4)）。

④ なお、執行債務者（被供託者）は執行供託部分と弁済供託部分を同時に還付請求することもできる（昭55全国供託課長会同決議一・7・㉒）。

(6) **供託後、差押命令が失効（取下げ、取消決定）した場合**

差押えの効力の及ぶ部分に関しては、前記1の場合と全く同様である。

3 重複差押えはあるが、差押えが競合しない場合

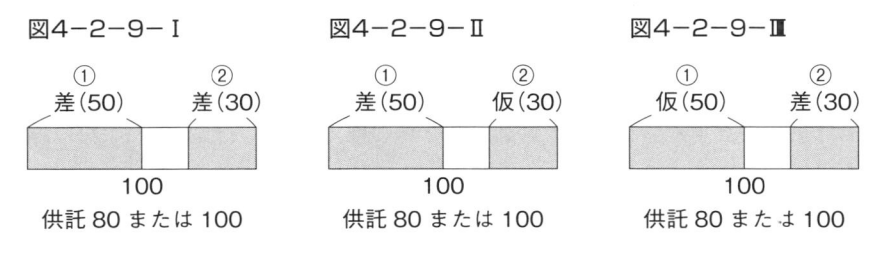

図4-2-9-Ⅰ　　　図4-2-9-Ⅱ　　　図4-2-9-Ⅲ

①差(50) ②差(30)　　①差(50) ②仮(30)　　①仮(50) ②差(30)

100　　　　　　　100　　　　　　　100

供託80または100　供託80または100　供託80または100

第2章 民事執行法上の供託

(1) 供託の性質

重複して一部差押えがなされたが（差押えと仮差押えの執行の場合を含む）、その差押額の合計が目的債権額以下である場合には、差押えの競合が生じないから、民事執行法156条1項の権利供託となる（稲葉・金融法務事情930号5・6頁）。これは、その債権ですべての債権者の債権を弁済することが可能であるから、差押えが競合した場合のように、執行裁判所の配当手続によらせる必要がないからである。

したがって、この場合の法律関係は、被差押部分のみの供託については前記1、債権全額の供託については前記2の場合と同様である。

(2) 供託すべき金額

第三債務者が供託できるのは、差押金額か債権全額であって、差押金額と債権全額の間の適宜の額を選んで供託することはできない（前記2参照）。

なお、それぞれの差押金額を別々に供託することも理論上可能であるが、現実の問題としては無意味であろう（ただし、いずれかの差押債権者の取立てに応じて支払ったときは、その残余について供託することになろう）。

(3) 供託書の記載

供託の原因たる事実欄に差押命令、仮差押命令を記載すれば足り、仮差押命令があったときは法令条項を民事保全法50条5項、民事執行法156条1項とする。そのほか、被差押部分のみの供託については前記1と、目的債権全額の供託については前記2の場合と同様である。

(4) 配当加入遮断効

前記1・2の場合と同様である。

なお、差押えと仮差押えの執行が重複してなされたが競合しない場合（図4-2-9-Ⅱで全額供託の場合）においては、差押えをされた部分以外の部分（仮差押えおよび弁済供託部分）については、第三債務者の供託によってもまだ配当加入遮断効は発生しないと解されるので、この部分について供託所を第三債務者とする債務者の還付請求権を差し押えなければ配当等の手続に移行することはできない。

(5) 払渡手続

1　事 情 届

　重複する差押命令を発した執行裁判所が異なるとき（最初の差押え後債務者の普通裁判籍所在地（住所または主たる営業所）が変わった場合に生ずる。民執144Ⅰ）、第三債務者は、いずれの裁判所に事情の届出をすべきかは問題であるが、民事執行規則138条3項（これは、差押えが競合した場合に関する規定である）の類推適用により、先に送達された裁判所に事情の届出をすることでよいと解される。

　なお、仮差押えの執行が差押えに先行する場合には（図4－2－9－Ⅲ）、差押命令を発した裁判所にすることになる（保全規41Ⅰ）。

2　配当等の手続

前記2の場合と同様である。

(6) 供託後、差押命令が失効（取下げ、取消決定）した場合

　すべての差押えが効力を失った場合には、前記2の場合と同様である。

　差押えの効力は失われたが、仮差押えの執行のみが残った場合については、当初から仮差押えの執行がされた場合（競合がないので仮差押えの効力の拡張はない）と同様の法律関係に服する（後記第4参照）。

第3　差押え等が競合する場合の義務供託

　民事執行法156条2項は、「第三債務者は、取立訴訟の訴状の送達を受けるときまでに、差押えに係る金銭債権のうち差し押えられていない部分を超えて発せられた差押命令、差押処分または仮差押命令の送達を受けたときはその債権の全額に相当する金銭を、配当要求があった旨を記載した文書の送達を受けたときは差し押えられた部分に相当する金銭を債務の履行地の供託所に供託しなければならない」とし、第三債務者に供託を義務づけている。

　この義務供託は次の場合に該当するが、本項第3では、①、②、③について述べることとし、④については後記第3章第3節において詳述する。

① 差押えと差押えとが競合する場合

② 差押えと仮差押えの執行とが競合する場合

③　差押えと配当要求とが競合する場合
④　強制執行による差押えがされている債権について、さらに滞納処分による差押えがされ、差押えが競合した場合

1　供託義務

(1)　供託義務の発生

　執行競合が生じるすべての場合に供託義務を肯定し、配当手続へ移行することは、平等主義の観点からは合理的であるが、配当要求の申立ての時期を第三債務者は了知し得ないので、第三債務者が、差押命令または配当要求の通知書の送達を受け、執行競合の状態を了知し得べきときから、執行競合が消滅するときまで、供託義務を負うものとされている。

　例えば、図4-2-10のように、取立訴訟の訴状送達後に送達された差押命令によって差押えの競合が生じた場合には、後行の差押債権者は配当にあずかれないので（民執165②）、民事執行法上の執行競合としては扱われず、供託義務も発生しない。この場合の取立訴訟における請求認容判決においては、単純な給付判決となる。

　図4-2-11のように、取立訴訟の訴状送達前に既に差押えが競合している場合には、この時点で供託義務が発生する。ただし、取立訴状送達後の差押債権者が配当にあずかれないことについては前述したとおりである。この場合の取立訴訟における請求認容判決においては、その主文で、まず、第三債

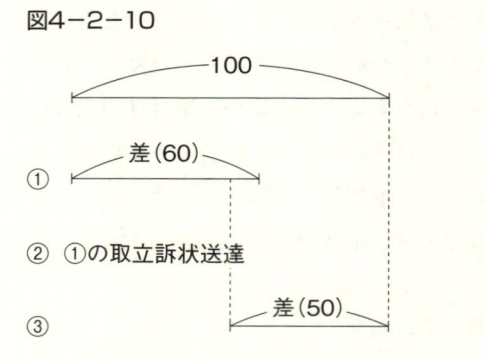

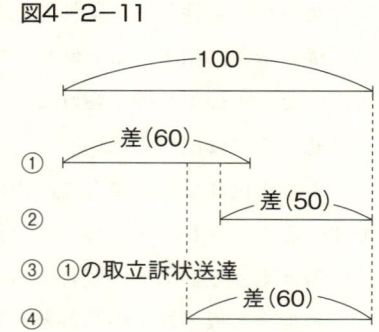

図4-2-10

①　差(60)
②　①の取立訴状送達
③　　　　　　差(50)
　　　　　　　　　　　100

図4-2-11

①　差(60)
②　　　　　　差(50)
③　①の取立訴状送達
④　　　　　　差(60)
　　　　　　　　　　　100

務者に請求に係る金銭の支払を命じ、その上で右支払は供託の方法によりすべきことを命ずる「供託判決」をなすべきこととしている（民執157Ⅳ）（後記(3)参照）。

　なお、差押えが競合した時点で供託義務が発生するが、取立訴状の送達前の差押債権者も配当にあずかることができるから、義務供託としては、供託の時点か、取立訴状送達の時点のいずれか早い時点より前の差押えをすべて供託書に記載する必要がある（これについては、後記2・(3)参照）。

(2) **供託義務の内容**

　① 旧法下においては、取立権を有する差押債権者であれば、そのいずれに弁済しても免責されるものと解されていたので（最判昭40.7.9民集19巻5号1178頁）、配当にあずかる債権者の1人から供託請求があったときに供託義務を負うとされていた（旧民訴621Ⅱ）。これでは公平な配当が必ずしも図れないうらみがあるので、執行競合が存する場合供託義務を負うとしたものである。

　② 供託しなければならないということの意味は、第三債務者は、供託の方法によらなければ免責を得ることはできないということであって、その時点で現実に供託の方法で履行をしなければ、債務不履行責任を問われるという意味での義務とは別である。この前者の意味での供託義務は、差押えの競合によって直ちに発生するが、現実の供託を強制される意味での供託義務は、被差押債権の弁済期が到来して初めて生ずる。

　③ 供託義務は、民事執行の制度目的から生じた、第三債務者の手続協力義務であって、第三債務者の実体法上の地位を変えるものではないので、第三債務者が債務者に対し支払拒絶事由を有するときは（同時履行、先給付の抗弁、目的債権上の質権の存在等）、執行競合があっても供託義務を負うものではない。

　④ 供託義務の制度目的は、執行競合が存する場合の取立債権者への支払禁止、配当財団の確保にある（支払の方法としては供託せよ）と解され、目的債権の実価の確保を直接の目的とするものではないと解される。したがって、供託義務発生後、第三債務者が目的債権について発生する利息、遅延損

害金の負担を承知のうえで、供託しないとしても、供託義務違反としての制裁はなく、第三債務者が供託義務不履行として、責を負うことはないものと解される。

(3) 取立訴訟

差押債権者の取立ての請求に対し、第三債務者が任意に被差押債権の支払に応じないときは、差押債権者は、その取立権に基づき自己の名において、第三債務者を相手方（被告）として、被差押債権の給付を求める訴えを提起することができる（民執157Ⅰ）。これを取立訴訟という。

取立訴訟の訴状が第三債務者に送達されたときに、配当要求の終期が到来する（民執165②）ことについては前述したとおりである。

1 差押えが競合しない場合の取立訴訟

① 差押えが競合しない場合の取立訴訟における訴求金額

取立訴訟は、差押命令に基づく取立権による請求であるから、訴訟において請求できる請求額は、債権差押命令に記載された被差押債権の額である。

ところで、債権執行においては、被差押債権を執行債権の額に限定しないで、債権全額についての差押えが許される（民執146Ⅰ）。例えば、執行債権50万円で100万円の債権に対する全額差押えが許される。しかし、その取立てのできる範囲は、執行債権および執行費用の額を限度とされている（民執155Ⅰ）。

したがって、上記取立訴訟においては、執行債権および執行費用を限度として請求することができると解されるので、受訴裁判所は、取立訴訟の請求を認容する場合において、取立訴訟の訴状が第三債務者に送達された時点でほかに競合する債権者がいないときは、執行債権および執行費用の額について単純給付を命ずる判決がなされる。仮に50万円の執行債権で100万円の債権全額を差し押えた債権者が、訴求額100万円の取立訴訟を提起した場合において、請求を認容するときでも、受訴裁判所は、執行債権50万円および執行費用を超える部分については却下することになろう。

② 取立訴訟の判決の債務者に対する効力

取立訴訟は差押債権者が自己の有する取立権能に基づいて提起するもの

で、債務者のために原告となるものではないから、判決の既判力は債務者には及ばないと解されている（田中336頁、三ケ月・「わが国の代位訴訟・取立訴訟の特異性とその判決の効力の主観的範囲」民事訴訟法研究6巻1頁以下、深沢・民事執行の実務㊥560頁、なお、山口・基本構造476頁は、「有利なものは債務者に及ぶが不利なものは及ばない」とする）。

これに対して、取立訴訟は債務者に代わって、その債権（差押えないし取立権の発生によっても、依然として債務者に帰属することには変わりがない）について、訴訟を提起しているのであり、取立訴訟は理論的には法定訴訟担当の一種であり、民事訴訟法115条1項2号が適用され、取立訴訟の判決の効力は有利・不利を問わず、債務者に及ぶとする見解もあり、これは民事執行法制定前の通説であった（浦野雄幸編・民事執行法コンメンタール401・402頁、上原敏夫・「取立訴訟の判決の債務者に対する効力」民事訴訟雑誌28号110～112頁）。

② 差押えが競合する場合の取立訴訟

図4-2-12

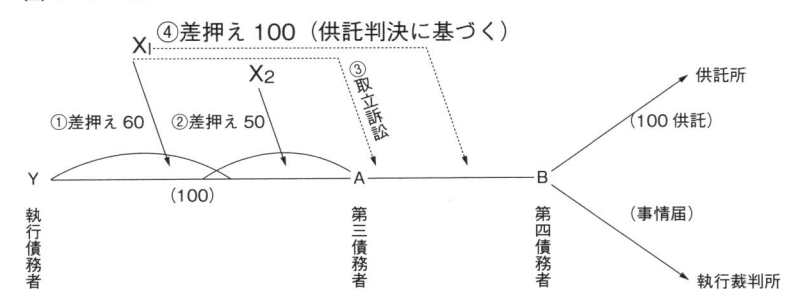

① 供託請求訴訟

第三債務者Aが民事執行法156条2項により供託義務を負うときは、差押債権者（X_1またはX_2）は、Aから直接取立てをすることができない。しかし、Aが供託義務を履行しないときは、X_1またはX_2は、Aに対して取立訴訟を提起することができる（民執157）。この取立訴訟は、差押え等が競合しない場合にする取立訴訟とは機能を異にし、第三債務者に対して供託することを請求する一種の供託請求訴訟である。

② 差押えが競合する場合の取立訴訟における訴求金額

100万円の債権について、X_1が60万円で差し押え、次いでX_2が50万円で差し押えた場合を例にとると、民事執行法149条によって、X_1およびX_2の差押えの効力はともに100万円全額について及ぶ。しかし、この場合1人の債権者にその取立てを任せたのでは債権者間の公平が保たれないとして、第三債務者に供託義務が課せられている（民執156Ⅲ）。

もし、第三債務者が供託をしない場合、X_1またはX_2は、取立訴訟を提起することになるが、X_1についていえば請求の趣旨に掲げる金額（訴求額）を、100万円とするのか60万円とするのかという問題が生じる。

前記①の差押えが競合しない場合の取立訴訟における理屈からいえば、民事執行法155条1項によって取立てのできる範囲は執行債権および執行費用に限られるから60万円ということになる。しかし、供託請求訴訟の場合には、訴訟物は給付請求権ではあるが、請求の趣旨は「100万円を供託の方法によって支払え」等としなければならないとすれば（ジュリ増刊号民事執行セミナー347頁、三宅・浦野発言、山口・基本構造481頁）、結果としては、その債権額に相当する金銭は供託されて、執行裁判所の支配下に入ることになる。後記③の訴訟参加制度からしてもX_1は、他の債権者X_2のためにも取立訴訟を提起しているといえるのであって、X_1が仮に60万円の単純給付を訴求したとしても、他の債権者が参加してくれば、申立ての変更を要するかどうかは別として、実質、債権者の競合があれば供託判決がなされることになる。したがって、本事例の場合についていえば、60万円の支払を訴求するか、あるいは、100万円の支払を訴求する場合には併せて「供託の方法によって支払え」等と請求の趣旨に掲げることができるものと考えられる。

③ 競合債権者に対する訴訟参加命令

債権者競合の場合において、第三債務者から申立てがあるときは、受訴裁判所は、当該債権を差押えまたは仮差押えの執行をした債権者に対し、共同訴訟人として原告に参加すべきことを命ずることができる（民執157Ⅰ）。供託請求訴訟の判決の効力を競合債権者全員に及ぼさせるためであり、当該命令を受けた差押債権者は、共同訴訟人として参加するか否かは自由である

が、取立訴訟の判決の効力は、参加を命じられて参加しなかった差押債権者にも及ぶ（民執157Ⅲ）。

また、競合債権者は、参加命令を受けない場合でも、原告の共同訴訟人として参加することができる（民訴52）。競合債権者が各別に取立訴訟を提起することを認めると、訴訟経済に反する等から、各別に取立訴訟が提起されていることがわかった場合は①裁判所は片方の事件を移送して、併合審理することになるとする見解（深沢・民事執行の実務㈲563頁、山口・基本構造475頁）または、②後訴を二重起訴禁止に該当するものとして棄却すべきとする見解（ジュリ増刊号民事執行セミナー322頁竹下発言）がある。

④　供託請求訴訟の判決

債権者競合の場合には第三債務者に供託義務が課せられたことにより、この場合の取立訴訟において差押債権者の請求を認容するときには、受訴裁判所は、判決主文に請求に係る金銭の支払は供託の方法によりすべき旨を掲げなければならない（民執157Ⅳ）。

具体的には、次のとおりである。

「被告は、原告に対し、金〇円及びこれに対する平成〇〇年〇月〇日から
　支払済みまで年〇〇の割合による金額を支払え。
　前項の支払は供託の方法でしなければならない」

受訴裁判所は、原告が単純な給付判決を求めた場合でも、債権者競合が明らかとなれば、供託を命ずる判決をなすべきである（ジュリ増刊号民事執行セミナー318頁、浦野・宇佐見発言、（反対）同セミナー320頁、中野・新堂発言）。

なお、訴訟の係属中に競合債権者の一部が差押えを解放し（この場合は訴えまたは参加の申立てを取り下げることになる）、差押債権者の人が訴訟を維持することになった場合は、第三債務者の供託義務は消滅するため、裁判所は、単純給付を命ずる判決をすることになる。

⑤　供託判決の効力

供託判決は、原告、共同訴訟人として参加した各債権者および参加すべきことを命じられて参加しなかった債権者に対しその効力が及ぶ（民執157Ⅲ）。

債務者に対する判決の効力については、前記①の②の取立訴訟の場合と同

様である。

⑥ 供託判決に基づく強制執行

第三債務者がこの判決に服して供託をすれば、それは正に民事執行法156条2項の供託となる。

ア 不動産等に対する強制執行

第三債務者が供託しないときは、取立訴訟の原告たる差押債権者が勝訴判決を債務名義として第三債務者の財産に対して強制執行し、または既に第三債務者の財産について開始されている強制執行等に配当要求をすることになる。しかし、その配当等の額については、配当実施機関（執行裁判所または執行官）において供託しなければならないとし（民執157Ⅴ）、その旨を債権執行裁判所に連絡すべきである（田中343頁、山口・基本構造481頁、なお、深沢・民事執行の実務㊥564・565頁は配当事件の立件のため差押債権者が債権執行裁判所に事情届を提出すべきであるとする）。直接原告に交付して差押債権者が第三債務者から取立てをしたのと同じ結果にならないようにしている。

イ 第二次債権執行

図4-2-12の例でいえば、差押債権者X_1がこの取立訴訟の判決に基づいて、第三債務者AのB（第三債務者の債務者たる第四債務者）に対して有する金銭債権を差し押えた場合（第二次債権執行）、第四債務者Bは、その債権執行について競合債権者がいないときでも、供託の方法によってしか債務の免責を得ることができないと解するのが妥当である（田中343頁、佐藤・供託実務164頁）。この点については明文の規定はないが、民事執行法156条2項、157条5項の趣旨による。したがって、この場合には、第四債務者Bは、供託した旨の事情届を供託書正本を添付して第二次債権執行の執行裁判所に提出しなければならない。

この事情届を受けた第二次債権執行の執行裁判所は、配当等を実施し、供託判決に係る債権に支払われるべき配当等の額を第一次債権執行の執行裁判所に供託書を添付して通知し、第一次債権執行の執行裁判所は、この通知により配当等を実施するのである（前記第3編第1章第2節第1・2・(3)・②参照）。

2 差押えと差押えとが競合する場合（差押えと仮差押えの執行とが競合する場合を含む）の供託

(1) 供託の性質

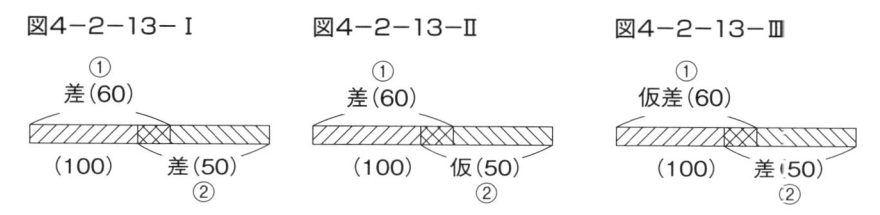

図4-2-13-Ⅰ　　　　　図4-2-13-Ⅱ　　　　　図4-2-13-Ⅲ

```
    ①                    ①                    ①
  差(60)                差(60)                仮差(60)
━━━━━━━━━━━         ━━━━━━━━━━━         ━━━━━━━━━━━
▨▨▨▨▨╳            ▨▨▨▨▨╳            ▨▨▨▨▨╳
 (100)   差(50)       (100)   仮(50)       (100)   差(50)
          ②                    ②                    ②
```

① 旧法下（民事執行法制定前）においては、差押えが競合しても取立権を有する差押債権者であればそのいずれに弁済しても免責されると解されていたので（前掲最判昭40.7.9）、公平な配当が必ずしも図られないうらみがあった。そこで、この点を考慮して、民事執行法は、第三債務者が執行競合の状態を了知したとき以後は、当然に供託義務が発生するものとし（民執156Ⅱ）、配当供託としての性格を明確にしている。

② 供託義務の内容については、前記1のとおりである。

③ 差押債権者が取立訴訟を提起し、その訴状が第三債務者に対し送達されたときは、配当加入遮断効の効果を生じ（民執165②）、その後に差押えまたは仮差押えの執行をした債権者は配当にあずかることができないから、第三債務者が供託義務を負う場合を、取立訴訟の訴状が第三債務者に送達されるときまでに差押え等が競合した場合に限定している。

(2) 供託すべき金額

① 供託義務の対象となるのは、被差押部分に相当する金銭である。差押え等の競合のときは、被差押部分が債権全額に拡張するので債権全額の供託が予定されている。配当要求によるときは、当初の被差押部分が義務供託の基準となる。

この場合、差押命令（または差押処分）の効力は、差押命令（または差押処分）送達後に発生する利息・損害金に及んでいるから、差押債権に対する差押命令送達後の利息または損害金を含めて供託すべきである。したがって、

弁済期から（供託義務の発生したときからでないことに注意する）供託日までの遅延損害金を付することを要する（昭57.10.28民四6478号民事局第四課長回答、門田・「取立債務を供託する場合の遅延損害金の要否について」金融法務事情1030号8頁以下）。実体法上、履行遅滞になければ、遅延損害金を付すことを要しないことについては前述（前記第2・1・(2)・3参照）したとおりである。

2　供託するために本来の債務を履行する場合に比して多額の旅費、日当、宿泊料、書記料等を要することが考えられるが、供託すべき金額から、上記費用額を控除して供託することは、予定されていない（注）。しかし、第三債務者に供託義務を負わせながら、上記のような不利益を被らせることは相当でないので、供託の事情の届出のときまでに執行裁判所へ請求すれば、供託金から支払を受けることができる（民事訴訟費用等に関する法律28条の2）。

(注)　富越・NBL200号59頁
　　「供託により増加した費用は、債権者と債務者との関係では、執行費用として（民執42Ⅰ）、債務者と第三債務者との関係では、債務者の行為により費用が増加した場合に準じて（民485）、債務者が負担すべきものと考えられる」

(3)　供託書の記載

第三債務者の供託する根拠法令条項は、民事執行法156条2項であり（差押えと仮差押えが競合する場合において、仮差押えの執行が先行するときは、民保50Ⅴおよび民執156Ⅱとなる）、執行供託であるため被供託者の記載を要しない。

差押えが先行するときは別紙記載例4-2-4・4-2-5による。仮差押えが先行するときは後記第4・3を参照されたい。

(4)　配当加入遮断効

債権執行における配当要求の終期は、①差押えを受けた第三債務者が被差押債権全額（差押えと配当要求の競合の場合は被差押部分）を供託したとき（民執165①）、②差押債権者が提起した取立訴訟の訴状が第三債務者に送達されたとき（民執165②）に到来するので、第三債務者が民事執行法156条2項を根拠として供託したときは、その時点において配当加入遮断効を生ずる。

したがって、第三債務者が供託した後に差押え、仮差押えの執行または配

記載例4-2-4

供託書・OCR用
(維)

申請年月日 平成 20 年 12 月 1 日
供託所の表示 東京法務局
供託カード番号（カードご利用の方は記入してください。）

供託者の住所氏名・法人名等
住所（〒　－　）東京都甲区乙町1丁目1番1号
氏名 甲山一郎
代表者印又は代理人住所氏名

被供託者の住所氏名・法人名等
住所（〒　－　）
氏名・法人名等

供託金額 ¥100,000,920

法令条項 民事執行法第156条第2項

供託の原因たる事実

供託者は、東京都乙区丙町1丁目2番3号乙川二郎に対して、平成19年12月1日付の定期預金契約に基づく金100万円の預金債務（1年満期、利率年7％、支払場所東京都乙区丙町2丁目2番5号当銀行乙区支店）を負っていたが、債権の全額に相当する金100万円及び仮差押命令が相次いで送達後の差押部分に対する利息及び差押え並びに仮差押えの競合部分の利息金920円、計金1,000,920円を供託する。

記

1. 差押命令の表示
東京地方裁判所平成20年（ル）第1234号、債務者乙川二郎、第三債務者供託者とする債権差押命令、請求債権額金80万円、差押債権金80万円、平成20年11月26日送達。

2. 仮差押命令の表示
東京地方裁判所平成20年（ヨ）第1236号、債務者千葉県丁市乙町38番地丁田四郎、債務者乙川二郎、第三債務者供託者とする債権仮差押命令、請求債権額金130万円、仮差押債権額金100万円、平成20年11月27日送達。

供託により消滅すべき質権又は抵当権

反対給付の内容

備考

受理　年　月　日　印
□供託カード発行

供託者カナ氏名 コウヤマイチロウ

(注) 1. 供託金額の欄にはV記号を記入してください。なお、供託金額の訂正はできません。
2. 本供託書は所外へ持ち出すことはできません。

記載例4-2-5
供託書・OCR用
(様)

(用紙4号様式)
(印判第34号)

□字加入 □字削除	係員受付印 調査記録 頁 /
民事執行法第156条第2項	

申請年月日 平成20年8月19日

供託所の表示 ○○地方法務局

供託カード番号 ( ) カードご利用の方は記入してください。

供託者の住所氏名・法人名等
(〒 -)
甲県乙市丙町1丁目1番1号
甲野 太郎 (代理人印又は代理人住所氏名)

法令条項 民事執行法第156条第2項

供託の原因たる事実

供託者は、甲県乙市丁町2丁目2番2号乙山次郎に対し、平成19年8月19日付けの金銭消費貸借契約に基づく金100万円の貸金債権(弁済期平成20年8月19日、弁済場所乙山次郎住所)を負っていたが、これについて下記の差押命令が相次いで送達されたので、債権の全額に相当する金100万円を供託する。

記

差押命令の表示
1. ○○地方裁判所平成20年(ル)第596号、債権者乙県丁市丙町3丁目3番3号丙村三郎、債務者乙山次郎、差押債権額120万円、債権額100万円、平成20年8月1日送達
2. ○○地方裁判所平成20年(ル)第597号、債権者丙県丁市戊町4丁目4番4号丁村四郎、債務者乙山次郎、差押債権額60万円、平成20年8月2日送達

被供託者の住所氏名・法人名等
(〒 -)
ふりがなは別紙継続用紙に記載してください。

□別添のとおり
ふりがなは別紙継続用紙に記載してください。

□供託通知書の発送を請求する。

供託により消滅すべき質権又は抵当権

反対給付の内容

備考

(注) 1. 供託金額の冒頭に¥を記入してください。なお、供託金額の訂正はできません。
2. 本供託書は折り曲げないでください。

受理 年 月 日 ㊞
□供託カード発行

供託金額 ¥100000000

供託者カナ氏名 コウノタロウ

↓濁点、半濁点は1マスを使用してください。

220

表4−2−3

執行内容（債権100）	供託義務	供託金額	供託の性質	配当等債権者
① X_1差（60）	不発生	60または100	権利供託 法156Ⅰ	X_1
② X_2差（50）	発　生	100	義務供託 法156Ⅱ	X_1、X_2
③ X_3差（40）	同　上	同　上	同　上	X_1、X_2、X_3
④ X_1の取立訴状送達				
⑤ X_4差（100）	同　上	同　上	同　上	同　上

当要求の申立てをしても、当該配当等の手続においては原則として配当等を受けることができない。

　例えば、100万円の債権について、債権者X_1の差押え（60万円）に続いて、順次X_2の差押え（50万円）、X_3の差押え（40万円）、X_1の取立訴状送達、X_4の差押え（100万円）がなされた場合における供託については、次のようにいうことができる。

　㋐　①の時点で供託しようとすれば権利供託であり、供託金額は60万円または100万円となる。

　㋑　②の時点で供託しようとする場合には、既に差押えの競合が生じているので義務供託であり、供託金額は100万円となる。ただし、前述したように供託義務といっても現実に供託を強制されるわけではないから、第三債務者としてはそのまま放置していた間にさらに差押えがされることがある。

　㋒　したがって、③の時点で供託しようとする場合には、いったん差押えの競合が生じた後になされたX_3の差押えも供託書に記載しなければならない。

　㋓　⑤の時点で供託しようとする場合には、X_1の取立訴状の送達によって配当加入遮断効が生じているので、その後になされたX_4の差押えは供託書に記載することはできない。

　なお、取立訴訟の訴状送達後に差押えの競合が生じたような場合には

取立訴状送達によって配当加入遮断効が生じているので、民事執行法上の差押えの競合とはならないことについては前述したとおりである（前記第2・1・(4)参照）。

(5) 払渡手続

① 事情届

第三債務者は、民事執行法156条2項の供託をしたときは、その旨の事情を先に送達された差押命令を発した執行裁判所（または差押処分をした裁判所書記官）に届け出なければならない（民執156Ⅲ、民執規138Ⅲ）。この届出は、一定の事項は記載した書面（前記第2・1・(5)・①）でなし、供託書の正本を添付する（民執規138Ⅰ・Ⅱ）。

なお、仮差押えが差押えに先行する場合には、差押命令（または差押命令）を発した裁判所にすることになる（民執規167Ⅰ）。

② 配当等の手続

執行裁判所は、第三債務者からの事情届および供託書正本の提出により配当手続事件（符号(リ)）を立件し、配当等の手続に入る（民執166Ⅰ①）。

③ 払渡手続

供託金の払渡しは、全体がいわゆる執行供託であるから、事情届を受けた執行裁判所の配当等の実施としての支払委託に基づいてなされる（民執166Ⅰ①、民執規138Ⅲ、民事執行基本通達第二・四・1・㈡・(1)・ウ）。

なお、取立訴訟において供託が命ぜられた場合に執行機関がする供託金の払渡しについては、配当等の実施としての支払委託をするのは、当初の債権執行の執行裁判所である。

(6) 供託後、差押え等が失効（取下げ、取消決定）した場合

① 供託の原因たる差押え等の効力がすべて失われた場合

前記第2・1・(6)の供託後差押えが失効した場合と同様である。

② 差押えの効力は失われたが仮差押えの執行の効力のみが残った場合

① 差押えと仮差押えの執行とが競合して第三債務者が供託した後、差押えの効力のみ失われたときは金銭債権に対して仮差押えの執行のみがされた場合の供託として供託を持続するとされている（民事執行基本通達第二・

四・1・㈡・1・ウ)。後述のとおり（後記第4「仮差押えの執行を原因とする供託」を参照)、仮差押えの執行のみを原因とする供託については、債務者が供託金に対して還付請求権を取得する。差押えと仮差押えの執行との競合を原因として供託した場合においても、仮差押えの執行との関係においては債務者が還付請求権を取得するが、差押えと競合していたためそれが潜在化していて表面に現れないでいたところ、差押えの効力が失われたため、債務者の還付請求権が顕在化するというように解することができよう（稲葉＝佐藤・月報111・112頁)。また、差押えと仮差押えの執行との競合により、仮差押えの執行の効力は、その債権全部に及び（民保50Ⅴ、民執149)、他方の差押えの失効によってもその拡張効は減縮しないとされるので（注1)、仮差押えの執行と差押えとの競合を原因とする供託につき、差押えが失効した場合には、当初（供託時点）から債権全額につき仮差押えの執行がされたことを原因とする供託と同様の取扱いに服する。

ところで、仮差押えの執行を原因とする供託においては、仮差押解放金（民保22）とみなされた金額を限度として債務者の有する還付請求権に仮差押えの執行の効力が移行し（民事執行基本通達第二・四・2・㈠・(5)・ア)、仮差押解放金の額を超える部分につき、債務者は、仮差押解放金の額を証する書面（例えば、仮差押命令の正本）を添付して還付請求することができるとされている（民事保全基本通達第二・三・(1)・イ・(イ)・b、民事執行基本通達第二・四・2・㈠・(4)・イ)。

② したがって、差押えの効力は失われたが仮差押えの執行の効力のみ残った場合は、当初から債権全額につき仮差押えの執行がされたことを原因とする供託と同一の法律関係となり、仮差押解放金とみなされる部分に変動はないから、当初の被保全権利と同一の権利で債権全額につき仮差押えの執行をしたのと同視し得ることになろう。

また、仮差押えの執行を原因として供託がされた場合は、差押えを原因とする供託と異なり、それによって配当加入遮断効が生ずることはない。したがって、前述したように、差押えと仮差押えの執行との競合を原因として供託がなされた場合においても、差押えの効力が失われたときは、当

該供託は仮差押えの執行を原因とする供託にその性質を変ずるものとすれば、いったん生じた配当加入遮断効の効果は、差押えの取下げによって消滅すると解されるが（注2）、これについては異論があり（注3）、供託金払渡請求権に対する執行による供託官のする事情届との問題とも絡むことであり、今後の実務の動向が注目される。

③　以上を前提として、債権者X_1の仮差押えの執行（80万円）と債権者X_2の差押え（60万円）とが競合し第三債務者が債権全額（100万円）を供託した後、X_2の差押えが取下げにより効力を失った場合の払渡しについてどのように解すべきであろうか。

　X_1の仮差押えの執行が被保全権利50万円に基づくものであれば、50万円につき仮差押解放金とみなされる。また、執行の競合により生じた拡張効は他方の取下げ、取消決定によって減縮しないから、X_1は当初から50万円を被保全権利として債権全額につき仮差押えの執行をしたことになる。したがって、仮差押解放金額を超える残余の部分50万円については、債務者は、仮差押解放金の額を証する書面として仮差押命令の正本を添付して還付請求することができる（注4）。

　仮差押解放金とみなされる部分については、供託を持続して、配当が実施できるようになってから改めて支払委託をすることになろう。

（注1）　①　富越・NBL14頁
　　　　②　田中・新民事執行法の解説増補改訂版324・325頁
　　　　③　昭57全国供託課長会同決議受入7問（民月38巻2号59頁）
　　（問）　金銭債権（100万円）に対し、甲の仮差押え（仮差押債権額80万円）、次いで乙の差押え（差押債権額60万円）があり競合した後、供託前の甲の仮差押えが取り下げられた。この場合には民事執行法156条2項の供託をすべきであると考えるがどうか。
　　　　　また、供託書に「仮差押えの取下げ」の事項を記載することの要否を伺いたい。
　　（理由）　仮差押えの取下げにより結果的に差押えの単発状態となったから第1項の権利供託をできるとの見解もあるため。
　　　結論　民事執行法156条1項により供託する。「仮差押えの取下げ」の事項を記載することを要する。
　　（説明）　本問において仮差押えが取り下げられると差押えのみ残るので、

民事執行法156条1項により供託することとなるが、差押えの競合により拡張した差押えの効力は当然縮小しない。そのことを明らかにするため「仮差押えの取下げ」の事項を記載する必要がある。

(注2) ① 竹田「昭和59年度全国供託課長会同における協議問題決議の解説」民月40巻1号19頁
② (参考)「昭和57年度全国供託課長会同決議15問」民月38巻2号63・64頁
(注3) ① 「昭和56年度民事執行法(配当)研究会研究報告書」書研所報33号248頁以下
② 古島・書協会報85号99・100頁
(注4) ① 昭59全国供託課長会同決議8問(民月39巻11号60・61頁)
 (問) Aを債務者とする債権仮差押命令(債権額70万円)と債権差押命令(債権額80万円)が競合したので、第三債務者Bは、その債権の全額(100万円)を債務履行地の供託所に供託し、その旨を執行裁判所に事情届をした。その後、債権差押命令の申立が取り下げられ、裁判所から供託所に対しその旨の通知があった後、債務者Aから供託金30万円について払渡請求があった場合、添付書類は印かん証明書のみでよいと考えるが、どうか。
 (理由) 差押えが取下げになったので、仮差押えが持続し、この債権を超過する部分は弁済供託と考えられる。そこで被供託者の欄は空白であるが、供託の原因たる事実欄記載事項で債務者Aが払渡請求人と同一であることが判明するので、本件払渡請求の際には本人であることの確認だけでよく、供託書正本は裁判所で保管中であるので添付は要しないと考えられるが疑義があるため。
 (参考) 昭和55.9.6民四第5333号通達
 決議 取下通知書および仮差押解放金の額を証する書面(仮差押命令正本)を添付させるのが相当である。
 (説明) 本件においては、供託金のうち、仮差押えに係る執行債権額に相当する金額は、民事執行法178条3項のいわゆる「みなし解放金」とみるのが相当であるから、執行債権者は、解放金の額を明らかにして、残余の額の還付を請求することができる。なお、本件の場合、供託所に対する裁判所からの差押命令の取下げの通知は、法令上に根拠を有するものではないから、別途取下通知書をも添付させるのが相当である。
② 須藤純正「執行供託に関する二、三の事例について」登記研究444号68頁以下
③ 竹田盛之輔「昭和59年度全国供託課長会同における協議問題決議の解説」民月40巻1号18頁以下

3 差押えと配当要求とが競合した場合の供託

(1) 配当要求の性質

　債権執行手続において、配当要求できる債権者は、執行力ある債務名義の正本を有する債権者および先取特権者である（民執154Ⅰ）。配当要求は、配当要求債権者が、債務者が第三債務者に対して有する債権から弁済を受けようとする場合に、既に目的債権が他の債権者より差押えを受けた場合に、自らは差押えの申立てをすることなく、先行する債権差押手続を利用して、その手続に参加する制度である。

　動産執行と異なり、有名義債権者の配当要求を認めるのは、債権執行の個別性と差押えの効力がいわゆる相対効であるため、債務者の処分（債権譲渡）により、執行の機会を喪失する危険があるためである（田中327頁）。もとより、有名義債権者は、自己の債務名義に基づき二重の差押命令を得ることができ、実務上は、差押えの競合となる場合が多い。

　国税等による交付要求は、配当要求と同じものとして処理される。

　債権執行において、仮差押債権者の配当要求を認めていないが、その理由は、仮差押えの執行と差押えとが競合しているときには、第三債務者は、被差押債権額に相当する金銭を供託すべき義務があるので、その際執行裁判所は、仮差押債権者の存在を知ることができるから、仮差押債権者は、別に配当要求をするまでもなく配当にあずかれるからである（民執165）。

(2) 配当要求の効力

　① 配当要求は、執行裁判所に申し立てることによって効力が生ずるから（民執154Ⅰ）、配当要求の申立て後、配当要求書の送達（民執154Ⅱ）前に第三債務者は差押債権者の取立てに応じて弁済しても、条文上明確ではないが、債権の準占有者に対する弁済（民478）として当然に有効である。また、配当要求の申立て後、配当要求書の送達前に第三債務者による供託がされた場合でも、配当要求債権者は当然配当を受けることができる。

　② 配当要求があると差押債権者は差押債権の取立てができなくなり、第三債務者は差押債権額に相当する金銭を供託する義務が生ずる。

配当要求の申立てがあっても、差押えの競合の場合と異なり、差押えの効力は拡張しない。例えば、100万円の債権について50万円の差押えがあり、これに対し60万円の請求債権をもって配当要求があったにすぎないときは50万円供託すればよく、50万円を50対60の割合で配当を受けることになる。

③ つまり、配当要求とは、既にされている差押手続に加わり、配当の分配を求めるものであり、①その効力が執行裁判所（または差押処分をした裁判所書記官）への申立て時に生ずること、②差押範囲の拡張がないこと、③配当要求をした差押事件の取下げ、取消決定があれば、それに従い、独自の手続遂行権がないことの3点を除き、供託義務の発生、転付命令の効力との関係では、差押競合と同様の法律関係に服する。

(3) **配当要求の終期**

① 配当要求は被差押債権が債務者の支配下にある一般財産から形式的に独立したと認められる次に掲げるときまでにした債権者のみが配当にあずかれることになる（民執165）。

① 単発差押えの場合は、差押債権者が被差押債権を第三債務者から取り立てたとき（民執155Ⅱ、差押債権者が第三債務者から支払を受けたときは弁済があったものとみなされるから、以後の配当要求は空振りとなる）

② 第三債務者が民事執行法156条1項または同2項の規定により供託したとき（民執165①）

なお、供託したときと配当要求の申立てとは時刻の先後関係で決まる。

③ 単発差押えまたは競合する差押債権者の1人がした取立訴訟の訴状が第三債務者に送達されたとき（民執165②）

なお、右訴状の送達時と配当要求の申立てとは時刻の先後による。

② なお、転付命令が発せられた場合に、転付命令が第三債務者に送達されるまでの間に配当要求がされたときは、転付命令は効力を生じないから（民執159Ⅲ）、その配当要求は有効なものとなる。

ただし、転付命令が第三債務者に送達された後、確定するまでの間に配当要求の申立てをした場合には、転付命令の確定により、転付命令の効力は第三債務者に送達されたときに遡及して生ずるから（民執160）、その配当要求

の申立ては無効なものとして取り扱われる。

(4) 第三債務者のする義務供託

配当要求があると、第三債務者は被差押部分の供託義務を負う（民執156Ⅱ後段）。被差押部分のみ供託義務を負うのは、配当要求があっても、差押えの競合の場合と異なり、差押えの効力は拡張しないからである。

例えば、債権100万円につき60万円をAが差し押えた後、aが請求債権50万円または100万円で配当要求を申し立てた場合には、Aが差し押えた60万円についてのみ供託義務が生ずる。したがって、図4－2－14－Ⅰの場合には、A対aは60万円を60対50の割合で、図4－2－14－Ⅱの場合には、A対aは60万円を60対100の割合で配当にあずかることになる。

図4－2－14－Ⅲの場合には、債権100万円についてAが60万円を差し押えた後Bが50万円を差し押え、Aの60万円の差押えにつきaが50万円の配当要求をし、Bの50万円の差押えにつきbが70万円で配当要求をした場合、Aの差押えとBの差押えとが競合したことにより差押効は、A・Bとも100万円全部に及んでいるため100万円全額につき供託義務が生ずる。AaBbは100万円から各債権額に応じて平等に配当を受けることになる。つまりAaBb間の分配は、60対50対50対70の割合となる（田中327頁、宮脇・各論226頁、谷口・民事執行法の基本構造277頁）。

なお、図4－2－14－Ⅰおよび図4－2－14－Ⅱの場合は被差押部分のみ供託義務を負うが、残余の部分は、義務供託と一括してする限り、権利供託することができると解される（富越・NBL200号59頁）。したがって、全額供託する場合の供託書上の根拠法令条項としては民事執行法156条1・2項を併記

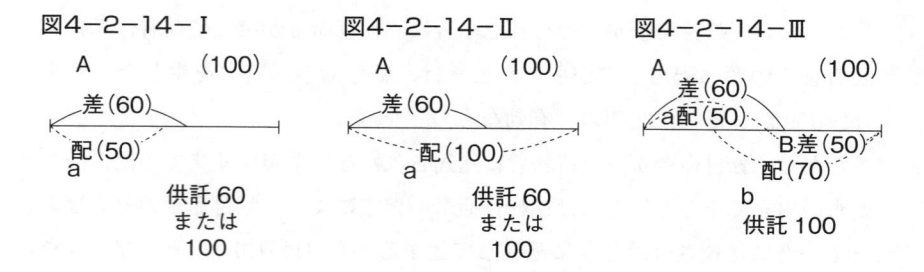

図4－2－14－Ⅰ

A　　　　　（100）
差(60)
配(50)
a
供託60
または
100

図4－2－14－Ⅱ

A　　　　　（100）
差(60)
配(100)
a
供託60
または
100

図4－2－14－Ⅲ

A　　　　　（100）
差(60)
a配(50)
B差(50)
配(70)
b
供託100

する。この場合の法律関係は、前記第2節第2・2の一部差押えの場合の債権全額の供託の場合と同様である。権利供託される部分については差押効は及んでいないので、執行債務者に対する弁済供託の性質を有するので、供託書の被供託者欄に執行債務者を記載し、供託官に対し供託通知書の発送を請求する場合は郵券を付した封筒を添付して供託所に供託することになる（民事執行基本通達第二・四・㈠・⑵参照。民495Ⅱ、供託規16、供託準則33）。

第4 仮差押えの執行を原因とする供託

1 仮差押えの執行の特則

　仮差押えとは、金銭債権の執行を保全するために、債務者の財産に対し、仮に差押えをする裁判所の命令である。仮差押命令の申立てをするには、「その趣旨」「被保全権利の存在」と「保全の必要性」が要件となっている（民保13Ⅰ）。

　民事保全の手続に関する裁判は、口頭弁論を経ないですることができる（民保3）とされたことから、すべて決定で行うこととされる。

　仮差押命令は、執行裁判所が職権で債務者、第三債務者双方に送達すべき旨規定している（民保50Ⅴ、民執145Ⅲ）、その送達の時点が異なることもあり得るから、仮差押えの効力は、仮差押命令が第三債務者に送達されたときに生ずるとされている（民保50Ⅴ、民執145Ⅳ）。

　仮差押えの執行については、ほぼ本執行の規定が準用されているが、配当要求、換価（取立権等）、配当に関する手続は準用されていない。つまり、仮差押えの執行には取立権がなく、仮差押えの執行を機縁とする供託にあっては、その供託金から配当等を受けることができる債権者の範囲を画する効果（民執165①）をもたず、配当等の実施のきっかけ（民執166Ⅰ①）ともならない。

　なお、仮差押命令では、第三債務者に対し弁済を禁止するが（民保50Ⅰ）債務者に対する処分禁止は明記されない。しかし、仮差押えと差押えの間で、債務者への効力に差があるわけではない。

2　権利供託の原則

(1)　仮差押えが単発の場合

金銭債権に対して仮差押えの執行がされた場合においても、強制執行による差押えがあった場合と同様に、第三債務者は、その差押額に相当する金銭を供託することができる（民保50Ⅴ、民執156Ⅰ）。

(2)　仮差押えが競合する場合

仮差押えの執行されたことを原因とする供託の根拠規定としては、民事保全法50条において民事執行法156条がすべて準用されている。民事執行法156条2項は、差押えが先行し、続いて差押えまたは仮差押えの執行がされ競合した場合についての規定であり、仮差押えが先行し、これに続いてさらに差押えまたは仮差押えがされた場合については、民事保全法50条5項による準用によって処理することになる。そうすると、規定上は、あたかも仮差押えの執行がされた債権につき、さらに仮差押えの執行または差押えがされ競合した場合（仮差押えについては配当要求はあり得ない）には、民事執行法156条2項が準用され第三債務者に供託義務が発生するかのようにみえる。

しかし、第三債務者が供託義務を負うということの意味の1つは、取立権を有する債権者の1人に弁済しても、他の債権者に対する関係では免責を得ることはできず、二重払いの危険を負わないような形で免責を得るには供託の方法で弁済をしなければならないということである。とすれば、仮差押えの執行のされた債権については、仮差押債権者は被差押債権の取立てをすることはできないのであるから、第三債務者は、その履行を強制されることはない。このことは、仮差押えが単発であろうと複数であろうと同様である（稲葉・金融法務事情932号4・5頁）。

第三債務者は、供託によって免責を得ることも弁済しないままにしておくこともできる。もっとも、遅延損害金の発生という債務不履行責任は別に生ずる。

したがって、民事保全法50条5項による民事執行法156条2項の規定の準用によって供託義務を負うのは、仮差押えの執行がされた債権につき、さらに強制執行による差押えがされた場合に限られ（図4－2－13－Ⅲの場合、民

事保全基本通達第二・三・(2)・ア、民事執行基本通達第二・四・2・㊁・(1)、なお差押えが先行し、さらに仮差押えの執行がされた場合も同様であるが、これについて前記第3・2参照）、仮差押えの執行が競合しただけでは第三債務者は現実の供託義務を負うものではないので、仮差押えの執行の競合で供託する場合の根拠は、民事保全法50条5項により民事執行法156条1項が準用され、権利供託としてされるものである（民事保全基本通達第二・三・(1)・ア・(イ)、民事執行基本通達第二・四・2・㊀・(1)）。

3 仮差押えの執行を原因とする供託

(1) 供託の性質

　仮差押えの執行のされた債権については、仮差押債務者も仮差押債権者も、被差押債権の取立てをすることはできないから、第三債務者は、その履行を強制されることはない。仮差押えの執行がされたことを根拠とする供託は、強制執行による差押えの場合の民事執行法156条1項の規定による供託と全く異なる。その意味では、民事保全法50条5項における民事執行法156条の準用は、単に供託の根拠を与えるだけのものにすぎない。したがって、供託書上の供託根拠法令も、民事保全法50条5項、民事執行法156条1項と記載するが、これは、同法156条2項の規定の準用によるわけではないというほどの意味しかもたない。これは、仮差押えの執行を機縁とする供託にあっては、その供託金から配当等を受けることができる債権者の範囲を画する効果（配当加入遮断効）ももたず、配当等の実施のきっかけ（民執166Ⅰ①）ともならないことによる。ただ執行の目的物の供託であるということから執行供託の類型に含まれるのである。

　したがって、仮差押えの執行を原因とする供託は、ちょうど仮登記担保法7条1項の規定による供託と同様の構造をもち、本来の債権者たる仮差押債務者を被供託者とする一種の弁済供託であって、その仮差押債務者の有する供託金還付請求権の上に仮差押えの効力が移行すると考えられている（民事保全基本通達第二・三・(1)・ウ・(ア)、民事執行基本通達第二・四・2・㊀・(5)・ア参照）。このことは、規定上は、民事保全法50条3項の規定の趣旨から解

釈することになろう（仮登記担保法7条2項は明文をもって規定している）。そのように解することにより、他の債権者もさらに債務者の有する還付請求権に対して差押えまたは仮差押えの執行をすることができ（民事保全基本通達第二・三・(1)・ウ・(ｱ)、民事執行基本通達第二・四・2・(一)・5・ア）、当該仮差押債権者が本執行に移行するには、やはり上記還付請求権に対して差押えの執行をすることが必要である。

(2) **供託すべき金額**

①　仮差押えが単発の場合（仮差押えが重複するが競合しない場合を含む）には、差押えが単発の場合と同じく、被差押債権の全額または被差押部分のいずれでもよい。

②　仮差押えが競合する場合は、目的債権全部に各仮差押えの効力が拡張する（民保50Ⅴ、民執149）ので目的債権全額の供託が予定されるが、供託義務が生じないことは前述したとおりである。

③　仮差押命令の効力は、仮差押命令送達後に発生する利息・損害金に及んでいるから、仮差押債権に対する仮差押命令送達後の利息または損害金を含めて供託すべきである。したがって弁済期から供託日までの遅延損害金を付すことを要する。もっとも、実体法上、履行遅滞になければ、上記遅延損害金を付すことを要しないことについては、前述したとおりである（前記第2・1・(2)・③参照）。

(3) **供託書の記載**

仮差押単発、仮差押競合いずれの場合も第三債務者の供託する根拠法令条項は、民事保全法50条5項、民事執行法156条1項であり、また、前述したように、この供託は本来の債権者たる仮差押債務者を被供託者とする一種の弁済供託であるから、常に被供託者として仮差押債務者の記載を要する。したがって供託官に対し供託通知書の発送を請求する場合は郵券を付した封筒の添付を要する（民495Ⅲ、供託規16、供託準則33、民事執行基本通達第二・四・2・(一)・(2)）。

別紙記載例4－2－6・4－2－7による。

記載例4-2-6

供託書・OCR用

(抄)

申請年月日	平成 20 年 8 月 10 日	供託カード番号	
供託所の表示	〇〇地方法務局		

供託者の住所氏名・法人名等
住所（〒   －   ）
甲県乙市丙町1丁目1号
甲野 太郎

被供託者の住所氏名・法人名等
住所（〒   －   ）
東京都乙区丙町1丁目2番3号
乙川 二郎

供託金額 ￥1000000

供託者カナ氏名 コウノタロウ

法令条項 民事保全法第50条第5項、民事執行法第156条第1項

供託の原因たる事実
供託者は、被供託者に対し、平成19年8月19日付けの金銭消費貸借契約に基づく金100万円の貸金債務（弁済期平成20年8月19日、弁済場所乙山次郎住所）を負っていたが、これについて下記の差押命令が送達されたので、債権の全額に相当する金100万円を供託する。

記

仮差押命令の表示　〇〇地方裁判所平成20年（ヨ）第283号、債権者乙県乙市丙町3丁目3番3号丙村三郎、債務者被供託者、第三債務者供託者とする債権仮差押命令、債権額120万円、仮差押債権額100万円、平成20年8月1日送達

供託により消滅すべき質権又は抵当権

反対給付の内容

備考

(注)
1. 供託金額の冒頭に￥記号を記入してください。なお、供託金額の訂正はできません。
2. 本供託書は折り曲げないでください。

第4編　金銭債権における第三債務者のする執行供託

第2章　民事執行法上の供託

記載例4-2-7

供託書(雛) ・ OCR用

申請年月日	平成 20 年 12 月 1 日
供託所の表示	東京法務局

供託カード番号 (-)
カードご利用の方は記入してください。

供託者の住所氏名・法人名等：東京都甲区乙町1丁目1番1号　甲山一郎
代表者記名又は代理人住所氏名

被供託者の住所氏名：東京都乙区丁町1丁目3番11号　甲野太郎

被供託者の住所氏名：東京都乙区乙町1丁目2番3号　乙川二郎

供託金額：￥100,0920

法令条項	民事保全法第50条第5項、民事執行法第156条第1項

□字加入　□字削除

供託の原因たる事実：
供託者は、被供託者に対して金100万円の定期預金債務（1年満期、利率年7％、支払場所東京都乙区丙町2丁目2番5号当銀行乙支店）及び下記の仮差押命令に係る仮差押命令に基づく同預金債権について下記の仮差押命令が相次いで送達されたので、質金の全額に相当する金100万円及び仮差押命令送達後の仮差押えの効力の反んでいる部分に対する利息金920円、計金1,000,920円を供託する。

記

仮差押命令の表示
1. ○○地方裁判所平成20年（ヨ）第1234号、債権者神奈川県横浜市丙区甲町3丁目2番1号丙村三郎、第三債務者供託者、債権仮押債権額金80万円、仮差押命令、平成20年11月26日送達。
2. ○○地方裁判所平成20年（ヨ）第1236号、債権者供託者、第三債務者被供託者、請求債権額金130万円、仮差押押債権額金100万円、平成20年11月27日送達。

□供託により消滅すべき質権又は抵当権
□反対給付の内容

備考

(注) 1. 供託金額の冒頭に￥記号を記入してください。なお、供託金額の訂正はできません。
2. 本供託書は折り曲げないでください。

受理　年月日　印
□供託カード発行

係員受付印　調査　記録

供託者カナ氏名：コウヤマイチロウ

1. 濁点、半濁点は1マスを使用してください。

234

(4) みなし解放金

　第三債務者が民事執行法156条1項を準用する民事保全法50条5項の規定によって、仮差押えの執行のされた債権の額に相当する金銭を供託したときは、そのうち民事保全法22条1項の規定により仮差押命令に記載された金額（仮差押解放金額）に相当する部分は、債務者が仮差押解放金額に相当する金銭を供託したものとみなされる（民保50）。

　したがって、通常の仮差押解放金の供託の場合には、その供託金の取戻請求権の上に仮差押えの効力が移行することになるが、この供託の場合には、債務者の有する還付請求権の上に仮差押解放金の額の限度で仮差押えの執行の効力が移行することになる（民事保全基本通達第二・三・(1)・ウ・(ｱ)、民事執行基本通達第二・四・2・(一)・(5)・ア）。

　この考え方は、仮差押えの執行のされた債権の額が被保全債権の額より大きい場合において、その全額につき仮差押えの執行がされたとき、または仮差押えの執行の一部につき申立ての取下げや執行取消しがされたときの取扱いの基礎となる。

　例えば、債権者が債務者に対する60万円の債権を被保全権利として債務者の第三債務者に対して有する100万円の債権に対して仮差押えの執行をした場合、債権者の申請した仮差押命令には、仮差押解放金の額が書かれるが（民訴743）、この額は通常仮差押えの被保全権利の額と同額に定められる。被保全権利が60万円であるから、60万円が仮差押解放金とみなされる。したがって第三債務者が仮差押えの執行がされた100万を供託した場合は、債務者の有する100万円の還付請求権について60万円の限度で債権者のための仮差押えの執行の効力が及び、残余の40万円については、仮差押えの執行の効力は及んでいないので、債務者は、還付請求権を行使することができることになる（民事保全基本通達第二・三・(1)・イ・(ｲ)・b、民事執行基本通達第二・四・2・(一)・(4)・イ）（佐藤・供託実務179・180頁、富越・NBL220号21・22頁）。

(5) 配当加入遮断効

①　配当加入遮断効の不発生の場合

　仮差押えの執行を原因とする供託は、本来の債権者たる仮差押債務者を被

図4-2-15　YがAに対して有する100万円の金銭債権に対してX₁が仮差押えの執行をした場合

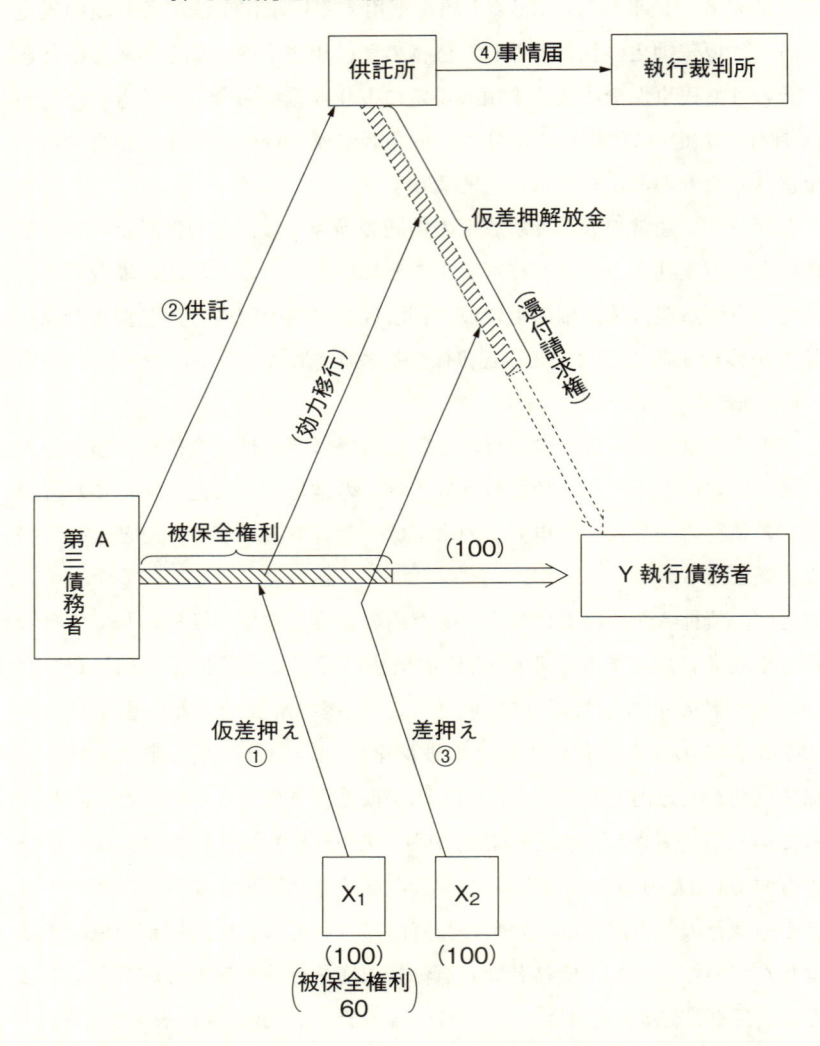

```
                           ┌─────────┐  ④事情届  ┌──────────┐
                           │ 供託所  │─────────→│執行裁判所│
                           └─────────┘          └──────────┘
                          ↗     ↑  ╲
                        ╱       │   ╲
                      ╱         │    ╲  仮差押解放金
                    ╱    ②供託 │(効  ╲
                  ╱             │ 力   ╲ （還
                ╱               │ 移    ╲ 付
              ╱                 │ 行     ╲ 請
            ╱                   │ ）      ╲ 求
          ╱                     │          ╲ 権
        ╱                       │           ╲ ）
┌────┐  被保全権利        (100)              ┌──────────┐
│第 A│////////////////////────────────────→│Y 執行債務者│
│三  │                                      └──────────┘
│債  │╲              ╲
│務  │ ╲              ╲
│者  │  ╲ 仮差押え    ╲ 差押え
└────┘   ╲   ①        ╲   ③
           ╲             ╲
          ┌────┐      ┌────┐
          │ X₁ │      │ X₂ │
          └────┘      └────┘
          (100)       (100)
         (被保全権利)
            60
```

供託者とする一種の弁済供託であって、その仮差押債務者の有する供託金還付請求権の上に、仮差押えの執行の効力が移行すると解されているので、その供託金から配当等を受けることができる債権者の範囲を画する効果（民執165①）を有せず、配当等の実施のきっかけ（民執166①）ともならないので、

第三債務者の供託によっては、配当加入遮断効は発生しない。

したがって、他の債権者もさらに債務者の有する供託金還付請求権に対して差押えまたは仮差押えの執行をすることができる。なお、当該仮差押債権者が本執行に移行するには、やはり上記還付請求権に対して差押えをすることになる。

② 配当加入遮断効の発生する場合

仮差押えの執行を原因として第三債務者が供託した後、仮差押債権者が本執行として、または他の債権者が供託所を第三債務者として債務者の有する供託金還付請求権に対して差押えの執行をしたときに配当加入遮断効が生ずる。つまり、債務者の有する還付請求権に対して差押えがなされることにより、債権者の有する還付請求権の上に仮差押えの効力が及んでいた供託は（民保50Ⅲ）、仮差押債権者の本執行としての差押えであると、他の債権者の差押えであるとにかかわらず、最初の差押命令が第三債務者たる供託所に送達された時点で本来の民事執行法156条による執行供託に転化すると解されるからである。

したがって、最初の差押命令の送達時に配当加入遮断効が生じ、その後の差押えまたは仮差押えの執行は配当等にあずかることはできない。

表4−2−4　仮差押えの執行を原因とする供託と配当加入遮断効

執行の形態	供託金還付請求権に対する執行	配当加入遮断効	事情届の要否
X_1仮差押え（単発）	X_1差押え（仮差押えの本執行）	発　生	不要（注）
	X_2差押え	発　生	要
	X_2仮差押え	不発生	不　要
	① X_2仮差押え ② X_1差押え（仮差押えの本執行）	発　生	要
	X_3滞納処分	不発生	不　要
X_1仮差押え X_2仮差押え（競合）	X_1差押え（仮差押えの本執行）	発　生	要
	X_2差押え（仮差押えの本執行）	発　生	要
	X_4差押え	発　生	要
	X_4仮差押え	不発生	不　要

（注）　民事保全基本通達第二・三・(1)・ウ・(イ)なお書後段。

第2章　民事執行法上の供託

3 配当加入遮断効が発生した場合に供託官が執行裁判所に対してする事情届
① 他の債権者が差押えをした場合

　仮差押えの執行を原因とする供託後、債務者の有する供託金還付請求権について他の債権者が差押え（差押命令または差押処分）をしてこれが仮差押えと競合したときは、供託金還付請求権の第三債務者たる供託所は、民事保全法50条5項において準用する民事執行法156条2項により供託義務を負うことになる。また、債務者の有する供託金還付請求権について他の債権者が仮差押えの執行をして仮差押えの執行が競合しても、供託所は供託義務を負わないが、さらにいずれかの仮差押債権者が本執行としての差押えをし、または他の債権者が差押えをしたときは、やはり供託義務を負うことになる。供託所が供託義務を負う場合においては、供託すべき金銭は既に供託されているのであるから、現実の供託手続をとることなく、供託義務が生じた時点で供託したものとみなされることになる。したがって、この場合、民事保全法50条5項において準用する同法156条3項により直ちに差押命令を発した執行裁判所（差押処分の場合は、当該差押処分をした裁判所書記官）（民保規41Ⅰ）に事情の届出をしなければならない（民事保全基本通達第二・三・(1)・ウ・(ｱ)なお書、民事執行基本通達第二・四・2・㈠・(5)・イなお書）。

② 仮差押債権者が差押えをした場合
ア　現行実務の取扱い

　仮差押えの執行を原因とする供託後、債務者の有する供託金還付請求権について当該仮差押債権者が本執行としての差押えをしたときは、本執行のための差押命令が第三債務者に送達されると同時に、上記還付請求権の上に仮差押えの執行の効力の及んでいた供託は、純然たる民事執行法156条1項による供託に転化すると解される（稲葉・金融法務事情932号7頁、佐藤・NBL220号30頁、西潟「仮差押解放金の供託事務」民月38巻4号23頁）。このように解するのは、この本執行のための差押えによって配当加入遮断効を認めるのが妥当だからである。

　なお、この場合においては、供託所は、執行裁判所に対して事情の届出は

しないというのが従来の供託実務の取扱いであった。第三債務者が供託をした時点と権利関係に変化はなく、本執行としての差押命令を発した執行裁判所は、供託金還付請求権に対して効力をもつ仮差押えの事情については仮差押えの執行裁判所からの連絡により知り得るので、供託所が事情届をする意味がないからであるとされている（注1）。

　この点については、民事執行基本通達（第二・四・2・㈠・⑸・イ）では必ずしも明らかではなかったが、その後の供託先例において当該仮差押えの本執行としての差押えであることが明らかな場合を除き、供託所は事情届をすることを要しないとされている（注2）。もっとも、供託官が本執行としての差押えであるか否かを判断するためには供託官を第三債務者とする差押命令の請求債権と供託書副本の「供託の原因たる事実」欄に記載された仮差押えの被保全権利とを比較しなければならないが、通常、供託書副本には仮差押えの請求債権の内容が記載されていないので、その同一性を認定するのは困難であるから（当事者が同一でも別個の債権ということもあり得る）、原則として事情届がされることになろう（ちなみに、裁判所の実務では、仮差押えの本執行としての差押えである場合において、供託所からの事情届がなされないときは、配当実施のきっかけとして差押債権者に上申させている取扱いである）。

イ　今後の問題

　ところで、事情届の法的効果については、旧法中は事情の届出によって配当加入遮断効を生ずるとされていたが（最判昭38.6.4民集17巻5号659頁）、民事執行法上は単に執行裁判所における配当実施のきっかけとなるにすぎないものである（民執166Ⅰ①）。また、みなし解放供託金については、その還付請求権に対する差押えが単一であろうと競合しようと、その払渡しは執行裁判所の配当等の実施としての支払委託によってなされる（この点、不動産仮差押解放供託金については、その取戻請求権に対する差押えが仮差押えの本執行である場合には、その払渡しは執行裁判所の配当等に委ねることなく、直接供託所に対する払渡請求によってなされる）。

　この意味で、みなし解放供託金の還付請求権に対する差押えが仮差押えの本執行としてなされたものであれば、理論上供託所は供託義務を負うことに

ならないので、執行裁判所への事情の届出は必要ないのであるが、この場合においても、執行裁判所における配当実施のきっかけをつくる意味で事情届をするのが望ましいと考えられる。

(注1) ① 稲葉・金融法務事情932号7・8頁、「……執行裁判所は供託金の還付請求権に対して効力をもつ仮差押え等の事情については熟知しているはずであるから、改めて供託所から事情届をすることを要しない。ただし、供託後さらに仮差押えの執行がされる等新しい利害関係が生じている場合は別である」
　　　　② 同旨稲葉＝佐藤・民月35巻11号125頁
　　　　③ 参考　古島・書協会報85号105頁
(注2) ① 昭57.4.13民四2591号民事局第四課長回答
　　　　　金銭債権に対する仮差押えの執行に基づき第三債務者が供託した供託金還付請求権に対して差押えがされた場合の事情届の要否について
　　　(要旨)　金銭債権に対する仮差押えの執行に基づき第三債務者が供託した供託金還付請求権に対して前記仮差押債権者から差押えがされた場合には、当該差押えが仮差押えの本執行としての差押えであることが明らかな場合を除き、執行裁判所に事情届をすることを要する。
　　　(照会)　金銭債権について単一の仮差押えの執行がなされたため、第三債務者が民事執行法178条5項で準用する同法156条1項により供託した後、債務者の有する供託金の還付請求権（仮差押えの効力が及んでいるもの）について、仮差押債権者から差押えがなされた場合、供託官は差押命令を発した執行裁判所に事情届を要するものと解しますが、いささか疑義があり何分のご指示を得たく照会します。
　　　(回答)　客年11月27日付け供第1622号をもって照会のあった標記の件については、差押えが仮差押えの本執行としての差押えであることが明らかな場合を除き、貴見のとおり取り扱って差し支えないものと考えます。
　　　　　　　(なお、同回答解説　民月37巻6号157頁参照)
　　　　② 民事保全基本通達第二・三・(1)・ウ・(イ)なお書後段

(6) 払渡手続

1 供託者たる第三債務者のする事情届

第三債務者が仮差押えの執行を原因として供託をした場合には、第三債務者はその事情を執行裁判所に届け出なければならない。ただし、この場合の

執行裁判所とは、仮差押えの執行裁判所、すなわち、仮差押命令を発した裁判所である（民執178Ⅱ）。

仮差押えの執行が競合した場合には、第三債務者に対し最初に送達された仮差押命令を発した裁判所に対して事情届を提出しなければならない（民執規167・138Ⅲ）。

② 供託官のする事情届に基づく配当等の手続

執行裁判所は供託官からの事情届に基づいて配当事件を立件し（符号(リ)）、配当等の手続に移行することになる。ただし、この事情届には供託書正本は添付されないので、供託官の事情届に記載されている最初の仮差押えの執行裁判所から（民保規41Ⅱの準用による民執規138Ⅲにより最初の仮差押えの執行裁判所に対する事情届出に添付して供託書正本が提出されている）供託書正本を取り寄せなければならない。

なお、執行裁判所の配当等に際しては、仮差押債権者の受けるべき配当等の額に相当する金銭は、裁判所書記官が供託することとされるが（民執166Ⅱ・91Ⅰ②）、既に供託がされているのであるから、執行裁判所は、その配当等の額に相当する供託金については、そのまま供託を持続しておき、本執行の要件が具備されたときに支払委託をすることになる。

③ 払渡手続

仮差押えの執行に基づく供託の払渡類型には、①一部仮差押執行で債権全額の供託の場合における弁済供託部分（図4−2−16のA部分）の払渡し、②仮差押執行部分のうち仮差押解放金額とみなされた残余の部分（図4−2−16のB部分）の払渡し、③仮差押解放金額に相当する部分（図4−2−16のC部分）の払渡しの3通りがある（図4−2−16）。

①　一部仮差押執行で債権全額の供託の場合における仮差押金額を超える弁済供託部分（図4−2−16のA部分）の払渡し

金銭債権の一部に対して仮差押えの執行がされ、第三債務者が目的債権全額に相当する金銭を供託した場合における仮差押金額を超える供託金（図4−2−16のA部分）の払渡しについては、債権者は供託を受諾して還付請求することができ、第三債務者（供託者）は供託不受諾を原因として取戻請求を

図4-2-16

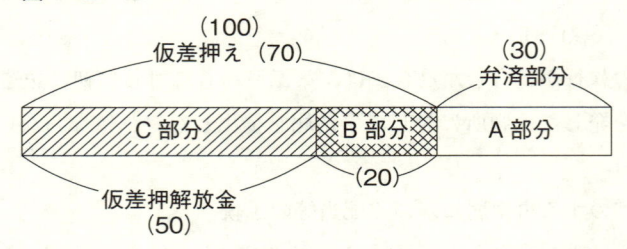

```
            (100)
        仮差押え (70)        (30)
                           弁済部分
    ┌──────────────┬──────┬──────┐
    │///C 部分///// │XXB部分│ A 部分│
    └──────────────┴──────┴──────┘
    仮差押解放金        (20)
        (50)
```

表4-2-5　仮差押えを原因とする供託の払渡しにおける供託規則24条・25条の添付書類一覧表

払渡部分	取戻・還付の別	供託規則24条・25条の添付書類			根　拠(民事保全基本通達)
弁済供託部分（A部分）	取戻	供託書正本の保管を証する書面（供託規25①）、31Ⅱ、民執規138Ⅱ）			第二・三・(1)・イ・(ア)
	還付	供託通知書（供託規24①）			第二・三・(1)・イ・(ア)
仮差押えの執行の効力の及ぶうち仮差押解放金額とみなされた残余の部分（B部分）	還付	①供託通知書（供託規24①） ②仮差押え解放金の額を証する書面（仮差押命令正本）（供託規24②）			第二・三・(1)・イ・(イ)・b
仮差押解放金額とみなされた部分（C部分）	還付	当該仮差押債権者の差押	〈支払委託〉証明書（供託規32Ⅱ）		第二・三・(1)・ウ・(イ)
		当該仮差押債権者の差押・転付	〈支払委託〉証明書	または ①転付命令確定証明書 ②供託書正本 ③供託書下附証明書	民事執行基本通達第二・四・1・㈢・(3)参照
		他の債権者の差押え	〈支払委託〉証明書		第二・三・(1)・ウ・(イ)
		仮差押えの失効	①供託書正本 ②供託書下附証明書 ③仮差押命令の申立てが取り下げられたことまたは仮差押命令を取り消す決定が効力を生じたことを証する書面		第二・三・(1)・エ

することができる（民事保全基本通達第二・三・⑴・イ・㋐、民事執行基本通達第二・四・2・㈠・⑶）。

仮差押えの執行された金額に相当する部分の払渡しについては、後記②による。

②　仮差押解放金とみなされた残余の部分（図4−2−16のB部分）の払渡し

仮差押えの執行は、被保全債権の金額が少ない場合でも、その目的債権の全部についてすることができる（民保50Ⅴ、民執146）。このような被保全債権額を超える仮差押えの執行がされた場合において、第三債務者がその仮差押えの執行のされた債権額に相当する金銭の供託をすると、前述したように民事保全法22条1項に規定する仮差押解放金額（これは通常被保全債権額に等しい）に相当する部分に限り解放金の供託がされたものとみなされ（民保50Ⅲ）、その余の部分の供託金は、当然仮差押えの拘束から外れることになると解される（稲葉・金融法務事情932号7頁）。したがって、このように仮差押解放金とみなされた残余の部分（図4−2−16のB部分）については、仮差押えの拘束を受けず、債務者は、仮差押解放金の額を証する書面（供託規24①）を添付して還付請求をすることができる（民事保全基本通達第二・三・⑴・イ・㋑・b、民事執行基本通達第二・四・2・㈠・⑷・イ）。ただし、供託官は、仮差押解放金の額を当然には知り得ないので、仮差押解放金の額を証する書面としては仮差押命令の正本が該当しよう。

③　仮差押解放金とみなされた部分（図4−2−16のC部分）の払渡し

ア　みなし解放金額に相当する部分に対する差押え

供託金還付請求権のうち、仮差押解放金の額の限度で仮差押えの執行の効力が及び（民事執行基本通達第二・四・2・㈠・5・ア）、この部分に対して、仮差押債権者が本執行としての差押えをしたとき、または他の債権者が差押えをしたときの供託金の払渡しは、執行裁判所の配当等の実施としての支払委託に基づいてなされる（民執166①、民事執行基本通達第二・四・2・㈠・⑸・イ参照）。

なお、当該執行裁判所は、仮差押えの執行裁判所から供託書正本（事情届に添付されている）を取り寄せるが、支払委託書に供託書正本を添付する必

要はない（供託規301）。

イ　みなし解放金額に相当する部分に対する仮差押債権者の差押・転付命令

供託金還付請求権のうち仮差押えの執行の効力が及んでいる部分に対しても、仮差押えの競合がないときは（例えば、単発の仮差押えによる供託の場合）、仮差押債権者は、差押命令、さらに転付命令を得ることができる（もっとも、差押命令によっても独占的利益を得られることは前述したとおりであるから、転付命令を得る実益はない）。この場合の払渡しは、転付命令未確定の間の供託金の払渡し（民事保全基本通達、民事執行基本通達第二・四・1・㈢・⑶）と同様に取り扱うべきであり、執行裁判所の配当等の実施としての支払委託の方法によるか、あるいは、転付債権者から、転付命令確定証明書を添付して払渡請求がなされることになると解されている（稲葉・金融法務事情932号7頁）。

しかし、差押・転付命令ではなく、単に差押命令のみが発せられた場合には、その時点で執行供託に転化するとされ、その供託金の払渡しは、執行裁判所の配当等の実施としての支払委託に基づいてなされるとされているところ（上記ア）、差押・転付命令の場合には、直接の還付請求が認められるという点に若干疑問がある。

なお、他の債権者から転付命令がされたとしてもその効力は生じないので（民執159Ⅲ）、転付命令がなされることは少ないであろう。

⑺　**供託後、仮差押えの執行の効力が失効（取下げ、取消決定）した場合**

仮差押えの執行を原因として第三債務者により供託がされた後、仮差押えの申立てが取り下げられ、または取り消されたときは、還付請求権の上に及んでいた仮差押えの効力は失われ、本来の債権者たる執行債務者は、その供託金の還付請求をすることができる。この場合の供託金の払渡しは、仮差押えの手続においては配当等を行わないのが原則であるから、供託書正本を保管する仮差押えの執行裁判所の支払委託によるのは適当でなく、本来の債権者である執行債務者が仮差押えの効力が取下げ・取消決定により失われたことを証する書面（供託規24①）を添付して還付請求することができる（民事保全基本通達第二・三・⑴・エ、民事執行基本通達第二・四・2・㈠・⑹）。

4　仮差押えの執行と差押えとが競合した場合の供託

(1)　仮差押えの執行と競合する差押えがされた場合

仮差押えの執行がされた金銭債権につき、その仮差押えの執行と競合する差押えがされた場合には、第三債務者は、その債権の全額に相当する金銭を債務の履行地の供託所に供託しなければならない（民保50Ⅴ、民執156Ⅰ）。

仮差押えの執行がされた債権に対する差押えの競合によって初めて、第三債務者に供託義務が発生するものであり、仮差押えのみの競合によっては供託義務は発生しない（前記2・(2)「仮差押えが競合する場合」を参照）。この供託は、民事執行法156条2項の供託と同様の法律関係に服し、これこそが正に民事保全法50条5項による民事執行法156条2項の準用の趣旨である。

この供託の供託書の法令条項は民事保全法50条5項、民事執行法156条2項とする。

(2)　事情届とその後の手続

事情届は、差押命令を発した執行裁判所に対して提出する必要がある（民保規41Ⅰ、民保50Ⅴ、民執156Ⅲ）。

供託金の払渡しは、執行裁判所の配当等の実施としての支払委託に基づいてなされる（民執166Ⅰ①類推適用、民事保全基本通達第二・三・(1)・イ、民事執行基本通達第二・四・2・(二)・(2)）。

第5　転付命令が発せられた場合の供託

1　転付命令の確定

(1)　転付命令は、支払に換えて、券面額で差し押さえられた債権を差押債権者に転付（移転）する執行裁判所の裁判である。

旧法下における伝統的な解釈によれば、転付命令が執行債務者と第三債務者に送達されたときには、執行手続は終了し、もはや執行手続内で不服申立ての余地がないとされていた。しかし、この債務者等からの不服申立ての余地がないとすることの不合理から、転付命令にも即時抗告を認める裁判例が

第2章　民事執行法上の供託　245

かなり多く、民事執行法は、この点を立法的に解決した。

すなわち、転付命令は、債務者および第三債務者に送達されるが（民執159Ⅱ）、転付命令に対して執行抗告をすることができ、転付命令は確定しなければその効力を生じない（民執159Ⅳ・Ⅴ）。しかし、転付命令が第三債務者に送達された後にされた他の債権者による差押え、仮差押えの執行または配当要求は、転付命令の独占的効力を失わせない（民執159Ⅲ）。したがって、転付命令の債権移転の効力は、執行抗告がなされないままに、その提起期間（債務者等から裁判の告知を受けた日から1週間の不変期間（民執10Ⅱ））を経過するか、提起された執行抗告が却下、棄却、取下げ等によって（認容されることなく）終了した場合に確定する。

また、転付命令の発効は差押命令の確定を前提としているので、差押命令が確定しなければ、転付命令の効力も生じないと解される（民執160）。

差押命令と転付命令が確定した場合においては、転付命令が第三債務者に送達されたときに遡及して、差押債権者の債権および執行費用は、転付命令に係る金銭債権が存する限り、その券面額で弁済されたものとみなされる（民執160）。

転付命令未確定の間に、民事執行法39条1項7号・8号の停止書面が提出された場合には、差押えの取立権能を停止する効力は有するが、既に発令された転付命令の確定を遮断する効力は有しないと解されるので、停止書面と同時に執行抗告がなされないと転付命令は確定する（民事裁判資料第147号民事執行事件執務資料㈢30頁）。

(2) 転付命令が第三債務者に送達されるときまでに、同一債権について、既に他の債権者が差押え、仮差押えの執行または配当要求をしたときは、転付命令はその効力を生じない（民執59Ⅲ）。なお、滞調法36条の5でも、転付命令が第三債務者に送達されるときまでに滞納処分による差押えがされたときも、転付命令は効力を生じない旨規定されている。

これとは逆に、転付命令が第三債務者に送達された後に、他の債権者の差押え、仮差押えの執行または配当要求をしたときは、前述したように転付命令の独占的（優先的）効力は失われないので、転付命令が確定すれば転付命

令が第三債務者に送達されたときに遡及してその効力を生じ、他の差押え等は効力を生じない。

また、転付命令未確定の間は、債権執行の申立てを取り下げることができると解されるが（民執規136Ⅲ）、転付命令が確定した後は、執行は終了するから、転付命令を取り下げることはできない。

2 第三債務者の供託

(1) 転付命令未確定の間の権利供託

転付命令未確定といえども、第三債務者に債権差押えおよび転付命令（転付命令は有効な差押えを前提としているが、実務上差押命令と転付命令とは同時に併合して申立てがなされる）が第三債務者に送達された時点で差押えの効力は発生しているのであり（民執145Ⅳ）、民事執行法156条1項所定の差押えに係る債権であることは明らかである。したがって、転付命令が発令された場合においても、転付命令が未確定の間は、第三債務者は民事執行法156条1項の規定により被差押債権を供託することができる（民事執行基本通達第二・四・1・㈢・(2)）。

また、転付命令未確定の間に、差押え、仮差押えの執行または配当要求があった場合には、第三債務者は民事執行法156条2項の規定により供託をすることができる（同通達）。この場合は、転付命令が効力を生じないことが確定するまでは、第三債務者は現実的な供託義務を負わないが、民事執行法156条2項による供託も受理してよいとしたものである。

(2) 転付命令確定後の供託

[1] 転付命令が確定した場合には、第三債務者は、転付債権者に弁済をなせば足り、執行供託をすることはできない（もっとも、転付命令の確定により、その被差押債権は券面額で転付債権者に移転しているから、別途民法494条の要件に該当すれば弁済供託ができよう）。なぜなら、民事執行法156条1項にいう「差押えに係る債権」を現に差押えの効力による拘束を受けている債権と解すれば、転付命令の確定により執行手続は当然に終了していることになるから、差押えの効力はその目的を達し消滅し、差押えの拘束を解かれている

から「差押えに係る債権」とはいえず、執行供託は認められないということになる。

[2] 転付命令は確定したが、第三債務者がそれを知らない場合

転付命令は、第三債務者だけでなく、執行債務者にも送達される（民執159Ⅱ）。執行債務者は転付命令に不服があるときは執行抗告をすることがきる（民執159Ⅳ）。転付命令は確定しなければその効力を生じないから（民執159Ⅴ）、執行抗告があったときは転付命令未確定の状況となる。しかし、第三債務者に対しては、転付命令が執行債務者に送達された時期や執行抗告の有無については当然には知らされないので、その確定の時期は第三債務者は当然には知り得ないし、第三債務者としても、転付命令が確定したか否かを調査する義務を負わない。したがって、供託に際しては、転付命令の確定していないことを条件とすべきでなく、供託実務においても、供託書の記載上、転付命令の確定が明らかである場合を除き、民事執行法156条1項または2項による供託を受理して差し支えないとしている（民事執行基本通達第二・四・1・㊂・(2)）（注1・2）。この場合、供託書には、転付命令が確定していない旨または転付命令の確定の有無が判明しない旨を記載させる必要はない。

（注1） 稲葉・金融法務事情930号9頁
　　　　「この結論は、民訴法（旧）第621条第1項の解釈をめぐって、実質的に有効な差押えの競合がない場合においても、同項によってされた供託による第三債務者の免責を認めた最判昭45.12.15民集24巻13号2043号の趣旨からも肯定されよう」
（注2） 最判昭60.7.19民集39巻5号1326頁
　　　　「当該債権に対し差押命令の送達と転付命令の送達とを競合して受けた第三債務者が民事執行法第156条第2項に基づいてした供託は、転付命令が効力を生じているため法律上差押の競合があるとはいえない場合であっても、第三債務者に転付命令の効力の有無についての的確な判断を期待しえない事情があるときは、同項の類推適用により有効であると解するのが相当である。そして、右供託金について、転付命令が効力を生じないとの解釈のもとに、これを得た債権者を含む全差押債権者に対し、その各債権額に応じて配分する配当表が作成されたときは、転付命令を得た債権者は、配当期日における配当異議の申出、さらには配当異議の訴えにより、転付命令

に係る債権につき優先配当を主張して配当表の変更を求めることができるものと解するのが相当である」

(3) 供託金の払渡手続

① 差押転付金額に相当する部分

① 供託金の払渡しは執行裁判所の配当等の実施としての支払委託に基づいてなされるのが原則である（民事執行基本通達第二・四・1・㈢・(3)）。執行裁判所は、民事執行法166条1項1号により直ちに配当等を実施すべきであるからその供託を有効と判断する限りにおいては、別に執行停止文書が提出されていない限り転付命令の確定の有無にかかわらず、直ちに転付債権者に支払委託をして差し支えない。民事執行法156条1項により供託をすれば、それによって配当加入遮断効が生じ（民執165①）、転付債権者は、供託金から独占的満足を受けることができるのであり、転付債権者が転付命令の効力を主張する実益はないからである。

しかし、執行裁判所の配当事件において、配当等を実施するために、債権執行記録を取り寄せた結果、当該転付命令が有効に確定していたときは、転付の効力発生の時点で、差押債権者・債務者間の債権債務関係は転付の効果が生じた限度で決済され、執行手続は終了し、差し押えられた債権は法律上当然に、執行債務者から転付債権者に移転しているから、配当等を実施すべき供託金については、配当または弁済金交付手続を経由する実益はない。したがって、転付債権者から転付命令の確定証明書を提出させたうえで、直ちに転付債権者に支払委託手続をなせば足りると解する（宮脇＝松山・注解(2)462・463頁参照）。

② 転付命令送達後、転付命令未確定の間に他の債権者から差押えまたは仮差押えの執行がされたことにより、第三債務者が民事執行法156条2項を根拠に供託したときは、執行裁判所は直ちに配当等を実施することはできない。転付命令の有効無効が決まらなければ、配当等の額も決まらないからである。つまり、転付債権者がその優先的効力を主張し得るかどうかは、転付命令が確定するかどうかにかかっており、その確定をまって手続を進めることになる。転付命令が確定したときは、前記①と同様である。

③　なお、民事執行法156条1項による供託の場合も、同条2項による供託の場合も、供託実務上、転付債権者は競合債権者の存しない限り転付命令確定証明書並びに供託書正本および供託書正本下付証明書を添付して、転付金額に相当する供託金の還付請求をすることができる（民事執行基本通達第二・四・1・㈢・(3)なお書）。

2　供託金のうち、差押転付金額を超える部分

金銭債権の一部が差し押えられ、全額が供託されたときの供託金のうちの差押金額を超える部分についての払渡しと同様である（民事執行基本通達第二・四・1・㈢・(3)）。つまり、供託金のうち差押転付金額を超える部分について、債務者は供託を受諾して還付請求をすることができ、第三債務者は、供託不受諾を原因として取戻請求をすることができる。

第6　担保権の実行または行使としての差押えによる供託

債権に対する担保権の実行または行使については、債権に対する強制執行に関する規定が準用されているので（民執193Ⅱ）、債権に対する担保権の実行または行使としての差押えがされた場合の供託については、前記第2・第3（強制執行がされた場合の供託）と同様に取り扱って差し支えないことになる（民事執行基本通達第二・四・3参照）。取立権をもつ質権者が、質権実行としての差押えをした場合も供託による免責が認められる。

金銭債権に対して担保権の実行または行使による差押えと強制執行による差押えまたは仮差押えの執行とが競合した場合において第三債務者が民事執行法156条2項により供託義務を負うか否かは問題である。なぜなら、同項が第三債務者に供託義務を負わせた目的が債権者間の平等の確保にあるとすれば、この場合には、優先権のある債権者の取立てを認めても差し支えないようにも思えるからである。しかし、この場合においても、第三債務者は、民事執行法156条1項により権利として供託をすることはできるのであるから、供託所としては、供託の根拠法令にはとらわれることなく供託を受理する取扱いで差し支えないと考えられる（稲葉・金融法務事情934号5頁）。

第 3 章

滞調法による供託

第1節 債権に対する滞納処分と強制執行等との手続の調整

1 概　説

　国税徴収法8条では、国税について、原則としてすべての公課その他の債権に先だって徴収する旨規定されている（地方税4も同旨）。したがって、国税は、一般私債権に優先するが、質権その他の担保権によって担保された債権との優先劣後の順位については、特に国税徴収法に規定を設けて調整されている。

　ところで、従来、債権に対して強制執行または担保権の実行もしくは行使と滞納処分とが競合した場合において両手続を調整する規定は設けられていなかった。しかし、両手続が競合した場合、それぞれ手続を進めていたわけではなく、いわゆる先着手主義の原則により、先に差し押えられた手続が優先するものとして、事実上の調整が図られていた（昭42.12.27最高裁民事局長通達、昭43.1.23国税庁長官通達）。

　金銭債権について強制執行と滞納処分とが競合した場合については、金銭債権について強制執行と滞納処分による差押えとが競合したというだけでは、第三債務者は、民事訴訟法旧621条により供託することができないが、先に強制執行による差押えがされ、これに対して徴収職員等（滞調2Ⅱ）から交付要求がされたときは、第三債務者は、同条により供託することができ

るとされていた（昭36.7.24民甲1747号民事局長回答）。これは、国税徴収法による交付要求と民事訴訟法による配当要求との機能の類似性に着目し、交付要求を強制執行の手続に取り込み、第三債務者の供託という形でその調整を図っていたものである。民事執行法の制定に伴って、従来調整の対象にされていなかった目的物に対する滞納処分と強制執行等との手続について、滞調法に新たに調整の規定が設けられた。

なお、滞調法は、滞納処分と強制執行等が競合する場合に限って適用される。したがって、滞納処分による差押えと強制執行による差押えとの合計額が目的債権額以下の場合（例えば、100万円の債権につき、40万円の滞納処分による差押えおよび50万円の強制執行による差押えがされているような場合）については、滞調法の適用はなく、もっぱら民事執行法の解釈によって処理される。

金銭債権につき、滞納処分と強制執行等が競合した場合の調整の概要は次のとおりである。

① 滞納処分がされている債権に対しても強制執行による差押命令または差押処分を発することができる（滞調20の3Ⅰ）。この場合に、差押命令を発した執行裁判所または差押処分をした裁判所書記官はその滞納処分を知ったときは、裁判所書記官により（徴収職員等が第三債務者の供託による事情届を受けて執行裁判所に通知した場合を除き）差押命令または差押処分が発せられた旨を徴収職員等に通知しなければならない（滞調20の3Ⅱ）。

② 強制執行による差押えがされている債権に対しても滞納処分による差押えができる（滞調36の3Ⅰ）。この場合、徴収職員等による通知手続は①と同様である（滞調36の3Ⅱ）。

③ 債権執行による転付命令が第三債務者に送達されるときまでに滞納処分による差押えがされたときは、転付命令は効力を生じない（滞調36の5）。

④ 滞納処分と強制執行がそれぞれ一部差押えで競合しないときは、それぞれ別個に手続が進行するが、差押えが一部でも競合するときは、強制執行による差押えの効力は、債権の全部に及ぶ（滞調20の4・36の4）。

⑤ 滞納処分先行の場合には、滞納処分による差押えが解除されるまでは、

債権執行による取立てまたは民事執行法163条1項の規定による請求は許されず（滞調20の5）、第三債務者はその債権の全額に相当する金銭を供託することができる（滞調20の6Ⅰ、いわゆる権利供託である）。

⑥　徴収職員等は、第三債務者から取り立てた金銭または供託所から払渡しを受けた金銭を租税に充当し、残余金が生じたときは、これを執行裁判所に交付する（滞調20の8Ⅰ・6Ⅰ・20の7Ⅰ・Ⅱ）。

⑦　滞納処分の手続が進行しない場合は、後行の強制執行の差押え私債権者は、強制執行続行決定を得て、債権執行の手続を続行できる（滞調20の8Ⅰ・Ⅱ・8・9）。この場合には、滞納処分による差押えは、強制執行による差押え後にされたものとみなされる（滞調20の8Ⅰ・10Ⅰ）。

⑧　強制執行手続が先行する場合は、徴収職員等および差押え私債権者のいずれも取立てをすることができず、第三債務者は供託を義務づけられる（滞調36の6Ⅰ、いわゆる義務供託である）。

⑨　第三債務者が供託しないときは、差押え私債権者、徴収職員等の双方から、供託の方法による支払を求める取立訴訟を提起できる（滞調36の7）。

⑩　執行裁判所の配当等の実施については、滞納処分による差押えは交付要求とみなされ（滞調36の10Ⅰ）、租税債権を含めて配当等を実施する（滞調36の9）。

⑪　滞納処分と仮差押えの執行との競合の場合は、先後を問わず、前記④、⑤、⑥に準じた手続による調整を図る（滞調20の9・36の12Ⅰ・20の6）。

2　差押競合の金銭債権

滞調法の適用を受ける「差押競合債権」に該当する事例を具体的に示すと、次のとおりである。

(1)　滞納処分が先行する場合

滞調法の適用の対象となる二重差押えとは、滞納処分による差押金額と強制執行（差押命令または差押処分）による差押金額との合計額が、その差押えの対象となった債権額を超える場合である。具体例を示すと、次のとおりである。

① 100の債権につき、①滞納処分による差押えが100全部についてされ、次いで、②強制執行による差押えが100全部についてされた場合
② 100の債権につき、①滞納処分による差押えが100全部についてされ、次いで、②強制執行による差押えが60の部分についてされた場合
③ 100の債権につき、①滞納処分による差押えが50の部分についてされ、次いで、②強制執行による差押えが100全部についてされた場合
④ 100の債権につき、①滞納処分による差押えが60の部分についてされ、次いで、②強制執行による差押えが50の部分についてされた場合
⑤ 100の債権につき、①滞納処分による差押えが40の部分についてされ、次いで、②強制執行による差押えが30の部分についてされ、その後さらに、③滞納処分による差押え（または強制執行による差押え）が50の部分についてされた場合

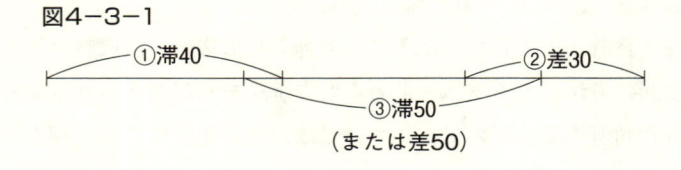

図4-3-1

```
├──①滞40──┤         ├──②差30──┤
         ├──③滞50──┤
         （または差50）
```

⑥ 100の債権につき、①滞納処分による差押えが30の部分についてされ、次いで、②仮差押えの執行が40の部分についてされ、その後、さらに、③強制執行による差押えが60の部分についてされた場合

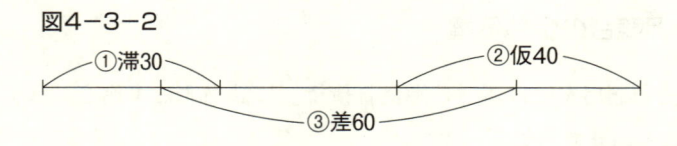

図4-3-2

```
├─①滞30─┤         ├──②仮40──┤
      ├─────③差60─────┤
```

⑦ 100の債権につき、①仮差押えの執行が30の部分についてされ、次いで、②滞納処分による差押えが40の部分についてされ、その後、さらに、③強制執行による差押えが60の部分についてされた場合

図4-3-3

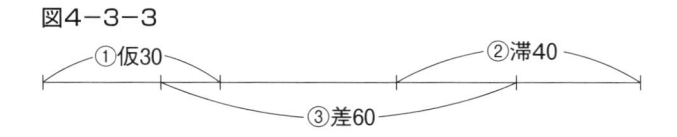

```
  ①仮30              ②滞40
├─────┤      ├─────┤
        ├───③差60───┤
```

なお、滞納処分による差押えまたは強制執行による差押命令（または差押処分）には、単一の差押えまたは差押命令（または差押処分）だけでなく、複数にわたる場合も含まれる。また、仮差押命令が発せられた後に滞納処分による差押えがされた場合（上記⑦）、仮差押命令が発せられた前または後に強制執行による差押命令（または差押処分）が発せられた場合（上記⑥）も含まれる。

本来、債権について、①滞納処分による差押えの前に仮差押えの執行がされている場合には、滞調法36条の12の適用の問題となり、②滞納処分による差押えの後に仮差押えの執行がされている場合には、滞調法20条の6の適用の問題となるはずである。しかし、このように、滞納処分による差押えの前後に仮差押えの執行が絡んでいる場合においても、滞納処分による差押え後に強制執行による差押命令（または差押処分）が発せられているときは、滞調法の適用上、滞納処分による差押えの後に強制執行による差押えがされたものとして取り扱うのが適当であるからである。

(2) 強制執行が先行する場合

具体例を示すと次のとおりである。

1　100の債権につき、①強制執行による差押命令が100全部についてされ、次いで、②滞納処分による差押えが100全部についてされた場合

2　100の債権につき、①強制執行による差押命令（または差押処分）が100全部についてされ、次いで、②滞納処分による差押えが60の部分についてされた場合

3　100の債権につき、①強制執行による差押命令（または差押処分）が50の部分についてされ、次いで、②滞納処分による差押えが100全部についてされた場合

4　100の債権につき、①強制執行による差押命令（または差押処分）が60

の部分についてされ、次いで、②滞納処分による差押えが50の部分についてされた場合

5　100の債権につき、①強制執行による差押命令（または差押処分）が40の部分についてされ、次いで、②滞納処分による差押えが30の部分についてされ、その後、さらに、③強制執行による差押命令（または差押処分）が50の部分についてされた場合

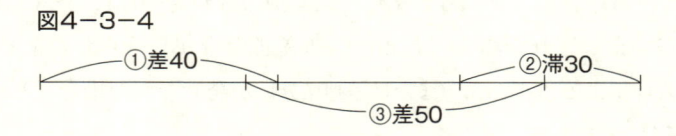

図4−3−4

```
　　　①差40　　　　　　　　　②滞30
　　　　　　　　③差50
```

第2節　滞納処分による差押えと強制執行による差押えとが競合し滞納処分が先行する場合の供託

1　強制執行による差押債権者の取立ての制限

　同一の債権につき、滞納処分による差押えがされている債権に対し強制執行による差押命令（または差押処分）が発せられたときは、強制執行による差押えをした債権者は、差押えに係る債権のうち滞納処分がされている部分については、滞納処分による差押えが解除された後でなければ取立てをすることができない（滞調20の5）。

　取立てが制限される以上、その部分については差押え私債権者は取立訴訟を提起することができない（宇佐見・金融法務事情937号68頁、登記研究399号7・8頁）。もっとも、徴収職員等は取立訴訟を提起することができることはいうまでもない（差押え私債権者も、滞納処分による差押えの部分以外の部分については取立訴訟を提起することができる）。また、強制執行による差押えが先行する場合のように明文の規定（民執159Ⅲ、滞調36の5）はないが、当該滞納処分による差押えがされている部分に対して発せられた転付命令は無効

と解されている（宇佐見・金融法務事情937号57頁）。しかし、この反対解釈から、差押え私債権者は、滞納処分による差押えがされていない部分については、民事執行法の規定に従い、自己の債権の範囲内で取立てをすることができ（民執155Ⅰ）、また、その範囲内での転付命令は有効であると解されよう。

なお、この規定は、滞納処分と担保権の実行または行使とが競合した場合にも準用されるから（滞調20の10・20の5）、滞納処分による差押えが先行するときは、担保権の被担保債権が租税債権に優先する場合（例えば、国徴23Ⅱ）でも、その優先権を主張して取立てをし、または転付命令を求めることはできない（宇佐見・金融法務事情937号68頁）。

2　強制執行等による差押えの効力

債権の全部について滞納処分による差押えがされている場合において、その債権の一部について強制執行による差押命令（または差押処分）が発せられたときの強制執行による差押えの効力は、その債権の全部に及ぶ（滞調20の4後段）。また、債権の一部について滞納処分による差押えがされている場合において、その残余の部分を超えて強制執行による差押命令（または差押処分）が発せられたときも、強制執行による差押えの効力は、その債権の全部に及ぶ（滞調20の4前段）。したがって、強制執行による差押えが全部差押えであるか一部差押えであるかによって差押えの効力に差異はない。

これは、強制執行による差押債権者の権利保全を図る必要がある（すなわち、滞納処分による取立ての残余について権利実現を図る）ことによる。これに対して、滞納処分による差押えによる差押えの効力の拡張について定められていないのは、租税債権は、一般私債権に対して優先して徴収することができるので（国徴8）、滞納処分による差押えの効力を拡張する必要がないことによる。なお、一度拡張した差押えの範囲は、他方の滞納処分による差押えが解除（国徴79以下）されても、縮小されないものと解される（注）。以上のことは、差押えが担保権の実行または行使によるものであっても（滞調20の10・20の4）、仮差押えの執行であって（滞調20の9・20の4）同様である。
（注）　①　田中324・325頁参照

②　富越 NBL 199号14頁参照
③　(反対) 山口・民事執行法の基本構造442頁

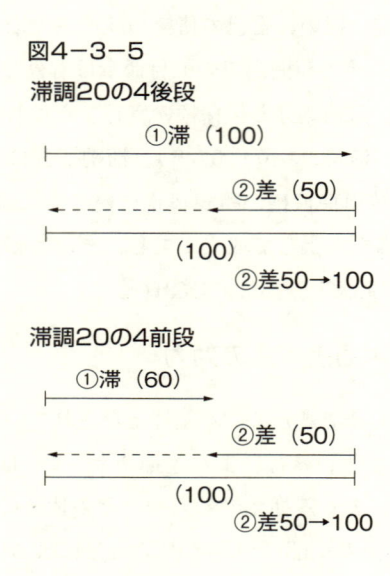

図4-3-5
滞調20の4後段
　①滞（100）
　②差（50）
　（100）
　②差50→100

滞調20の4前段
　①滞（60）
　②差（50）
　（100）
　②差50→100

3　第三債務者のする権利供託

(1)　供託の性質

　第三債務者は、滞納処分による差押えがなされている金銭債権について強制執行による差押命令（または差押処分）の送達を受け差押えが競合したときは、その債権全額に相当する金銭を債務の履行地の供託所に供託して（滞調20の6 I）、債務の免責を得ることができる。これは、いわゆる権利供託であって、供託するかどうかは第三債務者の任意であることについては前述したとおりである。

　なお、本条は、滞納処分と強制執行との2個の差押えを予定しているが、3個目の強制執行または滞納処分による差押えによって初めて差押えの競合が生ずるような場合にも適用があるものと解される。すなわち、3個目の差押えにより強制執行による差押えについてその効力の拡張が生じ、その結果、この規定が働くことになるものと考えられる。いずれの場合とも、第三

図4−3−6−Ⅰ
①滞100
②差100

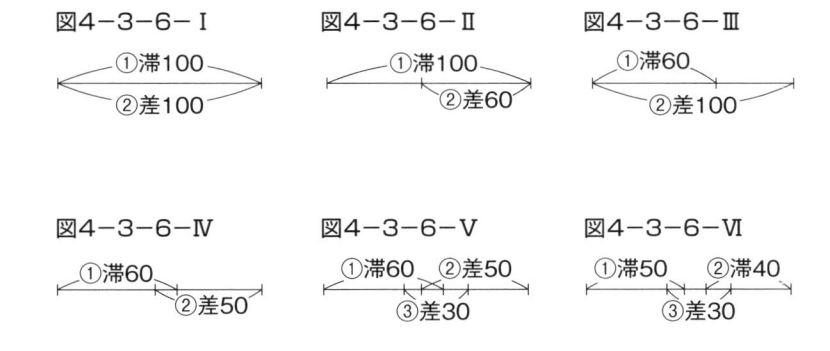

図4−3−6−Ⅱ
①滞100
②差60

図4−3−6−Ⅲ
①滞60
②差100

図4−3−6−Ⅳ
①滞60
②差50

図4−3−6−Ⅴ
①滞60 ②差50
③差30

図4−3−6−Ⅵ
①滞50 ②差40
③差30

図4−3−7−Ⅰ
①滞40 ②差50
③差30

図4−3−7−Ⅱ
①滞40 ②差50
③滞30

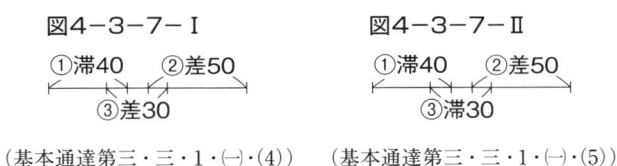

（基本通達第三・三・1・㈠・(4)）　（基本通達第三・三・1・㈠・(5)）

債務者は、全額について供託権が生ずる（図4−3−7−Ⅰ、図4−3−7−Ⅱについては後述する）。

　金銭債権について滞納処分による差押えのみがされた場合には、第三債務者は供託することができず、徴収職員等に支払わなければならないが、民事執行法において権利供託を認めたこととの均衡から、差押競合の金銭債権について、第三債務者に供託権が認められたものである。しかし、滞納処分による差押えが先行している場合には、徴収職員等が滞納処分による差押えに相当する部分の金銭を取り立てても、強制執行による差押債権者が不利益を被ることはないので、第三債務者は供託の義務を負わず、徴収職員等に対し直接に支払うこともできる。

(2)　供託書の記載

　記載例4−3−1による。供託根拠法令条項の記載については、便宜「滞調法第20条の6第1項」の振合いによる簡記が認められる（昭55全国供託課長会同決議一の11の(3)）。

記載例4-3-1
供託書・OCR用
(供)

260

申請年月日	平成 20 年 8 月 19 日	
供託所の表示	○○地方法務局	
	供託カード番号 ( )	カードご利用の方は記入してください

供託者の住所氏名・法人名等	〒 － 甲県乙市丙町1丁目1番1号 甲野 太郎 代表者印又は代理人住所氏名
被供託者の住所氏名・法人名等	〒 － ( )

供託金額: ￥100000000 円

法令条項	供託法第20条の6 第1項

供託の原因たる事実	供託者は、甲県丙市丁町2丁目2番乙山次郎に対し、平成19年8月19日付けの金銭消費貸借契約に基づく金100万円の債務（弁済期平成20年8月19日、支払場所乙山次郎住所）を負っているが、これについて下記の滞納処分による差押えと強制執行による差押えとが競合したので、債権の全額である金100万円を差押えとなる金100万円を供託する。 記 1 滞納処分による差押えの表示 甲県丙市乙町1丁目1番1号○○税務署長が乙山次郎の滞納税（平成19年度所得税40万円、延滞税5万円、合計45万円）についてした滞納処分による差押え、第三債務者供託者、差押債権額45万円、平成20年8月1日差押通知書送達。 2 強制執行による差押えの表示 ○○地方裁判所平成20年（ル）第576号、債権者乙県丁市丙町3丁目3番3号丙村三郎、債務者乙山次郎、第三債務者供託者とする債権差押命令、債権額金80万円、差押債権額金80万円、平成20年8月2日送達。
	供託により消滅すべき質権又は抵当権 反対給付の内容
備考	

(注) 1. 供託金額の冒頭に￥印を記入してください。なお、供託金額の訂正はできません。
2. 本供託書を折り曲げないでください。

供託者カナ氏名: コウノ タロウ

この供託の性質は、強制執行による差押えを機縁としてなされることからみて、基本的には、民事執行法156条1項の供託と同じ執行供託と考えるべきであろうが、第一次的にその全部または一部につき徴収職員等が直接還付請求権をもつことになる点において、特異性をもつ。徴収職員等は、この供託の被供託者となるわけではなく、供託前に金銭債権に対して滞納処分をしたことの効果として、国税徴収法67条1項の規定による取立権を供託金払渡請求権に対しても行使することになると解される。したがって、その限りでは、被供託者としての滞納者（債務者）の還付請求権の上に滞納処分の効力が移行してきていると考えるのが妥当である。しかし、この滞納者（債務者）の還付請求権は、徴収職員等の取立権に奉仕するためだけに意味をもつものであり、滞納処分による差押えが解除されたときは、逆に潜在化し、供託金の払渡しは、民事執行法156条1項による差押金額に相当する金銭の供託の場合と同様すべて執行裁判所または差押処分をした裁判所書記官（以下「執行裁判所等」という）の支払委託によってなされる（稲葉・金融法務事情934号8頁）。

　このような特異性からみて、供託書の被供託欄の記載は要しないとされている（民事執行基本通達第三・三・1・㈠・(2)・ア記載例参照）。

(3) 配当加入遮断効

　第三債務者のする権利供託は、民事執行法165条の適用（配当等）については、同法156条1項の規定による供託とされるので（滞調20の7Ⅱ）、供託をした時点で、配当加入遮断効が生ずる。

(4) 徴収職員等に対する事情届の提出

　第三債務者は、供託後、供託書正本を添付してその事情を徴収職員等に届け出なければならない（滞調20の6Ⅱ、滞調政令12の5Ⅱ）。

　なお、強制執行による差押えの前に滞納処分による差押えが2以上されているときは（図4-3-6-Ⅴ、4-3-6-Ⅵ）、先に送達された差押通知書を発した徴収職員等に対して事情を届け出なければならない（滞調政令12の5Ⅲ）。

(5) 執行裁判所に対する通知（徴収職員等の事情届通知書）

　1　事情届を受理した徴収職員等は、執行裁判所等に対してその旨を通知

別紙4-3-1

事 情 届 通 知 書

所在地　　　　　　　　　　　　　　　　　　平成　年　月　日

　　　地方裁判所　　　部御中　　　　所在地
　　　　　　　　　　　　　　　　　　　税 務 署 長
　　　　　　　　　　　　　　　　　　　財務事務官　　　　　　　㊞

　下記のとおり、滞納事務と強制執行等との手続の調整に関する法律第20条の6第2項の規定による事情届が提出されましたから、同条第3項の規定により通知します。

滞納者	住　　　　所				
	氏名又は名称				
債権の表示等	事件番号及び事件名				
	第三債務者	住　　　所			
		氏名又は名称			
	債権の表示				
滞納処分の状況	行政機関等		自　庁　分		他　庁　分
		所在地			
		名　称			
	差押年月日				
	差押えの範囲				
供託事由等	供託した金額				
	供託した日時				
	供託事由	供託番号			
		供託所			
		供託事由			
備考					

「供託書正本の保管を証する書面」を添付する場合は、その旨を「備考」欄に記載する。

しなければならず（滞調20の６Ⅲ）、この通知は、別紙書面（別紙４－３－１）による（滞調政令12の６Ⅰ）。

② 先行する滞納処分による差押えが債権の一部についてなされているときの供託の場合、滞納処分による差押えの残額に相当する供託金については、執行裁判所等の支払委託によって払渡しをすることになる（民事執行基本通達第三・三・１・(2)・ウ）。徴収職員等は、執行裁判所等に対して「供託書正本の保管を証する書面」を上記①の通知書に添付しなければならない（滞調政令12の６Ⅱ）。

(6) **払渡手続**

① 徴収職員等のする払渡し

「供託書正本の保管を証する書面」を添付する場合は、その旨を「備考」欄に記載する。

供託金のうち、滞納処分による差押えの金額に相当する部分については、徴収職員等が直接供託所に対して還付請求することができる（民事執行基本通達第三・三・１・㈠・(2)・イ）。なお、滞納処分による差押えが金銭債権の一部である場合、徴収職員等がその一部の払渡しを受けたとき、供託官は、供託書正本につき供託規則31条１項の措置をとってこれを徴収職員等に返還する必要はない。事情届通知書に供託書正本の保管を証する書面（滞調政令12の６Ⅱ）を添付して送付されているから、支払委託に支障はないからである。

なお、滞納処分庁で配当手続が実施され（国徴128②）残余が生じた場合には執行裁判所等にその残余金が交付され（滞調20条の８Ⅰ・６Ⅰ）、執行裁判所等により配当等手続が実施される（滞調20の７Ⅰ）。残余が生じない場合は、執行裁判所等にその旨が通知され（滞調20の８Ⅰ・６Ⅰ）、この通知があったときには民事執行事件は終了する（最高裁判所事務総局編「民事書記官事務の手引き（執行手続―債権編）」370頁）とされているが、実務的には差押債権者に取下げを促す取扱いもされているようである。

② 執行裁判所による配当等の手続

滞調法20条の６第１項による供託金のうち、滞納処分による差押えの金額

に相当する部分以外の部分は、執行裁判所等の配当等の実施としての支払委託に基づいてなされる（滞調20の7Ⅰ・Ⅱ、民執165①、民事執行基本通達第三・三・1・(2)・ウ）。この支払委託書には、徴収職員等の作成した「供託書正本の保管を証する書面」（滞調政令12の6Ⅱにより徴収職員等から送付される）を添付する必要がある（供託規31Ⅱ）。この書面とは、供託書正本の写しに「供託書正本を保管していることを証明する」旨を記載したうえ、税務署長の職印を押捺した書面とされている（滞調法逐条通達第20条関係5の㈠ロ参照）。

執行裁判所等が徴収職員等から配当等手続開始の機縁たる「事情届通知書」を受け取ることによって、執行裁判所等は直ちに配当等を実施しなければならない。けだし、滞納処分による差押えがされた部分以外の供託部分は、本来、供託されたときに配当等を実施しなければならないからである（滞調20の7Ⅰ・Ⅱ、民執165①）。

なお、執行裁判所等は、徴収職員等から「供託書正本の保管を証する書面」を添付して送付されてきた「事情届通知書」を受け取ったとしても、事情届通知書は第三債務者のなす事情届ではないので、符号(リ)による配当事件は立件されず、基本事件である執行事件手続（強制執行の場合は符号(ル)、担保権事件の場合には符号(ケ)）のなかで処理されることになる（昭55.12.1最高裁総三第60号事務総長通達「事件の受付及び分配に関する事務の取扱いについて」および「事件関係の帳簿諸票の備付及び保存について」の一部改正について、別表第一（民事事件）の28参照）。

3 滞納処分による差押えが解除された場合の払渡し

① 徴収職員等が取立権を行使する前に、債権全額または一部についてされた滞納処分による差押えの全部または一部を解除した場合

ア 徴収職員等から執行裁判所等に対する解除通知

滞納処分による差押えは滞納税金の額が限度とされているわけではなく（国徴63）、また、差押え後に滞納税金が完済等により消滅することもあり、滞納処分庁が差押えを解除することがある。

徴収職員等は、取立権を行使する前に滞納処分による差押部分の全部また

は一部を解除したときは、その旨を執行裁判所等に通知（差押解除通知）しなければならない（滞調20の8・14）。

　上記通知は書面（差押解除通知書）によることとし（滞調政令12の7Ⅰ本文）、かつ、この書面には、滞納処分による差押えの全部を解除したときは「供託書正本」を、その一部を解除したときは「供託書正本の保管を証する書面」（前記(6)・2参照）を添付しなければならない（滞調政令12の7Ⅲ）。

　なお、滞納処分による差押えの一部が解除された旨の通知が執行裁判所等になされた後に、さらに当該滞納処分による差押えが解除された時点で執行裁判所等が配当等を実施していなければ、執行裁判所等は、最初に送付を受けた供託書正本の保管を証する書面（前記(5)の事情届通知書に添付される）を保管しているので（ただし、全額滞納処分による差押えがされているときは、供託書正本の保管を証する書面は送付されないので、この場合は別である）、滞納処分の全部または一部が解除されて、執行裁判所等が配当等を実施すべき金額が増大しても、改めて徴収職員等から供託書正本または供託書正本の保管を証する書面の送付を受ける必要はないが、滞納処分による差押えを解除したとき、徴収職員等が執行裁判所等の配当等の実施の手続の状況（解除の時点で既に当初の配当等の実施がされているかどうか）を調査する負担を避けるため、いわば機械的に供託書正本または供託書正本の保管を証する書面を執行裁判所等に送付することにしたものであろう。したがって、供託書正本の保管を証する書面は重複するが、省略することはできないと考えられる。

イ　立件手続

　執行裁判所等は、徴収職員等から「差押解除通知書」の送付を受けることによって配当等の手続をなすことになるが、事情届による配当事件ではないので、符号(リ)では立件されず、基本事件たる執行事件手続（符号(ル)または(ナ)）のなかで処理される。

ウ　配当等の手続

　執行裁判所等は、債権全額またはその一部についてなされた滞納処分による差押えの全部または一部が解除され、徴収職員等から「差押解除通知書」および「供託書正本」（全額差押えで全部解除の場合）ないし「供託書正本の

保管を証する書面」が送付されてきた後は、直ちに配当等の手続を実施し（滞調20の7Ⅰ・20の8Ⅰ・6Ⅰ）、供託金の払渡しは配当等の実施としての支払委託に基づいてなされる（民事執行基本通達第三・三・1・(2)・ウ後段）。

　なお、支払委託書には、徴収職員等から送付されてきた「供託書正本」ないし「供託書正本の保管を証する書面」を添付する（供託規31Ⅱ）。執行裁判所等が供託書正本と供託書正本の保管を証する書面の双方を保管している場合または供託書正本の保管を証する書面を2以上保管しているときは、支払委託書には、前者の場合には供託書正本、後者の場合にはその一を添付することで足りよう。

　② 徴収職員等が取立権を行使（供託金の一部還付）した後、残余の差押えを解除した場合

ア　残余の差押えの解除

　徴収職員等は、滞納処分による差押えの一部に相当する部分につき供託金の還付を受け、請求債権が満足した場合には、その残余について解除処理をする（滞調20の8Ⅰ・14、滞調法逐条通達第20条の6関係の6の(2)参照）。

イ　徴収職員等からの通知と供託書正本の添付

　滞納処分により債権を差し押えた場合において、その一部に相当する部分につき供託金の還付を受けたときは、徴収職員等は、その残余につき差押えの解除をなし、「差押え及び交付要求解除通知書」により執行裁判所等にその旨を通知しなければならない（滞調20の8Ⅰ・14）。なお、この書面には、供託書正本を添付する。

ウ　配当等の手続については、前記①と同様であり、供託金の払渡しは、執行裁判所の配当等の実施としての支払委託に基づいてなされる。

　④ 徴収職員等が差押金額に相当する供託金の払渡しを受けた後、または徴収職員等が第三債務者が供託する前に直接取り立て、自己の債権に充当した後、残余金が生じた場合の配当手続

① 執行裁判所に対する残余金の交付

　第三債務者が滞調法20条の6第1項の規定により供託した金銭につき、徴収職員等が払渡しを受けた後、差押えに係る租税・公課債権や交付要求に係

図4-3-8　滞納処分による差押えが全額の場合

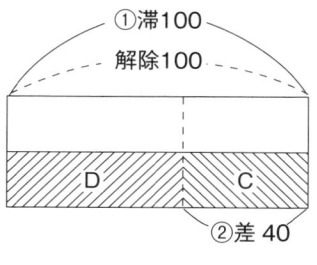

A部分（徴収職員等の直接還付）
B部分（本来の支払委託）
C部分（解除による支払委託）
D部分（解除による支払委託）

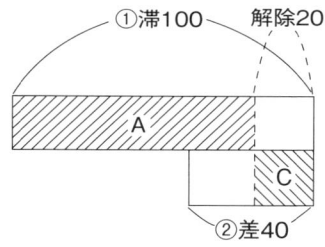

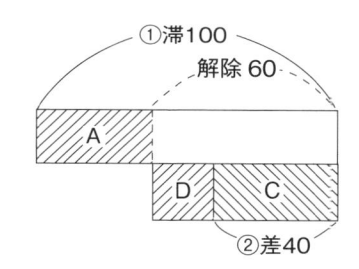

図4-3-9　滞納処分による差押えが一部の場合

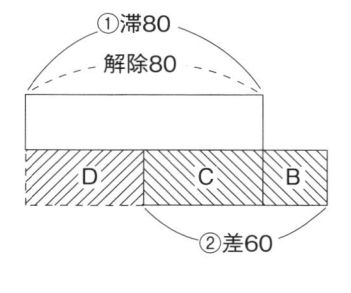

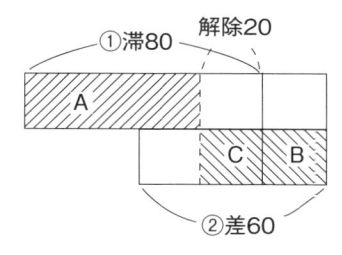

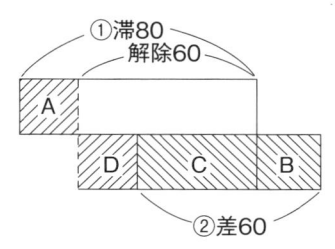

る債権に対して配当して（国徴129Ⅰ）、なお滞納者に交付すべき残余金があるときは、徴収職員等は、国税徴収法129条3項の規定にかかわらず、これを執行裁判所に交付しなければならない（滞調20の8Ⅰ、6Ⅰ）。

ところで、租税債権は、私債権に対して優先的効力があるから（国徴8、地方14）、徴収職員等は滞納処分による差押えをした部分について、国税徴収法67条1項に基づいて、第三債務者から直接に差押債権を取り立てることができる。このことは、滞納処分による差押えが先行し、さらに強制執行による差押えがされて差押えが競合したときでも同様に解される。したがって、徴収職員等が第三債務者が供託する前に差押債権を直接取り立て、自己の債権に充当した後、滞納者に交付すべき残余金が生じた場合も、供託金の払渡しを受け残余金が生じた場合と同様である。

この残余金を交付するときは、「残余金交付通知書」および国税徴収法131条の「配当計算書」に国税徴収令49条1項所定の事項を記載した残余金計算書を送付しなければならない（滞調政令12の8・4）。

なお、残余金が生じなかった場合においては、執行裁判所等に対し、「残余金皆無通知書」を送付しなければならない。

② 配当加入遮断効

滞調法20条の7第3項により執行裁判所等が徴収職員等から取立金の残余の交付を受けたときは、配当等に関しては、債権の強制執行による売却命令による売却および売却命令により執行官が売得金の交付を受けたときとみなされるので（滞調20の7Ⅲ、民執65③）、執行裁判所等が残余金の交付を受けたときに配当加入遮断効が生じ、配当等を受けるべき債権者の範囲が確定するので、直ちに配当等の手続に移行することができる。

なお、執行裁判所等の手続において、配当加入遮断効が生ずるのは、「残余金交付通知書」を受け取ったときではなく、執行裁判所等が残余金を現実に受け取ったときである。

③　配当等の手続

この残余金が執行裁判所等に交付されることによって執行裁判所等に配当財団が形成され、配当等が実施される（滞調20の7Ⅰ・Ⅱ）。

この配当等の手続は、金銭を執行裁判所が保管しているので、不動産執行の配当等の手続と同様である。したがって、通常の債権配当手続と異なり、仮差押債権者に対する配当や債権者に対し配当異議の訴えが提起されたときは配当等の額に相当する金銭を供託しなければならない（民執166Ⅲ・91Ⅰ）。

4　債権の一部について滞納処分による差押えがされている場合において、その債権について強制執行による差押えと強制執行による差押えまたは仮差押えの執行とが競合した場合の供託

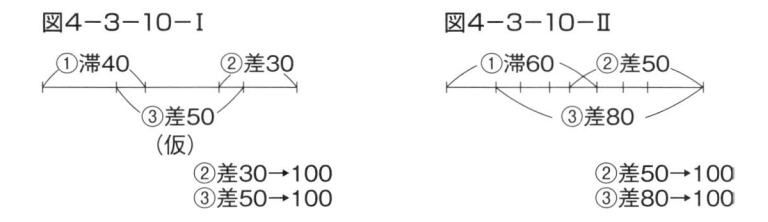

図4-3-10-Ⅰ
①滞40　②差30
③差50
（仮）
②差30→100
③差50→100

図4-3-10-Ⅱ
①滞60　②差50
③差80
②差50→100
③差80→100

(1)　供託の性質

第三債務者は、①滞納処分による差押えの残余の額に相当する金銭を、民事執行法156条2項を根拠として債務の履行地の供託所に供託しなければならないし（民事執行基本通達第三・三・1・㈠・⑷前段）、また、②債権全額につき、滞調法20条の6第1項の規定または同項および民事執行法156条2項の双方の規定を根拠に供託することもできる（民事執行基本通達第三・三・1・㈠・⑷後段）。このことは、3番目の差押え（または仮差押えの執行）によって競合が生じる場合（図4-3-10-Ⅰ）に限らず、2番目の差押えによって既に競合が生じ、さらに差押え（または仮差押えの執行）がされた場合（図4-3-10-Ⅱ）も同様である。なぜなら、いずれの場合も競合により2番目および3番目の差押えの効力は全体に拡張し、当初から債権全額の差押えとなり全く同様の法律関係になるからである。

これは、滞調法20条の6に規定する要件に該当する場合においても、民事執行法の規定によって供託義務が生ずる特殊なケースである。滞調法20条の6第1項の規定は、いわゆる権利供託の規定であるが、滞納処分による差押えの残余については、民事執行法上の供託義務が課せられているので、本質的には義務供託である。したがって、この供託は、民訴許訟費用等に関する法律28条の2の規定の適用については、民事執行法156条2項による供託として、第三債務者は供託に要した費用を執行裁判所に請求することができると解される（稲葉＝佐藤・月報140頁）。

　なお、滞納処分による差押えの残余の額に相当する金銭を供託した前記①の場合には、後に滞納処分による差押えが解除されると、この滞納処分による拘束を受けた部分についても、第三債務者は民事執行法156条2項によって供託義務が生じ、改めて供託をし、同条3項によって執行裁判所に事情の届出をしなければならない（民事執行基本通達第三・三・1・㈠・4なお書）。したがって、第三債務者はこのような煩を避けるなら、②のような債権全額を供託することによっても免責されるとされたものである。

(2) 払渡手続

1 事情届

　滞納処分による差押えの残余の額に相当する金銭を供託する場合には、第三債務者は供託書正本を添付した事情届を執行裁判所等に提出する。

　これに対して、債権全額を供託する場合には、理論的にいえば、第三債務者は、滞調法20条の6第2項により徴収職員等に対し、民事執行法156条3項により執行裁判所等に対し、それぞれ事情の届出をすべきことになるが、供託書正本は1通しかないので、双方の事情届出書に添付することはできない。徴収職員等に事情の届出をすれば、滞調法20条の6第3項により、徴収職員等から執行裁判所等に対してその旨の通知がされるから（滞調政令12の6Ⅱにより供託書正本の保管を証する書面が添付される）、第三債務者は、徴収職員等に対して事情の届出をするをもって足りる（事情の届出は、配当等の実施の要件ではないからである）。

表4−3−1　滞納処分と強制執行とが競合し滞納処分が先行する場合の供託

執行の形態 供託時点	滞・差・差（3番目で競合）			滞・差・差（2番目で競合）			滞・差・滞（3番目で競合）			滞・差・滞（2番目で競合）		
	債権額100	供託金額	根　拠	債権額100	供託金額	根　拠	債権額100	供託金額	根　拠	債権額100	供託金額	根　拠
イ	滞50	50	不可	滞50		不可	滞50		不可	滞50		不可
ロ	差30	30	① 民執156 I	差60	50	② 滞調20の6 I 民執156 I	差30	30	① 民執156 I	差60	50	② 滞調20の6 I 民執156 I
ハ	差60 （仮）	100	③ 滞調20の6 I または 滞調20の6 I 民執156 II	差100 （仮）	100	③ 滞調20の6 I または 滞調20の6 I 民執156 I	滞60	100	④ 滞調20の6 I または 滞調20の6 I 36の6 I	滞100	100	④ 滞調20の6 I または 滞調20の6 I 36の6 I
		50	民執156 II		50	民執156 I		50	滞徴36の6 I		50	滞徴36の6 I

滞＝滞納処分による差押え
差＝強制執行による差押え
仮＝仮差押えの執行
滞調＝滞調法
民執＝民事執行法

① 第2節7参照
② 第2節3参照
③ 第2節4参照
④ 第2節5参照

② 徴収職員等の供託金の払渡し

第三債務者が供託した供託金のうち、滞納処分による差押えの金額に相当する部分の払渡しは徴収職員等の還付請求によってする（民事執行基本通達第三・三・1・㈠・(4)）。

③ 執行裁判所の配当等の手続

供託金のうち、滞納処分による差押えの金額に相当する部分以外の部分の払渡しは、執行裁判所等の配当等の実施としての支払委託に基づいてなされる。また、滞納処分による差押えの金額に相当する部分につき、滞納処分による差押えが解除されたときも同様である（民事執行基本通達第三・三・1・㈠・(4)、滞調20の7Ⅰ・Ⅱ）。

したがって、具体的な手続は、前記3と同様である。

5　債権の一部について滞納処分による差押え、強制執行による差押えが続いてされ、さらに滞納処分による差押えがされて差押えが競合している場合の供託

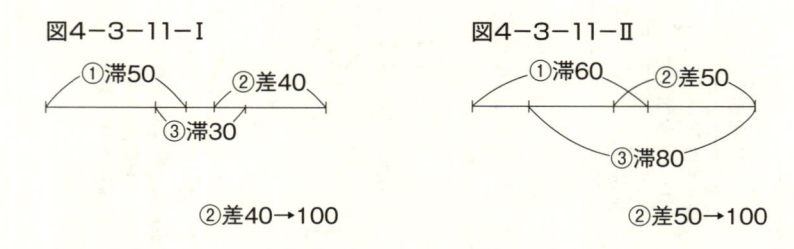

図4-3-11-Ⅰ
①滞50　②差40
③滞30

②差40→100

図4-3-11-Ⅱ
①滞60　②差50
③滞80

②差50→100

(1)　供託の性質

① 滞調法36条の6第1項の規定による義務供託

金銭債権の一部について滞納処分による差押えがされている場合において、強制執行がされ、差押債権者の提起した取立訴訟の訴状が送達されるときまでにさらに滞納処分による差押えがされて、これらの差押えが競合したときは、第三債務者は、滞調法36条の6第1項の規定により、最初の滞納処分による差押えの残余の額に相当する金額（滞調36の6Ⅰ括弧書）を債務の履行地の供託所に供託しなければならない（民事執行基本通達第三・三・1・

(一)・(5)前段)。

　このことは、3番目の滞納処分によって競合が生じる場合（図4－3－11－Ⅰ）に限らず、2番目の差押えによって既に競合が生じている場合（図4－3－11－Ⅱ）も、前記4の(1)と全く同様の法律関係になる。

　② 滞調法20条の6第1項の規定または滞調法20条の6第1項および36条の6第1項の双方の規定による権利供託

　第三債務者は、前記①の最初の滞納処分による差押えの残余の額に相当する金銭を義務供託するほか、滞調法20条の6第1項の規定または同項および同法36条の6第1項双方の規定により差押えに係る金銭債権の全額に相当する金銭を供託することもできる（民事執行基本通達第三・三・1・(一)・(5)後段）。

　なお、最初の滞納処分による差押えの残余の額のみを供託した場合に、最初の滞納処分が解除されたときは、改めて滞調法36条の6第1項を根拠として、その解除された金額に相当する金銭を供託しなければならない（民事執行基本通達第三・三・1・(一)・(5)後段なお書）。

(2) 払渡手続

　① 事情届

　第三債務者は、供託の事情届を、前記(1)の①の場合には執行裁判所等に（滞調36の6Ⅱ）、前記(1)の②の場合には徴収職員等に（滞調20の6Ⅱ）しなければならない。事情届には供託書正本の添付を要する。

　ただし、後者の場合には、滞調法20条の6第2項および36条の6第2項の規定による2つの事情届をすべきかどうか問題であるが（稲葉・金融法務事情934号9頁）、徴収職員等から執行裁判所等への通知（滞調20の6Ⅲ）によって、執行裁判所等との連絡はつけられるので、あえて執行裁判所等への事情届出は必要ないであろう。

　② 徴収職員等のする供託金の払渡し

　第三債務者が債権全額につき供託した場合において、供託金のうち、最初の滞納処分による差押えの部分の払渡しについては、徴収職員等の還付請求によってする（民事執行基本通達第三・三・1・(一)・(5)括弧書）。

③ 執行裁判所等の配当等の手続

　最初の滞納処分による差押部分以外の部分の払渡しは、執行裁判所等の配当等の実施としての支払委託に基づいてなされる（民事執行基本通達第三・三・1・㈠・(5)括弧書）。

　強制執行による差押えに後れる滞納処分による差押えをした徴収職員等は執行裁判所等の配当等の実施に基づく支払委託により払渡しを受けることができる。したがって、執行裁判所等の支払委託に必要であるので、徴収職員等は執行裁判所等に対して供託書正本の保管を証する書面（供託書正本の写しに、「供託書正本を保管していることを証明する」旨を記載したうえ、税務署長の職印を押捺した書面）を事情届通知書（滞調20の6Ⅲ、滞調政令12の6Ⅰ）に添付しなければならない（滞調政令12の6Ⅱ）。

　なお、執行裁判所等、徴収職員等のする具体的な手続については、前記3・(6)と同様である。

6　債権の一部について滞納処分による差押えがされている場合において、その残余の額を超えて強制執行による差押えがされ、これにつき配当要求がされたときの供託

　本事例の場合においては、前記4の場合と同様に、第三債務者は、滞納処分による差押えの残余の額に相当する金銭につき民事執行法156条2項の義務供託をすることもできるし、債権全額につき滞調法20条の6第1項の規定または同項および民事執行法156条2項双方の規定を根拠として供託することができる（民事執行基本通達第三・三・1・㈠・(4)）。

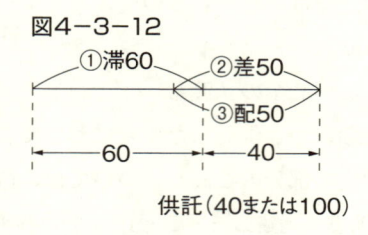

図4-3-12

①滞60　②差50
　　　　③配50
|←──60──→|←40→|

供託（40または100）

　その他の問題については、前記4と同様である。

7　債権の一部について滞納処分による差押えがされている場合に、残余の範囲内で強制執行による差押えがあったときの供託

(1)　各差押額の合計が被差押債権の額を超えないときであり、各差押えは、他の債権者によって差し押えられていない部分を差し押えたものとみるべきであるから（田中324頁、宮脇＝松山・注解(2)439頁）、差押えの競合とはならない（民執149）。したがって、滞調法の適用がなく、民事執行法の解釈によることになる。

(2)　民事執行法上の権利供託

滞納処分による差押えが債権の一部についてされている以上、第三債務者は、民事執行法156条1項によって債権全額を供託しても、滞納処分による差押部分については供託による債務消滅の効果をもって徴収職員等に対抗できないので（稲葉・金融法務事情934号6頁、佐藤・供託実務186・187頁）、滞納処分に係る部分を控除した残額（強制執行による差押金額に相当する金銭または滞納処分による差押えがされていない部分の額に相当する金銭）を債務の履行地の供託所に権利供託することができる（民執156Ⅰ、民事執行基本通達第三・三・1・㈠・(3)・ア）（図4−3−13）。

したがって、第三債務者は、滞納処分による差押部分については、強制執行による差押えの関係とは別個に免責行為をしなければならない。

なお、その他の手続については、前記第2章第2節第2と同様である。

8　債権の一部について滞納処分による差押えがされている場合に、残余の範囲で強制執行による差押えがあり、その差押えにつき配当要求がされたときの供託

(1)　配当要求には差押えの効力の拡張を生じさせる効力はないから（田中329頁）、前記7の場合と同様に滞納処分と強制執行との差押えの競合とはならない（民執149）。したがって、滞調法の適用がなく、民事執行法の解釈によることになる。

(2) 民事執行法上の義務供託

　強制執行による差押えに係る金銭につき競合を生じているので、第三債務者は、民事執行法156条2項によって、その差押金額に相当する金銭を供託しなければならない（民事執行基本通達第三・三・1・㈠・(3)・イ）（図4－3－14）。

　この場合、民事執行法156条1項および2項双方の規定を根拠として、滞納処分による差押えがされていない部分のうち強制執行による差押えにも係らない部分を含めて、その額に相当する金銭を供託することもできる（稲葉＝佐藤・月報139頁）。

　なお、その他の手続については、前記第2章第2節第3と同様である。

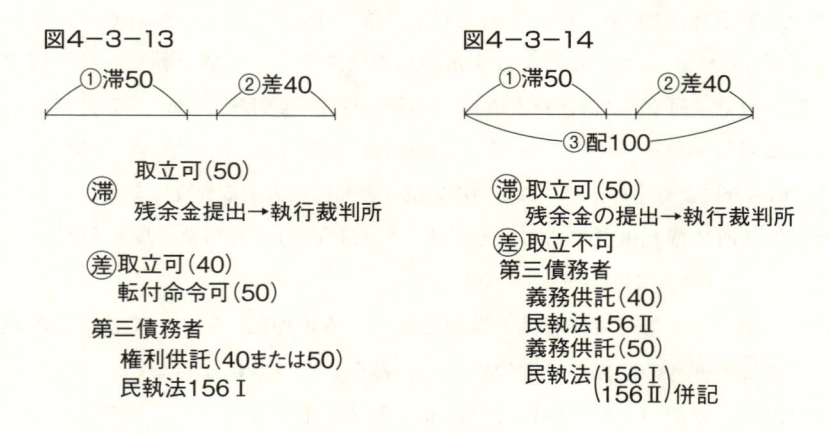

```
図4－3－13                          図4－3－14
 ①滞50    ②差40              ①滞50      ②差40
└──────┘└──────┘        └──────┘└──────┘
                                   └──────③配100──────┘

㋞ 取立可（50）                  ㋞ 取立可（50）
   残余金提出→執行裁判所           残余金の提出→執行裁判所
㋳ 取立可（40）                  ㋳ 取立不可
   転付命令可（50）              第三債務者
第三債務者                          義務供託（40）
   権利供託（40または50）            民執法156Ⅱ
   民執法156Ⅰ                      義務供託（50）
                                   民執法(156Ⅰ)併記
                                       (156Ⅱ)
```

9　強制執行続行決定がなされた場合

(1) 強制執行続行決定手続

　1　滞納処分による差押えが先行している債権について強制執行による差押えが競合した場合において、第三債務者が滞納処分庁の取立てに応じておらず、かつ滞調法20条の6第1項による供託もしていないために、滞納処分による手続が進行しないときに、強制執行による差押債権者は、強制執行による手続を進行させるため執行裁判所に対し強制執行続行の決定の申請をすることができる（滞調20の8Ⅰ・8）。

② 強制執行続行の決定は徴収職員等に告知することによってその効力を生じ、この決定に対しては不服申立てをすることができない（滞調20の8Ⅰ・9Ⅲ・Ⅳ）。

また、強制執行続行の決定があったときは、その旨を差押債権者、債務者および第三債務者に通知しなければならない（滞調規則23の5Ⅰ・20・9）。

ただし、第三債務者が供託した後に強制執行続行の決定があったときには、第三債務者に対する通知は不要であろう。

③ 続行決定の効果

滞納処分の先行する差押競合債権について、強制執行続行の決定があったときは、滞調法の適用については、滞納処分による差押えは強制執行による差押え後にされたものとみなされる（滞調20の8Ⅰ・10Ⅰ）。

続行決定があったときには、第三債務者は滞調法36条の6第1項により供託義務を負うことになり、既に債権の全額を供託をしているときにはその供託は滞調法36条の6第1項の供託として取り扱われることになる（宇佐見隆男「滞納処分と強制執行との手続の調整」金融法務事情937号70頁）。

(2) **第三債務者が供託する前に続行決定があった場合の供託**

① 第三債務者の供託義務の発生

第三債務者が滞納処分による差押えと強制執行による差押えとの競合により供託する前に強制執行続行決定がなされていた場合には、滞納処分による差押えは強制執行による差押え後にされたものとみなされるので、滞調法36条の6第1項に定める要件を満たすことになり、同項によって第三債務者は供託義務を負うことになる（稲葉・金融法務事情934号9頁、宇佐見・金融法務事情937号70頁）。

② 続行決定があった場合には、前述のように第三債務者に供託義務が発生するので、その債権の全額に相当する金銭を供託しなければならない（滞調36の6Ⅰ）。第三債務者は、執行裁判所等に対してその事情の届出（供託書正本添付）をしなければならず（滞調36の6Ⅱ、滞調規則43）、執行裁判所書記官は、その旨を徴収職員等に通知（事情届通知書）しなければならない（滞調36の6Ⅲ、滞調政令29Ⅲ）。なお、徴収職員等は配当等の手続をすることも

なく、執行裁判所等の配当等の実施としての支払委託に基づいて配当等を受けるものであるから、滞調法20条の6第1項の規定による供託の場合の徴収職員等から執行裁判所等への事情届通知の場合のように供託書正本の保管を証する書面の添付は要しない。

③　事情届が提出された以後の執行裁判所等の手続は、通常の配当等の手続と同様であり、事情届の提出により（符号(リ)）の配当事件を立件し配当等の手続に移行する。

なお、強制執行による差押債権者が競合する滞納処分による差押えの存在を知るのは、通常は第三債務者に対する陳述の催告に対する回答によろう（民執147Ⅰ）。

(3)　**第三債務者が供託した後に続行決定があった場合**
①　供託の転化

滞調法20条の6第1項の規定による供託がされた後に、強制執行続行の決定がされたときは、この供託は、同法36条の6第1項の規定による供託に転化し（宇佐見・金融法務事情937号70頁）、その供託金の払渡しは執行裁判所等の配当等の実施としての支払委託に基づいてなされる。

②　供託書正本等の交付

強制執行続行の決定があったときは、徴収職員等は、滞調法20条の6第1項の規定による第三債務者の供託に係る供託書正本を執行裁判所等に送付しなければならない（滞調政令12の9Ⅰ）。

③　払渡手続

執行裁判所等は、第三債務者から事情届が提出されるわけではないので、特別に配当事件は立件されず、基本事件である執行事件手続（強制執行の場合は符号(ル)、担保権事件の場合には符号(ナ)）のなかで配当等の手続が進められる。配当等の手続においては、徴収職員等からの供託書正本の送付をまって、通常の配当等の手続と同様の手続が進められる（詳細については、後記第3節3を参照されたい）。

第3節　滞納処分と強制執行とが競合し強制執行が先行する場合の供託

1　取立ての制限

　強制執行がされている債権に対し、滞納処分による差押えがされたときは、差押え私債権者は、滞納処分による差押えに係る部分だけでなく、差押えに係る債権の全額について取立てができなくなる（滞調36の6Ⅰ）。このことは、徴収職員等の取立権についても同様である。債権の一部について強制執行による差押えがされた場合でも、滞納処分による差押えとの競合により、強制執行による差押えの効力は、その債権の全部に及ぶから（滞調36の4）、前述のとおり、徴収職員等もその債権の取立てをなし得なくなる。

　したがって、強制執行による転付命令が第三債務者に送達されるときまでに、転付命令に係る債権について滞納処分による差押えがされたときは、転付命令は滞納処分による差押えに係る部分についてだけでなく全額についてその効力が生じないと解される（滞調36の5）。

　しかし、差押え私債権者や徴収職員等は第三債務者に対して取立訴訟を提起することは可能であるが、供託判決がなされることになる（滞調36の7、民執157Ⅳ、宇佐見・金融法務事情937号70頁）。なお、滞納処分が先行する場合は、滞納処分による差押えの部分については、差押え私債権者は取立訴訟は提起できない。

2　強制執行による差押えの効力

　債権の一部について強制執行による差押えがされている場合において、その残余の部分を超えて滞納処分による差押えがされたときは、強制執行による差押えの効力はその全部に及ぶ（滞調36の4）。これは、滞納処分による差押えを強制執行手続に取り込み、債権全体について強制執行手続で換価・配当をするためには、強制執行による差押えの効力を債権全体に及ぼしておく

必要があることに基づくものである。

したがって、強制執行による差押えが債権の一部についてなされている場合であろうと、債権の全体についてなされている場合であろうと、差押えの効力およびその後の手続は同様である。

差押えの効力の拡張は、差押えが担保権の実行または行使によるものであっても（滞調36の13・36の4）、仮差押えの執行であっても（滞調36の12・36の4）同様である。

3 第三債務者の供託

(1) 供託の性質

[1] 金銭債権について強制執行による差押えがされている場合に、滞納処分による差押えがあり差押えが競合したとき（①強制執行、②滞納処分となっているとき）は、第三債務者は、その債権の全額に相当する金銭を債務の履行地の供託所に供託しなければならない（滞調36の6Ⅰ）。この供託義務を負わせたのは、租税の優先徴収権を保証して執行裁判所等で確実に配当できるようにするためである。

[2] この供託義務は、強制執行による差押えが最初にされているときは、たとえ滞納処分による差押えでは競合せず、その次（3番目）の差押えまたは仮差押え等で競合することになったとしても、債権全額について生ずる。

つまり、金銭債権の一部について、強制執行による差押えがされている場合において、

① その残余の範囲内で滞納処分による差押えがされ、さらに、滞納処分による差押えまたは強制執行による差押えもしくは仮差押えの執行がされて、これらの差押えが競合したとき（図4-3-16-Ⅰ、4-3-16-Ⅱ）

② その残余の範囲内で強制執行による差押えもしくは仮差押えの執行がされ、さらに、滞納処分による差押えがされて、これらの差押えが競合したとき（4-3-16-Ⅲ）

のいずれの場合でも、供託義務が生じ、第三債務者は、この債権の全額に相当する金銭を債務の履行地の供託所に供託しなければならない（民事執行基

基本通達第三・三・1・㈡・⑵・ア前段

図4－3－15－Ⅰ
①差100
②滞100

図4－3－15－Ⅱ
①差100
②滞50

図4－3－15－Ⅲ
①差60→100
②滞100

図4－3－15－Ⅳ
①差60→100
①差60
②滞50

図4－3－15－Ⅴ
①差60→100
②差50→100
①差60　②差50
③滞30

図4－3－15－Ⅵ
①差50→100
②差40→100
①差50　②差40
③滞30

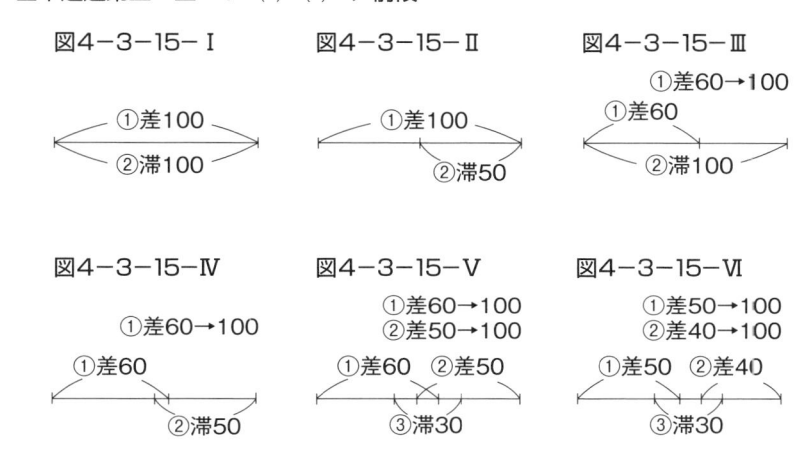

基本通達第三・三・1・㈡・⑵・ア後段

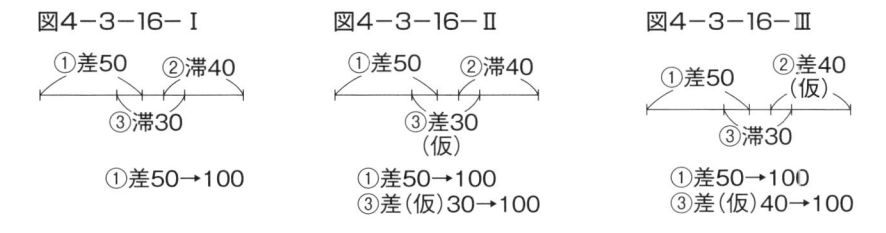

図4－3－16－Ⅰ
①差50　②滞40
③滞30
①差50→100

図4－3－16－Ⅱ
①差50　②滞40
③差30
（仮）
①差50→100
③差（仮）30→100

図4－3－16－Ⅲ
①差50　②差40
（仮）
③滞30
①差50→100
③差（仮）40→100

本通達第三・三・1・㈡・⑵・ア後段）（表4－3－4参照）。

　これは、3番目に差押え等がされて競合が生ずると、強制執行による差押えまたは仮差押えの執行の効力は、その当初の差押えの時点にさかのぼって債権金額について生じ（稲葉・金融法務事情936号17頁）、したがって債権全額について強制執行が先行するものとして取り扱われるからである。

　3　これに対し、①滞納処分、②強制執行、③強制執行（または仮差押えの執行）の順に差押えがされ、3番目の差押えによって競合する場合は、最初の滞納処分による差押えの部分を除外した残余の部分について供託義務を負う（滞調36の6Ⅰ括弧書のケースである）。この場合の債権の全額を供託するには、滞調法20条の6第1項または同項および同法36条の6第1項の双方の

第3章　滞調法による供託　281

表4-3-2

執行内容 (債権100)	差押競合 供託義務	供託の性質 (供託金額)	配当等債権者
① X₁強 (60)		権利供託 (60または100) 民執156 I	X₁
② X₂滞 (50)	差押競合 義務発生	義務供託 (100) 滞調36の6 I	X₁、X₂
③ ①の取立訴状送達			
④ X₃強 (100)		義務供託 (100) 滞調36の6 I	X₁、X₂

執行内容 (債権100)	差押競合 供託義務	供託の性質 (供託金額)	配当等債権者
① X₁強 (60)		権利供託 (60または100) 民執156 I	X₁
② ①の取立訴状送達			
③ X₂滞 (50)	差押競合 供託義務 不発生	権利供託 (60) 民執156 I 100の供託はできない	X₁（X₂は60については配当にあずかれないのがX₁の差押えの及ばない部分については取立て可能）

表4-3-3

執行内容 (債権100)	差押競合 供託義務	供託の性質 (供託金額)	配当等債権者
① X₁強 (60)		権利供託 (60または100) 民執156 I	X₁
② (仮) X₂強 (50)	差押競合 義務発生	義務供託 (100) 民執156 II	X₁、X₂
③ X₃滞 (40)		義務供託 (100) 滞調36の6 I	X₁、X₂、X₃
④ ①の取立訴状送達			
⑤ X₄強 (100)		義務供託 (100) 滞調36の6 I	X₁、X₂、X₃

①強、②滞、③滞
①強、②滞、③強 (仮) の場合も同様である。

表4-3-4　基本通達第三・三・1・㈡・⑵・ア後段の場合

執行内容 （債権100）	差押競合 供託義務	供託の性質 （供託金額）	配当等債権者
① X₁強（50）		権利供託（50または100） 民執156 I	X₁
② X₂滞（40）		権利供託（50または60） 民執156 I	X₁（X₂は直接取立て）
③ X₃滞（30）	差押競合 義務発生	義務供託（100） 滞調36の6 I	X₁、X₂、X₃
④ ①の取立訴状送達			
⑤ X₄強（100）		義務供託（100） 滞調36の6 I	X₁、X₂、X₃

①強、②強（仮）、③滞　　　　　　　　｜
①強、②滞、　　　③強（仮）｜ の場合も同様である。

規定を根拠とすることになる（民事執行基本通達第三・三・1・⑸））。なお、その他の手続については、前記第2節5を参照されたい。

なお、供託書の記載は別紙記載例4-3-2による。

⑵　配当加入遮断効

滞調法36条の6第1項の規定による供託は、配当要求の終期に関する民事執行法165条の適用については、同法156条2項の規定による供託とされるので（滞調36の9）、供託をした時点で同法165条1号の規定により配当加入遮断効が生じ、配当等を実施できる。

なお、本条の供託義務は、強制執行による差押債権者が提起した取立訴訟（滞調36の7）の訴状が第三債務者に送達されたときまでに滞納処分による二重差押えをした場合に生ずるから、当該取立訴訟提起後は、滞納処分による差押えまたは交付要求をしても配当にあずかることはできない。

⑶　払渡手続

①　事情届

供託をした第三債務者は、供託書正本を添付して、その事情を執行裁判所等に届け出なければならない（滞調36の6Ⅱ、滞調規則43Ⅱ）。

また、裁判所書記官は、事情届が執行裁判所等に提出された旨を書面によ

記載例4-3-2

供託書・OCR用
(雑)

申請年月日	平成 20 年 8 月 19 日	供託カード番号
供託所の表示	○○地方法務局	カードご利用の方は記入してください。

供託者の住所氏名
住所：甲県乙市丙町1丁目1番1号
氏名・法人名等：甲野 太郎
代表者印又は代理人住所氏名

被供託者の住所氏名
住所：(〒 　−　)
氏名・法人名等：

供託金額：¥1,000,000

法令条項：滞納処分と強制執行等との手続の調整に関する法律36条の6第1項

供託の原因たる事実：
供託者は、甲県丙市丁町2丁目2番2号乙山次郎に対し、平成19年8月19日付けの金銭消費貸借契約に基づく金100万円の貸金債務（弁済期平成20年8月19日、弁済場所乙山次郎住所）を負っているが、これについて下記の強制執行による差押えと滞納処分による差押えとが競合したので、債権の全額である金100万円を供託する。

記

強制執行による差押えの表示
○○地方裁判所平成20年(ル)第576号、債権者乙具丙町3丁目3番3号丙村三郎、債務者乙山次郎、第三債務者供託者、平成20年8月1日送達。

滞納処分による差押えの表示
甲県丙市乙町1丁目1番1号○○税務署長が乙山次郎の滞納税(平成19年度所得税40万円、延滞税5万円、合計45万円)に基づいてした滞納処分による差押え、差押債権額80万円、平成20年8月2日差押通知書送達。

供託により消滅すべき質権又は抵当権：

反対給付の内容：

備考
(注) 1. 供託金額の冒頭に¥記号を記入してください。なお、供託金額の訂正はできません。
2. 本供託書は折り曲げないでください。

受理 年 月 日 (印)
供託カード発行 □

供託者カナ氏名：コウノ　タロウ

1 濁点、半濁点は1マスを使用してください。

り徴収職員等に通知しなければならない（滞調36の6Ⅲ、滞調規則43Ⅲ）。

② 配当等の手続

第三債務者から事情届が執行裁判所等に提出されたときは、直ちに執行裁判所等において配当事件（符号(ﾘ)）が立件され、配当等の手続に移行する。

供託金の払渡しは執行裁判所等の配当等の実施としての支払委託に基づいてなされる（民事執行基本通達第三・三・1・㈡・(2)・イ）。

(4) みなし交付要求

滞調法36条の6第2項の規定による事情届出に記載されている差押えをした国税等または同法36条の3第2項本文の規定により滞納処分による差押えをした旨を執行裁判所等に通知した国税等については、その差押えのときに交付要求があったものとみなされる（滞調36の10Ⅰ）。この規定によって、上記の国税等は交付要求手続を経由することなく、強制執行手続において配当等にあずかることになる。

(5) **先行の強制執行による差押命令の申立てが取り下げられ、または差押命令を取り消す決定が効力を生じたとき**

① 執行裁判所等のすべき手続

裁判所書記官は、差押競合債権について強制執行による差押命令の申立てが取り下げられ、または差押命令を取り消す決定が効力を生じた場合には、その旨を徴収職員等に通知しなければならない（滞調36の11・31、滞調規則45・33）。なお、この通知には供託書正本を添付しなければならない〔滞調規則44〕。

② 徴収職員等の払渡請求

第三債務者が滞調法36条の6第1項の規定により供託をした後、先行の強制執行による差押命令の申立てが取り下げられ、または差押命令を取り消す決定が効力を生じたときは、徴収職員等は、執行裁判所からのその旨の通知に添付された供託書正本を供託金還付請求書に添付して直接にこの供託金の払渡しを受けることができる（滞調36の6Ⅳ、民事執行基本通達第三・三・1・㈡・(2)・ウ）。この場合の法律関係は、滞納者の還付請求権が顕在化し、この上に滞納処分による差押えの効力が及ぶ結果、徴収職員等が取立権を行使

できると解するほかないであろう（稲葉・金融法務事情936号18頁）。

なお、供託後、滞納処分による差押えが解除されたときは、民事執行法156条1項または2項による供託がなされたものとして考えれば足りる（稲葉・金融法務事情936号18頁）。

4 金銭債権の一部について強制執行による差押えがされている場合において、残余の範囲内で滞納処分による差押えがあったときの供託

(1)　債権の一部について強制執行がされている場合において、その残余の範囲内で滞納処分による差押えがされたときは、強制執行による差押えと滞納処分による差押えとは競合状態にないので、滞調法の適用はない。したがって、差押え私債権者および徴収職員等は、それぞれ差し押えた金銭債権を取り立てることができる。

(2)　**民事執行法上の権利供託**

強制執行と滞納処分とが競合しないときは滞調法の適用がない以上、第三債務者の供託については民事執行法156条1項の規定によって賄われる。

したがって、供託をするとすれば、滞納処分による差押えに相当する金銭を除いた部分、または強制執行による差押金額に相当する金銭を供託することができるとされている（民事執行基本通達第三・三・1・㈡・(3)）。滞納処分による差押部分について執行供託をしても、第三債務者は免責されず、徴収職員等の取立てに対抗することはできないと解される（稲葉・金融法務事情934号6頁）。

ただし、滞納処分による差押えに相当する金員を除いた残余の額を供託する場合には、強制執行による差押部分以外の部分は弁済供託部分であり、この部分の払渡しは債務者の還付請求によって行うものであるから、第三債務者の供託に際して、供託官に対して供託通知書の発送を請求する場合、郵券を付した封筒を添付しなければならない（民495Ⅲ、供託規16、供託準則33、民事執行基本通達第二・四・1・(2)参照）。

その他の手続については、前記第2章第2節第2・2（金銭債権の一部が

差し押えられその全額を供託する場合）と同様である。

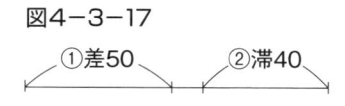

図4-3-17

①差50　②滞40

5　滞納処分続行承認の決定がされた場合

(1)　滞納処分続行承認決定手続

①　強制執行による差押えが先行している債権について、滞納処分による差押えが競合した場合において、強制執行による手続が進行しないときは、徴収職員等は、滞納処分による手続を進行させるため執行裁判所に対し滞納処分続行承認の決定を請求することができる（滞調36の11Ⅰ・25）。

②　滞納処分続行承認の決定に対しては不服申立てをすることができない（滞調26Ⅱ）。滞納処分続行承認の決定があったときは、裁判所書記官はその旨を第三債務者に通知するとともに、徴収職員等にも通知しなければならないが（滞調規則45・36）、第三債務者が供託した後に続行承認の決定があったときには、第三債務者に対する通知は不要であろう。

③　続行決定の効果

滞納処分続行決定承認の決定があったときは、滞調法の適用については、強制執行による差押えは滞納処分による差押え後にされたものとみなされる（滞調36の11Ⅰ・27Ⅰ）。

続行決定があったときには、第三債務者の供託義務は解除され、続行決定を受けた滞納処分庁の取立てに応ずるか、または滞調法20条の6第1項により供託することができ、既に債権の全額を供託しているときには、その供託は滞調法20条の6第1項による供託として取り扱われることになる（宇佐見・金融法務事情937号70頁）。

(2)　第三債務者が供託する前に続行承認の決定があった場合の供託

滞納処分続行承認の決定がされたときは、強制執行による差押えは滞納処分による差押え後にされたものとみなされる結果、第三債務者は、滞調法36

条の6第1項による供託義務を解除されるので徴収職員等の取立てに応じて差押債権に相当する金銭を支払うことも可能であるが、滞調法20条の6第1項の規定を根拠として債権全体の供託をすることができる（稲葉・金融法務事情936号18頁）。この場合の供託においては、強制執行による差押えは消滅しているわけではないので、供託書にその記載をすることを要すると考えられる。

(3) **第三債務者が供託した後に滞納処分続行承認の決定がされたとき**

1 徴収職員等の供託金払渡請求

差押競合債権につき第三債務者が滞調法36条の6第1項の規定による供託後、先行する強制執行が中止または停止されたため、徴収職員等の申立てにより滞納処分続行承認の決定がされたときは、この供託は滞調法20条の6第1項の規定によってされた供託と同様に取り扱うことになり、直ちに徴収職員等が供託金の払渡しを供託所に対して請求することができることになる（稲葉・金融法務事情936号18頁）。

2 執行裁判所の手続

裁判所書記官は、滞納処分続行承認の決定があったときは、前述の徴収職員等への通知とともに（滞調規則45・36）、供託書正本を徴収職員等に引き渡さなければならない（滞調規則44）。徴収職員等は、供託所から供託金の取立てをすることになる。

第4節　滞納処分と強制執行が同時にされ競合した場合

滞納処分による差押通知と強制執行による差押命令（または差押処分）の送達が同時であった場合の第三債務者の供託と事情届の提出先はいかに解すべきであろうか。

滞調法は、同時の場合を想定していないので解釈によらなければならない。滞納処分が先行するときは、滞調法20条の6第1項の規定によって、第三債務者は権利供託ができ、徴収職員等に事情届をすることになり、強制執

行が先行するときは、滞調法36条の6第1項の規定によって、義務供託しなければならず、執行裁判所に事情届をすることになる。いわば、配当等の手続のイニシアチブをどちらが握るかということになる。しかし、滞調法は、手続上の優先関係を規定したにすぎず、実体法上の優先関係を拘束するものではない（わずかに、執行費用の請求に関して差異が生ずる）。

したがって、滞納処分による差押通知と強制執行による差押命令〔または差押処分〕が同時に送達された場合には、滞調法20条の6と36条の6とが重複しているものであり、第三債務者の選択により、滞調法20条の6第1項または36条の6第1項のいずれの供託も可能である（注）。

(注)　①　座談会「債権譲渡及び差押等をめぐる供託上の諸問題について(下)」登記研究439号50頁以下
　　　②　（反対）深沢・民事執行の実務(中)593頁
　　　　　（供託義務が生じ、第三債務者は執行裁判所に事情届をしなければならない）

第5節　滞納処分と仮差押えの執行とが競合する場合の供託

1　滞納処分の優先

滞納処分は、仮差押えの執行がされている債権に対してもすることができ（国徴140はこのことを前提としている）、また、仮差押命令は、滞納処分による差押えがされている債権に対しても発することができる（滞調20の9Ⅰ・20の3Ⅰ）。

滞納処分による差押えが先行する場合はもちろん、仮差押えの執行が先行する場合であっても、国税徴収法140条によって滞納処分は仮差押えによってその執行は妨げられないので、徴収職員等は、仮差押えの執行と滞納処分による差押えの先後関係を考慮することなく、その取立権（国徴67Ⅰ）を行使することができる。

2　仮差押えの効力の拡張

　滞納処分による差押えと仮差押えの執行が競合する場合、例えば、①債権の一部について滞納処分による差押えがされている場合において、その残余の部分を超えて仮差押命令が発せられたとき、②債権の全部について滞納処分による差押えがされている場合において、その債権の一部について仮差押の執行がされたとき、③債権の一部について仮差押えの執行がされている場合において、その残余の部分を超えて滞納処分による差押えがされたときは、いずれの場合においても仮差押えの執行の効力は債権の全部に及ぶ（滞調20の9・20の4・36の12・36の4）。このことは、将来執行裁判所において配当をなすべき場合の根拠となるべきものである。

3　第三債務者のする供託

(1)　差押えの競合による権利供託

　金銭債権について、仮差押えの執行と滞納処分による差押えが競合（差押え等の先後関係を問わない）した場合には、第三債務者は、その債権の全額に相当する金銭を債務の履行地の供託所に供託することができる（滞調20の9・36の12・20の6Ⅰ）。すなわち、差押え等の先後関係を問わず、いずれの場合においても、第三債務者は権利としての供託が認められるにすぎない。これは、徴収職員等が取立権を有するので第三債務者に対して供託義務を課す必要はなく、第三債務者の保護を図れば足りるからである。

表4-3-5　①滞納処分、②仮差押え

執行内容 （債権100）	差押競合	供託の性質 （供託金額）	配当債権者
①　X₁滞（60）		不可	
②　X₂仮（50）	差押競合	権利供託（40） 　民執178Ⅴ、156Ⅰ 権利供託（100） 　滞調20の9、20の6Ⅰ	配当加入遮断効 不　発　生

表4-3-6　①仮差押え、②滞納処分

①	X₁仮（60）		権利供託（60または100） 民執178Ⅴ、156Ⅰ	配当加入遮断効 不　発　生
②	X₂滞（50）	差押競合	権利供託（50） 民執178Ⅴ、156Ⅰ 権利供託（100） 滞調36の12、20の6Ⅰ	配当加入遮断効 不　発　生

表4-3-7　①仮差押え、②差押え、③滞納処分

①	X₁仮（60）		権利供託（50または100） 民執178Ⅴ、156Ⅰ	配当加入遮断効 不　発　生
②	X₂差（40）		権利供託（90または100） 民執156Ⅰ、178Ⅴ	X₁、X₂、（X₁の50 につき不発生）
③	X₃滞（30）	差押競合 供託義務 発生	義務供託（100） 滞調36の6Ⅰ	X₁、X₂、X₃

表4-3-8　①仮差押え、②滞納処分、③差押え

①	X₁仮（50）		権利供託（50または100） 民執178Ⅴ、156Ⅰ	配当加入遮断効 不　発　生
②	X₂滞（40）		権利供託（90または60） 民執178Ⅴ、156Ⅰ	同　　上
③	X₃差（30）	差押競合	義務供託（100） 滞調20の6Ⅰ	X₁、X₃（X₂は直 接還付）

　この場合の供託については、債務者の還付請求権を認めざるを得ず、弁済供託の性質を有するので、前記民事執行基本通達第二・四・2・㈠・(2)（金銭債権について仮差押えの執行のみがされた場合の供託、前記第2章第3節第4・3参照）と同様であるとされる。したがって、債務者を被供託者とし、供託官に対して供託通知書の発送を請求する場合、郵券を付した封筒を添付させる取扱いである（民事執行基本通達第三・三・2・㈠括弧書、民495Ⅲ、供託規16、供託準則33）。その構造は被供託者たる債務者（滞納者）の還付請求権の上に、滞納処分による差押えおよび仮差押えの効力が移行するものと考えら

れる。

(2) 徴収職員等に対する事情届

滞調法20条の6第1項の準用による供託である以上、第三債務者が差押債権に相当する金銭を供託した場合には、供託書正本を添付して、その事情を滞納処分による差押えをした徴収職員等に届け出なければならない（滞調20の9・36の12・20の6Ⅱ、滞調政令12の11Ⅰ・32・12の5Ⅱ）。

(3) 徴収職員等からの通知

徴収職員等は、第三債務者からの事情届により仮差押命令が発せられていることを知ったときは、その仮差押えの執行裁判所（仮差押命令を発した裁判所、民保55Ⅱ）に対し国税徴収法55条3号の通知をすると同時に、事情届のあった旨の通知（事情届通知書送付）をしなければならない（滞調政令12の11・32・12の6Ⅰ）。ただし、滞納処分と強制執行との競合の場合と異なり、徴収職員等は、供託書正本の保管を証する書面は上記通知書に添付しない（滞調政令12条の11または32条により準用されるのは12条の6第1項のみで2項は準用されていない）。したがって、徴収職員等は、債権の一部につき滞納処分による差押えがされている場合において、差し押えられた部分に相当する金銭の払渡しを受けたときは、執行裁判所に供託書正本を送付しなければならない（滞調政令32・12の11Ⅱ）。

(4) 払渡手続

1 滞納処分による差押えの金額に相当する部分の払渡し

第三債務者のした供託金のうち、滞納処分による差押えの金額に相当する部分については、徴収職員等は直接還付請求によって払渡しを受けることができる（民事執行基本通達第三・三・2・㈡・1）。

債権の一部について滞納処分がされている場合において、徴収職員等がその差押部分に相当する供託金の払渡しを受けたときは（滞納処分と強制執行との競合による供託の場合には、先にされた徴収職員等から執行裁判所等への事情届通知書には「供託書正本の保管を証する書面」の添付があるが（滞調政令12の6Ⅱ）、滞納処分と仮差押えの執行の競合による供託の場合には、上記「供託書正本の保管を証する書面」の添付がないので（滞調政令12の11では同12の6Ⅱの

準用がない））徴収職員等は供託書正本を仮差押えの執行裁判所等に送付しなければならない（滞調政令32・12の11Ⅱ）。

② 仮差押えの執行を原因として供託した部分

① 金銭債権の一部についての仮差押えの執行であっても、滞納処分による差押えとの競合により、仮差押えの効力は債権の全体に及んでいるので（滞調20の9・20の4・36の12・36の4）、滞納処分により差し押えられた部分以外の残余の部分の払渡しおよび滞納処分による差押えが解除された場合の払渡しは、仮差押えの執行を機縁としてなされる民事保全法50条5項によって準用される同法156条1項の規定による供託の場合と同様である（前記第2章第2節第4参照）。したがって、この部分については第三債務者の供託によっては配当加入遮断効を生ぜず、配当等も実施されない。

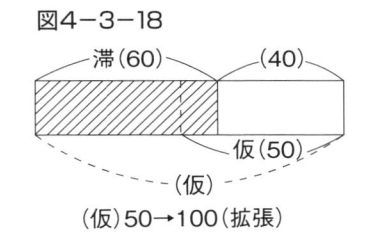

図4-3-18

滞(60) ／ (40)
仮(50)
(仮)
(仮)50→100(拡張)

ただし、この点については、滞調法20条の6による供託金につき、国税等の取立金の残余の配当等に関し例外が認められている（後記4参照）。

仮差押えの執行裁判所は、徴収職員等からの事情届通知書を受け取った場合には、仮差押えの事件記録に編綴するのみで足り、供託書正本が徴収職員等から送付されてきた場合も（滞調政令32・12の11Ⅱ）、配当等の手続は行わないので、供託書正本を保管するのみで足りる。

② 配当等の手続が実施される場合

供託金のうち、滞納処分による差押えがされている部分以外の部分の払渡しについては、金銭債権について仮差押えの執行がされた場合の供託と同様であるので、債務者の有する供託金還付請求権に対して仮差押債権者が本執行としての差押えをするほか、他の債権者が差押えをすることによって、第三債務者たる供託所から事情届が執行裁判所に提出され（昭

57.4.13民四2591号民事局第四課長回答)、配当事件が立件され、配当等の実施として支払委託がなされる。

4 徴収職員等が差押金額に相当する供託金の払渡しを受けた後、または、徴収職員等が第三債務者が供託する前に直接取り立て、自己の債権に充当した後、残余金が生じた場合

(1) 執行裁判所に対する残余金の交付

滞納処分による差押えと仮差押えによる執行とが競合した場合に、徴収職員等が取立権を行使して供託金の払渡しを供託所から受けた後、または、徴収職員等が第三債務者が供託する前に差押債権を第三債務者から直接取り立て、自己の債権に充当した後、滞納者に交付すべき残余金が生じた場合には、徴収職員等は国税徴収法129条3項の規定にかかわらず、これを金銭債権に対する強制執行について管轄権を有する裁判所(原則として、債務者の普通裁判籍の所在地を管轄する地方裁判所、民執144Ⅰ)に交付しなければならない(滞調20の9Ⅰ・36の12Ⅰ・18Ⅱ)。残余金を交付するのは本執行の管轄権を有する地方裁判所であり、仮差押命令を発した仮差押執行裁判所ではない。

この残余金を交付するときは、「残余金交付通知書」および国税徴収法131条の「配当計算書」に記載すべき事項(徴収令49Ⅰ)を記載した残余金計算書を送付しなければならない(滞調政令32・12の11・4)。

なお、残余金が生じなかった場合においては、仮差押えの執行裁判所に対し、残余金皆無通知書を送付しなければならない。

(2) 執行裁判所等の立件手続

執行裁判所等は、徴収職員等から「残余金通知書」が送付されてくると、この通知書に基づいて雑事件(符号㋺)を立件し、この雑事件に基づいて、その後の残余金受入手続配当手続を進行する。なぜなら、残余金を受け入れる執行裁判所等には執行事件記録はなく、徴収職員等からの「残余金交付通知書」によって初めて、仮差押えの執行と滞納処分による差押えとの競合による残余金であることが明らかとなるからである。

(3) 配当加入遮断効

　滞調法20条の7第3項により残余金が執行裁判所等に交付されたときは、配当等に関しては、債権の強制執行による売却命令による売却および売却命令により執行官が売得金の交付を受けたときとみなされるので（滞調20の9Ⅱ・36の12Ⅱ・20の7Ⅲ、民執165③）、執行裁判所等が残余金の交付を現実に受けたとき（残余金交付通知書を受け取ったときではない）に配当加入遮断効が生じ、仮差押債権者のために配当等の手続が行われることになる（この場合、裁判所書記官により配当留保供託がなされる）。

　なお、仮差押えの執行のみを原因とする供託の場合には、仮差押債権者または他の債権者が供託所を第三債務者とする債務者の還付請求権に対して差押えをしない限り配当加入遮断効は生じないが、本事例においては、その唯一の例外として配当等の手続が行われることになる（宇佐見・金融法務事情937号71頁参照）。

　このように徴収職員等の態度いかん（いったん供託金の全額の払渡しを受けた後、残余を裁判所に交付するか、必要なだけ払渡しを受け残余は供託金のままにしておく）によって、仮差押債権者のために配当等の手続が行われたり行われなかったりする事態が生じることになり問題がある。

(4) 配当等の手続

　この残余金が執行裁判所に交付されることによって執行裁判所に配当財団が形成され、配当等が実施される（滞調20の7Ⅰ・Ⅱ）。

　この配当等の手続は、金銭を執行裁判所が保管しているので、不動産執行の配当等の手続と同様である。仮差押債権者が1人で本案訴訟で勝訴したのであれば、執行裁判所に疎明したうえ（みなし解放金の場合には供託金還付請求権に本執行することを要する）弁済金交付手続（仮差押債権者が本案訴訟で敗訴すれば残余金は債務者に支払われる）が行われ、仮差押債権者が数名で、その請求債権等の金額に残余金が足らないときは配当手続が行われる。なお、配当等の期日までに仮差押えの本執行移行要件が具備されていないときは、裁判所書記官は、仮差押債権者に対する配当等の額を供託（配当留保供託）しなければならない（民執166Ⅱ・91Ⅰ②）。

5 第三債務者が供託をした後、滞納処分による差押えを解除した場合

(1) 解除された部分の払渡し

滞納処分による差押えが解除された場合には、解除された額に相当する部分については、金銭債権について仮差押えの執行がされた場合の供託と同様に取り扱われる（民事執行基本通達第三・三・2・㈡・(2)後段）。したがって、債務者の有する還付請求権に対して仮差押債権者または他の債権者が本執行としての差押えをすることによって配当事件が開始され、執行裁判所の配当等の実施としての支払委託に基づいて供託金の払渡しがされることになる。

(2) 徴収職員等からの通知

滞納処分による差押えを解除したときは、「差押えおよび交付要求解除通知書」により、差押えを解除した旨を仮差押えの執行裁判所に通知しなければならない（滞調政令32・12の11・12の7Ⅰ・10Ⅱ）。上記通知書には、全部解除した場合には供託書正本を添付し（滞調政令32・12の11Ⅱ）、供託金を一部還付受けた後、残余につき解除した場合にも供託書正本を添付することになる。

(3) 仮差押執行裁判所の手続

徴収職員等から「差押えおよび交付要求解除通知書」および供託書正本が仮差押えの執行裁判所に送付されてきた場合には、徴収職員等から滞納処分残余金が送付されてくる場合（前記4）と異なり配当加入遮断効は生じないので配当手続には入れない。したがって、仮差押えの執行裁判所は、仮差押えの執行のみを原因とする供託（民保55Ⅴ、民執156Ⅰ）と同様に処理すれば足りる。

第 4 章

債権譲渡と差押え等との競合による供託（混合供託）

　民法494条と民事執行法156条（滞調20の6および36の6を含む）の双方を供託根拠条文としてする供託を、実務上、「混合供託」または「競合供託」と呼んでいる。前者は民法上の弁済供託であり、後者は民事執行法（滞調法を含む）を根拠とする執行供託であって、それぞれ供託の性質および内容を異にするため、その供託受理手続および供託金の払渡手続について、権利の確定および執行裁判所のする配当手続とも関連して、取扱上困難な問題のある分野である。

第1節　債権と差押え等が競合し、債権が先行する場合の混合供託

1　混合供託の可否

　まず、問題点提起の便宜のために、次のような事例を中心に検討してみる。

[事例1]

　Yは、甲に対して売買代金100万円の債務を負っていたところ、その売買代金について、次の順序で各書面の送達があった。この場合、Yはいかなる供託ができるか。

① 債権譲渡通知

　　譲受人乙、譲渡金額100万円（または60万円）

② 差押命令

債権者X_1、債務者甲、第三債務者Y、差押債権額100万円

図4-4-1

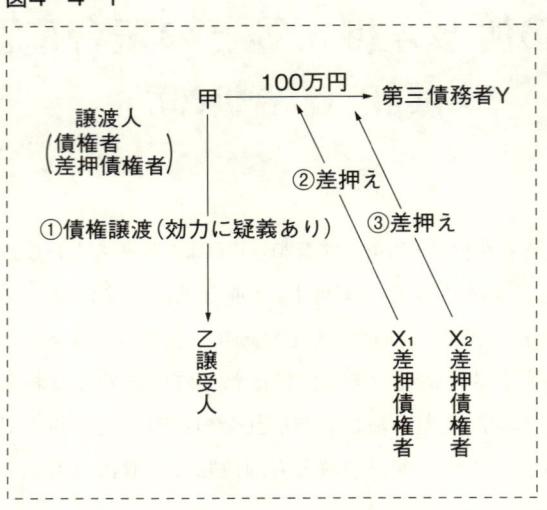

```
                        甲 ──100万円──→ 第三債務者Y
  譲渡人                  ↑  ↑
 (債権者   )              ②差押え
  差押債権者              │ ③差押え
                         │  │
  ①債権譲渡(効力に疑義あり)│  │
         │               │  │
         ↓               │  │
         乙              $X_1$  $X_2$
         譲              差   差
         受              押   押
         人              債   債
                         権   権
                         者   者
```

図4-4-2-Ⅰ

売買代金100万円

執行債務者　甲 ──────→ 第三債務者　Y
（債権者）

① 譲　渡　　譲　渡　額100万円……………譲受人乙
② 差押え　　差押債権額100万円…………差押債権者X_1
③ 差押え　　差押債権額100万円…………押債権者X_2

図4-4-2-Ⅱ

　　　　　　100万円
　　　甲 ──────→ Y

① 譲　渡　　60万円………………………………乙
② 差押え　　100万円………………………………X_1
③ 差押え　　100万円………………………………X_2

(1) **先行する債権譲渡が債権全額の場合**（図4-4-2-Ⅰ）

執行供託は、甲に権利が帰属することを条件とするものであり、いわば一

種の条件付供託となるが、この趣旨は結局X_1、X_2の差押えが有効なこと（空振りではないこと）を条件とするにすぎないものであって、なんら差押債権者を害するものではないから、一般の条件付きの供託の場合のように無効と解する必要はないと考えられている（浦野・民研276号111頁以下）。また、このような条件付供託を認めなければならない根本的理由は、正に第三債務者の保護にあると思われる。すなわち、もし、混合供託を認めないとすると、Yが甲・乙間の関係で、100万円につき不確知の弁済供託をしても、債権譲渡が有効となった場合は問題はないが（この場合には、甲を債務者とする各差押えは空振りとなる）、債権譲渡が無効の場合には、Yは、甲との関係で民法494条の弁済供託をしても、その弁済の効果をX_1、X_2の各差押債権者に主張することができないことは明らかである。したがって、その関係でも債務消滅の効果を享受しようとすれば、Yは、別途100万円の執行供託をしなければならず、二重負担の危険を負うことになる。

供託実務の取扱いでは、この場合には、Yは、甲・乙間の債権譲渡の効力に疑義があって甲・乙いずれが債権者であるか確知できないときは、民法494条と民事執行法156条2項を併記し、供託の原因たる事実欄に右各事実を記載して、一括して供託することができ、債権譲渡の効力の確定をまって、いずれかの供託として事態を処理することが認められている（注）。すなわち、Yは、甲・乙間の債権譲渡の有効・無効が明らかでないことを理由に、まず、民法494条の債権者不確知を原因として、また債権譲渡が無効である場合には（債権譲渡が有効であれば、甲を債務者とする各差押えは、空振りとなり、いずれも無効となる）、債務者甲の債権者X_1、X_2の各差押えが競合することを理由として、一括して供託することを認めようとするもので、後者の執行供託は、債権譲渡の無効を条件とするものである。

(注) 供託実務における過去の先例を概観するとおおよそ次のとおりである。
① 昭41.11.28民事甲3264号民事局長認可神戸管内決議1
(要旨) 本件は、X_1が仮差押えの場合の事案であるが、Yは被供託者を甲または乙およびX_1、X_2として、該当法条を民法494条、民事訴訟法621条1項により供託することができるとするものである。
(問) 1. Y（原文甲）は甲（原文乙）に対し、商品代金100万円也の

債務を有するところ、Yは甲より当該債権を乙（原文丙）に譲渡した旨の譲渡通知書を受けた後、同債権についてX$_1$（原文丁）のため債権額100万円の仮差押えの送達を受け、次いでX$_2$（原文戊）のため同債権につき債権額100万円の債権差押転付命令の送達を受けたのであるが、右X$_1$は甲が乙になした債権譲渡の無効を主張して目下訴訟中である。かかる場合、Yは被供託者を甲または乙およびX$_1$、X$_2$とし、該当法条を民法494条、民事訴訟法621条1項として供託申請があった場合受理してよいか。

決議　多数　できない。
　　　少数　受理する。
局長指示　少数意見が相当である。

② 昭41.12.27民事甲3683号民事局長認可東京管内決議払渡1
（要旨）　本件は、X$_1$が差押・取立命令の事案であるが、Yは被供託者を甲、乙、X$_1$、X$_2$として、該当法条を民法494条、民事訴訟法621条により供託することができるとするものである。

（問）　Y株式会社は、甲に対して鍍金加工代金50万円の債務（履行期昭和41年7月11日）を有するところ、同債権につき左記順序により各書面の送達を受けた。
　　　　　　　記
(1) 昭和41年7月1日譲渡人甲、譲受人乙、譲渡金額50万円とする確定日付のある債権譲渡通知書
(2) 同年7月5日債権者X$_1$（原文丙）、債務者甲、第三債務者Y株式会社、被差押債権額50万円の債権差押および取立命令書
(3) 同年7月10日甲から(1)の債権譲渡通知に関しては、甲の全く知らないところであり無効である旨の通知書
(4) 同年7月20日、債権者X$_2$（原文丁）、債務者甲、第三債務者Y株式会社、被差押債権額50万円とする債権差押および転付命令書
　(一)　右の事案によりY株式会社が供託する場合、左記のいずれによるのが妥当であるか。
　　　　　　　記
(1) 供託者Y株式会社、被供託者甲、乙、X$_1$、X$_2$、供託条項民法494条および民事訴訟法621条を併記して、供託原因には右の事案を記載し、債権者不確知として供託する。
(2) 供託者Y株式会社、被供託者甲または乙、供託条項民法第494条として、供託原因は、債権譲渡の効力につき争いがあるため債権者を確知し得ない旨を記載し、債権差押関係については、その内容をなお書として付記して供託する。
　(二)　右の事案により供託された供託金に対し、左記払渡請求がなさ

れた場合、認可できるか。
　　　　　　　記
(1)　被供託者甲（譲渡人）から、当該債権が甲に帰属する旨の甲乙間の確認判決等を添付して払渡請求があったとき。
(2)　被供託者甲から乙、X_1、X_2の甲に払渡してさしつかえない旨の承諾書等を添付して払渡請求があったとき。
(3)　差押取立債権者X_1から、甲が勝訴した旨の甲、乙間の確認判決等を添付して払渡請求があったとき。
(4)　差押転付債権者X_2から右(3)の確認判決等を添付して払渡請求があったとき。
参考　供託関係先例集(3)36頁（昭和36年7月31日民事局長回答）
決議　㈠　(1)　が妥当である。
　　　㈡　(1)　事情届出をする。
　　　　　(2)　多数意見　払渡してさしつかえない。
　　　　　　　少数意見　差押えを取り消さない限り払渡しできない。
　　　　　(3)　事情届出をする。
　　　　　(4)　事情届出をする。
民事局長変更指示　㈡、(2)、少数意見のとおり。
編注　「差押債権者をも被供託者として記載しているが、この記載をしても供託が無効となるものではないとされていたためであって（昭35全国供託課長会同決議13）、現行実務上は、上記記載はしない取扱いである」

③　昭43.12.20民事甲3635号民事局長認可福岡管内決議9
(要旨)　本件は、債権額182万、譲渡額170万、X_1が120万の差押・転付、X_2が50万の仮差押え、X_3が30万の差押・転付、X_4が100万の差押・取立ての場合の事案であるが、混合供託をすることができるとするものである。
　　(問)　9.　Y（原文甲）社が建築関係の工事を施工するに当たり、請負人甲（原文乙）との間で締結した請負代金182万円の支払の債務を有するところ、その債権額中170万円につき甲から乙（原文丙）に譲渡した旨の譲渡通知書と、甲の債権者をX_1（原文丁）とする債権差押えおよび転付命令（転付額120万円）が同時に送達され、その後債務者を甲とする仮差押え（50万円）、差押えおよび転付命令（30万円）、差押えおよび取立命令（100万円）等続いて送達を受けた甲社は差押えの競合として民訴621条による供託ができるか。
　　　　また工事代金につきY、甲間に譲渡禁止の特約があればどうか。
決議　民法494条および民事訴訟法621条を併記して、債権者不確知として供託する。

　　　　　民事局長変更指示　前段　消極に解する。
　　　　　　　　　　　　　　後段　民法494条および民事訴訟法621条を併記すれば供託できる。

(2) **先行する債権譲渡が債権の一部である場合**（図4-4-2-Ⅱ）

　譲渡債権額が目的債権全額であるときは、全額について混合供託すべきことは明らかである。

　譲渡債権額が目的債権の一部であるときは、混合供託すべき金額はどのようになるであろうか。

　図4-4-2-Ⅱの場合には、Yとしては、60万円について債権者不確知供託をし、40万円について執行供託の合計100万円の供託をすることになるが、譲渡が無効であれば、もともと100万円の義務供託をしなければならないはずであるから、いずれにしても100万円全額の供託をすることになるので、Yは100万円の混合供託が許されることになる。仮に、60万円の債権者不確知供託をし、40万について執行供託をした場合において、譲渡が無効となったときは、第三債務者たるYにとって、改めて60万円の執行供託をしなければならないという煩わしさが生ずることになるからである。

　なお、供託実務においても、設例図の場合に100万円全額の混合供託が許されると解されている（注）。

　（注）①　前掲昭43.12.20民事甲3635号民事局長認可。
　　　　②　昭59全国供託課長会同決議3問。
　　　　　　これについては、須藤「執行供託に関する二、三の事例について」登記研究444号65頁、竹田「昭和59年度全国供託課長会同における協議問題決議の解説」民月40巻1号10頁以下参照。

(3) **民法494条と民事執行法156条1項との混合供託**

　　　図4-4-2-Ⅲ

　　　　　　　　　　100万円
　　　　　　甲 ─────────→ Y
　　　①　譲　渡　　100万円…………………乙
　　　②　差押え　　100万円…………………X

図4-4-2-Ⅳ

```
           100万円
    甲 ─────────→ Y
① 譲 渡   60万円 ……………………… 乙
② 差押え   50万円 ……………………… X
```

　この場合（図4-4-2-Ⅲ）、旧法下においては、従来は単発の差押えによる供託は認められていなかったので、混合供託ということはあり得なかったが（注）、民事執行法においては、同法156条1項により、単発の差押えの場合においても権利供託が認められたので、かかる場合にも、第三債務者は、民法494条と民事執行法156条1項の双方の規定を根拠として債務額を供託することができる（富越・NBL200号57頁、佐藤・NBL219号9頁）。

　ところで、譲渡債権額と被差押債権額とが目的債権額全額であるときは、全額について混合供託をすべきことは明らかであるが、譲渡債権額と被差押部分とがそれぞれ目的債権の一部であるときは（図4-4-2-Ⅳ、ただし譲渡債権額と被差押部分の合計額が目的債権額に満たないときは、混合供託を認める意味はない。別個に供託しても第三債務者にとって二重弁済の危険を生ずることがないからである）、混合供託すべき金額はどのようになるであろうか。

　これについては、前述したように（前記(2)）、図4-4-2-Ⅳの事案に即して考えると、Yとしては、60万円について債権者不確知による弁済供託を、40万円について執行供託をすることになるが、譲渡が無効であればもともと100万円の権利供託をすることができるはずであるから、いずれにしても100万円全額の供託ができるので、Yは100万円の混合供託が許される。そして、債権譲渡の有効・無効にかかわらず支払について争いのない40万円については、甲・乙間の債権の帰属の確定を待つことなく、執行裁判所の配当等の実施としての支払委託に基づいてXへ支払われるものと解される（富越・NBL200号57頁）。

（注）　①　佐藤・民事執行法と登記・供託実務170・171頁
　　　　②　佐藤・NBL219号8・9頁

「この場合、(旧法下においては) Y (原文乙) は、供託書の備考欄にX (原文丁) の差押えがされた旨を記載したうえで、債権者不確知として民法494条により弁済供託ができることとされていた。この供託によって、Yは、Xに対する関係においても免責の効果を主張することができると解されていたようである。しかし、何故にXの差押えの事実を供託書の備考欄に記載することにより、YはXに対する関係において免責の効果を主張できるか疑問があった」

③ 昭36.7.31民甲第866号民事局長回答、昭50.12.19民四7161号民事局長通達参照

(4) **民法494条と滞調法20条の6または同法36条の6との混合供託**

図4-4-2-Ⅴ

執行債務者　甲 ─売買代金100万円→ 第三債務者　Y
(債権者)

① 譲　　渡　　譲渡額100万円………………譲受人乙
② 滞納処分　　差押債権額100万円…………徴収職員等
③ 差　押　え　差押債権額100万円…………差押債権者X

図4-4-2-Ⅵ

甲 ─100万円→ Y

① 譲　　渡　　100万円………………………Z
② 差　押　え　100万円………………………X
③ 滞納処分　　100万円………………………徴収職員等

図4-4-2-Ⅶ

甲 ─100万円→ Y

① 譲　　渡　　100万円………………………Z
② 仮差押え　　100万円………………………X
③ 滞納処分　　100万円………………………徴収職員等

この場合(図4-4-2-Ⅴ、図4-4-2-Ⅵおよび図4-4-2-Ⅶ)、旧法下における民事訴訟法旧621条は、強制執行による差押競合のときの執行供託に関する規定であって、強制執行による差押えと滞納処分による差押えが競合した場合には適用がなく、差押競合を理由として供託することはできず（福

岡地決昭32.7.2判時140号25頁、昭36.7.24民事甲1747号民事局長回答）、わずかに国税徴収法82条による交付要求（強制執行手続上、配当要求と同時に取り扱われるので）がある場合に、第三債務者は民事訴訟法旧621条により供託できるとされていたので（昭36.7.24民事甲1747号民事局長回答）、混合供託ということはあり得なかった。しかし、滞調法（昭和55年改正）においては、強制執行による差押え等と滞納処分による差押えが競合する場合においても供託が認められたことに伴い、かかる場合にも、前記(1)および(2)と同様の趣旨により、第三債務者は、民法494条と滞調法20条の6または同法36条の6等の双方の規定を根拠として債務額を供託することができる。

2 民法494条と民事執行法156条2項との混合供託の受理手続上の問題

(1) 供託書の記載等

この場合（前記1の図4－4－2－Ⅰ）の供託の供託書は、別紙記載例4－4－1による。

執行供託に関しては、原則として、仮差押えの執行を原因とする場合を除いては被供託者欄の記載を要しないが、民法494条の債権者不確知供託に関しては、債権の譲渡人（執行債務者）または譲受人のいずれかが還付請求権を有することから被供託者の欄に記載することを要する。したがって、供託書には譲渡人および譲受人の人数分の枚数の供託通知書および郵券を付した封筒を添付する（民495Ⅲ、供託規16、供託準則33）。

なお、前記先例（前記1の(1)の（注）参照）は、譲渡人、譲受人および差押債権者の全部を被供託者として記載すべきものとしているが（民訴旧621の執行供託の関係でも、差押債権者の記載を要しない（注）。つまり、前述したように、執行供託においては、還付請求権を取得すべき者は、執行裁判所の配当等の手続によって定めるものであって、供託者が自ら定めるべき供託当事者ではない）、この被供託者の記載をしても供託自体が無効になるものではなく（昭35全国供託課長会同決議13）、実務上、差押債権者を被供託者として記載する例が多かったことによるものである。現行実務上は、差押債権者を被供託者

記載例4-4-1

供託書・OCR用

申請年月日	平成20年12月1日
供託所の表示	○○地方法務局

供託者の住所氏名・法人名等:
甲県乙市丙町1丁目1番1号
甲野 太郎

被供託者の住所氏名・法人名等:
甲県乙市丙町2丁目2番2号
乙山 次郎

供託金額: ¥100,000,000

法令条項: 民法第494条、民事執行法第156条第2項

供託の原因たる事実:

供託者は、被供託者乙山次郎に対し売買残代金100万円の債務を負っているが、平成20年11月1日付内容証明郵便で上記乙山次郎から上記債権を被供託者丙川三郎に譲渡した旨の通知を受け、その後、下記のとおり当該債権に対する差押命令が送達された。と ころが、上記差押命令に対する丁村四郎は、上記債権譲渡の無効を主張して ○○地方裁判所平成20年(ワ)第300号詐害行為取消等請求事件として 目下訴訟係属中である。よって、債権者を確知できず、また乙山次 郎が債権者の場合には差押えが競合するので供託する。

記
(1) ○○地方裁判所平成20年(ル)第300号、債権者甲県乙市丙町4丁目4番4号丁村四郎、債務者乙山次郎、債権差押命令、執行債権額金120万円、平成20年11月10日送達
(2) ○○地方裁判所平成20年(ル)第305号、債権者甲県乙市丙町5丁目5番5号原五郎、債務者乙山次郎、債権差押命令、執行債権額金150万円、平成20年11月15日送達

供託者カナ氏名: コウノ タロウ

頁 1/2

(第9号様式)
(旧供第39号)

供託書・OCR用
(継続用紙・被供託者)

2頁/2

被供託者の住所氏名

☐ 及び
☐ 又は
該当する□に○印を
記入してください。

住所 （〒   －   ）
甲県乙市丙町3丁目3番3号
氏名・法人名等
丙川三三郎

☐ 及び
☐ 又は
該当する□に○印を
記入してください。

住所 （〒   －   ）

氏名・法人名等

☐ 及び
☐ 又は
該当する□に○印を
記入してください。

住所 （〒   －   ）

氏名・法人名等

（注）本供託書は折り曲げないでください。

第4編　金銭債権における第三債務者のする執行供託

第4章　債権譲渡と差押え等との競合による供託（混合供託）　307

として記載しない取扱いである。
(注) ① 昭38.5.10民事甲1330号民事局長認可
 (要旨) 民事訴訟法621条により第三債務者が供託するには、供託の原因たる事実欄に各差押債権者を記載すれば足り、被供託者欄の記載を要しない。
② 民事執行基本通達別紙記載例㈠、㈢、㈣、㈥、㈦参照。
 なお、上記通達中記載例㈡、㈤は、弁済供託の性質を有する場合に執行債務者を被供託者として記載することとしているにすぎない。

(2) 供託所

　弁済供託は債務の履行地の供託所にしなければならないが、弁済すべき債務が持参債務の場合において、債権者（不確知供託における譲渡人、譲受人）の住所が異なるときは、債権者のいずれかの住所の最寄りの供託所であると解されている（昭38.6.22民事甲1794号民事局長認可）。一方、執行供託についても、債務の履行地の供託所に供託しなければならないから（民執156Ⅰ、Ⅱ）、混合供託については、その管轄が重なる供託所に供託することになる。
　したがって、供託書の「供託の原因たる事実」欄には、持参債務の原則どおりである場合や預貯金のように取立債務であることが公知である場合を除き、債務の履行地を明記する必要がある。

(3) 事情届

　混合供託といえども、その供託については執行供託も含まれているので、第三債務者は、供託書正本を添付して執行裁判所に事情の届出をしなければならない（民執156Ⅲ）。
　この事情の届出を受けた執行裁判所では、債権の帰属について別に確定してこない限り、配当手続を進行させることができないので、第三債務者の事情の届出により配当事件を立件（符号(リ)）し、そのまま留保することになろう。

3 供託金払渡手続上の問題

(1) 民法494条を根拠とする供託の払渡し

1 債権の譲受人が弁済供託の被供託者として還付請求する場合

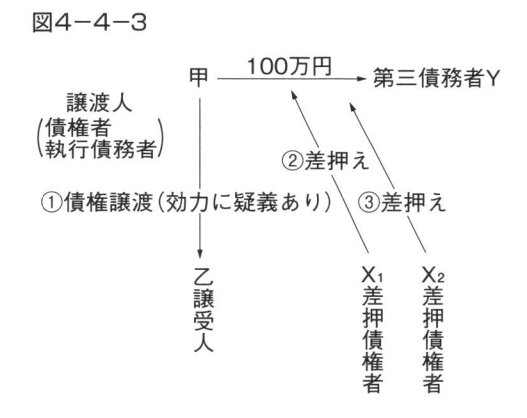

図4－4－3

```
                  甲 ──100万円→ 第三債務者Y
    譲渡人          ↑      ↑
   (債権者          │      │
    執行債務者)     ②差押え │
      │                   │
①債権譲渡(効力に疑義あり)  ③差押え
      │            │      │
      ↓            │      │
      乙          X₁     X₂
      譲         差押    差押
      受         債権    債権
      人         者      者
```

　債権の譲受人乙が還付請求する場合は、「甲または乙」を被供託者として弁済供託がなされており、甲については、X_1、X_2 の各差押債権者がいるため、債権の譲受人である乙が当該供託金に対する実体的請求権を有することを、他方の被供託者甲および利害関係人（差押債権者X_1、X_2）全員との関係で確定させることが必要である（浦野「競合供託について」民研276号116頁）。そのためには、他方の被供託者を相手とする確定判決、和解調書、調停調書等または相手方の承諾書（同意書）により証明しなければならない。しかし、甲については、X_1、X_2 の各差押債権者がいるため、供託規則24条1項1号の書面については、別途検討することを要する。そこで権利の帰属の確定方法と供託規則24条1項1号の書面との関係を、図4－4－3の事案に即して説明すると、次のようになる。

① 確定判決による場合（㋐または㋑による）

　㋐ 甲を被告とするときは、X_1、X_2 との関係においても、右判決が確定していることを要する。

　㋑ 甲を被告とする確定判決のほか、X_1、X_2 の承諾書（昭42全国供託課

長会同決議払渡27問参照）
② 和解調書、調停調書等（㋐または㋑による）
　㋐　甲を相手とするときは、X_1、X_2を利害関係人として手続に入れる。
　㋑　甲を相手とするほか、X_1、X_2の同意書（このことは、X_1、X_2からすれば、被差押債権の帰属は乙にあることを認め、甲を債務者とする差押えの取下げを意味することになる）
③ 相手方甲の承諾書
　X_1、X_2の承諾書をも要する（昭50.12.19民四7161号民事局長回答）
　2　債権の譲渡人が被供託者として還付請求する場合
　譲渡人甲が還付請求する場合は、相手方の承諾書のほか、X_1およびX_2の差押えの取消決定（昭41.12.27民事甲3683号民事局長認可）またはその申立ての取下げを要する（なぜなら、この場合、X_1、X_2の甲に払渡しをしても差し支えない旨の承諾書の添付があっても、甲が差押債務者である以上は、X_1、X_2の各差押えにつき取消決定またはその申立ての取下げがなされない以上、甲は、単独で還付を受けることはできないものと解されるからである）。
　執行債務者甲が潜在的に有する還付請求権の上に各差押えの効力が移行しているという関係にあるから、差押えの取消決定を要することになる（慶田「執行供託における第三債務者の保護」民月33巻9号22頁）。
　3　上記1、2いずれの場合においても、被供託者である甲または乙の還付請求に応じて供託所が払渡しをしたときは、その事実を執行裁判所において承知するという制度的保証がないという問題が生ずる。供託所においては、供託金の払渡しによって事件は完結するが、執行裁判所においては、第三債務者の事情の届出により配当事件を立件（符号㋷）したまま留保しているため、配当事件が完結しないということになる。この点について、立法的な解決を要すると考えられる。

(2) 配当手続（差押債権者が還付請求する場合）
　1　配当実施開始要件
　この場合の執行供託は、甲・乙間の債権譲渡が無効であり、債権が甲（差押債務者、譲渡人）に帰属することを条件とする一種の条件付供託である。し

たがって、甲・乙間の債権の帰属について、別に確定（甲に帰属すること）してこないと配当手続を開始しないとされているが（浦野「競合供託について」民研276号117・119頁）、この場合には、甲が乙を被告として債権存在確認訴訟で勝訴すれば、当然、X_1、X_2はその利益を受けられるので（通常、差押債権者X_1またはX_2が甲に代位して乙を被告として、甲のYに対する債権存在確認訴訟を提起することになる）、その確定判決を執行裁判所に提出することになろう。そして、この関係は、乙の承諾書によって代えることもできる。

2 還付請求

被供託者である甲・乙間の債権譲渡が無効（権利が甲に帰属すること）である場合の、差押債権者の還付請求は、執行裁判所の配当等の実施としての支払委託に基づいてなされる。つまり、差押債権者は、配当債権者として、確定した配当表に基づき証明書（供託規則第29号書式参照）の交付を受け、これを供託規則24条1項1号の書面として払渡請求書に添付して、各別に当該供託金につき払渡しの請求をすることとなる（供託規30）。ただし、その前提には、執行裁判所の支払委託を要することは前述したとおりである。

なお、差押債務者甲も配当の残余金については交付を受けられる（この場合にも、原則として支払委託による還付請求を必要とする）。しかし、甲から、当該債権が甲に帰属する旨の甲・乙間のみの確認判決（これに準ずる和解、調停調書等を含む）を添付してきても払渡しを受けられないことは当然であるし、この場合、乙、X_1、X_2の甲に払渡しをして差し支えない旨の承諾書等の添付があっても、甲が差押債務者である以上は、X_1、X_2の各差押えにつきその申立ての取下げまたは取消決定がなされない限り、甲は、単独で還付を受けることはできないものと解すべきであることについては前述したとおりである。ただし、甲が甲・乙間のみ既判力を有する確定判決（和解、調停調書等を含む）または乙の承諾書を添付して還付請求があった場合には、供託所は、その払渡請求を却下したうえ執行裁判所に事情届をする場合もあろうが（慶田・前掲民月33巻9号22頁、昭41.12.27民事甲3683号民事局長認可）、この事情届は、供託準則76条1項に基づくものとするには疑問がある。

第2節　債権譲渡と差押え等が競合し、差押え等が先行する場合の混合供託

1　差押え・仮差押えの相対的効力

(1)　差押えの相対的効力

①　概　　説

差押えの効力が債権者の満足の確保という目的によって限定されていることを、差押えの効力の相対性と呼び、また差押えによる処分禁止の効力は相対的であるがゆえに、これに反する処分行為も絶対的に無効（絶対効説）であるわけではなく、相対的に無効（債権者の権利の満足を図るために必要な範囲にとどめようとするもので、相対効説と呼ばれ、執行実務はこれによってきた）であると説かれる。

②　相対的効力をめぐる旧法下の見解の対立

①　学説の対立

相対効説は、さらに、処分禁止の効力をどこまで必要な範囲と認めるかについて、個別相対効説と手続相対効説の見解の対立があり、いずれの説をとるかによって執行手続に参加し得る債権者の範囲が大きく異なってくる。

ア　個別相対効説（注1）

差押えは、差押債権者の権利の満足のために目的物の金銭価値を執行手続に確保することを目的とするのであるから、この効力をその目的に必要な限度にとどめるべきであるとする説である。したがって、執行債務者の差押え後の処分行為は、差押債権者（処分行為が行われるまでに配当要求等により執行手続に参加した者を含む）に対してのみ無効であるにとどまり、他の債権者に対する関係では完全に有効であるとされる。この見解によれば、差押え後に譲渡がなされると、目的物（債権執行においては目的債権）は他の債権者との関係ではもはや執行債務者（譲渡人）のものではないことになるから、以後、他の債権者は、差押えはおろか配当要求によっても執行に参加すること

はできなくなる。

イ　手続相対効説（注2）

　平等主義は、債権者の1人の申立てにより開始された執行手続に他の債権者も参加し平等な配当にあずかり得るとするもので、1人の債権者のした差押えの効力は、当該金銭執行の手続に参加し得るすべての債権者のためにも生ずるものと解すべく、したがって、差押え後に執行債務者のした処分行為は、当該執行手続に対する関係で無効であるだけでなく、これに参加してくるすべての債権者に対抗できず、ただ、その手続が取り消され、またはその申立てが取り下げられたときに初めて有効になるとするものである。

（注1）　① 旧法下の実務
　　　　　　「競売事件における配当に関する研究」書研実務研究報告書3頁以下。
　　　　　　「債権・不動産執行の実務」執行事件実務研究会編187・346頁。
　　　　② 有力な学説
　　　　　　三ケ月・「差押の効力の相対性」民事訴訟法研究3巻313頁以下。
　　　　　　岩松ほか・セミナー(1)有体動産の差押93頁以下および同・(2)不動産の差押71頁以下の岩松発言など。
　　　　　　宮脇・各論27頁（従来の説を改め個別相対効説に立つ）。
　　　　　　シンポジウム「強制執行法の近代化をめぐって」民事訴訟法雑誌15号82・108頁中野報告。
　　　　③ 判例
　　　　　　名古屋高判昭45.5.28高民集21巻5・6号726頁。

（注2）　① 学説
　　　　　　兼子236頁。
　　　　　　板倉・強制執行法義海707頁。
　　　　　　松岡・要論(下)1366頁。
　　　　　　宮脇・「強制執行における平等主義と優先主義」判タ224号2頁以下。
　　　　　　谷口・「判例批判」民商法雑誌52巻4号148頁。
　　　　　　岩松ほか・セミナー(1)有体動産の差押93頁以下の兼子発言。
　　　　② 判例
　　　　　　大判昭9.12.11民集13巻2337頁。
　　　　　　判旨賛成評釈（斉藤・判例民事法昭和9年度169事件評釈、田中（和）・民商法雑誌1巻6号1111頁）。
　　　　③ 民事執行法の立場
　　　　　　田中110頁。
　　　　　　深沢・民事執行の実務(中)484頁。

② 判例の立場

このような差押えの相対的効力をめぐる見解の対立は、仮差押えの効力についても同様に存したが、ただ、本差押えにつき手続相対効説に立つ論者のなかには、仮差押えについては、個別相対効説を支持する者もあり、そのため仮差押えに関する限り、個別相対効説でおおむね固まっていた。

旧法下の判例は、大審院時代に、債権差押えの後債務者がその債権を第三者に譲渡しても、他の債権者はさらに同一債務者に対し同一債権の差押えをして配当に参加することができるとした（前掲大判昭9.12.11）。差押えの効力については、最高裁判決はなかったが、執行実務の多くは、個別相対効説によっていたようである（前掲②・①・ア・注１参照。岩松ほか・セミナー(1)有体動産の差押100頁の岩野発言、宮脇・各論27・28頁）。

③ 民事執行法の立場

民事執行法は、債権差押えの効力について格別の条項はないが、不動産執行に関する定めを準用しており（民執166）、この不動産執行において、差押えの相対的効力の問題につき、立法的に解決することとし、差押えについても仮差押えについても、手続相対効説の立場をとり、したがって債権執行においても手続相対効説をとっているものと解される。そのことは、同法59条２項、87条１項４号・２項・３項、さらに同法166条２項で準用される同法84条２項等の諸規定からうかがうことができる。民事執行法84条２項は、売却代金から各債権者に満足を与えて剰余を生じたときは、この剰余金を債務者に交付すると定めているが、これは、差押え後に執行債務者から第三者に所有権が譲渡されても、依然として従前の執行債務者を所有者として扱う趣旨と解されるのである。

そうだとすると、差押え後の譲渡等の処分行為はその執行手続が続行されている限り、その執行手続に参加し得る他の債権者にも対抗できないことになるので、譲渡後においても他の債権者は配当要求することができることになる。ただし、譲渡後は、債務者に対する差押命令は無効であるが配当要求の効力は認めることになる（後記２参照）。債権譲渡の結果、債務者は当該債権について無権利者であるからである。

この説は、平等主義を原則として配当要求を認め、同時に無名義配当要求を排除した（民執51）法の建前にも合致し、また、配当手続における配当の順位を簡明にする点からも、適切な制度といえる。

(2) **仮差押えの相対的効力**

　1　不動産、動産等においては、本執行としての差押えと保全執行としての仮差押えとの間に特に区別を設けていないが、債権執行にあっては、仮差押命令と差押命令とでその命令の内容そのものを変えている。すなわち、債権差押命令にあっては、債務者に対し債権の取立てその他の処分を禁止し、第三債務者に対しては債務者への弁済の禁止が掲げられる（民執145Ⅰ）のに対し、仮差押命令にあっては、第三債務者に対し弁済を禁止するが、債務者に対する処分禁止は明記されていない（民保50Ⅰ・Ⅴ）。この点は、民事訴訟法旧750条3項をそのまま踏襲したものと思われるが、債権に対する仮差押えの執行においても、債務者としては処分を禁止されるのは当然であり、差押えと仮差押えとの間で債務者への効力に差異があるわけではない。

　したがって、仮差押え後の目的債権の譲渡に伴う関係は、差押えの場合と同様である。

　ところで、仮差押えの効力の相対性については、近年では学説・判例（注）ともほぼ一致して、仮差押債権者（厳密には、被保全債権）に対する関係でのみ無効とする、個別相対効説がとられていた。この点は、本差押えの効力については、学説・判例とも、なお流動的とはいえ、手続相対効説と個別相対効説とが対立していたのと趣を異にしていた（前記(1)・2・②参照）。

(注)　①　学説については、前記(1)・2・①・注1参照
　　　②　判例
　　　　　最判昭39.9.29民集18巻7号1541頁
　　（要旨）　不動産仮差押えの執行後債務者が目的不動産を第三者に譲渡しその登記を経由した場合は、その仮差押えが本差押えに移行したときでも、その効力の利益を受けるのは仮差押債権者のみにとどまり、他の債権者は配当に参加することはできない。
　　　　　最判昭35.7.27民集14巻10号1894頁（なお、最判昭40.2.4民集19巻1号23頁参照）
　　（要旨）　仮差押えの執行後設定された抵当権であっても、仮差押えが仮

差押債権者の債権の一部のみを被保全権利としてなされたにすぎないときは、その残部に対しては優先的効力を対抗できる。

2　民事執行法の立場

　民事執行法は、前述したように仮差押えの場合と本差押えの場合とを区別せず、等しくその効力について手続相対効説を採用したとされるが、その立場は必ずしも明らかでないところがある。

　まず、民事執行法59条2項は、「……仮差押債権者に対抗することができない不動産に係る権利の取得は、売却によりその効力を失う」と規定する。これを文字どおりとすれば、売却による不動産取得者（競落人）と後順位抵当権者（配当債権者）との場合とを区別すべきかもしれないが、それはともかくとして仮差押え後に抵当権設定があり他の債権者が差し押えて換価に至ったという場合、その抵当権は仮差押債権者の本案訴訟の帰すうに関係なく効力を失うはずである。このような同法59条2項の読み方は、仮差押えについても手続相対効を徹底すれば当然そうなる。ところが、仮差押え後の抵当権については同法87条2項が「前項第4項に掲げる債権者（差押えの登記前に登記された……抵当権で売却により消滅するものを有する債権者）の権利が仮差押えの登記後に登記されたものである場合には、その債権者は、仮差押債権者が本案の訴訟において敗訴し、または仮差押えがその効力を失ったときに限り、配当等を受けることができる」と規定する。これは、いわば本案訴訟の勝訴を条件とする手続相対効を規定しているとみることができる。問題は、59条2項が原則を、87条2項が仮差押えと抵当権、譲渡等の場合に限って例外を規定したものと解すべきか、それとも87条2項が仮差押え後の処分行為の効果一般についての原則規定で、59条2項はこのような場合には関しない規定（仮差押債権者が債務名義を得たことを前提とする規定）であると解すべきであるかという点である。

　立法担当者によれば、仮差押え後の用益権の運命は本案訴訟の帰すうによって決まるのでそれまでは売却条件は決められないことになるし、仮に本案訴訟係属中に売却されてしまってその後に仮差押債権者が敗訴すると用益権は引き受けられることになる。つまりそのような用益権は59条2項により

売却とともに失効することはない、と考えている（「民事執行セミナー(6)」ジュリ723号132・133頁浦野発言）。この見解では、民事執行法59条2項にいう「仮差押債権者」とは「本案に勝訴した仮差押債権者」を意味するか、あるいはそうでなければ「売却によりその効力を失う」とは仮差押えとの関係においては「本案勝訴を条件としてその効力を失う」の意味であると解されなければならない（山口・民事執行法の基本構造283頁）。

このように、絶対的手続相対効か、本案勝訴を条件とする手続相対効か、という問題は必ずしも法文からは読みとれず、既に対立する見解がみられるわけである。

結局、民事執行法が仮差押えの相対効に関する旧法下の判例理論を変更した点は、仮差押債権者が勝訴した場合に限り他の債権者も仮差押えの処分禁止効の恩恵を受けることができるようにした点にあると解さなければならない（山口・民事執行法の基本構造283・284頁）。つまり、仮差押債権者が勝訴した場合には、結果的に、前記(1)の差押えの相対的効力の項で述べた場合と同一の規律に服することになるからである。

③　なお、不動産執行に関してではあるが、執行裁判所における実務の取扱いの実際を示すと次のとおりである。

仮差押え後に登記された担保権の配当については、仮差押えが本案訴訟において敗訴し、または失効したときに限り受けることができ、その結果が判明するまで供託される（民執87Ⅱ・91Ⅰ⑥）。したがって、これらの場合には、本案訴訟または停止に係る訴訟の結果いかんにより全く異なる配当表を作成することになる。

例えば、売却された不動産に、①仮差押え（債権者甲、300万円）、②抵当権（債権者乙、250万円）、③差押え（強制競売申立人丙、100万円）の順位で登記されている場合に、売却代金300万円であれば、配当の額は、

㋐　甲が本案で勝訴した場合

　　甲　225万円　$\left(300 \times \dfrac{300}{300+100}\right)$

丙　75万円　$\left(300 \times \dfrac{100}{300+100}\right)$

　㋑　甲が本案で敗訴した場合
　　　乙　250万円
　　　丙　50万円（300−250）

のとおりとなり、配当期日前に本案の訴訟等の決着がついたときには、その結果に従い配当表を作成する。また、配当期日の時点ではその決着がついていないときには、二重配当表を作成し、本案訴訟等の結果に影響を受けない丙に対する50万円の配当だけを実施し、残りは供託する。

　これは、いわば本案訴訟の勝訴を条件とする手続相対効説によったものということができる。

(3) 処分制限効の客観的限界

　個別相対効か手続相対効かの問題は、1人の債権者の申立てに基づく差押え・仮差押えが他の債権者のためにも効力を生ずるかの問題であるが、個別相対効説の考え方を押し進めると、さらに、差押え・仮差押えによる処分禁止の効力は、債務名義に表示された執行債権あるいは仮差押えの被保全債権の限度でのみ生じ、差押・仮差押債権者の権利であっても、右以外の債権のためには処分禁止の効力は生じないかが問題となる。

　この点については、前述したように、旧法下においては、仮差押えの執行後に債務者のした処分行為も、仮差押えの被保全債権以外の債権との関係では有効であるとしていた（前掲最判昭35.7.27民集14巻10号1894頁、最判昭40.2.4民集19巻1号23頁）。しかし、民事執行法は、前述したように手続相対効説をとり、処分禁止の効力がその執行手続に参加してくる他の債権者のためにも生ずるとしたのであるから、差押・仮差押債権者のなした差押債権額について生ずるのは当然であり、その意味で、この問題は解決済みといえるとされている（富越「差押え・仮差押えの効力①」金融法務事情994号8頁以下、竹下「差押の効力の相対性」民事執行法の基礎115頁）。

2　被差押債権が譲渡された後の差押え等の配当要求効

(1)　差押えの効力は、金銭債権が債務者の第三債務者に対する財産権であるところから、差押命令が第三債務者に送達されたときに生ずるが（民執145Ⅳ）、配当要求の効力は、配当要求債権者の適法な配当要求の申立てを執行裁判所が受理したときに生ずる（民執165本文参照）。

この差押えの効力が生じた後は、第三債務者は差押債務者へ弁済することができなくなり（民481）、差押債権者への支払（相殺の場合ように、できる場合が限定される）または供託をしなければ債務の弁済を免れることができなくなる。また債務者は、第三債務者に対し自ら差押債権を取り立てたり、その処分行為（譲渡、質入れ、免除、相殺、期限の猶予等）をすることは許されず、その債権執行手続が続行されている限り、これらの処分は差押債権者に対抗することができず、その効力は無視されることになる。

(2)　**被差押債権が差押えの効力発生後譲渡された場合の問題**

①　差押債権が差押えの効力発生後に譲渡された場合については、前述したように（前記1差押え・仮差押えの相対的効力参照）、従来の執行実務では、差押え後の処分も差押債権者以外の者には対抗できるとして（個別相対効）、譲渡後は他の債権者による配当要求も認めていなかったが、民事執行法は、差押えの効力について手続相対効の見解をとっているので、その執行手続が続行されている限り、譲渡後においても配当要求はできることになる。なお、債権譲渡が有効となるか否かは、差押命令の送達時と譲渡通知が第三債務者に到達したときとの、その先後によって決まる。

そこで、X_1の申立てによる差押命令が第三債務者に送達された後、同一債権を目的とするX_2の債権差押命令の申立てがあり、同申立てに係る差押命令が第三債務者に送達されるまでの間に執行債務者がその被差押債権を第三者に譲渡していた場合、X_2の債権差押命令にX_1の手続に対する配当要求の申立てとしての効力を認めることができるかという問題が生ずる。なぜなら、譲渡後の元の債務者に対する差押命令は空振りとなり無効と解される（田中311頁）からである。

第4章　債権譲渡と差押え等との競合による供託（混合供託）

これについては、譲渡後の元の債務者に対する差押えは無効であるという原則を貫くと、債権執行においては公示性がなく、被差押債権が譲渡された事情を知らない債権者が差押命令の申立てをし、配当要求の申立てよりも厳格な手続を経て配当参加の意思表示をした者についてまで、配当等を受けるべき機会を奪う結果となる。したがって、譲渡に先行する差押えの執行手続が続行されている限り被差押債権が第三者に譲渡された後であっても、他の債権者は配当要求の申立てをして、配当等を受けることができるので（これを認めるのが手続相対効説の手続相対効説たるゆえんである）、譲渡に後行する差押えは、配当要求の申立てと解し配当要求の効力を認めることができると解される（注）。

（注）① 差押えは無効だが配当要求効を認める立場
　　　　　田中311頁。
　　　　　宮脇・各論222頁。
　　　　　宮脇＝松山・注解(2)436頁。
　　　　　富越・NBL199号14頁（ただし、すべての二重差押え、仮差押えではなく、①差押え、②譲渡、③差押えの場合で、配当要求と同様、発令裁判所が同一であれば配当要求の申立てと解する趣旨である）
　　　② 差押えを有効とする立場
　　　　　深沢・民事執行の実務㈥486頁
　　　　「……債権差押命令は、形式的要件のみを審査、判断し審尋不要（民執145Ⅱ）とされるから、差押適格のない債権について発せられた場合でも、執行異議や第三者異議によって取り消されない限り当然無効ということはない。丙への債権譲渡は仮差押えの処分制限効に反するから、仮差押債権者Aに対抗できないし、債権譲渡そのものが無効に確定することもあり得るので、債権確保のための債権者Bの差押えは可能である」

[2]　次に、譲渡後の差押えに配当要求効を認めるとしても、どの範囲までの債権者について認められるであろうか。

①　これについては、大別して　㋐配当要求をすることができる同一執行裁判所に申立てをした差押債権者のみが認められる、㋑差押えの競合が生じた以上、仮差押債権者も含めて同一の執行裁判所に申立てをした債権者について認められる、㋒執行裁判所が異なっても、競合が生じている以上、仮差押債権者も含めた債権者について認められる、3つの見解が考えられ

る。㋐は、配当要求の申立ては、あくまで基本の執行事件が係属する執行裁判所に対して申し立てなければならないということを前提とするものである（富越・NBL199号14頁）。㋑は、㋐を前提としながら、同一の債権をめぐって差押え・仮差押えの執行が競合した以上、差押えの効力はその債権全部に及ぶ（民執149）という実質に着目し、仮差押債権者も含めて配当要求効を認めようとするものである（古島・書協会報87号58・59頁）。㋒は、配当要求効を認めようとするのは、その差押え等の競合を生じた債権者等の救済にあり、無効な行為を転換する発想にあるから、たとえ執行裁判所が異なっていても、これを認めようとするものである。

　二重差押えについて配当要求効が認められるのは、その差押えの申立てについて先行する差押えに対する配当要求の申立行為に転換するものとしてつくられた理論であるから、執行裁判所が同一の場合に認めるのが論理的整合性があろう。しかし、差押え等の競合が生じたときは、第三債務者に供託義務が生じ、その際執行裁判所は事情届によって、他の差押債権者の存在を知ることができるという通常の執行実務を前提とすれば、執行裁判所が同一でなくとも配当要求効を認める余地はある。これによれば、執行実務は迅速に進めることができるという利点がある。また、仮差押命令は、差押命令との先後を問わず、差押競合について本差押えと同様の規律に服するので、差押競合が生じるときは、目的債権全体に仮差押えの効力が拡大し、本差押えの配当手続において配当にあずかることができ（民執149、165、民保50Ⅴ）、別に配当要求をすることを要しないとされている（注）ことから考えると、同一の執行裁判所に申立てをした仮差押債権者についても配当要求効を認めるのが相当と考える。この意味で、私見は㋒説を支持したい。ただし、いまだ定説をみるに至っていないのが実情であるから、今後の執行実務の動向が注目される。

（注）　深沢・民事執行の実務㊥532頁。
　　　「債権執行においては、仮差押債権者の配当要求を認めていないが、その理由は、仮差押えの執行と本執行とが競合しているときには、第三債務者は、被差押債権額に相当する金銭を供託すべき義務があるので、その際執行裁判所は、仮差押債権者の存在を知ることができるから、仮差押債権者

は、別に配当要求するまでもなく配当にあずかれるからである（民執165）」
② ところで、仮差押え後の債務者の譲渡は、仮差押えがその効力を失わない限り手続上無視される（手続相対効）ということ、また、譲渡後の差押えに配当要求効を認めるということについては前述したとおりであるが、譲渡後の差押えに配当要求効を認めるとしても、そもそも先行する仮差押えの執行に配当要求の申立てをすることができるのかという問題が生ずる。

これについては、①仮差押債権者が本案で勝訴し、本執行に移行したときは、結果的には、差押えが先行する場合と同様の法律関係になること、②一般に先行する仮差押えの執行と後行する差押えとが競合する場合には、第三債務者に供託義務が生じ、相互に配当要求効があるとの理屈を持ち出すまでもなく、それぞれ（仮）差押えの効力が債権全体に拡張し（民執149）、事情届を受けた執行裁判所は直ちに配当等の手続を開始することができること等から考えると、右の場合でも、譲渡後の差押え等に配当要求効を認めることになろう。その余の点については、前記①を参照されたい。

3　債権譲渡と差押え等が競合し、差押え等が先行する場合の供託

差押命令等の送達後に債権譲渡の通知があり、さらに別な差押命令等が送達された場合における第三債務者のする供託について、便宜上、次のような事例を中心に検討する。

[事例2]

Yは、甲に対して100万円の債務を負っていたところ、次の順序で各書面の送達を受けた。第三債務者Yはいかなる供託をすれば100万円の債務の免責を得ることができるか。また、配当はどのようになるか。

① 　差押命令（また仮差押命令）　　　債権者X_1、第三債務者Y
　　　　　　　　　　　　　　　　　　　差押債権額100万円（または60万円）
② 　債権譲渡通知　　　　　　　　　　譲受人乙、譲渡金額100万円
③ 　差押命令　　　　　　　　　　　　債権者X_2、第三債務者Y
　　　　　　　　　　　　　　　　　　　差押債権額100万円

図4-4-4-Ⅰ

執行債務者　甲 ──売買代金100万円──→ 第三債務者　Y
（債権者）

① 差　押　え　　差押債権額100万円…………差押債権者X₁
② 譲　　　渡　　譲　渡　額100万円…………譲　受　人　乙
③ 差　押　え　　差押債権額100万円…………差押債権者X₂

図4-4-4-Ⅱ

甲 ──100万円──→ Y

① 差　押　え　　60万円…………………… X₁
② 譲　　　渡　　100万円………………… 乙
③ 差　押　え　　100万円………………… X₂

図4-4-4-Ⅲ

甲 ──100万円──→ Y

① 差　押　え　　100万円………………… X₁
② 譲　　　渡　　100万円………………… 乙
③ 仮差押え　　　100万円………………… X₂

図4-4-5-Ⅰ

甲 ──100万円──→ Y

① 仮差押え　　　100万円………………… X₁
② 譲　　　渡　　100万円………………… 乙
③ 差　押　え　　100万円………………… X₂

図4-4-5-Ⅱ

甲 ──100万円──→ Y

① 仮差押え　　　60万円…………………… X₁
② 譲　　　渡　　100万円………………… 乙
③ 差　押　え　　100万円………………… X₂

第4章　債権譲渡と差押え等との競合による供託（混合供託）

(1) **債権全額に対する差押えが先行する場合**（図4-4-4-Ⅰの場合）

1 供託の性質

　第三債務者たるＹに対して、②の債権譲渡通知よりも先に①の差押命令が送達されているので、甲から乙への②の譲渡は、①の差押命令の手続が存続する限りその効力を主張することができない（民事執行法における手続相対効、これについては前記1参照）。また、②の譲渡後になされた③の差押えは、譲渡が有効であった場合には無効であるが（譲渡が無効なら論外である）、①の差押えに対する配当要求効が認められるから（図4-4-4-Ⅲの場合のように③が仮差押えであっても同様である。前記2参照）、譲渡の有効・無効にかかわらず、③の差押債権者は配当にあずかることができると解される。したがって、第三債務者Ｙは、①および③の各差押えを記載して（②の債権譲渡の記載を要しないかについては、後述する）、民事執行法156条2項に基づき100万円全額の義務供託をすることになる。①の差押えが存続する限り、執行裁判所は第三債務者からの事情届の提出によって、直ちに（供託書に②の債権譲渡の事実が記載されていたとしても、それを無視して）配当を行うことになると解することができる（古島・書協会報85号115頁）。

2 ところで、①のＸ₁の差押えにつき、第三債務者の供託後取下げまたは取消決定がなされた場合には（第三債務者供託後の取下げについては、第4編第2章第1節第2・5参照）、中間処分である債権譲渡をどのように扱うかについて、次の2通りの見解が考えられる。

　㋐　①のＸ₁の差押えについて取下げまたは取消決定があった場合には、①の差押えが消滅し、③のＸ₂の差押えの①に対する配当要求効も消滅し、②の債権譲渡が最先順位で効力を生ずる。

　㋑　第三債務者の供託後における差押えの取下げは、配当請求権の放棄とみて（したがって、配当額「0」と記載した計算表を作成することになる）、供託後の取下げ、取消決定は許されるとしても、供託前の手続の覆滅は予定されない。

　㋑説によれば、適法な執行供託により、甲の乙への譲渡を無視して配当等を実施すべきであるが、㋐説によれば、債権譲渡が有効であれば、譲受人が

最先順位となり譲渡の対抗力を取得することになる。執行実務においては、この関係においてまだ定説を見ていないので、法律見解の対立を第三債務者の危険負担とするよりも、②の債権譲渡の事実を供託書に記載することを認めたうえでの執行供託を認めることになろう（もっとも、供託実務では、仮差押えの執行のように本執行への移行が保証されていない仮定的なものとは違い、本差押えはいわば確定的なものであり、いちいち供託後の取下げまたは取消決定を憂慮した形での供託を第三債務者に負わせる必要はなく、債権譲渡の効力の有効・無効にかかわらず債権譲渡の事実を供託書に記載する必要はないとされている）。これによれば、債権譲渡の効力に疑義があるときには、民法494条による債権者不確知供託との混合供託が認められよう。そして、その余の処理を執行裁判所の判断に委ねることになろう。ただし、供託の原因たる事実欄記載の債権の譲受人の還付請求手続は、現行の供託手続上困難であり（供託の原因たる事実欄記載の利害関係人の還付請求権は認められていない）、なお、検討する余地がある。

   3 配　　当
① 民事執行法が採用した手続相対効説によった場合

　　　X_1　50万円
　　　X_2　50万円
　　　（供託後X_1の差押えが失効した場合で、しかも配当請求権放棄説によったとき）
　　　X_1　　0
　　　X_2　100万円

② ちなみに、個別相対効説によった場合には、X_1に100万円の配当をすることになる。また供託後X_1の差押えが失効し、かつ譲渡が有効である場合には、譲受人乙に100万円の配当をすることになる。

(2) **債権の一部に対する差押えが先行する場合**（図4－4－4－Ⅱの場合）

　　1 債権譲渡は、①のX_1の差押えに後行するので、右譲渡は、X_1の差押手続が続行する限りその差押債権額60万円について効力を主張し得ない（民事執行法における手続相対効、これについては前記1参照）。また、③のX_2

の差押えにX_1に対する配当要求効が認められるから（図4-4-4-Ⅲの場合のように③が仮差押えであっても同様である。これについては、前記2参照）、譲渡の有効・無効にかかわらず、③の差押債権者は60万円について配当にあずかることができると解される。したがって、第三債務者Yは、60万円について供託義務を負うことになる。この場合、残りの40万円については譲受人に帰属するので、別途譲受人に弁済することになろう。

なお、譲渡の効力に疑義がある場合には、60万円の執行供託と、残金40万円の弁済供託（債権者不確知供託）ができるが、譲渡が無効であれば100万円全額の義務供託をすることになるので、当初から100万円の混合供託も許されると解することができる（注）。

(注) ① 富越・NBL200号57・58頁
② 昭43.12.20民事甲3635号民事局長認可参照（差押えと債権譲渡が互いに債権の一部であって、しかも競合する場合に、全額供託を認めた先例である）
③ 昭59全国供託課長会同決議3問

2 配　当
① 民事執行法が採用した手続相対効説によった場合
　㋐ 譲渡有効の場合

$$X_1 \quad 22万円 \left(60 \times \frac{60}{60+100}\right)$$

$$X_2 \quad 38万円 \left(60 \times \frac{100}{60+100}\right)$$

　　乙　40万円　（直接還付請求）

　㋑ 譲渡無効の場合

$$X_1 \quad 38万円 \left(100 \times \frac{60}{60+100}\right)$$

$$X_2 \quad 62万円 \left(100 \times \frac{100}{60+100}\right)$$

② ちなみに個別相対効説によった場合は次のようになり、譲渡無効の場合は手続相対効説と個別相対効説とで同じ結果となる。

㋐ 譲渡有効の場合

　　X_1　60万円

　　乙　　40万円（直接還付請求）

㋑ 譲渡無効の場合

　　X_1　38万円　$\left(100 \times \dfrac{60}{60+100}\right)$

　　X_2　62万円　$\left(100 \times \dfrac{100}{60+100}\right)$

(3) 債権全額に対する仮差押えが先行する場合（図4-4-5-Ⅰ）

[1] 仮差押えの処分制限効についてはあくまでも仮定的な効力しかなく、仮差押えの本案訴訟において勝訴すれば確定的に有効に、敗訴すればその処分制限効は消滅する（これについては、前述したとおり（前記1・(2)）既に対立する見解があるとはいえ、民事執行法は本案訴訟の勝訴を条件とする手続相対効説を採用したものと解される）。

したがって、Yが仮差押えの執行後の処分は無効であるとして、②の譲渡を無視して民事執行法178条5項、156条2項を根拠に100万円の執行供託をした場合、その後に仮差押債権者が本案訴訟で敗訴したときには、③の差押えのX_2が100万円の配当を受けることになるので、債権譲渡が有効なら、乙に対しても100万円の弁済義務を負うので二重弁済の危険を負う。

そこで、仮差押えが先行する場合の第三債務者のする供託には、②の譲渡の事実を「供託の原因たる事実」欄に記載することを要すると解される（座談会「債権の譲渡及び差押等をめぐる供託上の諸問題について(下)」登記研究439号63頁）。

このような事案において、債権譲渡の効力に疑義がある場合には、民法494条の債権者不確知供託との混合供託となると考えられるが、債権譲渡は仮差押えに劣後するものであるとして、民事執行法178条5項、156条1項の供託が認められるにすぎないとの考え方も存する。

[2] 事情届

本事例については、第三債務者の事情届を③の本執行の裁判所か①の仮差

押命令を発した執行裁判所のいずれに提出すべきかという問題が生ずる。

　債権譲渡が有効であるならば、X_2の差押えは、無効であり、X_1が本案で勝訴し本執行に移行した場合に、その手続に対して配当要求効を認めるとされるにすぎないが、形式上③の差押えがある以上、③の差押命令を発した執行裁判所に事情届を提出し執行裁判所の判断に任せることになろうか。今後の裁判所の執行実務と供託実務の動向が注目される。

　③　配当等の手続

　本事例（混合供託）において執行裁判所が配当手続を進行させることができるのは㋐債権譲渡は無効であり、供託金の還付請求権は譲渡人甲が有することを確定判決等で証明できたとき、および㋑先行する仮差押債権者X_1が本案で勝訴し、債務名義を得て本執行に移行したときに初めて配当手続を進行させることができる。

①　本案訴訟勝訴を条件とする手続相対効説の立場による配当

　　仮差押債権者X_1は、本案訴訟で勝訴した場合には、債務者甲のした乙への債権譲渡は手続上無視されるが、敗訴した場合には債権譲渡は効力を有する。

　㋐　本案勝訴の場合
　　（ⅰ）　譲渡無効　　X_1　　50万円
　　　　　　　　　　　　X_2　　50万円
　　（ⅱ）　譲渡有効　　X_1　　50万円
　　　　　　　　　　　　X_2　　50万円（配当要求効を認める見解による）

　㋑　本案敗訴の場合
　　（ⅰ）　譲渡無効　　X_2　　100万円
　　（ⅱ）　譲渡有効　　乙　　100万円（直接還付請求）

②　絶対的手続相対効説の立場による配当

　　仮差押債権者X_1の本案訴訟の帰すうにかかわらず、債務者甲のした乙への債権譲渡は、手続上無視される。

　㋐　甲の本案勝訴の場合　　X_1　50万円、X_2　50万円
　㋑　甲の本案敗訴の場合　　X_2　50万円、乙　50万円

③ 個別相対効説の立場による配当

　甲の本案訴訟の帰すうにかかわらず、甲の乙への債権譲渡は、X_2に対抗できる。

㋐　甲の本案勝訴の場合　X_1　100万円

㋑　甲の本案敗訴の場合　乙　100万円

第 5 編

供託金払渡請求権に対する執行

第 1 章

概　説

　供託物払渡請求権には、供託者の有する「供託物取戻請求権」および被供託者の有する「供託物還付請求権」とがあるが、両者はそれぞれ独立性を有し、一方の請求権の処分は他方の請求権の行使には影響を及ぼさない。したがって、被供託者の債権者は還付請求権を、供託者の債権者は取戻請求権を、それぞれ差押えまたは仮差押えの執行等をすることができる。なお、供託物には、「金銭」および「有価証券」等があり、①有価証券（動産）の場合には供託有価証券払渡請求権に対して、「動産引渡しを目的とする債権に対する執行」であり（民執163）、②振替国債の場合には、供託振替国債払渡請求権に対して「その他の財産に対する執行」（平15.1.6 民商2号民事局長通

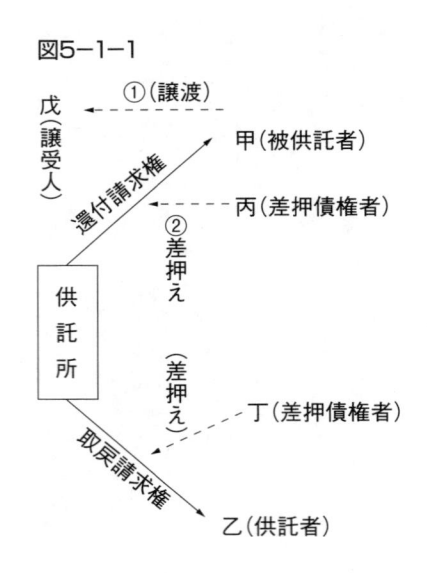

図5-1-1

達5・1・(1)）がある。

　例えば、債権者甲に対して債務者乙が100万円の金銭債務を負っている場合、乙が100万円の供託をすると、甲（被供託者）は100万円の供託金の還付請求権を、乙（供託者）は100万円の供託金の取戻請求権を有することになる。甲の債権者が甲の還付請求権を譲り受けたり、それに質権設定をし、または差押え、仮差押えの執行をしても、乙の取戻請求権には影響を与えないから（注）、乙は供託金の取戻請求をすることができる。

　なお、同一の供託金払渡請求権についてなされた譲渡、質入れ、差押え等については、その通知または送達の先後によって効力が決められることになるので、供託所では、譲渡通知または差押命令等の送達の先後を記録上明確にしておく必要がある（供託規5、供託準則75・76・77の2）。

（注）　供託所に対する供託受諾の意思表示は、書面をもってなすことが要求されているが（供託規47）、供託受諾の体裁をなしていなくとも書面上からその要件が満たされていると判断し得るときは、供託受諾の効果が与えられる。
　　　その意味から、弁済供託についてその還付請求権の譲渡通知書が供託所に送付された場合、原則として被供託者である譲渡人の譲渡行為中に供託受諾の意思表示が含まれているものと解し、供託金取戻請求権が消滅するものとされている。
　　　昭和33.5.1 民事甲917号回答
　　　昭和36.10.20民事甲2611号回答

第 2 章

供託金払渡請求権に対する強制執行等

第1節 執行方法

　供託金払渡請求権は、自由に処分することができる権利であるから、被供託者または供託者の債権者は、それぞれ還付請求権または取戻請求権に対し、民事執行法、民事保全法の規定により差押えまたは仮差押えの執行をすることができる。

　供託金払渡請求権に対する差押えまたは仮差押えの執行は、執行裁判所の命令（または裁判所書記官による差押処分）を第三債務者（供託所）および執行債務者（被供託者または供託者）に送達することによって行われるが（民執145Ⅲ・167・5、民保50）、その効力は、当該命令（または差押処分）が第三債務者に送達されたときに生ずる（民執145Ⅳ・167・5Ⅱ、民保50Ⅴ）。

1　第三債務者の表示

　供託金払渡請求権に対して差押命令（または差押処分）または仮差押命令を発する場合の第三債務者の表示は、第三債務者を「国」、その代表者を「供託官何某」、送達場所を「何法務局（何地方法務局）何支局供託官何某」と表示しなければならない。ただし、法務局または地方法務局の長を第三債務者とするもの、法務大臣を第三債務者とするものでも、本局の場合には便宜有効として取り扱って差し支えないものとされている（注）。

(注)　①　明33.12.10民刑1727回答
　　　②　大11.3.3 回答

③　大11.9.18民事3558回答
④　昭24.9.12民事甲2079回答
　　供託金に対する差押・転付命令は、供託官を第三債務者と表示すべきであるが、地方法務局長を表示した場合も還付に応じてよい。
⑤　昭25.3.11民事甲723民事局長回答
　　供託金還付・取戻請求権の差押えは、供託官を第三債務者とすべきであるが、法務局長または地方法務局長を第三債務者とする差押・転付命令は、本局の場合は有効で、支局の場合は更正（決定）がない限り無効である。
⑥　昭25.2.4民事甲339号民事局長回答
　　昭25.7.17民事甲1985号民事局長回答
　　供託金に対する差押命令等は、供託所が本局の場合には局長を第三債務者と表示したものも受理して差し支えない。
⑦　昭37.5.29民事甲1474号民事局長回答
　　第三債務者を国、右代表者を法務大臣、送達場所を地方法務局長とする供託金の差押え、仮差押えは、供託所が本局であれば有効である。
⑧　昭37.6.19民事甲1622号民事局長認可
　　裁判上の保証供託金の取戻請求権に対する差押・転付命令の第三債務者の表示が単に国（大阪法務局）としてある場合には、無効である。

2　被差押債権の特定

　差押命令（または差押処分）には、差し押えるべき債権（被差押債権）の種類、その額その他債権を特定するに足りる事項並びに債権の一部を差し押えるにはその範囲が表示されるのが原則であり（民執規133Ⅱ）、それによって被差押債権が特定される。

　①事件番号、②当事者（執行債権者、執行債務者、第三債務者）、③執行債権、④差押えの目的債権（供託金の場合は、供託年月日・供託番号・供託金額、供託有価証券の場合は、供託年月日・供託番号・券面額・枚数・同記号等）、⑤差押えの宣言、⑥発令年月日、⑦執行裁判所の表示

　不特定な被差押債権につき発せられた差押・転付命令は効力は生じないと解されるが（最判昭46.11.30判時653号90頁、東京高決昭54.6.28判時939号51頁）、被差押債権については、債権者としては他人間である債務者の第三債務者に対して有する債権につき、その発生原因や、その額等の詳細を知り得ない場合が多いから、必ずしも正確を期することができないので、他の債権

と区別できる程度に特定されていればよいとされている（大阪高判昭49.11.29判タ327号207頁）。したがって、表示が完全に備わっていなくとも、供託所で同一性が認識できる程度で足りる（注）。

(注) ① 昭38.7.4民事甲1866号民事局長通達
　　　　供託年月日・供託番号の記載はないが、債務者の表示と供託者の表示、供託金額、供託法令条項は一致し供託物が特定できる差押・転付命令による払渡請求について、更正決定がなくとも、払渡請求を却下できない。
　　② 昭42.3.14民事甲612認可6
　　　　被差押債権の表示として、供託年度、番号は明記されていないが、裁判上の保証供託金である旨、事件番号、当事者、供託者、供託所および供託金額を明示している場合（実際に特定できるようである）、特定ができると解して差し支えない。
　　③ 昭45.2.10民事甲555号民事局長回答
　　（要旨）　供託年度、供託番号等が表示されていない供託金取戻請求権に対する仮差押命令につき被仮差押債権が特定できるとされた事例
　　④ 昭46全国会同決議
　　（要旨）　供託金に対する差押・取立命令において、被差押債権を「債務者が第三債務者に対して有する宅建業法12条の2に基づく営業保証金として何法務局に供託した金何万円の供託金取戻請求権」と表示されている場合は被差押債権の特定に欠ける。

　差押えの効力は、被差押債権の附帯債権である利息債権等にも及ぶが、差押命令送達前に既に生じた利息等については、独立した債権となっているので、特段の意思表示のない限り、当然には差押えの効力は及ばない（稲葉・注解(4)412頁）。

　したがって、供託金利息についても、特に明記がない限り、差押命令が供託所へ送達される前に既に生じている利息（既発生利息）については、差押えの効力は及ばず、差押命令送達後の利息についてのみ差押えの効力が生じることになる（昭55全国決議一の8(1)・先例集(6)357頁）。

　ただし、差押えの取立てによる払渡請求の場合、取立てできる金額について制限がある（民執155Ⅰ但書）ので、必ずしも差押えの効力が及んでいるすべてについて取り立てできるというものでもない。

　ちなみに、供託金払渡請求権に対する差押え等における被差押債権の特定の具体例を示すと、別紙5-2-1～5-2-11のとおりである。

別紙5-2-3 供託金取戻請求権（疫学捜査脱漏金）

差押債権目録

金 円

ただし、債務者と債務者間の○○地方裁判所平成 年(ヲ)第 号不動産
強制競売申立事件の中で、 年 月 日に同裁判所が執行取消（○○地
方裁判所平成 年(ヒ)第 号 各執行取消の立件）のため、債務者が差押
債権者として上記○○の強制執行に供託して下記供託金を取戻請求権

記

(1) 供託年月日 ○○供託所
供託番号 平成(令)年 第 号
供託者の氏名 平成 年 月 日
供託事由 金 円
うち

別紙5-2-4 供託金取戻請求権（疫学分保証金）

差押債権目録

金 円

ただし、債務者が申立人○○（債務者名）と被申立人Y○○間の○○地方裁
判所平成 年(ヨ)第 号 各仮処分決定の保証として、平成 年 月
日 B○○供託所に供託した 平成(令)年 第 号 各をもって供託した
託金○○円の取戻請求権

別紙5-2-5 供託金還付請求権

差押債権目録

金 円

債務者が第三債務者に対して有する下記供託金還付請求権

記

債務者が東京都、区 一丁目17番、
18番外一ヶ所の補助道路工事「道路工事」の請負工事代金について、右東京都
が請負代金として交付する金銭、及び完成物件があるとき、平成 年 月 日
東京都知事へ、同年度（令） 分をもって供託した供託金に対する還付請
求権

第2章 供託金取戻請求権に対する強制執行等　337

別紙5−2−1　供託金取戻請求権（執行停止証明書）

差押債権目録

金　　　　　　　円

債務者が請求債権者と債務者間の○○地方裁判所平成　年(ワ)第　号強制執行
停止決定申立事件につき保証として平成　年　月　日第三債務者に
供託した○○法務局平成　年度（金）第　　号の供託金
取戻請求権

（注1）相手方債務者が、差押命令の申立てをする場合にはその申立てに先
立って相手方債権者が要求している担保の寄託が必要とされるから、担
保の分割を受けることができる。

（注2）供託所が認識しない債務名義として供託者がなされたいものの支援
を受けする（昭38.7.4民甲1866、昭42.3.14民甲612各供託先民事局長通達可参
照）。

（注3）債務者の住所が債務名義の住所と異なるときは、債務者について同一性
が問題とするので、この場合には目録末尾に住所と現住所を併記する。

別紙5−2−2　供託金取戻請求権（債務者と第三債務者間の仮譲渡）

差押債権目録

金　　　　　　　円

債務者が申立人（債務者名）を申立人（○○間の○○○○仮処分申立
事件の執行停止の保証として平成　年　月　日第三債務者に供託した
金　　　　　　円の供託金取戻請求権

別紙5-2-6　供託金還付請求権

```
　　　　　　　　　差　押　債　権　目　録
金　　　　　　　円也
債務者が第三債務者国に対して有する下記供託金の還付請求権
　　　　　　　　　　　　　　記
供 託 者
被供託者　　　　　債　務　者
供託金額　　　　　金　　　　　円
法令条項　　　　　民事保全法第50条第5項、民事執行法第156条第1項，滞
　　　　　　　　　納処分と強制執行等との手続の調整に関する法律第20条の
　　　　　　　　　6第1項
供託番号　　　　　○○法務局平成　　年度(金)第　　　　号
供 託 日　　　　　平成　　年　　月　　日
```

別紙5-2-7　供託金取戻請求権（旅行業法に基づく供託金）

```
　　　　　　　　　差　押　債　権　目　録
　金　　　　　　円
　　債務者が旅行業法第7条に基づき第三債務者に対し供託した下記金員で債
務者が同法第20条により平成　　年　　月　　日登録の抹消手続をしたの
で、同法第21条に基づき第三債務者に対して有する供託金取戻請求権
　　　　　　　　　　　　　　記
　　平成　　年　　月　　日供託
　　○○法務局　　平成　　年度（金）第　　　　号
　　金　　　　　円
```

別紙5-2-8　供託金取戻請求権（宅建業法に基づく営業保証）

```
　　　　　　　　　差　押　債　権　目　録
　金　　　　　　円
　　債務者が第三債務者に対し宅地建物取引業の営業保証として平成　　年
　　　月　　日○○法務局平成　　年度（金）第　　　号をもって供託した
　　金　　　円の供託金取戻請求権
```

別紙5-2-9　供託金払渡請求権（配当金払渡）

```
　　　　　　　　差　押　債　権　目　録

　　金　　　　　　　　円
　　ただし、債務者が第三債務者に対して有する下記配当事件についての供託
金払渡請求権の内金
　　　　　　　　　　　　　　記
　　債権者○○債務者○○第三債務者○○間の○○地方裁判所平成　　年(リ)第
　　　号配当事件
　供託金の表示
　　供託番号　　平成　　年度（金）第　　　号
　　額　面　　金　　　　　　　円
```

別紙5-2-10　供託金還付請求権（換価競売代金）

```
　　　　　　　　差　押　債　権　目　録

　　金　　　　　　　　円
　　ただし、債権者　　　　　債務者　　　　　間の○○地方裁判所平成
年（　）第　　号部屋明渡請求事件の執行力ある判決に基づく明渡執行に関
し債務者所有の遺留動産を民事執行法第168条に則り、○○地方裁判所執行
官において平成　　年　　月　　日換価競売した代金であって、同裁判所執
行官　　　　が前記法条に則り平成　　年　　月　　日第三債務者に供託
した○○法務局平成　　年度（金）第　　号供託金　　　　円の還付請求権
```

別紙5-2-11　供託金還付請求権（債権者不確知による供託金）

```
　　　　　　　　差　押　債　権　目　録

　　金　　　　　　　　円
　　ただし、債務者が第三債務者に対して有する東京都　　区長　　　　が
債務者又は　　　　を被供託者として第三債務者に対し平成　　年　　月
　　　日○○法務局平成　　年度（金）第　　　号をもって供託した供託金還付
請求権
```

3　第三債務者に対する陳述の催告

　裁判所書記官は、差押債権者の申立てがあれば差押命令を送達するに際し必ず第三債務者に対して陳述の催告をしなければならない（民執147一、民執規135Ⅰ）。この陳述の催告は差押命令と同時になされ、差押債権者に対し、その後の当該債権執行の手続をいかに進行させるかの判断資料を与えるものである。民事執行法147条の規定は、仮差押えの執行につき同178条5項で、担保権の実行または行使につき同193条2項で、それぞれ準用されているので、供託金払渡請求権に対する強制執行による差押え、仮差押えの執行または担保権の実行もしくは行使としての差押えに際して、陳述の催告がされることがあり得る。

　陳述の催告がされる事項は、次のとおりである（民執規135Ⅰ）。
① 　差押えに係る債権の存否並びにその債権が存在するときは、その種類および額
② 　弁済の意思の有無および弁済する範囲または弁済しない理由
③ 　当該債権について差押債権者に優先する権利を有する者があるときは、その者の表示並びにその権利の種類および優先する範囲
④ 　当該債権に対する他の債権者の差押えまたは仮差押えの執行の有無並びにこれらの執行がされているときは、当該差押命令または仮差押命令の事件の表示、債権者の表示および送達の年月日並びにこれらの執行がされた範囲である。

　①は、差押命令に掲げられた差押えの対象たる債権が存在するかどうかであり、存在するときは、いかなる種類の供託物払渡請求権であるかおよび額ないし目的物（有価証券供託の場合）を明らかにする。例えば、弁済供託の取戻請求権は、被供託者からの供託を受諾する旨の書面または供託を有効と宣言した確定判決の謄本の提出があるときは、もはや存在しない。なお、「ない」と回答した場合は、②以下について回答する必要がない。

　②の弁済意思の有無については、差押債権者に優先する権利または他の差押え等が存在するときは弁済することはできないことになる。そのほか、営

業保証金の取戻請求権については、供託原因消滅によって初めて取戻請求権が発生するので、直ちに弁済することはできない。

③は、質権設定があるとき等にこの記載をする。

④は、当該差押命令の送達以前にされたものに限らず、陳述の日までにされたものを明らかにする。なぜなら、仮に、当該差押命令によって差押競合が生じたとしても、供託実務上は、「払渡請求に応ずることができるとき」に第三債務者たる供託官が「供託したとき」とみなされ、そのときに事情の届出をすることとされており（民事執行基本通達第四・二・1・㈡・(1)）、かつ、そのときに配当加入遮断効が生ずるとされているからである。

第三債務者の陳述は、差押命令の送達の日から2週間以内に書面でしなければならないが、最高裁判所事務総局民事局が作成した第三債務者の陳述用紙の書式は、別紙5-2-12のとおりであり、この用紙は、催告書に同封して第三債務者に送付される。

この陳述の催告に対して、供託所が故意または過失により、陳述せずまたは不実の陳述をしたときは、これによって生じた損害は国家賠償の対象となる（民執147Ⅱ）。陳述内容は、裁判外の自白となるにとどまり、債務承認または認諾の実体法上の効果を生ずるものではないが（宮脇・各論137頁）、例えば、虚偽の陳述をしたため、差押債権者が取立訴訟を追行したり、換価手続の申請（転付命令の申立て等）をしたことによって生じた費用等、あるいは他の執行手続を追行すれば回収可能であったのにこれをしなかったことによる虚偽陳述と相当因果関係のある損害等を賠償すべきことになる。

別紙5-2-12　陳述書用紙

〈注〉
① この用紙は催告書に同封して第三債務者に送付される。
② 送付前に事件番号を記入しておくのが相当とされる。

平成 ② 年（　）第　　　号

陳　　述　　書　①

平成　　年　　月　　日

○○地方裁判所○○部　御　中

第三債務者

下記のとおり陳述します。

1	差押えに係る債権の存否	あ　　る	な　　い
2	差押債権の種類及び額 金銭債権以外の債権は、その内容		
3	弁済の意思の有無	あ　　る	な　　い
4	弁済する範囲又は弁済しない理由		
5	差押債権について、差押債権者に優先する権利を有する者（例えば、質権者）がある場合の記入欄	優先権利用者の住所、氏名	
		その権利の種類及び優先する範囲（金額）	

6 他の差押え （滞納処分又はその例による差押えを含む。） 仮差押え 仮処分	執　行 裁判所等 事件番号	債権者の住所、氏名	差押え等の送達年月日	差押え等の執行された範囲 （金額）
			平成 ・ ・	
			・ ・	
			・ ・	
			・ ・	
			・ ・	
			・ ・	

(注)　(1)　1の欄で「ある」と陳述したときだけ以上の欄を記入してください。
　　　(2)　2については、現存債権について記入するもので、命令正本記載の債権をそのまま記入するものではありません。
　　　(3)　5および6の欄には、すでに取下げまたは取消しのあったものについては記入する必要はありません。
　　　(4)　この陳述書に記入しきれないときは、適宜の用紙を使用して横書きで記載してください。

第2節　供託金払渡請求権に対する強制執行

1　差押金額が供託金払渡請求権の額以下の場合

(1)　差押債権者の取立て

　差押金額が供託金払渡請求権の額以下の場合（差押えの競合を生じない）には、供託所は、供託規則5条、供託準則75条、77条の2による以外特段の措置をとらない。

　供託金払渡請求権を差し押えた債権者が、取立権（民執155Ⅰ）に基づいて払渡請求をするときは、供託規則24条1項1号または25条1項の書面として供託金払渡請求書に差押命令が債務者に送達された日から1週間が経過したことを証する書面（この通知書には、裁判所書記官の証明および押印がされる（書記官事務の手引132頁））を添付することになる（民事執行基本通達第四・二・1・㈠・(2)）。

　なお、この場合の取立権の範囲は、執行債権および執行費用を限度とするから、差押命令（または差押処分）に記載された請求債権（執行債権および執行費用）の記載によって判断する（民執155Ⅰ、民事執行基本通達第四・二・1・㈠・(1)・(2)なお書）。

　通常の債権執行であるならば、第三債務者は差押債権者の取立てに応じて支払をしてもよいし、民事執行法156条1項の権利供託をして免責を得ることもできる。この理でいけば、供託官が同項によって供託をし（もっとも、これは観念的なものである）、同条3項によって執行裁判所に事情の届出をするということも、理論的には可能だが、仮にそうしたところで、供託所が供託金支払義務を免れるわけでもなく、また、そうすることによって配当加入遮断効を生じさせて、執行裁判所の指示をまって差押債権者に独占的満足を得させる必要もない。したがって、供託官は、執行裁判所に事情の届出をする必要もなく、差押債権者の取立権に基づく払渡請求に応じて払渡しをすれば足りる（民事執行基本通達第四・二・1・㈠・(2)）。

したがって、供託金払渡請求権に対する単発の差押え（重複するが供託金額以下の場合も含む）のみでは、配当加入遮断効は生じないと解される。

(2) **差押命令が供託所に送達後に債権執行が効力を失った場合または停止書面が提出された場合の払渡禁止**

差押命令（または差押処分）が供託所に送達後に、裁判所書記官から次の通知がなされたときは、差押債権者の払渡請求に応ずることはできない（民事執行基本通達第四・二・1・㈠・(3)）。

① 債権執行の申立てが取り下げられたときは、裁判所書記官は、第三債務者にその旨の通知をする（民執規136Ⅰ）。

② 債権執行手続の取消決定がなされたときは、裁判所書記官は、第三債務者にその旨を通知する（民執規136Ⅲ）。

③ 「強制執行の一時停止を命ずる旨を記載した正本」（民執39Ⅰ⑦）または「債権者が、債務名義の成立後に、弁済を受け、または弁済の猶予を承諾した旨を記載した文書」（民執39Ⅰ⑧）が裁判所に提出されたときは、裁判所書記官は、差押債務者および第三債務者（供託所）に、当該文書による執行停止が失効するまで、差押債権者の取立ておよび第三債務者の支払を禁止する旨を通知する（民執規136Ⅱ）。

この強制執行停止期間は、民事執行法39条1項7号書面による場合は4週間を限度とし（民執36Ⅱ）、同法39条1項8号書面による場合は2回限り（通算6月以内）を限度とする（民執39Ⅲ）。

2 差押えが競合した場合等

(1) **供託金払渡請求権についての差押えの競合**

供託金払渡請求権について、①差押えと差押えとの競合、②差押えと仮差押えの執行との競合、③差押えと配当要求があった旨を記載した文書の送達があった場合には、第三債務者たる供託所は、供託義務を負い、差押債権者の取立てに応ずることはできない（民執156Ⅱ）。この場合、供託所は供託規則5条、供託準則75条、77条の2の措置をする。

しかし、前述したように供託所が改めて供託するのは無意味であるから、

そのまま供託を持続し、供託金払渡請求に応ずることができるときに、供託官は、民事執行法156条2項・3項（同法178条5項において準用する場合を含む）に基づき、裁判所に事情の届出をすることとされている（民事執行基本通達第四・二・1・㈡・⑴）。この場合は、供託準則76条の措置をする。

従前は、適法な払渡請求があった場合または民事訴訟法旧621条2項の規定による請求があった場合に事情の届出をする取扱いであったが、現行法では、観念的に供託義務が生じたときは（後記⑵・①参照）直ちに事情の届出をすべきこととされている。

(2) 配当加入遮断効の発生時期

通常の債権執行における配当加入遮断効の発生時期は、第三債務者が「供託をしたとき」である（民執165①）。この点、従前は、民事訴訟法旧621条の規定による供託の場合においては、第三債務者の事情の届出のときが配当要求の終期であると考えられていたので、事情の届出をくぎりとするならば、供託金払渡請求権の差押えの場合も特別問題はない。しかし、民事執行法は配当要求の終期について「供託をしたとき」を基準時とするので、供託金払渡請求権に対する差押えにあっては、改めて供託をすることをせず、供託持続することになるので、どの時点で、「供託をしたとき」に当たるかが問題となる。

この点については、供託所は国家機関であるから、法律の定めを遵守する義務を負うので、法が供託義務を課した場合には直ちにそれを履行すべき義務を負うので、供託義務を生じたときに民事執行法156条2項による供託がされたとみることができ、そのように取り扱うのが最も適切であり、供託の構造がこのときに執行供託に変わると解される（稲葉＝佐藤・月報151・152頁）。

① 供託義務の発生

供託義務が生じたときに供託したものとみなされることは、前述したとおりであるが、供託義務は次の2つの要件が備わったときに生ずると解される（民事執行基本通達第四・二・1・㈡・⑴参照）。

① 差押えの競合が生じていること

②　供託金が払渡請求に応ずることができる状態にあること

　これは、通常の債権執行においても、弁済期未到来の金銭債権または停止条件付金銭債権について差押え等が競合した場合であっても、弁済期到来後、または条件成就しない限り、現実に供託義務を負わないのと同様である。

　通達（民事執行基本通達第四・二・1・㈡・(2)）は「払渡請求に応ずることができるとき」として、①裁判上の担保供託の取戻請求権にあっては担保取消決定が確定したとき、②弁済供託の還付請求権にあっては差押債権者または債務者（被供託者）から供託所に対し供託を受諾する旨を記載した書面もしくは供託を有効と宣言した確定判決の謄本が提出されたとき（供託規47）、または受諾による還付請求権行使の申出（払渡請求）があったとき、③弁済供託の取戻請求権にあっては、差押債権者または債務者（供託者）から不受諾による取戻請求権行使（払渡請求）があったときの3つの場合を例示している。

　同通達に例示された上記の場合のほか、この通達から導かれる解釈によった場合も含めて具体例を示すと表5-2-1のとおりである。

　なお、①弁済供託の還付請求権の差押え前に被供託者から供託規則47条の規定による供託受諾書等の提出がされているとき、②供託によって担保権（質権または抵当権）が消滅するときは、そもそも供託者の取戻請求権は生じないから、改めてその差押え後に権利行使の申出をする必要はなく、差押えの競合によって直ちに供託義務が生ずる。

　　②　仮差押解放金の取戻請求権に対して差押えがされた場合（第3編第2章に詳述）

　民事保全法22条に基づく仮差押解放金が供託されたときは、この供託された仮差押解放金は、仮差押えの目的物に代わり、仮差押えの効力は供託者たる仮差押債務者の有する供託金取戻請求権の上に存続することになる。

　したがって、仮差押解放金の供託金取戻請求権に対して差押えがされた場合、仮差押えの被保全権利と差押えの請求債権とが同一のものである場合には、仮差押えの本執行移行として差押えの競合を生じないので配当加入遮断

表5-2-1

供託の種類	取戻・還付の別	払渡請求に応ずることができるとき	備考
裁判上の担保供託	取戻請求権	① 担保取消決定が確定し、決定正本と確定証明書が提出されたとき ② 供託原因消滅証明書を添付して取戻請求があったとき	※
	還付請求権	被担保債権の存在を証する確定判決、和解調書等を添付して還付請求があったとき	
仮差押解放金の供託	取戻請求権	他の債権者から差押えがあったとき	昭57.6.4民四3662通達
営業保証供託	取戻請求権	営業の廃止による供託原因が消滅したとき （関係官庁が公告をし供託原因消滅証明書を添付して取戻請求があったとき）	
弁済供託	取戻請求権	取立権を有する差押債権者または債務者（供託者）から不受諾による払渡請求があったとき	※
	還付請求権	① 取立権を有する差押債権者または債務者（被供託者）から、供託受諾書または供託を有効と宣言した確定判決謄本が提出（供託規47）されたとき	※
		② 取立権を有する差押債権者または債務者（被供託者）から供託受諾による還付請求があったとき	※

（注）　※印は、民事執行基本通達第四・二・1・㈡・(2)による。

効も生じない。したがって、供託官は事情届出をすることを要しないが、差押債権者の払渡請求に応ずることになる。しかし、仮差押えの被保全債権と差押えの請求債権とが異なる場合には、差押えが仮差押債権者によってなされたかまたは他の債権者によってなされたかを問わず、仮差押解放金の取戻請求権について、仮差押えの執行と差押えとの競合を生ずることとなり、第

三債務者たる供託官は供託義務を負うことになるので、供託官は、直ちに差押命令を発した執行裁判所にその事情を届け出る必要がある。

供託実務上もこの事情届は、当該差押えが仮差押えの本執行としての差押えであることが明らかな場合を除いて、供託官は直ちに執行裁判所に対して事情の届出をしなければならないこととされている（民事保全基本通達第二・六・(2)・イ・本文、昭57.6.4民四3662号民事局長通達、西潟・「仮差押解放金の供託事務」民月38巻4号16・17頁）。

3 みなし解放金の還付請求権に対して差押えがされた場合

仮差押えの執行を原因とする供託金（民保50Ⅴ、民執156Ⅰ、いわゆるみなし解放金）については、仮差押解放金の額（民保22）を限度として仮差押えの執行の効力が、被供託者たる仮差押債務者の有する還付請求権の上に及び、これに対しては、当該仮差押債権者が本執行として差押えをすることができるほか、他の債権者も差押え、または仮差押えの執行をすることができる（民事保全基本通達第二・三・(1)・ウ・(ア)、民事執行基本通達第二・四・2・(一)・(5)・ア）。

したがって、このみなし解放金の供託金還付請求権に対して、他の債権者が差押えをしたとき等差押えが競合したときは、供託官は供託義務を負うことになるので、供託官は、直ちに差押命令を発した執行裁判所にその事情を届け出る必要がある（民事保全基本通達第二・三・ウ・(イ)なお書、民事執行基本通達第二・四・2・(一)・(5)・イなお書）。なお、この場合も、当該差押えが仮差押えの本執行としての差押えであることが明らかな場合を除き、執行裁判所に事情の届出をすることを要するとされている（昭57.4.13民四2591号民事局第四課長回答参照）。

ところで、事情届の法的効果については、旧法中は事情の届出によって配当加入遮断効を生ずるとされていたが（最判昭38.6.4民集17巻5号659頁）、民事執行法上は単に執行裁判所における配当実施のきっかけとなるにすぎないものである（民執166Ⅰ①）。また、みなし解放供託金については、その還付請求権に対する差押えが単一であろうと競合しようと、その払渡しは執行裁判所の配当等の実施としての支払委託によってなされる（この点、不動産仮

差押解放供託金については、その取戻請求権に対する差押えが仮差押えの本執行である場合には、その払渡しは執行裁判所の配当等に委ねることなく、直接供託所に対する払渡請求によってなされる）。

したがって、みなし解放供託金の還付請求権に対する差押えが仮差押えの本執行としてなされたものであるか否かにかかわらず、供託所は事情届をするとする取扱いに改められるべきであろうと考えられる。そのほうが、執行実務も供託実務もともにスムーズに行われるし、なんら不都合は生じないと考えられるからである。

表5-2-2

供託の種類	取戻・還付の別	事情届をすべきとき	備　考
仮差押えの執行のみを原因とする供託（民保50Ⅴ、民執156Ⅰ）↓仮差押解放金の限度で仮差押えの効力が還付請求権の上に及ぶ（民保50Ⅲ）	還付請求権	①　他の債権者から差押えがあったとき②　他の債権者から仮差押えがされ、その仮差押債権者または供託の根拠となった当該仮差押債権者から本執行としての差押えがあったとき③　仮差押えの競合により供託された場合に、仮差押債権者のいずれか一方から本執行としての差押えまたは他の債権者から差押えがあったとき	民事保全基本通達第二・三・(1)・ウ・(イ)なお書、民事執行民事執行基本通達　第二・四　・　2・㈠・(5)・イなお書

（注）　この関係については、第4編第2章第2節第4・3参照。

(3)　供託官の事情届

1　事情届の様式とその記載要領

事情届出書の様式は、供託準則76条2項に基づく附録第14号様式による。

この様式は、その供託金の性質により大別して、㋐仮差押解放金の供託金に関するもの、㋑みなし解放金に関するもの、㋒通常の供託金払渡請求権に対する差押えの競合によるものに分類することができる。東京法務局では、

事務の能率化と適正かつ迅速な処理を図るため、前記㋐、㋑、㋒に対応して別紙5－2－13～5－2－15およびそれぞれの別紙として5－2－16～5－2－18の三様式を定形化している。

なお、民事執行規則138条2項の規定にかかわらず供託書正本の添付を要しないことは当然である。

事情届には、民事執行規則138条1項所定事項のほか、民事執行法165条の規定の適用上重要であるから、供託義務の発生時点を必ず記載する必要がある。また、供託義務発生以前の差押え等を記載するほか、供託義務の発生後の差押え等も付記するのが相当であり、配当を受けるべき債権者の範囲については執行裁判所の判断に任せられている。

供託所が事情届出をしたときは、供託書副本裏面に事情届出の旨、年月日を記載し、係員が押印しなければならない（供託準則76Ⅲ）。

② 事情届をする裁判所

この事情の届出は、最初に送達された差押命令を発した裁判所（差押処分の場合には当該差押処分をした裁判所書記官）にする（民執規138Ⅲ、民事執行基本通達第四・二・1・㈡・(3)）。これは、仮差押命令が先行する場合には、差押命令を発した裁判所（差押処分の場合には当該差押処分をした裁判所書記官）にする（民保規41Ⅰ）趣旨を当然含むものである。

＜別紙5－2－13～5－2－18の注意点＞
1 注①について
　事情届の日付けは、無条件で払渡請求に応じることができる供託金にあっては、差押命令等の送達があって差押えの競合が生じた日、払渡請求を認可するに際し障害となる事由がある場合は、それらの事由が消滅し、かつ供託官がその事実を知った日を記載し、速やかに書留郵便にて発送する。
2 注②について
　最初に送達された差押命令を発した裁判所名を記載する。なお、担当部があるときは、発送する封筒に担当部名を記載する。
3 注③について
　差押えに係る供託の数が2個以上あるときは、「別紙のとおり」、または「別紙に続く」旨を注記して、別紙5－2－16の継続用紙を用いて記載する。なお、仮差押解放金の供託の場合は被供託者の記載を要しない。
4 注④について
　供託の原因たる事実欄記載の仮差押えの数が2個以上のときは、「別紙のとおり」、または「別紙に続く」旨を注記して、別紙5－2－17の継続用紙の見出しの冒頭に「供託の原因たる事実欄記載の」と書き加えて用いるものとする。

別紙５-２-１３

注① 平成　年　月　日

　　　地方裁判所　御　中　注②

　　　　　　　　　　○○法務局

　　　　　　　　　　　供託官

　　　　　　事　情　届　出　書

１　供託の表示　注③

　　供託年月日　平成　　年　　月　　日
　　供託番号　　平成　　年度（金）第　　　号
　　供託金額　　金　　　　　　　円
　　供　託　者
　　被供託者

２　上記供託は、民事保全法第22条に基づく　　地方裁判所　　平成
　　　　年（　）第　　　号（債権者・　　　　　、債務者・供託
　者）不動産仮差押命令申請事件の仮差押解放金の供託である。

　　　上記供託金の取戻請求権について、下記の強制執行による ｜１　債権差
　　　　　　　　　　　　　　　　　　　　　　　　　　　　　　｜２　債権差
　押命令
　押え及び転付命令　　　が送達されたので、民事執行法第156条の規定によ
　り、事情の届出をします。

　　　　　　　　　　　　　　記

　　　　　　　　　｜１　債権差押命令
　強制執行による　｜２　債権仮差押命令　　　　　の表示　注⑤
　　　　　　　　　｜３　債権差押え及び転付命令

　　　　地方裁判所　平成　　年（　）第　　　号
　債　権　者
　債　務　者
　差押債権額　金　　　　　　　円
　送達年月日　平成　　年　　月　　日

｜解　放　金｜

※　必要な事項の番号に○印を付して下さい。

別紙5-2-14

　　　　　　　　　　　　　　　　注①　平成　　年　　月　　日
　　　　地方裁判所　御中　注②
　　　　　　　　　　○○法務局
　　　　　　　　　　　供託官
　　　　　　　事　情　届　出　書
1　供託の表示　注③
　　供託年月日　平成　　年　　月　　日
　　供　託　番　号　平成　　年度（金）第　　　　号
　　供　託　金　額　金　　　　　　　円
　　供　託　者
　　被　供　託　者
2　供託の原因たる事実欄記載の仮差押えの表示　注④
　　　　　　　地方裁判所　　平成　　年（　）第　　　　号
　　債　権　者
　　債　務　者　　被供託者
　　第三債務者　　供託者
　　仮差押債権額　金　　　　　　円
　　送達年月日　平成　　年　　月　　日
3　上記供託は、民事執行法第156条1項、第178条5項に基づく　　　の
　　供託である。
　　　上記供託金の還付請求権について下記の強制執行こよる ｜1　債権差押
　　　　　　　　　　　　　　　　　　　　　　　　　　　　　｜2　債権差押
命令
え及び転付命令　　が送達されたので、民事執行法第156条の規定により、
事情の届出をします。
　　　　　　　　　　　　　記
　　　　　　　　　｜1　債権差押命令
強制執行による　｜2　債権仮差押命令　　　の表示　注⑤
　　　　　　　　　｜3　債権差押え及び転付命令
　　別紙のとおり

〔備考〕

　　　　　　　　　　　　　　　　　　　　　　みなし解放金

※　必要な事項の番号に○印を付して下さい。

別紙 5-2-15

注① 平成　　年　　月　　日
地方裁判所　御中　注②
　　　　　　　　　　○○法務局
　　　　　　　　　　　　供託官

事　情　届　出　書

1　供託の表示　注③
　　供託年月日　平成　　年　　月　　日
　　供　託　番　号　平成　　年度（金）第　　　号
　　供　託　金　額　金　　　　　　　円
　　供　託　者
　　被　供　託　者
2　上記供託は、　　　　　　　　　　　　　　　　　　の供託である。
　上記供託金の｜1　取戻請求権｜について下記のとおり｜1　強制執行に
　　　　　　　｜2　還付請求権｜　　　　　　　　　　｜2　強制執行に
よる債権差押え　　　　　　　　　　　が競合したところ、
よる債権差押えと滞納処分による債権差押え
　　　　　から平成　　年　　月　　日に　　　　　　　　を記載した書面が提
出されたので｜1　民事執行法第156条｜の規定により、事情の届出をし
　　　　　　｜2　滞調法第36条の6　｜
ます。
　　　　　　　　　　　　　　　記
(1)　強制執行による債権差押命令　注⑤
　　　別紙のとおり
(2)　滞納処分による債権差押え　注⑥
　　　別紙のとおり
〔備考〕

　　　　　　　　　　　　　　　　　　　　　　　　その他の供託金

※　必要な事項の番号に○印を付して下さい。

別紙5-2-16

別　紙
供　託　の　表　示

供託年月日	平成　　年　　月　　日
供 託 番 号	平成　　年度（金）第　　　　号
供 託 金 額	金　　　　　　円
供　託　者	
被 供 託 者	
供託年月日	平成　　年　　月　　日
供 託 番 号	平成　　年度（金）第　　　　号
供 託 金 額	金　　　　　　円
供　託　者	
被 供 託 者	

別紙5-2-17

別　紙
1　債権差押命令 　　　強制執行による　　2　債権差押え及び転付命令　　の表示 　　　　　　　　　　　　　3　債権仮差押命令

地方裁判所　　　平成　　年（　）第　　　　号 　債　権　者   　債　務　者   　差押債権額　　金　　　　　円 　平成　　年　　月　　日　命令送達
地方裁判所　　　平成　　年（　）第　　　　号 　債　権　者   　債　務　者   　差押債権額　　金　　　　　円 　平成　　年　　月　　日　命令送達

別紙5-2-18

別　紙 滞納処分による債権差押えの表示
処　分　庁 債　務　者　　　供託者 差押金額　　金　　　　　　　円 平成　　年　　月　　日　通知書送達
処　分　庁 債　務　者　　　供託者 差押金額　　金　　　　　　　円 平成　　年　　月　　日　通知書送達

5 注⑤について
　供託後に、仮差押解放金およびみなし解放金については、仮差押命令の執行がなされている場合、その他の供託金については、差押えまたは仮差押命令の執行がなされている場合は、2、3に○印を付して別紙5−2−17の継続用紙を用いて作成する。
6 注⑥について
　「滞納処分による債権差押え」の表示は、別紙5−2−18の継続用紙を用いて記載する。

(4) 配当等の手続

供託官からの事情届がされると、執行裁判所は事情届に基づく配当等の実施としての支払委託をすることになる（民執166Ⅰ①）。

3 転付命令が発せられた場合

(1) 転付命令の効力

転付命令は、被差押債権を、支払に代えて券面額で差押債権者に移転を命ずる裁判である（民執159Ⅰ）。転付命令に対しては、執行抗告をすることができる（民執59Ⅳ、執行抗告の提起期間については、裁判の告知を受けた日から1週間の不変期間である（民執10Ⅱ））。したがって、差押命令とともに転付命令が発せられた場合でも、確定しなければ単に差押えがされている状態と変わらない。

転付命令は、確定（①執行抗告提起期間（1週間）の徒過、②執行抗告の却下、棄却）によってその効力を生じ（民執159Ⅴ）、転付命令が第三債務者に送達されたときにさかのぼって債権移転の効力を生ずる（民執160）。

ただし、転付命令が第三債務者に送達される以前に、他の債権者の差押え等（差押え、仮差押えの執行、配当要求、滞納処分による差押え）がされたときは、転付命令は効力を生じないので（民執159Ⅲ、滞調36の5）、通常の差押えの競合として処理される。

(2) 供託金払渡請求権に対する転付命令を得た債権者の払渡請求

供託金払渡請求権につき転付命令を得た債権者は、直接供託所に対して
①転付命令の確定を待たず、差押命令に基づく取立権（差押命令が債務者に送達されて1週間経過後である。民執155Ⅰ）の行使として払渡請求をする（民事執行基本通達第四・二・1・㈢・(2)）か、または、②転付命令の確定を待って、払渡請求をする（民事執行基本通達第四・二・1・㈢・(1)）ことがで

きる。ただし、上記①は差押えの競合がない場合に限られ、②は、転付命令送達前に差押えの競合がない場合に限られるが、転付命令送達後に他の差押え、仮差押えの執行または滞納処分による差押えが競合しても、転付命令は確定によって効力を生ずるので（民執159Ⅲ、滞調36の5）、払渡請求に応ずることができる。

なお、供託金払渡請求書には、供託規則24条1項1号または25条1項の書面として、前記①の場合には、差押命令が債務者に送達された日から1週間が経過したことを証する書面（送達証明書）、②の場合には、転付命令確定証明書を添付することを要するほか、反対給付の履行を証する書面、印鑑証明書等の添付を要することは当然である（供託規24・25・26・27）。

(3) **転付命令送達後に差押え等が競合し、転付命令が執行抗告によって取消しされた場合**

転付命令送達後に、差押え、仮差押えの執行または滞納処分による差押えが競合しても、転付債権者から払渡請求があれば（供託金払渡請求書「転付命令確定証明書」を添付）払渡しを認可できることは、前述したとおりである。しかし、転付命令が執行抗告によって取り消された場合で、なお、差押えの競合が生じているときは、第三債務者たる供託所は、「払渡請求に応ずることができるとき」に執行裁判所に事情届をする（民事執行基本通達第四・二・1・㈢・(3)）。

4　担保権の実行または行使としての差押えがなされた場合

供託金払渡請求権について担保権の実行または行使による差押えがされた場合における取扱いは、強制執行による差押えがされた場合と同様である（民事執行基本通達第四・三・3）。

供託金払渡請求権について、担保権の実行または行使としての差押えと強制執行による差押えとが競合した場合には、先に送達された差押命令を発した執行裁判所に事情届をする（稲葉＝佐藤・月報155頁）。

5　民事執行法156条の供託金に対する執行

　民事執行法156条による供託については、供託により配当加入遮断効が生じているので（民執165①）、供託後の差押えは、配当等の手続に加わることができない。差押え等が取下げ・取消決定により失効しても、執行裁判所の支払委託による払渡しとなる。

　なお、供託金還付請求権について差押えがされた場合、その差押えは支払委託により差押債務者が受け取る剰余金等に対する差押えとして効力を有するとの見解がある（供託実務相談270頁）。

第3節　仮差押えの執行のみがされた場合

　供託金払渡請求権について仮差押えのみの執行がされたときは、債権者による取立てはあり得ないが、第三債務者に支払を禁ずるもので、供託所は、仮差押債務者（供託者・被供託者）の払渡請求に応ずることはできない。

　仮差押えの執行が競合しても供託義務を生ずることはないので、供託所は、供託規則5条、供託準則75条、77条の2の措置をするのみで足り、裁判所に事情届をすることを要しない。

第4節　滞納処分による差押えがされた場合

1　滞納処分による差押えの効力

　国税徴収法の定める租税滞納処分による差押えは、徴収職員（税務署長等、国徴2⑪）から第三債務者（供託金については供託所）に対する債権差押通知書（別紙）の送達によって行われる（国徴62Ⅰ・Ⅲ）。差押えの効力は、差押通知書が第三債務者に送達されたときに生じ、徴収職員は、滞納額を限度として滞納者に代位し、転付命令等を要せず直接差し押えた債権の取立てをすることができる（国徴67Ⅰ）。したがって、徴収職員は、被差押債権の

取立てに必要な滞納者の有する権利を行使することができ、取立訴訟の提起、配当要求、破産手続等への参加等の行為をすることができる。

差押えの効力は、差押財産から生ずる法定果実には及ばないのが原則であるが、債権を差し押えた場合には、差押え後の利息に対しても差押えの効力が及ぶ（国徴52Ⅱ）。なお、差押え時までに既に発生している利息には、差押えの効力は及ばないから、元本債権とは別個に差し押える必要がある。

なお、地方税（地方税法48・68等）、保険料（健康保険11の2、国民健康保険法80Ⅰ、厚生年金保険法86Ⅴ等）の滞納による差押えも、国税徴収法上の滞納処分による差押えと同様である。

2　滞納処分による差押えの特色

滞納処分による差押えは、一般の民事執行手続上の差押えと比較して、次のような特色がある。

① 　全額差押えが原則であること（国徴63）
② 　第三債務者の陳述の催告がないこと
③ 　債権の取立てが差押えと同時にできること（国徴67Ⅰ）
④ 　差押えが競合した場合の効力拡張がないこと
⑤ 　第三債務者の供託が認められないこと
⑥ 　二重差押えの場合に当然には配当受領権限がなく、配当を受けるためには交付要求をする必要があること（滞調法36の101参照）
⑦ 　転付命令、譲渡命令等の手続がないこと

このうち、①に関連する事項について、以下に述べる。

(1)　全額差押えの原則

滞納処分による差押えをする場合には、超過差押えが禁止されているが（国徴48Ⅰ）、債権については、全額差押えが原則となっている（国徴63）。すなわち、国税徴収法63条によれば、「徴収職員は、債権を差押えるときは、その全額を差押える必要がないと認めるときは、その一部を差押えることができる」こととされている。これは、債権の実質的な価値は、名目上の額によって定まるものではなく、第三債務者の弁済能力によって定まるものであ

ることから、このように定められたものと考えられる。

(2) **全額取立ての原則**

前記(1)の全額差押えの原則を受けて、徴収職員は、「債権を差押えたときは、差押えにかかる国税の額にかかわらず、被差押債権の全額を取立てる」こととされている（国徴67Ⅰ、国税徴収法基本通達67条関係1）。

実務では、かつては全額取立てを原則としていたが、昭和46年7月23日最高裁判決（訟務月報18巻355頁）において、差押債権について既に仮差押えの執行がされている場合には、その取立ては差押えに係る滞納税額等に限られ、これを超える取立ては違法であるとされ、それを受けて実務では、二重差押え等による利害関係人があるときは一部取立てをする取扱いとされ（昭47.9.4徴徴4-14国税庁長官通達）、強制執行による差押債権者等の権利の保護が図られていた。

ところが、昭和55年の滞調法の改正によって、債権についても調整が図られ、全額取立てをしても他の債権者を害することがなくなったので（滞調20の8等）、再び全額取立てを原則とする取扱いに改められた（滞調法逐条通達20の6関係3・(1)）。

(3) **全額取立ての原則の例外**

みなし解放金の供託（仮差押えの執行を原因とする民保50Ⅴ・156Ⅰの供託）について、その仮差押債務者が有する還付請求権に対する滞納処分による差押えがされた場合において、その還付請求権の額が差押えに係る国税その他国税徴収法120条1項に掲げる債権の額を超えるときは、「その一部の還付を受けるものとする」とされている（滞調法逐条通達20の6関係3・(1)・(注)3）。

みなし解放金の供託金の還付請求権を滞納処分により差し押えた場合には、同一の金銭債権に対して仮差押えの執行と滞納処分とが競合した場合と同視し得るのか否か必ずしも明らかではない（滞調法上に規定がない）。仮に、①同視し得る場合には、徴収職員が還付を受けた金額のうち、差押えに係る国税その他国税徴収法129条1項に掲げる債権の額を超える金額（残余金）は、仮差押債権の強制執行について管轄権を有する裁判所に交付するこ

第2章 供託金払渡請求権に対する強制執行等 363

とになるが（滞調法逐条通達36の12関係2・(4)・20の9関係6）、②同視し得ない場合には、残余金は、国税徴収法129条3項の規定により滞納者に交付すべきことになる。このいずれの方法によるべきか必ずしも明らかでないので、滞調法逐条通達は、このような場合には、「その一部の還付を受けるものとする。」としたものであろう。

なお、「その一部」を取り立てた残余の還付請求権については、滞納処分による差押えを解除すべきであることは当然である。

3 供託金払渡請求権に対する滞納処分による差押え

(1) 単一の差押え

供託金払渡請求権に対する滞納処分による差押えは、徴収職員（税務署長等）から第三債務者たる供託所に対する債権差押通知書の送達によって行われる（国徴62Ⅰ・Ⅲ）。その効力は、当該通知書が供託所に送達されたときに生じ、徴収職員は、滞納額を限度として滞納者に代位し、転付命令等を要せず直接供託金の取立て（供託金払渡請求）をすることができる（国徴67Ⅰ）。もちろん、当該供託金がそれぞれその性質により払渡しが可能なときであることはいうまでもない。

延滞税については、当該通知書に金額を明示することを要し、「取立時までの延滞税額」というような表示は適当でない。

なお、徴収職員が供託金払渡請求する場合の具体的手続については、国税庁長官通達（昭44.12.11徴徴2－30、昭54.7.30徴徴2－16）を参照されたい。

(2) 二重差押え

金銭債権について滞納処分による差押えがされ、さらに滞納処分による差押えがされた場合、後順位の差押えをした徴収職員は取立てをすることができず、必ず先順位の差押えに係る徴収職員等に交付要求をしなければならない（国税徴収法基本通達67条関係6）。

したがって、供託金払渡請求権について滞納処分による差押えが重複したときは、先順位の差押えをした徴収職員にその払渡しがなされる。

第 3 章

供託金払渡請求権について強制執行等と滞納処分とが競合した場合

第1節　滞納処分が先行し、強制執行が後行する場合

1　徴収職員等の取立権

　供託金払渡請求権に対する滞納処分（その例によるものを含む）による差押えは、税務署等の徴収職員から、第三債務者たる供託所に対する債権差押通知書の送達によってなされる（国徴62Ⅰ）。この差押えの効力は、当該差押通知書が第三債務者に送達されたときに生ずる（国徴62Ⅲ）。

　滞納処分による差押えをした徴収職員等は、差し押えた供託金払渡請求権の取立てをすることができるが（国徴67Ⅰ）、供託手続法規の定める払渡しの手続による。

　滞納処分による差押えが先行している場合には、同一債権につき、後から強制執行による差押命令の送達を受けても先行する滞納処分の効力にはなんら影響を与えない。したがって、滞納処分による差押えがされている部分の払渡しは、徴収職員等の払渡請求によってなされる（民事執行基本通達第四・三・1・㊀・(1)）。これは、滞納処分と強制執行の調整の原則である先着手主義（先に執行に着手したほうが、換価権を得る）をそのまま貫徹したものである。

2　滞納処分による差押えが及んでいない部分の取立て

　先行の滞納処分による差押えが供託金払渡請求権の一部についてなされて

図5-3-1

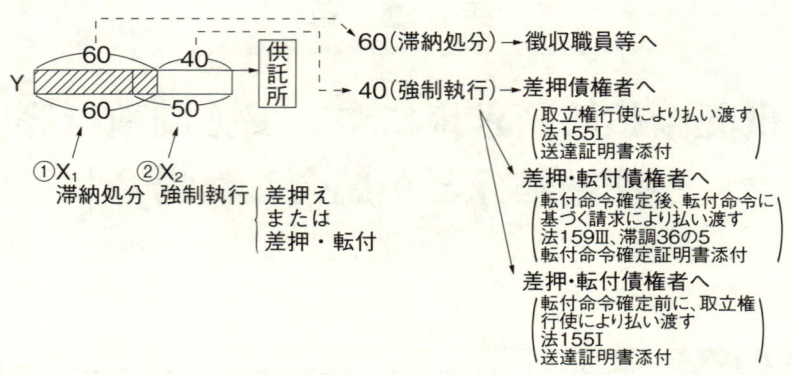

```
         60        40
   Y  ▓▓▓▓▓▓▓▓ ░░░░░░  →[供託所]→ 60（滞納処分）→徴収職員等へ
         60        50              → 40（強制執行）→差押債権者へ
       ①X₁      ②X₂                              ┌取立権行使により払い渡す
       滞納処分  強制執行   差押え                  │法155Ⅰ
                          または                   └送達証明書添付
                          差押・転付
                                       差押・転付債権者へ
                                       ┌転付命令確定後、転付命令に
                                       │基づく請求により払い渡す
                                       │法159Ⅲ、滞調36の5
                                       └転付命令確定証明書添付

                                       差押・転付債権者へ
                                       ┌転付命令確定前に、取立権
                                       │行使により払い渡す
                                       │法155Ⅰ
                                       └送達証明書添付
```

いるときは、その滞納処分の効力が及んでいない部分については、差押債権者は差押命令の取立権に基づいて供託所に対して払渡請求ができる（民事執行基本通達第四・三・1・(一)・(2)・ア）。これは、滞納処分による差押えと強制執行による差押えが競合しても、滞納処分による差押えの効力は拡張しないことによるものである。

3 滞納処分による差押えが解除された場合

滞納処分による差押えと強制執行による差押えが競合した場合においては、強制執行による差押えが払渡請求権の一部になされていても、その差押えの効力は債権全額に及ぶから（滞調36の4）、滞納処分による差押えが解除されたときは、払渡請求権全額に拡張した差押えの効力が残り、差押債権者は、差押命令の取立権を行使して、または転付命令に基づき供託所から払渡しを受けることができる（民事執行基本通達第四・三・1・(一)・(2)・ア後段）。ただし、その払渡しを受けることができる範囲は、差押債権者の債権および執行費用の額を超えることができない（民執155Ⅰ但書）。この範囲は、差押命令の請求債権により判断することになる。

4 供託金払渡請求権の一部について滞納処分による差押えがされている場合において、その残余の部分について、差押え、仮差押えの執行もしくは配当要求または滞納処分による差押えが競合した場合

(1) 供託金払渡請求権の一部について滞納処分による差押えがされている場合において、その残余の部分について差押え、仮差押えの執行もしくは配当要求または滞納処分による差押えが競合したときは、供託義務が生じ(民執156Ⅱ、滞調36の6Ⅰ)、その範囲で執行裁判所へ事情届出をしなければならない(民事執行基本通達第四・三・1・㈠・⑵・イ)。

なお、先行する滞納処分が全部差押えの場合には、徴収職員が優先的な取立権をもつから供託義務が問題になる余地はない。

同通達でいうところの①第三・三・1・㈠・⑶・イ、②同⑷、または③同⑸に該当する具体例を示すと、次のとおりである。

例えば、100万円の供託金払渡請求権に対して、

Ⅰ 民事執行基本通達第三・三・1・㈠・⑶・イの場合
① 滞納処分(50万円)
② 強制執行(40万円)
③ 配当要求(40万円)

この場合には、強制執行による差押えの金額である40万円についてのみ供託義務が生ずる。

Ⅱ 民事執行基本通達第三・三・1・㈠・⑷の場合

① 滞納処分(50万円)	① 滞(50万円)
② 強制執行(30万円)	② 強(30万円)
③ 仮差押えの執行(60万円)	③ 仮(10万円)
	④ 強(20万円)

この場合には、強制執行による差押え、仮差押えの執行の効力は債権全部に及ぶが、滞納処分による差押えが残余の部分である50万円について供託義務が生ずる。

この場合の事情届出は、民事執行法156条3項によるものであり、滞調法20条の6第2項によるものではないから、執行裁判所にすれば足りる。しかし、事情届出書には、先行の滞納処分による差押えを含め、そのすべての事情を記載する。この限りで、どの部分について競合・供託義務を生じているかの判断を執行裁判所に任せているものと考えられる。また、先行する滞納処分が解除されたときも、解除通知（滞調14・20の3Ⅱ・20の8Ⅰ）によって賄われるので、改めて事情届出をする必要はないとされている（注）。

（注）　稲葉＝佐藤・月報158頁

　（私見）　滞調法の規定により、執行裁判所と徴収職員等との解除通知により、執行裁判所は知り得るであろうが、通常の債権執行の場合は、第三債務者はその解除された金額に相当する金銭を供託しなければならず（民事執行基本通達第三・三・1・㈠・⑷後段）、事情届出をすることになるとされていることからも、本事例の場合に配当実施の明確な契機となる事情届出をすることとしたほうが執行実務がスムーズに進むものと考える。

　Ⅲ　民事執行基本通達第三・三・1・㈠・⑸の場合

　①　滞納処分（50万円）　　①　滞（50万円）
　②　強制執行（30万円）　　②　強（100万円）
　③　滞納処分（60万円）　　③　滞（60万円）

　この場合には、滞調法36条の6第1項括弧書により、先行する滞納処分による差押えの部分を除いた残余の部分である50万円について供託義務が生ずる。

　⑵　これらの届出をすると、その供託義務が生じた範囲の金額については、執行裁判所の配当等の実施としての支払委託に基づいて払渡しがなされる。

5　強制執行続行の決定があった場合

　供託金払渡請求権に対して滞納処分による差押えが先行し、強制執行による差押えが後行している場合において、強制執行続行決定がされると、滞調法の適用については、滞納処分による差押えは、強制執行による差押え後にされたものとみなされる（滞調101・20の81）。

強制執行続行決定は、第三債務者たる供託所に通知されるから（滞調規則20・16・23の5）、これにより、滞調法36条の6第1項の供託義務が生じ、供託官は同条第2項により事情の届出をしなければならない。この供託金は、執行裁判所の配当等の実施としての支払委託に基づいて払渡しがなされる（民事執行基本通達第四・三・1・㈠・(3)・イ）。

第2節　強制執行が先行し、滞納処分が後行する場合

1　執行裁判所に対する供託官の事情の届出

供託金払渡請求権に対して、強制執行による差押えがされている場合において、その残余を超えて滞納処分による差押えがされたときは、強制執行による差押えがたとえ一部についてであっても、その効力が債権全額に及ぶから（滞調36の4）、第三債務者たる供託所は、「供託金払渡請求に応ずることができるとき」に（民事執行基本通達第四・二・1・㈡・(1)）、滞調法36条の6第2項に基づいて執行裁判所にその事情の届出をしなければならない（民事執行基本通達第四・三・1・㈡・(1)）。

なお、「払渡しに応ずることができるとき」については、前記第2章第2節・2・(2)・[2]を参照されたい。

この場合の供託金については、先行の差押えが効力を有する限り執行裁判所の配当等の実施としての支払委託に基づいて払渡しがなされる。

2　強制執行による差押えが取り下げられ、または取消決定がなされた場合

強制執行による差押えが先行する場合には、滞納処分による差押えに、執行裁判所による強制執行手続に吸収され、その手続内において配当を受けることになるが、先行の差押えの申立てが取り下げられ、または取消決定が効力を生じたときは、その旨の通知が執行裁判所の裁判所書記官から第三債務者たる供託所になされる（民執規136）。したがって、取立ての制限が失わ

れ、徴収職員等は、滞納処分による差押えの金額に相当する部分について払渡請求することができる（滞調36の6Ⅳ、民事執行基本通達第四・三・1・㈡・⑵、なお、同通達中「還付請求」とあるのは正確でなく、供託金取戻請求権の差押えの場合もあるから、単に「払渡し」と考えれば足りる）。

3　滞納処分続行承認の決定があった場合

　供託金払渡請求権に対して強制執行による差押えが先行し、滞納処分による差押えが後行している場合において、滞納処分続行承認の決定がされると、滞調法の適用については、強制執行による差押えは、滞納処分による差押え後にされたものとみなされる（滞調36の11・27Ⅰ）。

　強制執行続行承認決定は、第三債務者たる供託所に通知されるから（滞調45・36）、その結果、滞納処分による差押えに基づく取立権が顕在化し、滞納処分による差押えの金額に相当する部分については、徴収職員等は、直接供託所に払渡請求することができ、その余の部分は、執行裁判所の配当等の実施としての支払委託に基づいて払渡しがなされる（民事執行基本通達第四・三・1・㈡・⑶・イ、なお、同通達中「還付請求」とあるのは単に「払渡し」と考えれば足りることについては、前述したとおりである）。このことは、供託官が事情の届出をしている場合でも同様である（稲葉＝佐藤・月報160頁）。

第3節　仮差押えの執行と滞納処分による差押えが競合した場合

　供託金払渡請求権に対して仮差押えの執行と滞納処分による差押えが競合する場合において、仮差押えの執行が先行していたとしても、国税徴収法140条の規定によって滞納処分の執行を妨げられないので、第三債務者たる供託所は、供託義務を負わず、配当加入遮断効を生じないので、執行裁判所に事情の届出をすることを要しない。

　徴収職員等は、滞納処分による差押えがされた部分について、供託所に直接払渡請求することができる（民事執行基本通達第四・三・2・㈠・⑵）。徴収

職員等が還付を受けた金額のうち、差押えに係る国税その他国税徴収法129条1項に掲げる債権の額を超える金額（残余金）は、仮差押債権の強制執行について管轄権を有する裁判所に交付することになる（滞調法逐条通達36の12関係2・(4)・20の9関係6）。

第4節 担保権の実行または行使としての差押えと滞納処分による差押えとが競合した場合

1 担保権の実行または行使としての差押えが先行する場合

供託金払渡請求権に対する担保権の実行または行使としての差押えと滞納処分とが競合した場合の取扱いは、強制執行と滞納処分とが競合した場合と同様である（民事執行基本通達第四・三・3、滞調20の10・36の13）。

供託金払渡請求権が担保権の目的となっており、それを供託所が承知している場合（例えば民訴113）において、滞納処分による租税債権と担保権との実体法上の優劣を判断する必要があるが、その優劣についての判断を執行裁判所に任せる趣旨で、供託所は、事情届をし、その支払委託を待って払渡しをすればよい。

2 滞納処分が先行する場合

滞納処分が先行する場合には、たとえ担保権の実行としての差押えが後からなされても、それは実体法上の優先権を放棄する趣旨とは考えられないから、先行の滞納処分による租税債権が担保権より優先する場合に限り、先行の滞納処分による差押えに基づく払渡請求をすることができる。なぜなら、滞調法は、手続的な優先を定めただけで、実体法上の優劣は手続上の優劣によって左右されないからである。

資 料 編

- ●「民事執行法等の施行に伴う供託事務の取扱いについて」
  「民事保全法等の施行に伴う供託事務の取扱いについて」
- ●事例研究

民事執行法等の施行に伴う供託事務の取扱いについて

（昭和55.9.6法務省民四第5333号通達）

　民事執行法（昭和54年法律第4号）、民事執行法の施行に伴う関係法律の整理等に関する法律（昭和54年法律第5号）、滞納処分と強制執行等との手続の調整に関する法律の一部を改正する法律（昭和55年法律第50号）及び民事執行規則（昭和54年最高裁判所規則第5号）が本年10月1日から施行されることとなったので、これに伴う供託事務の取扱いについては、特に左記の点に留意し、事務処理に遺憾のないよう、この旨貴管下供託官に周知方取り計らわれたい。

　なお、本通達においては、民事執行法を「法」と、民事訴訟法を「民訴法」と、滞納処分と強制執行等との手続の調整に関する法律を「滞調法」と、民事執行規則を「規則」と、供託事務取扱手続準則を「準則」とそれぞれ略称する。

記

第一　裁判上の担保のための供託
　一　民訴法の規定に基づく担保のための供託の管轄供託所
　　　訴訟費用の担保（民訴法107条1項）としての金銭又は有価証券の供託は、担保を供すべきことを命じた裁判所の所在地を管轄する地方裁判所の管轄区域内の供託所にしなければならないこととされた（同法112条）。
　　　仮執行及びその免脱のための担保

民事保全法等の施行に伴う供託事務の取扱いについて

（平成2.11.13法務省民四第5002号通達）

　民事保全法（平成元年法律第91号）及び民事保全規則（平成2年最高裁判所規則第3号）が明年1月1日から施行されることとなり、民事訴訟法中仮差押え及び仮処分に関する規定並びに民事執行法中仮差押え及び仮処分の執行に関する規定が削除された（民事保全法附則第2条及び第3条）が、これに伴う供託事務の取扱いについては、下記の点に留意し、事務処理に遺憾のないよう、貴管下供託官に周知方取り計らわれたい。

　なお、本通達においては、民事保全法を「法」と、民事訴訟法を「民訴法」と、民事執行法を「民執法」と、民事保全規則を「規則」と、民事執行規則を「民執規則」と、供託事務取扱手続準則を「準則」とそれぞれ略称する。

　おって、昭和55年9月6日付け法務省民四第5333号本職通達（「民事執行法等の施行に伴う供託事務の取扱いについて」。以下「民事執行通達」という。）中仮差押え及び仮処分の執行に関する供託等の取扱いのうち、本通達と抵触する部分は本通達によって廃止することとなるので、申し添える。

記

第一　民事保全手続における担保のための供託
　一　法の規定に基づく担保のための供託
　　　民事保全の命令（以下「保全命令」という。）及び民事保全の執行（以下「保全執行」という。）に関して、次の(1)、(2)に掲げる担保についての規定が設けられ、これらの担保を立てるには、金銭又は担保を立てるべきことを命じた裁判所が相当と認める有価証券

（同法196条1項から3項まで）、特別上告の提起又は再審の申立て（同法500条1項）、仮執行宣言付判決に対する上告の提起（同法511条1項）、仮執行宣言付判決に対する控訴の提起、仮執行宣言付支払命令に対する異議の申立て（同法512条1項）、仮執行宣言付手形判決若しくは小切手判決に対する控訴の提起又は手形金若しくは小切手金請求等についての仮執行宣言付支払命令に対する異議の申立てに伴う強制執行の停止、取消し又は続行を命ずるための担保（同法512条ノ2第1項・第2項）、仮差押え又は仮処分の担保（同法741条2項、756条）、異議の申立てに対する終局判決において仮差押え又は仮処分を認可し、取消し又は変更するための担保（同法745条2項、756条）、事情変更による仮差押え又は仮処分の取消しのための担保（同法747条、756条）及び特別事情による仮処分の取消しのための担保（同法759条）として、金銭又は有価証券を供託する場合も、同様である（同法197条及び513条3項による同法112条の準用）。

を供託する方法その他規則で定める方法によらなければならないこととされた（法4条1項）。

(1) 保全命令に関する担保
① 保全命令の担保（法14条1項）
② 保全異議の申立てがあった場合において、保全執行の停止又は既にした執行処分の取消しを命ずるための担保（法27条1項）
③ 保全異議の申立てについての決定において、保全命令を認可し、変更し、又は取り消すための担保（法32条2項、3項）
④ 事情の変更による保全取消しの申立てについての決定において、申立てを却下し、又は保全命令を取り消すための担保（法38条3項、32条2項、3項）
⑤ 特別の事情による保全取消しの申立てについての決定において、仮処分命令を取り消すための担保（法39条1項）
⑥ 保全取消しの申立てがあった場合において、保全執行の停止又は既にした執行処分の取消しを命ずるための担保（法40条1項、27条1項）
⑦ 保全異議又は事情の変更による保全取消しの申立てについての決定に対する保全抗告があった場合において、保全抗告についての決定をするための担保（法41条4項、32条2項、3項）
⑧ 保全抗告があった場合において、保全執行の停止又は既にした執行処分の取消しを命ずるための担保（法41条4項、27条1項）
⑨ 保全命令を取り消す決定に対して保全抗告があった場合において、保全命令を取り消す決定の効

力の停止を命ずるための担保（法42条1項）
(2) 保全執行に関する担保
ア　仮差押え及び仮処分の執行について準用される民執法の規定による担保
① 保全執行の手続に関する裁判に対して執行抗告があった場合において、原裁判の執行の停止若しくは保全執行の手続の停止又はこれらの続行を命ずるための担保（法46条、民執法10条6項）
② 保全執行裁判所の執行処分で執行抗告をすることができないもの又は執行官の執行処分若しくはその遅怠に対して執行異議の申立てがあった場合において、その処分の停止又は続行を命ずるための担保（法46条、民執法11条2項、10条6項前段）
③ 執行文の付与に対して異議の申立てがあった場合において、保全執行の停止又は続行を命ずるための担保（法46条、民執法32条2項）
④ 執行文の付与に対する異議の訴えの提起があった場合において、保全執行の停止若しくは続行又は既にした執行処分の取消しを命ずるための担保（法46条、民執法36条1項）
⑤ 第三者異議の訴えの提起があった場合において、保全執行の停止若しくは続行又は既にした執行処分の取消しを命ずるための担保（法46条、民執法38条1項、4項、36条1項）
イ　動産又は債権に対する仮差押えの執行について準用される民執法

二 法及び規則の規定に基づく担保のための供託
 1 法及び規則の規定に基づく担保法及び規則においては、次に掲げる担保についての規定が設けられ、これらの担保は、金銭又は発令裁判所が相当と認める有価証券を供託する方法によることができることとされた（法15条1項）。
  (一) 民事執行（法1条参照）の手続に関する裁判に対して執行抗告があつた場合において、原裁判の執行の停止若しくは民事執行の手続の停止又はこれらの続行を命ずるための担保（法10条6項）
  (二) 執行裁判所の執行処分で執行抗告をすることができないもの又は執行官の執行処分若しくはその遅怠に対して執行異議の申立てがあつた場合において、その処分の停止又は続行を命ずるための担保（法11条2項、10条6項）
  (三) 執行文の付与に対して異議の申立てがあつた場合において、強制執行又は仮差押え若しくは仮処分の執行の停止又は続行を命ずるた

めの規定による担保
  ① 差押禁止動産の範囲の変更による仮差抑えの執行の取消しの命令を求める申立てがあつた場合において、仮差抑えの執行の停止を命ずるための担保（法49条4項、民執法132条3項）
  ② 差押禁止債権の範囲を変更してする仮差押えの執行の申立て又はその取消しを求める申立てがされた場合において、第3債務者に対して支払その他の給付の禁止を命ずるための担保（法50条5項、民執法153条3項）

二 法の規定に基づく担保のための供託の管轄供託所
 (1) 一の担保のためにする金銭又は有価証券の供託は、担保を立てるべきことを命じた裁判所又は保全執行裁判所の所在地を管轄する地方裁判所の管轄区域内の供託所にしなければならないこととされた（法4条1項）。ただし、保全命令の担保の供託をする場合においては、裁判所の許可を得て、債権者の住所地又は事務所の所在地その他裁判所が相当と認める地を管轄する地方裁判所の管轄区域内の供託所に供託することができることとされた（法14条2項）。
 (2) (1)のただし書に該当する場合には、所定の書式による供託書中「備考」欄に法14条2項に規定する裁判所の許可を得た旨を記載させるものとする（別紙記載例1参照）。
   この場合、裁判所の許可があつたことを証する書面の提出又は提示を求める必要はない。
 (3) 供託書中「備考」欄に(2)の記載がされていない場合において、(1)本文の管轄供託所以外の供託所に供託申

めの担保（法32条2項、174条4項、180条1項）

(四) 執行文付与に対する異議の訴え又は請求異議の訴えの提起があつた場合において、強制執行若しくは仮差押え若しくは仮処分の執行の停止若しくは続行又は既にした執行処分の取消しを命ずるための担保（法36条1項、174条4項、180条1項）

(五) 第三者異議の訴えの提起があつた場合において、強制執行、仮差押え若しくは仮処分の執行若しくは担保権の実行の停止若しくは続行又は既にした執行処分の取消しを命ずるための担保（法38条1項・4項、36条1項、174条4項、180条1項、194条）

(六) 不動産、船舶又は航空機に対する強制執行又は担保権の実行において、売却のための保全処分として、債務者等に対して不動産の価格を著しく減少させる行為の禁止等を命ずるための担保（法55条1項、121条、188条、189条、規則84条、175条）

(七) 不動産に対する強制執行又は担保権の実行において、売却のための保全処分として、不動産に対する債務者等の占有を解いて執行官に保管させるべきことを命ずるための担保（法55条2項、188条）

(八) 不動産、船舶又は航空機に対する強制執行又は担保権の実行において、最高価買受申出人又は買受人のための保全処分として、債務者等に対し、不動産、船舶又は航空機の価格を減少させる行為の禁止等を命ずるための担保（法77条1項、121条、188条、規則84条、

請があったときは、受理することができない。

175条）
(九) 差押禁止動産の範囲の変更による強制執行、一般の先取特権の実行による差押え又は仮差押えの執行の取消しの命令を求める申立てがあつた場合において、強制執行、仮差抑えの執行又は担保権の実行の停止を命ずるための担保（法132条3項、177条4項、192条）
(十) 差押禁止債権の範囲を変更してする強制執行、一般の先取特権の実行による差押え若しくは仮差押えの執行の申立て又はそれらの取消しを求める申立てがされた場合において、第三債務者に対して支払その他の給付の禁止を命ずるための担保（法153条3項、178条5項、193条2項）
2 管轄供託所
　1の担保のためにする金銭又は有価証券の供託は、担保を立てるべきことを命じた裁判所又は執行裁判所の所在地を管轄する地方裁判所の管轄区域内の供託所にしなければならないこととされた（法15条1項）。
三 払渡請求書の添付書面
　訴訟費用の担保（民訴法107条1項）、仮執行及びその免脱のための担保（同法196条1項から3項まで）並びに法及び規則の規定する担保の提供のために金銭又は有価証券の供託をした場合においては、供託者は、供託書正本を裁判所に提出しないこととなるので（民訴法112条、法15条1項。なお民訴法513条1項参照）、この供託物払渡請求権に対する強制執行、担保権の実行又は、滞納処分（その例による処分を含む。以下同じ。）に基づいて払渡請求をする場合には、払渡請求書

三 担保として供託した供託物の取戻し
(1) 裁判所の担保取消決定による取戻し
　法の規定に基づき金銭又は担保を立てることを命じた裁判所が相当と認める有価証券を担保として供託した場合において、担保を供した者は、裁判所に対して担保取消しの申立てをし、担保取消決定を得て供託物を取り戻すことができることとされた（法4条2項、民訴法115条）。
(2) 裁判所の許可による取戻し
　ア 法14条1項の規定により立てた担保については、保全執行として

資料編 379

に供託書正本を添付させる必要はない（供託規則24条1号ただし書、25条1号ただし書）。

なお、裁判上の担保のための供託の被供託者が還付請求の方法によって権利の実行をする場合については、払渡請求書に供託書正本を添付させる取扱いに変更はない（供託規則24条1号本文）。

する登記若しくは登録又は第3債務者に対する保全命令の送達ができなかった場合その他保全命令により債務者に損害が生じないことが明らかである場合において、法43条2項の期間（債権者に対して保全命令が送達された日から2週間）が経過し、又は保全命令の申立てが取り下げられたときは、債権者は、保全命令を発した裁判所の許可（この許可に対しては、不服申立ては許されない。）を得て、取り戻すことができることとされた（規則17条1項）。

イ 債務者が規則17条1項の担保に関する債権者の権利を承継した場合において、保全命令を発した裁判所の許可（この許可に対しては、不服申立ては許されない。）を得たときは、その担保を取り戻すことができることとされた（規則17条4項）。

なお、特定承継によって規則17条1項の担保に関する債権者の権利を承継した債務者から、裁判所の許可を得て担保の取戻請求があった場合には、供託所に対する権利の承継についての対抗要件の具備を確認した上で払渡しに応ずるものとする。

四 供託物払渡請求書に添付する供託規則25条2号の書面
(1) 裁判所の担保取消決定による取戻請求

三(1)の供託物の取戻請求をする場合には、他の裁判上の担保のためにした供託と同様に、供託物払渡請求書に担保取消決定の正本及び確定証明書又はこれに代えて供託原因の消滅を証する裁判所の証明書（供託書

正本に供託原因が消滅したことを証する旨の裁判所書記官の奥書証明を含む。）を添付させるものとする。
(2) 裁判所の許可による取戻請求
ア 三(2)アの場合において、債権者が供託物の取戻請求をするときは、供託物払渡請求書に当該裁判所の許可書を添付させるものとする。
イ(ア) 三(2)イの場合において、債務者が供託物の取戻請求をするときは、アの場合と同様に供託物払渡請求書に当該裁判所の許可書を添付させるものとする。
(イ) 債務者が包括承継により債権者の権利を承継したものであるとして、供託物の取戻請求をする場合において、添付された裁判所の許可書に権利の承継の事由として包括承継である旨の記載があるときは、供託規則25条2号の書面としては、当該許可書をもって足りる。

第二 民事執行手続における担保供託以外の供託
一 不動産に対する強制執行、仮差押えの執行及び担保権の実行における供託
1 強制競売における供託
(一) 配当留保供託
(1) 売却代金の配当又は弁済金の交付（以下「配当等」という。）を受けるべき債権について、法91条1項各号に掲げる事由がある場合には、執行裁判所の裁判所書記官は、配当等の額に相当する金銭を供託することとされた（法91条1項）。

(注) 平2.11.13民四・5003号民事局長通達
1 不動産に対する強制執行及び担保権の実行における供託
(1) 強制執行において裁判所書記官のする配当留保供託
ア 不動産の強制執行において配当等を受けるべき債権者の債権について、次の事由があるときは、執行裁判所の裁判所書記官は、その配当等の額に相当する金銭を供託することとされた（法91条1項）。
① 不動産競売の手続の一時の停止を命ずる旨を記載した裁判の謄本が提出されているとき（法91条1項3号、183条1項6号）。
② その債権に係る先取特権等につき仮登記又は保全法53条2項に規定する仮処分による仮登記がされたものであるとき（法91条1項5号）。
なお、この場合における供託手続は、従来の不動産の強制競売における供託手続と同様である（基本通達第2・1参照）。

(2) 供託金の払渡しは、執行裁判所の配当等の実施としての支払委託に基づいてする（法92条1項）。
この支払委託の手続は、執行裁判所の裁判所書記官が行う（規則61条）。以下執行裁判所がする支払委託の手続については、すべて同様である（規則73条、83条、84条、97条、98条、132条、145条、173条1項、174条5項、175条、176条1項、177条、179条2項）。
㈡ 不出頭供託
(1) 債権者（知れていない抵当証

券の所持人を含む。）が配当等の受領のために執行裁判所に出頭しない場合においては、執行裁判所の裁判所書記官は、これに対する配当等の額に相当する金銭を供託することとされた（法91条2項）。

(2) この供託は、債権者ごとに各別にさせ、供託書には、知れていない抵当証券の所持人に対して供託する場合を除き、被供託者（債権者）あての供託通知書及び郵券を付した封筒を添付させる（民法495条3項、供託規則16条、準則33条）。

(3) 供託金の払渡しは、被供託者の還付請求によつてする。

2 強制管理における供託

㈠ 執行停止中における配当等に充てるべき金銭の供託

(1) 法39条1項7号又は8号に掲げる文書の提出があつた場合においては、管理人は、収益又は換価代金から債務者に対する分与及び費用を控除した配当等に充てるべき金銭（法106条1項）を供託することとされた（法104条1項）。

(2) 供託金の払渡しは、執行裁判所の配当等の実施としての支払委託に基づいてする（法109条）。

㈡ 管理人が配当等を実施する場合の配当留保供託

(1) 管理人が配当等を実施する場合において、配当等を受けるべき債権者の債権が仮差押債権者の債権であるとき、又は法39条1項7号に掲げる文書の提出されている債権であるときは、管理人は、その配当等の額に相当

する金銭を供託することとされた（法108条前段）。
　(2) 供託金の払渡しは、執行裁判所の配当等の実施としての支払委託に基づいてする（法109条）。
(三) 管理人が配当等を実施する場合の不出頭供託
　(1) 管理人が配当等を実施する場合において、債権者が配当等の受領のために出頭しないときは、管理人は、これに対する配当等の額に相当する金銭を供託することとされた（法108条後段）。
　(2) この供託及び供託金の払渡しの取扱いについては、1(二)(2)及び(3)（強制競売における不出頭供託）と同様である。
(四) 執行裁判所が配当等を実施する場合の配当留保供託及び不出頭供託
　債権者間に配当についての協議が調わないため、執行裁判所が配当等を実施する場合の配当留保供託及び不出頭供託については、1（強制競売における供託）と同様である（法111条、109条、91条）。
3　強制管理の方法による仮差押えの執行による配当等に充てるべき金銭の供託
(一) 強制管理の方法による仮差押えの執行がされた場合においては、管理人は、法175条5項において準用する法107条1項の規定により計算した配当等に充てるべき金銭を供託することとされた（法175条4項）。
(二)(1) 供託金の払渡しは、本執行としての強制管理の執行裁判所の配当等の実施としての支払委託に基

第二　民事保全手続における担保供託以外の供託
一　民執法43条1項に規定する不動産に対する仮差押えの執行における供託
　(1) 強制管理の方法による仮差押えの執行における供託
　　強制管理の方法による仮差押えの執行がされた場合においては、管理人は、法47条5項において準用する民執法107条1項の規定により計算した配当等に充てるべき金銭を供託し、その事情を保全執行裁判所に届け出なければならないこととされた

づいてする。
		(2) 仮差押命令の申立ての取下げ又は仮差押えの執行の取消しが効力を生じた場合における供託金の払渡しについても、執行裁判所の支払委託に基づいてする。
	4 担保権の実行としての競売における供託
		担保権の実行としての競売における供託については、1（強制競売における供託）と同様である（法188条、91条）。
二 船舶に対する強制執行及び担保権の実行における供託
	1 強制執行における供託
	㈠ 強制競売の手続の取消しのための保証としての供託
		(1) 差押債権者の債権について、法39条1項7号又は8号に掲げる文書が提出された場合においては、債務者は、配当等の手続を除く強制競売の手続の取消しを求めるため、差押債権者及び配当要求をした債権者の債権及び執行費用の総額に相当する保証を提供することができることとされ（法117条1項）、この保証の提供は、金銭又は執行裁判所が相当と認める有価証券を執行裁判所の所在地を管轄する地方裁判所の管轄区域内の供託所に供託する方法によることができることとされた（同条5項による法15条1項の準用）。
		(2) (1)の文書の提出による執行停止が効力を失つたときは、執行裁判所は、その保証について配当等を実施することとされた（法117条2項前段）。

（法47条4項、規則32条1項、民執規則71条1項）。
	(2) 強制管理の方法による仮差押えの執行停止中における供託
		民執法39条1項7号に掲げる文書の提出があった場合においては、管理人は、収益又は換価代金から債務者に対する分与及び費用を控除した配当等に充てるべき金銭を供託し、その事情を保全執行裁判所に届け出なければならないこととされた（法47条5項、民執法104条1項、106条1項）。
	(3) 供託金の払渡し
		ア (1)及び(2)の供託金の払渡しは、本執行としての強制管理の執行裁判所の配当等の実施としての支払委託に基づいてする（民執法109条）。
		イ 仮差押命令の申立ての取下げ又は仮差押えの執行の取消しが効力を生じた場合における供託金の払渡しについても、執行裁判所の支払委託に基づいてする。

この場合において、保証の提供が金銭供託の方法によつてされているときは、その供託金の払渡しは、執行裁判所の配当等の実施としての支払委託に基づいてする。保証の提供が有価証券供託の方法によつてされているときは、執行裁判所が有価証券を取り戻すこととされた（法117条2項後段）。この場合において、有価証券払渡請求書に執行停止の効力が失われた旨の記載があるときは、これを証する書面の添付を要しないものとする。
(3)　(2)の場合においては、支払委託書又は供託有価証券払渡請求書に供託書正本を添付させる（供託規則25条1号、32条1項）。
(4)　債務者の請求異議の訴えの勝訴等により、配当等の手続が取り消された場合においては、債務者は、供託した金銭又は有価証券を取り戻すことができる（供託法8条2項）。
　　この場合の払渡請求書には、供託規則25条2号の書面として、保証取消決定正本及びその確定証明書（法117条5項、15条2項、民訴法115条1項）を添付することを要する。
㈡　配当留保供託及び不出頭供託
　　執行裁判所が配当等を実施する場合の配当留保供託及び不出頭供託については、一1（不動産に対する強制競売における供託）と同様である（法121条、91条）。
　　強制競売の手続の取消しのための保証が金銭供託の方法でされている場合において配当留保供託又

は不出頭供託の事由があるとき
　　　は、供託を持続する。なお、不出
　　　頭供託をすべき場合には、直ちに
　　　支払委託がされる。
　　2　担保権の実行としての競売におけ
　　　る供託
　　　　担保権の実行としての競売におけ
　　　る供託については、1（強制執行に
　　　おける供託）と同様である（法189
　　　条、117条、121条、91条）。
　三　動産に対する強制執行、仮差押え及
　　び仮処分の執行並びに担保権の実行に
　　おける供託
　　1　強制執行における供託
　　　㈠　執行停止中の売却による売得金
　　　　の供託
　　　　⑴　差押債権者の債権について法
　　　　　39条1項7号又は8号に掲げる
　　　　　文書が提出された場合におい
　　　　　て、差押物について著しい価額
　　　　　の減少を生ずるおそれがあると
　　　　　き、又はその保管のために不相
　　　　　応な費用を要するときは、執行
　　　　　官がその差押物を売却すること
　　　　　ができることとされ（法137条
　　　　　1項）、その売得金は、執行官
　　　　　が供託することとされた（同条
　　　　　2項）。

(注)　平2.11.13民四・5003号民事局長通達
　　2　動産に対する強制執行及び担保権
　　　の実行において執行官のする配当留
　　　保供託
　　　⑴　強制執行における供託
　　　　ア　動産の強制執行において売得
　　　　　金等の配当等を受けるべき債権
　　　　　者の債権について、動産競売の
　　　　　手続の一時の停止を命ずる旨を
　　　　　記載した裁判の謄本が提出され
　　　　　ているときは、執行官は、その

> 配当等の額に相当する金銭を供託することとされた（法141条1項3号、192条、183条1項6号）。
> (2) 供託金の払渡しは、執行官の取戻請求によつてする。

(二) 執行官が配当等を実施する場合の配当留保供託
　(1) 執行官が配当等を実施する場合において、債権者の債権に法141条1項各号に掲げる事由があるときは、執行官は、その配当等の額に相当する金銭を供託することとされた（同項）。
　(2) 供託金の払渡しは、執行裁判所の配当等の実施としての支払委託に基づいてする。
(三) 執行官が配当等を実施する場合の不出頭供託
　(1) 債権者が配当等の受領のために出頭しない場合においては、執行官は、これに対する配当等の額に相当する金銭を供託することとされた（法141条2項）。
　(2) この供託及び供託金の払渡しの取扱いについては、一1(二)(2)及び(3)（不動産に対する強制競売における不出頭供託）と同様である。
(四) 差押えが取り消された動産の売得金の供託
　(1) 執行官は、差押えを取り消した動産を権利者に対して引き渡すことができないときは、執行裁判所の許可を受けてこれを売却することができることとされ（規則127条3項）、その売得金は、執行官が供託することとされた（同条4項による法168条7項の準用）。

(2)　この供託及び供託金の払渡しの取扱いは、1―㈡(2)及び(3)（不動産に対する強制競売における不出頭供託）と同様である。
㈤　執行裁判所が配当等を実施する場合の配当留保供託及び不出頭供託
　　債権者間に配当についての協議が調わないため、執行裁判所が配当等を実施する場合の配当留保供託及び不出頭供託については、一1（不動産に対する強制競売における供託）と同様である（法142条2項、91条）。
2　仮差押えの執行における供託
㈠　仮差押金銭等の供託
　(1)　執行官は、仮差押えの執行をした金銭又は仮差押えの執行をした手形、小切手その他の金銭の支払を目的とする有価証券でその権利の行使のため定められた期間内に引き受け若しくは支払のための提示若しくは支払の請求を要するものについて支払を受けた金銭を供託することとされた（法177条2項）。
　(2)　供託金の払渡しは、執行官の取戻請求によつてする。
㈡　仮差押動産の売得金の供託
　(1)　仮差押えの執行に係る動産について著しい価額の減少を生ずるおそれがあるとき、又はその保管のために不相応な費用を要するときは、執行官は、動産執行の売却の手続によりこれを売却し、その売得金を供託することとされた（法177条3項）。
　(2)　供託金の払渡しは、執行官の取戻請求によつてする。

二　動産に対する仮差押え及び仮処分の執行における供託
⑴　仮差押えの執行における供託
　ア　仮差押金銭等の供託
　　㈦　執行官は、仮差押えの執行をした金銭又は仮差押えの執行をした手形、小切手その他の金銭の支払を目的とする有価証券でその権利の行使のため定められた期間内に引受け若しくは支払いのための提示又は支払の請求を要するものについて支払を受けた金銭を供託することとされた（法49条2項）。
　　㈑　供託金の払渡しは、執行官の取戻請求によつてする。
　イ　仮差押動産の売得金の供託
　　㈦　執行官は、仮差押えの執行による動産について著しい価額の減少を生ずるおそれがあるとき、又はその保管のために不相応な費用を要するときは、民執法の規定による動産執行の手続によりこれを売却し、その売得金を供託することとされた（法49条

(三) 仮差押えの執行が取り消された動産の売得金の供託
　(1) 執行官が仮差押えの執行を取り消した動産を権利者に対して引き渡すことができないときは、執行裁判所の許可を受けてこれを売却することができることとされ（規則166条による規則127条2項の準用）、その売得金は、執行官が供託することとされた（規則166条、127条4項、法168条7項）。
　(2) この供託及び供託金の払渡しの取扱いについては、一1(二)(2)及び(3)（不動産に対する強制競売における不出頭供託）と同様である。

3 仮処分の執行における供託
　仮処分の執行については、仮差押えの執行の例によることとされているので（法180条1項）、動産に対する仮処分の執行における供託については、2（仮差押えの執行における供託）と同様に取り扱う。
4 担保権の実行としての競売における供託
　担保権の実行としての競売における供託については、1（強制執行における供託）と同様である（法192条、137条、141条、規則178条2項、127条3項・4項、法168条7項）。
四 債権に対する強制執行、仮差押えの執行及び担保権の実行又は行使における供託
　1 強制執行における供託
　　(一) 金銭債権の差押金額が金銭債権

3項）。
　(イ) 供託金の払渡しは、執行官の取戻請求によってする。
ウ 仮差押えの執行が取り消された産の売得金の供託
　(ア) 執行官は、仮差押えの執行の取消しに係る動産を権利者に対して引き渡すことができないときは、保全執行裁判所の許可を受けて、動産執行の手続によりこれを売却し、その売得金を供託することとされた（規則40条、民執規則127条3項、4項、民執法168条7項）。この場合の供託書には、被供託者（権利者）あての供託通知書及び郵券を付した封筒を添付させる（民法495条3項、供託規則16条、準則33条）。
　(イ) 供託金の払渡しは、被供託者の還付請求によってする。
(2) 仮処分の執行における供託
　仮処分の執行については、仮差押えの執行の例によることとされている（法52条1項）ので、動産に対する仮処分の執行における供託については、(1)の場合と同様に取り扱うものとする。

の額以下の場合の供託
(1)ア　金銭債権の全額又はその一部が差し押さえられた場合においては、第三債務者は、差押えに係る金銭債権の全額に相当する金銭を債務の履行地の供託所に供託することができることとされた（法156条1項）。別紙記載例㈠㈡参照。
　イ　金銭債権の一部が差し押さえられた場合においては、第三債務者は、差押金額に相当する金銭のみを供託することもできる。別紙記載例㈢参照。
(2)　金銭債権の一部が差し押さえられた場合においてその全額に相当する金銭を供託するときは、供託書に被供託者（債務者）あての供託通知書及び郵券を付した封筒を添付させる（民法495条3項、規則16条、準則33条）。
(3)ア　供託金（差押金額を超える部分については、(4)による。）の払渡しは、執行裁判所の配当等の実施としての支払委託に基づいてする（法166条1項1号）。
　イ　差押命令の申立てが取り下げられた場合又は差押命令を取り消す決定が効力を生じた場合においても、供託金の払渡しは執行裁判所の支払委託に基づいてする。ただし、債務者から、供託金払渡請求書に差押命令の申立てが取り下げられたこと又は差押命令を取り消す決定が効力を生じたことを証する書面とともに、

供託書正本及びその下附証明書を添付して、右の供託金の払渡請求があつたときは、これを認可して差し支えない。

(4) 金銭債権の一部が差し押さえられた場合において、その全額に相当する金銭が供託されたときは、供託金のうち差押金額を超える部分について、債務者は供託を受諾して還付請求をすることができ、第三債務者は供託不受諾を原因として取戻請求をすることができる(民法496条)。

なお、第三債務者が取戻請求をする場合には、供託金払渡請求書に執行裁判所の供託書正本の保管を証する書面（供託規則31条2項参照）を添付させる。

(二) 金銭債権に対して差押え等が競合した場合等の供託

(1) 差押え等が競合し又は配当要求がされた場合に第三債務者がする供託

　ア　金銭債権の差押債権者は、差押命令が債務者に送達された日から1週間を経過したときは、その債権及び執行費用の限度でその債権を取り立てることができることとされ（法155条1項）、その取立権の行使として、第三債務者に対し差し押さえられた金銭債権の支払を求める訴え（以下「取立訴訟」という。）を提起することができる。取立訴訟の訴状が第三債務者に送達されたときは、その時までにその金銭債権を差し押さえ、仮差押えの執行をし、又は配当要求をした債権者に限り、そ

の債権の取立金から配当等を受けることができることとされた（法165条2号）。

　また、債権の一部が差し押さえられ、又は仮差押えの執行を受けた場合において、その残余の部分を超えて差押命令又は仮差押命令が発せられたときは、各差押え又は仮差押えの執行の効力は、その債権の全部に及ぶ。債権の全部が差し押さえられ、又は仮差押えの執行を受けた場合において、その債権の一部について差押命令又は仮差押命令が発せられたときのその差押え又は仮差押えの執行の効力も、同様とされる（法149条）。

イ　第三債務者は、差押えがされた金銭債権について、差押債権者が提起した取立訴訟の訴状の送達を受ける時までに、更に差押え又は仮差押えの執行がされて、差押え等が競合したときはその債権の全額に相当する金銭を、配当要求がされたときは差押金額に相当する金銭を、債務の履行地の供託所に供託しなければならないこととされた（法56条2項）。別紙記載例㈣参照（略）。

ウ　供託金の払渡しは、先に送達された差押命令を発した執行裁判所の配当等の実施としての支払委託に基づいてする（法166条1項、規則138条3項）。

　なお、供託の原因たる差押えの効力がすべて失われた場

合における供託金の払渡しについては、㈠(3)イと同様である。仮差押えの執行の効力のみが残つたときは、2㈠（金銭債権に対して仮差押え執行のみがされた場合の供託）の供託として供託を持続する。
(2) 取立訴訟において供託が命ぜられた場合に執行機関がする供託
　ア　法156条2項により供託義務を負う第三債務者（(1)イ参照）に対する取立訴訟の請求を認容するときは、受訴裁判所は、請求に係る金銭の支払は供託の方法によりすべき旨を判決の主文に掲げなければならないこととされ（法157条4項）、その原告たる差押債権者が当該判決に基づき強制執行又は競売において配当等を受けるべきときは、執行裁判所の裁判所書記官、執行官又は管理人は、その配当等の額に相当する金銭を供託することとされた（同条5項）。滞調法36条の6第1項の規定により供託義務を負う第三債務者に対して取立訴訟が提起された場合の取扱いも、同様である（同法36条の7による法157条の準用）。
　イ　供託金の払渡しについては、㈠(3)と同様である。この場合において、配当等の実施としての支払委託をするのは、当初の債権執行の執行裁判所である。
㈢　金銭債権に対して転付命令が発せられた場合の取扱い

(1) 転付命令は、債務者及び第三債務者に対する送達のみによっては効力を生ぜず、確定により効力を生ずることとされた（法159条5項）。
(2) 金銭債権について差押命令及び転付命令が発せられた場合において、第三債務者から法156条1項又は2項の規定を根拠として、差押えに係る金銭債権の全額又は差押金額に相当する金銭の供託の申請がされたときは、供託書の記載上転付命令が確定していることが明らかである場合を除き、これを受理して差し支えない。
(3) 供託金のうち、差押金額に相当する部分の払渡しについては㈠(3)と同様であり、差押金額を超える部分の払渡しについては、㈠(4)と同様である。

なお、転付債権者から、転付命令確定証明書並びに供託書正本及びその下附証明書を添付して転付金額に相当する供託金の還付請求がされたときは、競合債権者の存しない限り、これを認可して差し支えない。

㈣ 売却命令が発せられた場合の供託

金銭の支払又は船舶若しくは動産の引渡しを目的とする債権（動産執行の目的となる有価証券が発行されている債権を除く。）につき、取立てに代えて執行裁判所の定める方法により債権の売却を執行官に命ずる命令（売却命令）が発せられた場合（法161条1項）に執行裁判所の裁判所書記官がする配当留保供託及び不出頭供託に

　　　　ついては、一1（不動産に対する強制競売における供託）と同様である（規則141条4項、法166条2項、91条）。
　(五)　管理命令が発せられた場合の供託
　　　　管理人を選任してその管理を命ずる命令（管理命令）が発せられた場合（法161条1項）に管理人又は裁判所書記官がする配当留保供託及び不出頭供託については、一2（不動産に対する強制管理における供託）と同様である（法161条6項、104条、108条、109条、166条2項、91条）。
　(六)　動産の引渡請求権に対する強制執行における供託
　　　　動産の引渡請求権が差し押さえられた場合に執行裁判所の裁判所書記官がする配当留保供託及び不出頭供託については、一1（不動産に対する強制競売における供託）と同様である（法163条2項、166条2項、91条）。
2　仮差押えの執行における供託
　(一)　金銭債権に対して仮差押えの執行のみがされた場合の供託
　　(1)　金銭債権に対して仮差押えの執行がされた場合（仮差押えの執行が競合した場合を含む。）においては、第三債務者は、仮差押えの執行に係る金銭債権の全額又は仮差押金額に相当する金銭を債務の履行地の供託所に供託することができることとされた（法178条5項による156条1項の準用）。

三　債権に対する仮差押えの執行における供託
　(1)　金銭債権に対して仮差押えの執行のみがされた場合
　　ア　供託の要件・手続
　　　(ア)　保全執行裁判所は、仮差押えの執行をすべき債権の全部について仮差押命令を発することができるが、債権の一部について仮差押えの執行を受けた場合において、その残余の部分を超えて仮差押命令が発せられたときは、各仮差押えの執行の効力は、その債権の全部に及ぶ。債権の全部について仮差押えの執行を受けた場合において、その

(2) この供託は、債務者を被供託者としてする（別紙記載例㈤参照）。供託書には、被供託者あての供託通知書及び郵券を付した封筒を添付させる（民法495条3項、供託規則16条、準則33条）。

(3) 金銭債権の一部に対して仮差押えの執行がされ、第三債務者が仮差押えの執行に係る金銭債権の全額に相当する金銭を供託した場合における仮差押金額を超える供託金の払渡しについては、1㈠(4)と同様である。

(4)ア 金銭債権に対して仮差押えの執行がされた場合において、第三債務者が仮差押えの

債権の一部について仮差押命令が発せられたときの当該仮差押えの執行の効力も同様である（法50条5項、民執法146条、149条）。

(イ) 金銭債権の全額又はその一部について仮差押えの執行がされた場合（仮差押えの執行が競合した場合を含む。）においては、第三債務者は、仮差押えの執行に係る金銭債権の全額に相当する金銭を債務の履行地の供託所に供託することができる（法50条5項、民執法156条1項）。また、金銭債権の一部について仮差押えの執行がされた場合においては、第三債務者は、仮差押金額に相当する金銭のみを供託することもできる。

(ウ) この供託は、債務者を被供託者としてする（別紙記載例2参照）。供託書には、被供託者あての供託通知書及び郵券を付した封筒を添付させる（民法495条、供託規則16条、準則33条）。

(エ) 第三債務者は、この供託をしたときは、その事情を保全執行裁判所に届出なければならない（法50条5項、民執法156条3項、規則42条2項）。

イ 供託金の払渡し

(ア) 金銭債権の一部に対して仮差押えの執行がされ、第三債務者が仮差押えの執行に係る金銭債権の全額に相当する金銭を供託したときは、供託金のうち仮差押金額を超える部分について、債務者は供託を受諾して還付請求をすることができ、第三債務者は供託不受諾を原因として取

資料編

執行がされた金銭債権の額に相当する金銭を供託したときは、債務者が民訴法743条の規定により仮差押命令に記載された金額に相当する金銭（以下「仮差押解放金」という。）を供託したものとみなす（ただし、仮差押命令に記載された金額を超える部分を除く。）こととされた（法178条3項）。

イ　金銭債権に対して仮差押解放金の額を超えて仮差押えの執行がされ、第三債務者がその金銭債権の額（仮差押額）に相当する金銭を供託した場合において、供託金のうち仮差押解放金の額を超える部分につき、債務者（被供託者）から供託金払渡請求書に仮差押解放金の額を証する書面を添付して還付請求がされたときは、これを認可して差し支えない。

(5)ア　債務者の有する供託金の還付請求権には、仮差押解放金の額の限度で仮差押えの執行の効力が及ぶ。これに対しては、当該仮差押債権者が本執行としての差押えをすることができるほか、他の債権者も差し押さえ、又は仮差押えの執行をすることができる。

戻請求をすることができる（民法496条）。

なお、第三債務者が取戻請求をする場合には、供託金払渡請求書に保全執行裁判所の供託書正本の保管を証する書面（供託規則31条2項参照）を添付させる。

(イ)a　金銭債権に対して仮差押えの執行がされた場合において、第三債務者が仮差押えの執行がされた金銭の支払を目的とする債権の額に相当する金銭を供託したときは、債務者が法22条1項の規定により定められた金銭の額（以下「仮差押解放金」という。）に相当する金銭を供託したものとみなす（ただし、仮差押解放金の額を超える部分を除く。）こととされた（法50条3項）。

b　金銭債権に対して仮差押解放金の額を超えて仮差押えの執行がされ、第三債務者がその金銭債権の額（仮差押額）に相当する金銭を供託した場合において、供託金のうち仮差押解放金の額を超える部分につき、債務者（被供託者）から供託金払渡請求書に仮差押解放金の額を証する書面を添付して還付請求がされたときは、これを認可して差し支えない。

ウ　供託金還付請求権に対する差押え等

(ア)　債務者の有する供託金の還付請求権には、仮差押解放金の額の限度で仮差押えの執行の効力

イ　供託金還付請求権に対して仮差押債権者が本執行としての差押えをしたとき、又は他の債権者が差押えをしたときは、供託金の払渡しは、執行裁判所の配当等の実施としての支払委託に基づいてする。

　　なお、供託金還付請求権に対して他の債権者が差押えをしたとき、及び供託後他の債権者から仮差押えの執行がされた供託金還付請求権に対して、仮差押債権者が本執行としての差押えをしたときは、供託官は、差押命令を発した執行裁判所にその事情を届け出る。

(6)　供託がされた後、仮差押えの執行が効力を失つた場合における供託金の払渡しは、被供託者（債務者）の還付請求によつてする。

が及ぶ。これに対しては、当該仮差押債権者が本執行としての差押えをすることができるほか、他の債権者も差押え又は仮差押えの執行をすることができる。

(イ)　供託金還付請求権に仮差押債権者が差押えをしたとき、又は他の債権者が差押えをしたときは、供託金の払渡しは、執行裁判所の配当等の実施としての支払委託に基づいてする。

　なお、供託金還付請求権に対して他の債権者が差押えをしたとき、及び供託後他の債権者の仮差押えの執行がされた供託金還付請求権に対して、仮差押債権者が差押えをしたときは、供託官は、差押命令を発した裁判所にその事情を届け出なければならない（法50条5項、民執法156条2項、3項、規則41条、民執規則138条1項）が、他の債権者から仮差押えの執行のみがあった場合には、供託官は、その事情を届け出ることを要しない。また、単一の仮差押えの執行に基づく供託がされている場合において、当該仮差押債権者から供託金還付請求権に対してなされた差押えが、本執行としての差押えであることが明らかである場合においては、供託官は、事情届をすることを要しない（昭和57.4.13民四第2591号民事局第四課長回答参照）。

(ウ)　供託官が裁判所に事情届をした場合の供託金の払渡しは、執行裁判所の配当等の実施としての支払委託に基づいてする（民

(二) 仮差押えの執行がされた金銭債権に対して差押えがされた場合の供託
(1) 第三債務者は、仮差押えの執行がされた金銭債権について、更に差押えがされ、差押え等が競合したときは、その債権の全額に相当する金銭を債務の履行地の供託所に供託しなければならないこととされた（法178条5項による法156条2項の準用）。
(2) 供託金の払渡しは、差押命令を発した執行裁判所の配当等の実施としての支払委託に基づいてする。

3 担保権の実行又は行使における供託
債権に対し担保権の実行又は行使としての差押えがされた場合の供託については、1（強制執行における供託）と同様である（法193条2項）。
五 その他の財産権に対する強制執行及び担保権の実行における供託
不動産、船舶、動産及び債権以外の財産権に対する強制執行及び担保権の実行における供託については、四1（債権に対する強制執行における供託）と同様である（法167条1項）。
六 金銭の支払を目的としない請求権についての強制執行における供託
1 不動産の引渡し等の強制執行における供託

執法166条1項）。
エ 供託がされた後、仮差押えの執行が効力を失った場合における供託金の払渡しは、被供託者（債務者）の還付請求によってする。
(2) 仮差押えの執行がされた金銭債権に対して差押えがされた場合の供託
ア 第三債務者は、仮差押えの執行がされた金銭債権について、更に差押えがされ、差押え等が競合したときは、その債権の全額に相当する金銭を債務の履行地の供託所に供託しなければならない（法50条5項、民執法156条2項）。
なお、この供託をした場合の事情の届出は、差押命令を発した裁判所に対してしなければならない（法50条5項、民執法156条3項、規則41条、民執規則138条）。
イ 供託金の払渡しは、差押命令を発した執行裁判所の配当等の実施としての支払委託に基づいてする。

㈠　不動産又は人の居住する船舶等の引渡し又は明渡しの強制執行をした場合において、執行官がその目的物でない動産を債務者又はその代理人等（法168条4項参照）に引き渡すことができないときは、その動産を売却することができることとされ（同条6項）、執行官は、その売得金から売却及び保管に要した費用を控除し、その残余を供託することとされた（同条7項）。
　　㈡　この供託及び供託金の払渡しの取扱いについては、三1㈣（差押えが取り消された動産の売得金の供託）と同様である。
　2　動産の引渡しの強制執行における供託
　　動産の引渡しの強制執行において、その目的物以外の動産を債務者又は代理人等に引き渡すことができないときは、執行官は、その動産を売却することができることとされた（法169条2項による法168条6項の準用）。この場合の供託については、1（不動産の引渡し等の強制執行における供託）と同様である（法169条2項による法168条7項の準用）。
七　航空機に対する強制執行及び担保権の実行における供託
　　航空機に対する強制執行及び担保権の実行としての競売における供託については、二（船舶に対する強制執行及び担保権の実行における供託）と同様である（規則84条、175条、法121条、91条）。
八　自動車に対する強制執行、仮差押えの執行及び担保権の実行における供託
　1　自動車に対する強制執行及び担保

権の実行における供託

　自動車に対する強制執行及び担保権の実行としての競売における供託については、一1（不動産に対する強制競売における供託）と同様である（規則97条による法91条、規則176条2項による規則97条の各準用）。

(注)　平2.11.13民四・5003号民事局長通達

3　自動車に対する強制執行及び担保権の実行において裁判所書記官のする売却代金等の供託
　(1)　強制執行における供託
　　ア　執行官が引渡しを受けた自動車について、強制執行停止中に著しい価額の減少を生ずるおそれがあるとき、又はその保管のために不相応な費用を要するときは、執行裁判所は、差押債権者又は債務者の申立てにより、その自動車に抵当権が設定されている場合を除き、自動車を売却する旨を定めることができることとされ（規則96条の3第2項、3項）、その代金が執行裁判所に納付されたときは、裁判所書記官は、売却代金を供託することとされた（同条5項）。
　　イ　自動車執行の申立てが取り下げられたとき、又は強制競売の手続きを取り消す決定が効力を生じた場合において、執行官が自動車を受け取る権利を有する者にその引渡しをすることができないときは、執行裁判所は、執行官の申立てにより、自動車執行の手続により自動車を売却する旨を定めることができることとされた（規則96条の4第4項）が、その代金が執行裁判所に納付された場合において、配当等を受けるべき債権者につい

て法91条に定める事由があるときは、裁判所書記官は、その配当等の額に相当する金銭を供託することとされた（同条7項、法91条）。
ウ　ア及びイの場合の供託金の払渡しは、自動車執行の執行裁判所の配当等の実施としての支払委託に基づいてする（規則96条の4第7項、法92条1項）。

2　自動車に対する仮差押えの執行における供託
㈠　自動車の取上げを命ずる方法による仮差押えの執行がされた自動車について、著しい価額の減少を生ずるおそれがあるとき、又はその保管のために不相応な費用を要するときは、執行裁判所は、仮差押債権者又は債務者の申立てにより、自動車執行の手続により自動車を売却する旨を定めることができることとされ（規則163条2項）、その代金が執行裁判所に納付されたときは、裁判所書記官は、売却代金を供託することとされた（同条4項）。
㈡　供託金の払渡しは、自動車執行の執行裁判所の配当等の実施としての支払委託に基づいてする。
　　仮差押えの執行が効力を失つた場合における供託金の払渡しは、仮差押えの執行裁判所の裁判所書記官の取戻請求によつてする。ただし、執行裁判所の支払委託があつたときは、これによつて払渡しをしても差し支えない。
九　建設機械に対する強制執行、仮差押えの執行及び担保権の実行における供託
　　建設機械に対する強制執行、仮差押

四　自動車に対する仮差押えの執行における供託
(1)　自動車の取上げを命ずる方法による仮差押えの執行がされた自動車について著しい価額の減少を生ずるおそれがあるとき、又はその保管のために不相応な費用を要するときは、保全執行裁判所は、仮差押債権者又は債務者の申立てにより、自動車執行の手続により自動車を売却する旨を定めることができ（規則37条2項）、その代金が保全執行裁判所に納付されたときは、裁判所書記官は、売却代金を供託することとされた（同条4項）。
(2)ア　供託金の払渡しは、自動車執行の執行裁判所の配当等の実施としての支払委託に基づいてする。
　イ　仮差押えの執行が効力を失った場合における供託金の払渡しは、保全執行裁判所の裁判所書記官の取戻請求によってする。ただし、執行裁判所の支払委託があったときは、これによって払渡しをしても差し支えない。
五　建設機械に対する仮差押えの執行における供託
　　建設機械に対する仮差押えの執行における供託については、自動車に対する仮差押えの執行に関する規定が準用

資料編

資料編　403

えの執行及び担保権の実行としての競売における供託については、八（自動車に対する強制執行、仮差押えの執行及び担保権の実行における供託）と同様である（規則98条において準用する規則97条による法91条、規則165条による規則163条、規則177条において準用する規則176条による規則97条の各準用）。

される（規則39条、37条4項）ので、四の場合の取扱いと同様である。

六　仮差押解放金
(1)ア　仮差押命令においては、仮差押えの執行の停止を得るため、又は既にした仮差押えの取消しを得るために債務者が供託すべき仮差押解放金を定めなければならないこととされた（法22条1項）が、債務者が仮差押解放金に相当する金銭を供託したことを証明したときは、保全執行裁判所は、仮差押えの執行を取り消さなければならないこととされた（法51条1項）。
イ　仮差押解放金の供託は、仮差押命令を発した裁判所又は保全執行裁判所の所在地を管轄する地方裁判所の管轄区域内の供託所にしなければならないこととされた（法22条2項）。
(2)ア　債務者の有する仮差押解放金の供託金取戻請求権には、仮差押解放金の限度で仮差押の執行の効力が及ぶ。これに対しては、他の債権者も差押え又は仮差押えの執行をすることができるが、仮差押債権者による本執行としての差押命令が送達された場合には、他に差押え等がされていない限り、供託官は、差押債権者の取立権に基づく払渡請求に応じて差し支えない。
イ　仮差押解放金の供託金取戻請求

権に対して、他の債権者が差押えをしたとき、及び他の債権者の仮差押えの執行がされた供託金取戻請求権に対して仮差押債権者が本執行としての差押えをしたときは、供託官は、直ちに民執法156条2項、3項の規定により、その事情を執行裁判所に届け出ることを要する（規則41条1項、民執規則138条。昭和57.6.4民四第3662号本職通達参照）が、仮差押えの執行のみがされた場合には、供託官は、事情届をすることを要しない。

　なお、供託官が裁判所に事情届をした場合の供託金の払渡しは、執行裁判所の配当等の実施としての支払委託に基づいてする。
ウ　仮差押えの執行が効力を失った場合における供託金の払渡しは、供託者（債務者）の取戻請求によってする。この場合には、供託規則25条2号の書面として供託原因消滅証明書を添付しなければならない。
七　仮処分解放金
(1)　仮処分解放金の供託
ア　裁判所は、保全すべき権利が金銭の支払を受けることをもってその行使の目的を達することができるものであるときに限り、債権者の意見を聴いて、仮処分の執行の停止を得るため、又は既にした仮処分の執行の取消しを得るために債務者が供託すべき金銭の額（以下「仮処分解放金」という。）を仮処分命令に定めることができる（法25条1項）が、債務者がこの仮処分解放金に相当する金銭を供託したことを証明したときは、保

全執行裁判所は、仮処分の執行を取り消さなければならないこととされた（法57条１項）。

イ　保全執行裁判所が仮処分命令において定めた仮処分解放金が、供託された場合、当該供託金は仮処分の目的物に代わるものであるから、一般の仮処分にあっては、その供託金還付請求権は仮処分債権者が取得する（以下、この場合の仮処分解放金を「一般型仮処分解放金」という。）が、民法424条１項の規定による詐害行為取消権を保全するための仮処分にあっては、その供託金還付請求権は同項の債務者（以下「詐害行為の債務者」という。）が取得する（法65条前段。以下、この場合の仮処分解放金を「特殊型仮処分解放金」という）。したがって、仮処分解放金が供託された場合における供託金に対する仮処分債権者の権利実行は、一般型仮処分解放金にあっては、直接供託所に対する還付請求権の行使により、特殊型仮処分解放金にあっては、詐害行為の債務者の取得した還付請求権に対する強制執行によることとなる（法65条後段）。

ウ　裁判所が仮処分解放金を定める場合には、仮処分命令にその金銭の還付を請求することができる者の氏名又は名称及び住所を掲げなければならないこととされた（規則21条）ので、仮処分解放金の供託申請があった場合には、供託書中「被供託者」欄に被供託者の氏名等を記載させるものとする（供託規則13条２項６号）。

エ　仮処分解放金の供託の申請が

あった場合、当該供託が一般型仮処分解放金又は特殊型仮処分解放金のいずれの仮処分解放金に係るものであるかの判断は、ウによる被供託者の表示内容によってすることとし、供託書中「被供託者の住所氏名」欄に仮処分債権者が記載されている場合には、一般型仮処分解放金に係る供託と、仮処分債権者以外の者が記載されている場合には、特殊型仮処分解放金に係る供託として取り扱って差し支えない（別紙記載例3、4参照）。

　　　なお、仮処分解放金の供託を受理した場合には、前記の種別を印判等適宜の方法により当該供託書副本表面に明示するものとする。
　　オ　仮処分解放金の供託は、仮処分命令を発した裁判所又は保全執行裁判所の所在地を管轄する地方裁判所の管轄区域の供託所にしなければならないこととされた（法25条2項、22条2項）。
(2)　仮処分解放金の供託金の払渡し
　ア　一般型仮処分解放金の供託金
　　(ア)　供託金の還付請求
　　　a　還付請求の方法等
　　　　①　一般型仮処分解放金は、民法424条1項の規定による詐害行為取消権以外の権利を保全するための仮処分において定められるものであるが、この仮処分解放金の供託がされ、法57条1項の規定により仮処分の執行が取り消されたときは、仮処分の目的物に代わるものとして仮処分解放金の供託金に仮処分の効力が及ぶので、仮処分債権者は当該供

託金について停止条件付還付請求権を取得する。この場合において、仮処分の本案の勝訴判決が確定したときは、供託金還付請求権について停止条件が成就するので、仮処分債権者は、執行文を要せず、還付請求権を行使して直接供託所に対して供託金の還付請求をすることができる。
② 仮処分の本案の勝訴判決が一部勝訴の判決である場合において、債権者から供託金の払渡請求がされたときは、当該判決によって還付すべき供託金額の範囲が明確でない限り払渡請求に応ずることはできない。
③ 仮処分の本案訴訟において、本案の勝訴判決と同一内容の和解、調停等がされている場合には、本案の勝訴判決が確定している場合と同様の取扱いをして差し支えないものとする。
b 供託物払渡請求書の添付書面

この場合における供託物払渡請求書には、供託規則24条2号の書面として、本案判決の正本及びその確定証明書（又は和解調書、調停調書等。以下同じ）のほか仮処分の被保全権利と本案の訴訟物との同一性を証する書面（例えば、仮処分申立書、仮処分命令決定書等）を添付させるものとする（規則13条2項参照）。

なお、本案判決において反対給付をすることが命じられている場合には前記の添付書面のほか反対給付をしたことを証する書面を添付しなければならない（供託法10条、供託規則24条3号）。
(イ) 供託金の取戻請求

仮処分の本案判決の確定前に仮処分の申立てが取り下げられ、又は仮処分債権者が本案訴訟で敗訴した場合には、供託原因が消滅するので、仮処分債務者（供託者）は、供託金の取戻請求をすることができる。

この場合における供託物払渡請求書には、供託規則25条2号の書面として、仮処分の申立てが取り下げられたことを証する書面又は本案判決の正本及びその確定証明書のほか仮処分の被保全権利と本案の訴訟物との同一性を証する書面（例えば、仮処分申立書、仮処分命令決定書等）を添付させるものとする。
イ 特殊型仮処分解放金の供託金
(ア) 供託金の還付請求
a 還付請求の方法

特殊型仮処分解放金は、民法424条1項の規定による詐害行為取消権を保全するための仮処分において定められるものであるが、この仮処分解放金の供託がされたときは、詐害行為の債務者は当該供託金について停止条件付還付請求権を取得する（法65条前段）。この場合において、仮処分の本案の勝訴判決が確定したときは、詐害行為の債務

者の供託金還付請求権について停止条件が成就するので、供託金還付請求権は確定的に同人に帰属することとなるが、この還付請求権は、仮処分の本案の判決が確定した後に、仮処分債権者が詐害行為の債務者に対する債務名義により、詐害行為の債務者が取得した還付請求権に対して強制執行をするときに限り、これを行使することができることとされた（法65条後段）。

b　詐害行為の債務者の他の債権者は、仮処分債権者が債務者に対する債務名義により詐害行為の債務者の有する還付請求権に対して差押えをする以前においても、これに対して差押え又は仮差押えの執行をすることができるが、仮処分債権者が前記の差押えをするまでの間は、他の債権者は当該差押命令に基づく取立権を行使し、又は転付命令による転付を受けることはできない（法65条後段参照）。したがって、この場合には、他の債権者による差押え等が競合しても、供託官は、裁判所にその事情の届出をすることを要しない。

c①　仮処分債権者が詐害行為の債務者の有する還付請求権に対して差押えをした後に、当該還付請求権に対して他の債権者から差押え又は仮差押えの執行がされ、差押え等が競合した場合において、供託金の払渡請求

に応ずることができるときは、供託官は、民執法156条2項、3項の規定に基づき、その事情を先に送達された差押命令を発した裁判所に届け出るものとする（民執規則138条3項）。

② 詐害行為の債務者の有する還付請求権に対して他の債権者が先に差押え又は仮差押えの執行をした後に、当該還付請求権に対して仮処分債権者から差押えがされた場合において、供託金の払渡請求に応ずることができるときの取扱いも①の場合と同様である。

③ ①、②の供託金の払渡請求に応ずることができるときとは、仮処分の本案の勝訴判決が確定したときである。

④ ①、②の場合の供託金の払渡しは、執行裁判所の配当等の実施としての支払委託に基づいてする（民執法166条1項）。

d 仮処分の本案の勝訴判決が確定した後に、仮処分債権者が詐害行為の債務者が有する還付請求権に対して差押えをした場合において、差押命令が詐害行為の債務者に送達された日から1週間を経過したときは、仮処分債権者は、その債権を取り立てることができる（民執法155条1項参照）。したがって、仮処分債権者から差押命令に基づく取立権の行使として供託所に対し

供託金の払渡請求があったときは、他の債権者による差押え又は仮差押えの執行がされていない限り、これを認可して差し支えない。

　この場合における供託物払渡請求書には、供託規則24条2号の書面として、本案判決の正本及びその確定証明書のほか仮処分の被保全権利と本案の訴訟物との同一性を証する書面（例えば、仮処分申立書、仮処分命令決定書等）、及び差押命令が詐害行為の債務者に送達された日から1週間が経過したことを証する書面を添付させるものとする。

e　仮処分の本案の勝訴判決が確定した後に、仮処分債権者が詐害行為の債務者が有する供託金還付請求権に対して差押えをし、その後に当該差押えの申立てを取り下げた場合には、他の債権者による差押え又は仮差押えの執行がされていない限り、被供託者たる詐害行為の債務者は供託金の還付請求をすることができる。

　この場合における供託物払渡請求書には、供託規則24条2号の書面として、本案判決の正本及びその確定証明書のほか仮処分の被保全権利と本案の訴訟物との同一性を証する書面（例えば、仮処分申立書、仮処分命令決定書等）及び仮処分債権者の差押えの申立てが取り下げられたことを証する書面を添付させるもの

(イ) 供託金の取戻請求
　a　仮処分解放金の供託がされた後、本案の勝訴判決の確定以前に仮処分の申立てが取り下げられた場合には、供託原因が消滅するので、仮処分債務者（供託者）は、供託金の取戻請求をすることができる。
　　この場合における供託物払渡請求書には、供託規則25条２号の書面として仮処分の申立てが取り下げられたことを証する書面を添付させるものとする。
　b　仮処分債権者が本案訴訟で敗訴した場合には、仮処分債務者は供託金の取戻請求をすることができる。
　　この場合における供託物払渡請求書には、供託規則25条２号の書面として、本案判決の正本及びその確定証明書のほか仮処分の被保全権利と本案の訴訟物との同一性を証する書面（例えば、仮処分申立書、仮処分命令決定書等）を添付させるものとする。

第三　強制執行、仮差押えの執行又は担保権の実行若しくは行使と滞納処分とが競合した場合の供託
　一　不動産に対する強制執行、仮差押えの執行又は担保権の実行と滞納処分とが競合した場合の供託
　　１　強制執行と滞納処分とが競合した場合の供託
　　　(一)　強制執行による差押えの登記後滞納処分による差押えの登記前に登記された先取特権（配当要求の終期までに差押え又は配当要求を

した債権者の有する一般の先取特権を除く。)、質権又は抵当権がある不動産について、先行する強制執行が停止され、滞納処分続行承認の決定（滞調法33条１項による同法26条１項の準用）がされて、徴収職員等が不動産を換価して配当するときは、徴収職員等は、先取特権等を有する債権者が受けるべき配当の額に相当する金銭を供託することとされた（滞調法33条２項による法91条１項６号の準用）。
　㈡　供託金の払渡しは、徴収職員等の配当の実施としての支払委託に基づいてする（滞調法33条２項における法92条１項の準用）。
２　仮差押えの執行と滞納処分とが競合した場合の供託仮差押えの登記後滞納処分による差押えの登記前に登記された先取特権、質権又は抵当権がある不動産に対して滞納処分をする場合の供託については、１（強制執行と滞納処分とが競合した場合の供託）と同様である（滞調法34条２項）。
３　担保権の実行と滞納処分とが競合する場合の供託
　　担保権の実行と滞納処分とが競合する場合における供託については、１（強制執行と滞納処分とが競合した場合の供託）と同様である（滞調法36条）。
二　船舶に対する強制執行、仮差押えの執行又は担保権の実行と滞納処分とが競合した場合の供託
　　船舶に対する強制執行、仮差押えの執行又は担保権の実行と滞納処分とが競合した場合の供託については、一（不動産に対する強制執行、仮差押え

の執行又は担保権の実行と滞納処分とが競合する場合の供託）と同様である（滞調法35条）。
三　金銭債権に対する強制執行、仮差押えの執行又は担保権の実行若しくは行使と滞納処分とが競合した場合の供託
　1　強制執行と滞納処分とが競合した場合の供託
　　㈠　滞納処分が先行する場合の供託
　　　⑴　債権の一部について滞納処分による差押えがされている場合において、その残余の部分を超えて強制執行による差押命令が発せられたときは、強制執行による差押えの効力は、その債権の全部に及ぶこととされた（滞調法20条の4前段）。債権の全部について滞納処分による差押えがされている場合において、その債権の一部について強制執行による差押命令が発せられたときの強制執行による差押えの効力も、同様である（同条後段）。
　　　⑵ア　第三債務者は、滞納処分による差押えがされた金銭債権について、更に強制執行による差押えがされ、差押えが競合したときは、その債権の全額に相当する金銭を債務の履行地の供託所に供託することができることとされた（滞調法20条の6第1項）。別紙記載例㈥参照（略）。
　　　　イ　供託金のうち滞納処分による差押えの金額に相当する部分の払渡しは、徴収職員等（滞調法2条2項参照）の還付請求によってする。
　　　　ウ　供託金のうちイ以外の部分

の払渡しは、執行裁判所の配当等の実施としての支払委託に基づいてする（同法20条の7第1項・2項、法165条1項）。イの部分につき滞納処分による差押えが解除されたときも、同様である（同法20条の7第1項）。

(3)ア　金銭債権の一部について滞納処分による差押えがされている場合において、その残余の範囲内で強制執行による差押えがされたときは、第三債務者は、法156条1項を根拠として、その債権のうち、滞納処分による差押えがされていない部分の額に相当する金銭又は強制執行による差押金額に相当する金銭を供託することができる（第二・四1㈠参照）。

イ　アの場合において、強制執行による差押えにつき配当要求がされたときは、第三債務者は、その差押金額に相当する金銭を供託しなければならない（法156条2項、第二・四1㈡⑴参照）。

(4)　金銭債権の一部について滞納処分による差押えがされている場合において、その債権について強制執行による差押えと強制執行による差押え又は仮差押えの執行とが競合したときは、第三債務者は、滞納処分による差押えの残余の額に相当する金銭を債務の履行地の供託所に供託しなければならない。滞納処分による差押えの残余の額を超えて強制執行による差押えがさ

れ、これにつき配当要求がされたときも、同様である（法156条2項、第二・四1㈡(1)参照）。

この場合においては、第三債務者は、滞調法20条の6第1項の規定又は同項及び法156条2項の双方の規定を根拠として、その債権の全額に相当する金銭を供託することもできる（この場合の供託金の払渡しについては、(2)イ及びウと同様である）。なお、最初の滞納処分による差押えの残余の額のみを供託した場合においては、滞納処分が解除されたときは、改めて、法156条2項を根拠として、その解除された金額に相当する金銭を供託しなければならない。

⑸　金銭債権の一部について滞納処分による差押えがされている場合において、強制執行による差押えがされ、差押債権者の提起した取立訴訟の訴状が送達される時までに更に滞納処分による差押えがされてこれらの差押えが競合したときは、第三債務者は、滞調法36条の6第1項の規定により、最初の滞納処分による差押えの残余の額に相当する金銭（同項括弧書）を債務の履行地の供託所に供託しなければならないこととされた（後記㈡(2)ア参照）。

この場合においては、第三債務者は、同法20条の6第1項の規定又は同項及び同法36条の6第1項の双方の規定を根拠として、差押えに係る金銭債権の全額に相当する金銭を供託することもできる（この供託金のう

ち、最初の滞納処分による差押えの金額に相当する部分の払渡しについては(2)イと、それ以外の部分の払渡しについては(2)ウと同様である）。なお、最初の滞納処分による差押えの残余の額のみを供託した場合において、その滞納処分が解除されたときは、改めて滞調法36条の6第1項を根拠として、その解除された金額に相当する金銭を供託しなければならない。

㈡ 強制執行が先行する場合の供託
(1) 債権の一部について強制執行による差押えがされている場合において、その残余の部分を超えて滞納処分による差押えがされたときは、強制執行による差押えの効力は、その全部に及ぶこととされた（滞調法36条の4）。
(2)ア 金銭債権について強制執行による差押えがされている場合において、差押債権者の提起した取立訴訟の訴状の送達がされる時までに滞納処分による差押えがされ、差押えが競合したときは、第三債務者は、その債権の全額に相当する金銭を債務の履行地の供託所に供託しなければならないこととされた（滞調法36条の6第1項）。別紙記載例（略）他参照。

　金銭債権の一部について強制執行による差押えがされている場合において、その残余の範囲内で滞納処分による差押えがされ、更に滞納処分による差押え又は強制執行によ

る差押え若しくは仮差押えの執行がされて、これらの差押え等が競合したとき、又はその残余の範囲内で強制執行による差押え若しくは仮差押えの執行がされ、更に滞納処分による差押えがされて、これらの差押え等が競合したときも、同様である。
　イ　供託金の払渡しは、執行裁判所の配当等の実施としての支払委託に基づいてする（滞調法36条の9、法156条2項、165条1項1号）。
　　　なお、滞納処分による差押えに係る国税等については、その差押えの時に交付要求があつたものとみなされる（滞調法36条の10第1項）。
　ウ　供託後、先行の強制執行による差押命令の申立てが取り下げられ、又は差押命令を取り消す決定が効力を生じたときは、徴収職員等は、供託金のうち滞納処分による差押えの金額に相当する部分について、還付請求をすることができることとされた（滞調法36条の6第4項）。
(3)　金銭債権の一部に対して強制執行による差押えがされた後、その残余の範囲内で滞納処分による差押えがされた場合においては、第三債務者は、法156条1項により滞納処分による差押えがされていない部分の額に相当する金銭又は強制執行による差押金額に相当する金銭を供託することができる（㈠(3)参照）。
2　仮差押えの執行と滞納処分とが競

合した場合の供託
(一) 滞納処分による差押えと仮差押えの執行とが競合した場合においては、仮差押えの執行の効力は、債権の全額に及ぶこととされ（滞調法20条の9による20条の4、同法36条の12による36条の4の各準用）、第三債務者は、その債権の全額に相当する金銭を債務の履行地の供託所に供託することができることとされた（滞調法20条の9及び36条の12による同法20条の6第1項の準用）。この供託の取扱いについては、第二・四2(一)(2)（金銭債権について仮差押えの執行がされた場合の供託）と同様である。
(二)(1) 供託金のうち滞納処分による差押えの金額に相当する部分は、徴収職員等の還付請求によつて払渡しをする。
(2) 供託金のうち(1)以外の部分の払渡しについては、第二・四2(一)(4)から(6)まで（金銭債権について仮差押えの執行がされた場合の供託）と同様である。(1)の部分につき滞納処分による差押えが解除されたときも、同様である。
3 担保権の実行又は行使と滞納処分とが競合した場合の供託
金銭債権に対して担保権の実行又は行使としての差押えと滞納処分とが競合した場合の供託については、1（強制執行と滞納処分とが競合した場合の供託）と同様である（滞調法20条の10、20条の6、36条の13、36条の6）。
第四 供託物払渡請求権に対して強制執行、仮差押えの執行、担保権の実行若

第三 供託物払渡請求権に対して仮差押えの執行がされた場合の取扱い

しくは行使又はこれらと競合する滞納処分がされた場合の取扱い
一 第三債務者に対する陳述の催告
　執行裁判所の裁判所書記官は、差押債権者又は仮差押債権者の申立てにより、強制執行による差押命令、仮差押命令又は担保権の実行若しくは行使による差押命令を送達するに際し、第三債務者に対し、差押命令又は仮差押命令の送達の日から2週間以内に差押え又は仮差押えの執行に係る債権の存否のほか、弁済の意思の有無、他の債権者の差押え又は仮差押えの執行の有無等規則135条1項の定める一定の事項についての陳述の催告をすることとされ（法147条1項、178条5項、193条2項）、これに対する第三債務者の陳述は、期限内に書面でしなければならないこととされた（規則135条、167条2項、179条2項）。したがって、供託物払渡請求権に対する強制執行による差押え、仮差押えの執行又は担保権の実行若しくは行使としての差押えに際しては、右の陳述の催告がされることがある。
　なお、陳述書の用紙は、差押命令又は仮差押命令と同封して送付される予定であるので、これに所要の事項を記載して返送すれば足りる。
二　供託金払渡請求権に対して強制執行、仮差押えの執行又は担保権の実行若しくは行使がされた場合
　1　強制執行がされた場合
　　㈠　差押金額が供託金払渡請求権の額以下の場合
　　　⑴　現行法上の取立命令の制度（民訴法600条1項）は廃止され、金銭債権の差押債権者は、債務者に対して差押命令が送達された日から1週間を経過したと

一　第三債務者に対する陳述の催告
　保全執行裁判所の裁判所書記官は、仮差押債権者の申立てにより、仮差押命令を送達するに際し、第三債務者に対し、仮差押命令の送達の日から2週間以内に仮差押えの執行に係る債権の存否のほか、弁済の意思の有無、他の債権者の差押え又は仮差押えの執行の有無等民事執行規則135条1項の定める一定の事項についての陳述の催告をすることとされ（法50条5項、民執法147条1項）、これに対する第三債務者の陳述は、期限内に書面でしなければならないこととされた（規則41条2項、民執規則135条）。
　したがって、供託物払渡請求権に対する仮差押えの執行に際しては、この陳述の催告がされることがある。
二　供託金払渡請求権に対して仮差押えの執行がされた場合
⑴　仮差押の執行のみがされた場合
　供託金払渡請求権に対して仮差押えの執行のみがされた場合（仮差押えの執行が競合した場合を含む。）においては、供託官は、法50条5項で準用する民執法156条3項に基づく執行裁判所への事情の届出をすることを要しない。
⑵　差押え等が競合した場合
　ア　仮差押えの執行がされている供託金払渡請求権に対して差押えがされ、差押え等が競合した場合において供託金の払渡請求に応ずることができるときは、供託官は、法50条5項において準用する民執法156条2項、3項に基づき、その事情を差押命令を発した裁判所に届け出るものとする（規則41条、民執規則138条）。
　また、差押えがされている供託

きは、差押債権者の債権及び執行費用の限度で、その債権を取り立てることができることとされた（法155条1項）。
(2) 供託金払渡請求権が差し押さえられた場合、差押えが競合しない限り（後記㈡参照）、供託官は、執行裁判所に事情の届出をする必要はなく、差押債権者の取立権に基づく払渡請求に応じて差し支えない。

　この場合における供託金払渡請求書には、供託規則24条2号又は25条2号の書面として差押命令が債務者に送達された日から1週間が経過したことを証する書面を添付させるものとする。

　なお、差押債権者の債権及び執行費用の額は、送達された差押命令の記載によつて判断して差し支えない。
(3) 債権執行の申立てが取り下げられた場合、執行裁判所に対して法39条1項7号若しくは8号の書面が提出されたことにより債権執行が停止された場合又は債権執行の手続を取り消す旨の決定が効力を生じた場合には、裁判所書記官は、第三債務者に対してその旨を通知することとされた（規則136条）。したがつて、供託所に対して右の通知がされたときは、差押債権者の払渡請求に応じてはならない。
㈡ 差押えが競合した場合等
(1) 供託金払渡請求権について、差押えと差押え若しくは仮差押えの執行とが競合し、又は配当要求がされた場合において、供託金払渡請求権に対して仮差押えの執行がされ、差押え等が競合した場合においても同様とする。
イ　アの供託金の払渡請求に応ずることができるときとは、例えば裁判上の担保供託の取戻請求権にあっては担保取消決定が確定したとき、弁済供託の還付請求権にあっては差押債権者又は債務者から供託所に対し供託を受諾する旨を記載した書面若しくは供託を有効と宣告した確定判決の謄本が提出されたとき（供託規則37条）、又は受諾による還付請求権行使の申出（払渡請求）があったとき、弁済供託の取戻請求権にあっては差押債権者又は債務者から不受諾による取戻請求権行使の申出（払渡請求）があったときである。

託金払渡請求に応ずることができるときは、供託官は、法156条2項・3項（法178条5項において準用する場合を含む。）に基づき、その事情を執行裁判所に届け出るものとする。

(2) 「払渡請求に応ずることができるとき」とは、例えば裁判上の担保供託の取戻請求権にあつては担保取消決定が確定したとき、弁済供託の還付請求権にあつては差押債権者又は債務者から供託所に対し供託を受諾する旨を記載した書面若しくは供託を有効と宣言した確定判決の謄本が提出されたとき（供託規則37条）、又は受諾による還付請求権行使の申出（払渡請求）があつたとき、弁済供託の取戻請求権にあつては差押債権者又は債務者から不受諾による取戻請求権行使の申出（払渡請求）があつたときである。

(3) (1)による事情の届出は、最初に送達された差押命令を発した裁判所に対してする（規則138条3項）。

(三) 転付命令が発せられた場合

(1) 供託金払渡請求権について転付命令を得た債権者が、供託金払渡請求書に供託規則24条2号又は25条2号の書面として転付命令確定証明書を添付し、供託金払渡請求権が自己に帰属したとして払渡請求をしたときは、転付命令送達前に他の差押え、仮差押えの執行又は滞納処分による差押えがされていない限り、これを認可して差し支えない（法159条3項、滞調法36条

の5）。
　(2)　供託金払渡請求権について転付命令を得た債権者であつても、その確定前は、差押命令に基づく取立権（法155条1項）を行使して払渡請求をすることができる。この場合の取扱いは、㈠と同様とする。
　(3)　供託金払渡請求権についての転付命令が供託所に送達された後（転付命令確定前であつても）差押命令又は仮差押命令が送達されて差押え等が競合した場合においては、(1)により取り扱つて差し支えない。
　　　この場合において、執行抗告によつて転付命令が取り消された時になお差押えが競合しているときは、㈡に従つて執行裁判所に事情の届出をする。
　2　仮差押えの執行のみがされた場合
　　供託金払渡請求権について仮差押えの執行のみが競合した場合においては、供託官は、執行裁判所に事情の届出をする必要はない。
　3　担保権の実行又は行使としての差押えがされた場合
　　供託金払渡請求権について担保権の実行又は行使による差押えがされた場合における取扱いは、1（強制執行がされた場合）と同様である。
三　供託金払渡請求権について強制執行、仮差押えの執行又は担保権の実行若しくは行使と滞納処分とが競合した場合
　1　強制執行と滞納処分とが競合した場合
　　㈠　滞納処分が先行する場合
　　　(1)　滞納処分による差押えがされている供託金払渡請求権につい

て強制執行による差押えがされた場合であつても、滞納処分による差押えがされている部分の払渡しは、徴収職員等の払渡請求によつてする。

(2) ア　供託金払渡請求権の一部について滞納処分による差押えがされ、更に強制執行による差押えがされた場合において、滞納処分による差押えがされていない部分について二1㈠又は㈢(1)(2)により、差押債権者から払渡請求がされたときは、これを認可して差し支えない。

　　　滞納処分による差押えがされた部分についてその差押えが解除されたときも、同様である。

イ　供託金払渡請求権について第三・三1㈠(3)イ、(4)又は(5)に該当することとなつたときは、供託官は、法156条2項・3項又は滞調法36条の6第2項につき、執行裁判所に事情の届出をする。供託金のうち強制執行による差押えの金額（第三・三1(3)イの場合）又は最初の滞納処分による差押えがされている部分の残余（第三・三1㈠(4)(5)の場合）の払渡しは、執行裁判所の配当等の実施としての支払委託に基づいてする。

(3) ア　滞納処分による差押えがされている債権について強制執行による差押えがされた場合において、法令の規定又はこれに基づく処分により滞納処分の手続が進行しない等の事

由があるときは、差押債権者又は執行力ある正本により配当要求をする債権者は、その差押債権について執行裁判所に強制執行続行の決定を申請することができ（滞調法20条の8による同法8条の準用）強制執行続行の決定があつたときは、滞調法の適用については滞納処分による差押えは、強制執行による差押え後にされたものとみなすこととされた（同法20条の8による10条1項の準用）。

イ　滞納処分による差押えがされている供託金払渡請求権について強制執行による差押えがされた場合において、強制執行続行の決定がされたときは、供託官は、滞調法36条の6第2項の規定に基づき執行裁判所に事情の届出をする。供託金の払渡しは、執行裁判所の配当等の実施としての支払委託に基づいてする。

㈡　強制執行が先行する場合
(1)　強制執行による差押えがされている供託金払渡請求権についてその残余を超えて滞納処分による差押えがされたときは、供託官は、二1㈡により、滞調法36条の6第2項に基づいて執行裁判所にその事情の届出をする。供託金の払渡しは、執行裁判所の配当等の実施としての支払委託に基づいてする。
(2)　(1)の場合において、強制執行による差押命令の申立てが取り下げられたとき、又は強制執行による差押命令を取り消す決定

が効力を生じたときは、徴収職員等は、滞納処分による差押えの金額に相当する部分について還付請求をすることができる（滞調法36条の6第4項）。

(3)ア　強制執行による差押えがされている債権について滞納処分による差押えがされた場合において、強制執行が中止され、又は停止されたときは、徴収職員等は、執行裁判所に滞納処分続行承認の決定を請求することができ（滞調法36条の11による同法25条の準用）。滞納処分の続行を承認する決定が効力を生じたときは、滞調法の適用については、強制執行による差押えは、滞納処分による差押え後にされたものとみなすこととされた（同法36条の11による同法27条1項の準用）。

イ　強制執行による差押えがされている供託金払渡請求権について滞納処分による差押えがされた場合において、滞納処分の続行を承認する決定がされたときは、(1)にかかわらす、供託金のうち滞納処分による差押えの金額に相当する部分の払渡しは、徴収職員等の還付請求によつてする（1㈠）。その余の部分の払渡しは、執行裁判所の配当等の実施としての支払委託に基づいてする。

2　仮差押えの執行と滞納処分とが競合した場合

㈠(1)　滞納処分による差押えがされている債権について仮差押えの

(3)　滞納処分と競合した場合

ア(ア)　滞納処分による差押えがされている債権について仮差押えの執行がされた場合、又は仮差押

執行がされた場合又は仮差押えの執行がされている債権について滞納処分による差押えがされた場合には、いずれも滞納処分が優先する（国税徴収法140条）。なお、この場合には、仮差押えの執行の効力は、債権の全部に及ぶ（滞調法20条の9による同法20条の4、同法36条の12による同法36条の4の各準用）。
　(2)　供託金払渡請求権について仮差押えの執行と滞納処分による差押えとが競合した場合において、徴収職員等から滞納処分による差押えがされた部分について供託金の払渡請求がされたときは、これを認可して差し支えない。
　㈡　供託金払渡請求権の一部について滞納処分による差押えがされ、これと仮差押えの執行とが競合している場合において、更に強制執行による差押えがされたときの取扱いについては、1㈠(2)イ参照。
　3　担保権の実行又は行使としての差押えと滞納処分とが競合した場合
　　供託金払渡請求権について担保権の実行又は行使としての差押えと滞納処分とが競合した場合の取扱いについては、1（強制執行と滞納処分とが競合した場合）と同様である（滞調法20条の10、36条の13）。

えの執行がされている債権について滞納処分による差押えがされた場合には、いずれも滞納処分が優先する（国税徴収法140条）。
　なお、債権の一部について滞納処分による差押えがされている場合において、その残余の部分を超えて仮差押えの執行がされたとき、債権の全部について滞納処分による差押えがされている場合において、その債権の一部について仮差押えの執行がされたとき、及び債権の一部について仮差押えの執行がされている場合において、その残余の部分を超えて滞納処分による差押えがされたときは、仮差押えの執行の効力は、債権の全部に及ぶ（滞納処分と強制執行等の手続の調整に関する法律20条の9、20条の4、36条の12、36条の4）。
　(イ)　供託金払渡請求権について仮差押えの執行と滞納処分による差押えが競合した場合において、徴収職員等から滞納処分による差押えがされている部分について供託金の払渡請求がされたときは、これを認可して差し支えない。
　イ　供託金払渡請求権の一部について滞納処分による差押えがされ、これと仮差押えの執行とが競合した後、更に強制執行による差押えがされた場合において、供託金の払渡請求に応ずることができるときは、供託官は、法50条5項において準用する民執法156条2項、3項に基づき、その事情を差押命

令を発した裁判所に届け出るものとする。供託金のうち最初に滞納処分による差押えがされている部分の残余の払渡しは、執行裁判所の配当等の実施としての支払委託に基づいてする。

三　供託有価証券払渡請求権に対して仮差押えの執行と滞納処分とが競合した場合

　滞納処分による差押えがされている供託有価証券払渡請求権について仮差押えの執行がされた場合又は仮差押えの執行がされている供託有価証券払渡請求権について滞納処分による差押えがされた場合において、徴収職員等から滞納処分による差押えがされている部分についての払渡請求がされたときは、これを認可して差し支えない（第三・二・(3)ア(ア)参照）。

四　供託有価証券払渡請求権に対して強制執行又は担保権の実行若しくは行使がされた場合

　1　強制執行がされた場合

　㈠(1)　動産の引渡請求権を差し押さえた債権者は、差押命令が債務者に送達された日から1週間を経過したときは、第三債務者に対し、差押債権者の申立てを受けた執行官にその動産を引き渡すべきことを請求することができることとされた（法163条1項）。

　(2)　供託有価証券払渡請求権の差押債権者がその払渡請求をする場合には、供託有価証券払渡請求書の備考欄に供託官の認可した供託有価証券払渡請求書の1通の執行官への交付を求める旨を記載させるとともに、供託規則24条2号又は25条2号の書面として、差押命令が債務者に送達された日から1週間が経過したことを証する書面を添付させる。

　(3)　(2)の払渡請求の理由があると認めるときは、供託官は、供託規則29条により供託有価証券払渡請求書の1通を執行官に交付し、他の1通に、執行官をして払渡しの認可の記載のある供託有価証券払渡請求書の受領を証させる。

　㈡　供託有価証券払渡請求権につい

て強制執行による差押えが競合した場合においては、いずれの差押債権者の払渡請求を認可しても差し支えない。
2 担保権の実行又は行使としての差押えがされた場合
供託有価証券払渡請求権に対し担保権の実行又は行使としての差押えがされた場合の取扱いについては、1（強制執行がされた場合）と同様である。
五 供託有価証券払渡請求権について強制執行、仮差押えの執行又は担保権の実行若しくは行使と滞納処分とが競合した場合
1 強制執行と滞納処分とが競合した場合
(一) 滞納処分が先行する場合
滞納処分による差押えがされている供託有価証券払渡請求権について強制執行による差押命令の送達を受けた場合であつても、滞納処分による差押えがされた部分の払渡しは、徴収職員等の払渡請求によつてする（滞調法20条の5）。ただし、滞納処分による差押えが解除された場合又は強制執行続行の決定がされた場合においては、四1（供託有価証券に対して強制執行がされた場合）により、差押債権者の払渡請求に応じて差し支えない。
(二) 強制執行が先行する場合
強制執行による差押えがされている供託有価証券払渡請求権について滞納処分による差押えがされた場合であつても、強制執行による差押えがされている部分の払渡しは、差押債権者の払渡請求によつてする（滞調法36条の8）。た

だし、強制執行による差押命令の申立てが取り下げられた場合若しくは強制執行による差押命令を取り消す決定が効力を生じた場合（同条）又は滞納処分続行承認の決定がされた場合においては、徴収職員等の払渡請求に応じて差し支えない。
2　仮差押えの執行と滞納処分とが競合した場合

　滞納処分による差押えがされている供託有価証券払渡請求権について仮差押えの執行がされた場合又は仮差押えの執行がされている供託有価証券払渡請求権について滞納処分による差押えがされた場合において、徴収職員等から滞納処分による差押えがされている部分についての払渡請求がされたときは、これを認可して差し支えない（三2㈠参照）。
3　担保権の実行又は行使としての差押えと滞納処分とが競合した場合

　供託有価証券払渡請求権に対する担保権の実行又は行使としての差押えと滞納処分による差押えとが競合した場合の取扱いについては、1（強制執行と滞納処分とが競合した場合）と同様である。

第五　経過措置
一　法は、その施行後に申し立てられた民事執行事件についてのみ適用され、法の施行前の申立てに係る民事執行事件については、なお従前の例によることとされた（法附則4条1項）。したがつて、例えば、本年10月1日前の申立てに係る金銭債権についての差押えを原因として供託をすることができるのは、改正前の民訴法621条の要件がある場合に限られるので、法156条1項を根拠とする供託の申請がされた場

第四　民訴法及び民執法等の一部改正に伴う経過措置

　法の施行前にした仮差押え又は仮処分命令の申請に係る仮差押え又は仮処分の事件については、なお従前の例によることとされた（法附則4条）。したがつて、法の施行前に仮差押命令又は仮処分命令の申請があった事件は、その裁判が法施行後に行われるものであっても、その手続、不服申立ての方法、執行及び効力については、すべて改正前の民訴法及び民執法が適用されることとなるので、

合において、差押えが右同日前の申立てに係るものであることの疑いがあるときは、供託官は、供託者に対して差押命令の申立ての日を確認する等の措置を取ることとする。

　なお、法施行後しばらくの間は、差押命令等にその申立ての日を記載する等の措置が取られる予定である。

二　法の施行前にした改正前の民訴法又は廃止前の競売法による執行処分その他の行為は、法の適用については、法の相当規定によつてした執行処分その他の行為とみなされることとされた（法附則4条2項）。したがつて、例えば、金銭債権について改正前の民訴法の規定に基づいて差押えがされていた場合において、残余の部分を超えて発せられた本年10月1日以後の申立てに基づく差押命令の送達を受けたときは、第三債務者は、法156条2項によつて供託義務を負い、同項を根拠として供託をしなければならない。

三　滞調法の一部を改正する法律による改正後の滞調法は、滞調法の一部を改正する法律の施行後に民事執行の申立てがされた場合について適用することとされた（滞調法の一部を改正する法律附則2項）。したがつて、例えば、供託金払渡請求権について本年10月1日前の申立てに基づいて強制執行による差押えがされていた場合において、右同日以後に滞納処分による差押えがされたとしても、改正後の滞調法36条の6の規定の適用はなく、改正前の民訴法621条が規定する要件に該当しない限り、供託官は、執行裁判所に事情の届出をする必要はない。

法の施行前に仮差押え又は仮処分命令の申請があった事件に係る供託及び供託物の払渡し等の取扱いは、民事執行通達による。

　なお、法施行前又は施行後の事件であるか否かについての判断は、供託書申「裁判所の名称及び件名等」欄の記載事項によつてするものとする。

◆ 事例研究 ◆

事例1 混合供託における配当手続開始時期および配当を受けるべき債権者の範囲

> 第三債務者Ｙが、甲に対して有する譲渡禁止の特約のある債務100万円につき、順次債権譲渡通知（譲受人乙、譲渡額100万円）、差押命令（債権者X_1、差押債権額100万円）、差押命令（債権者X_2、差押債権額100万円）の送達を受けたので、第三債務者は、債権譲渡の効力に疑義があるとして民法494条および民事執行法156条2項を併記して100万円の供託をし、その旨の事情の届出を執行裁判所にした。
> ① この場合に、執行裁判所は直ちに配当を実施することができるか。
> ② 執行裁判所の配当等の実施としての支払委託に基づいて払渡請求がなされた場合、供託所は、当該請求書に債権の帰属が確定されたことを証する書面を添付させることを要しないか。
> ③ 譲受人、差押債権者、債務者の全利害関係人からの印鑑証明書付きの配当協議書が提出された場合に、債権の譲受人を含めて配当手続を行うことができるか。

要旨
 1 債権譲渡の有効・無効の確定つまり債権の帰属の確定を待って配当手続を開始する。
 2 混合供託においては、執行裁判所は債権の帰属についての確定を待って配当等の実施としての支払委託をすることが実務慣習として確立しているので、供託所は、支払委託に基づいて直ちに債権者の払渡請求に応ずることができる。
 3 債権譲渡の譲受人は、執行当事者ではないので、配当手続に参加させることはできない。

検討
 1 本事例の混合供託は、弁済供託と執行供託の混合形態であるが、この場合の執行供託は、甲・乙間の債権譲渡が無効であり、債権が差押債務者甲に帰属することを条件とする一種の条件付供託である。甲・乙間の債権の帰属が確定しない間に、執行裁判所が債権の帰属について一応の判断をして配当手続を開始したとしても、その債権の帰属についての判断は既判力を伴う確定的なものではなく、また、譲受人乙は、この配当事件においては、債権者とされず、右配当に関し実体上の異議を申し出ることができない。配当実施後、譲受人乙は、自己が真実の債権者であることを主張して、現実に配当を受けた差押債権者等を相手にして、不当利得の返還請求訴訟を提起することを妨げられないと解される。したがって、供託者Ｙからの事情届を受理した執行裁判所は、直ちに配当を実施することはできず、当該債権が差押債務者甲に帰属する旨の確定判決（和解調書等確定判決と同一の

効力を有するものを含む）または譲受人乙の承諾書の提出があったときに、配当を実施することになる。

2　前述したように、債権者不確知供託を前提とする混合供託においては、債権の帰属について別に確定してこないと配当手続を開始しないことが、裁判所の実務の慣行として確立している。したがって、供託所においては、執行裁判所の配当等の実施としての支払委託に基づき配当債権者から払渡請求がなされた場合、改めて債権者不確知事由が解消したこと（つまり、債権が甲に帰属すること）を証する書面の添付を要することなく払渡しを認可して差し支えない（昭59全国供託課長会同決議5問参照）。

3　配当実務上、債権の譲受人、差押債権者、執行債務者（債権の譲渡人）の利害関係人全員の配当協議書（印鑑証明書添付）が作成されて、執行裁判所に提出されることがあるが、債権の譲受人を含めて配当協議書が作成されたとしても、それは全利害関係人間の供託金還付請求に関する和解契約と同視し得るものである。しかし、債権の譲受人は、配当事件の執行当事者ではないから、配当手続に参加することはできないので、債権の譲受人は、成立した配当協議書（和解契約書）を供託所に提出して、自己の受けるべき金額の払渡しを受けるべきであり、その余の部分については執行当事者（差押債権者）が執行裁判所に配当協議書等を提出して配当手続開始の端緒とし、その配当等の実施としての支払委託に基づいて払渡しがなされるべきと考える。

事例2　混合供託における差押えの手続相対効に関する問題

> Yは、甲に対して100万円の債務を負担していたところ、その債権に対して、①Xの差押命令（差押債権額100万円、請求債権60万円）、②乙を譲受人とする債権譲渡通知（譲渡金額100万円）が送達された。
> 第三債務者Yは、どのような供託をすることができるか。また、配当いかん。

要旨　100万円について民事執行法156条1項による執行供託をすることで免責されるが、債権譲渡の事項はその有効・無効にかかわらず供託書に記載することを要しない。

執行裁判所は、差押債権者Xに60万円の弁済金交付、債務者甲に40万円の剰余金交付をする。

検討　1　請求債権（執行債権）が少額の場合であっても、執行裁判所は差し押えるべき債権の全部について差押命令を発することができる（民執146 I）が、差押債権者の債権の取立ての範囲は執行債権および執行費用の額に限られる（民執155 I）。一方、差押命令の処分禁止効に反する債務者のした債権譲渡などの処分の効力は、先行する差押執行手続が続行する限り差押債権額の限度（債務名義に表

示された執行債権あるいは仮差押えの被保全債権の限度でのみ処分禁止の効力が生ずるのではないかとの問題については、本文の「処分制限効の客観的限界」の項参照）で対抗できない（手続相対効）。

2　本事例については、Xの差押命令の請求債権額（60万円）が被差押債権額（100万円）より少額であっても、差押命令の処分禁止効は被差押債権全額に及んでいる以上、当該差押え後になされた債権譲渡は、先行するXの差押えによる執行手続が続行する限り対抗できない。したがって、第三債務者Yは、民事執行法156条1項の規定により、債権額100万円の執行供託をすることによって免責される。なお、手続相対効により債権譲渡は無視されることになるから、譲渡そのものの有効・無効にかかわらず、供託書にその記載をすることを要しないと考える。ただし、先行する差押えが取下げまたは取消決定により失効したときは、譲渡が最先順位となるということを考慮して、譲渡の事実を供託書に記載することを要するとする見解もある。

仮に、債権譲渡の事実を供託書に記載した場合、あるいは、債権者不確知供託との混合供託をした場合であっても、前述したように債権譲渡は無視されるから、執行裁判所は、債権の帰属の確定の有無にかかわらず、直ちに配当等の手続を開始することとなる。

この場合、配当等の手続において剰余が出れば、債務者甲に交付されることになると解される。このことは、不動産執行手続において民事執行法84条2項の規定により剰余金は債務者に交付するとされており、同法166条2項で84条2項が準用されているので、債権執行手続においても同様に解されるからである。したがって、執行裁判所は、簡易な配当手続として、債権者Xに弁済交付金として、その執行債権額に相当する金60万円を、債務者甲に剰余金40万円を交付する。

なお、これに対し、Xが請求債権60万円の満足を受けることにより、その余の差押命令の効力は消滅し、残余の40万円の範囲で甲から乙への債権譲渡は有効であるとする考え方もできる。しかし、一部差押えの場合なら格別、民事執行法146条により、差し押えるべき債権の全部について差押命令を発することができ全部について差押命令を発した以上、処分禁止効は全額に及ぶから、この考え方は明文規定に反することになろう。

仮に、この考え方を採用するとすると、譲受人乙は執行当事者ではないので、執行裁判所の配当等の手続に参加することはできないから、直接供託所に対して還付請求権を有していることを証明することになろうか。

事例3　混合供託における仮差押えの手続相対効に関する問題

> Yは、甲に対して300万円の債務を負っていたところ、次の順序で各書面の送達を受けた。第三債務者Yのする供託と配当いかん。

① 仮差押え　差押債権額150万円　差押債権者X_1
② 譲　　渡　譲渡額300万円　　譲受人乙
③ 仮差押え　差押債権額200万円　差押債権者X_2
④ 差押え　　差押債権額300万円　差押債権者X_3

要旨

1　先行する仮差押債権者の本案訴訟の帰すうまたは債権譲渡の有効・無効によって配当額が変動するから、債権譲渡の効力に疑義のある場合には、第三債務者は、民法494条後段、民事執行法178条5項および156条2項の規定により、300万円の混合供託をすることができる。

なお、当初から債権譲渡の効力に疑義がない場合には、債権譲渡の事実を供託書に記載したうえで仮差押えの処分制限効の及ぶ150万円について執行供託をすべきである。

2　仮差押債権者の本案訴訟の帰すうまたは仮差押えおよび債権譲渡の確定を待って配当手続を開始する。

3　配当額
(1)　X_1勝訴、譲渡有効
　　X_1、X_2、X_3で150万円按分
　　乙　150万円
(2)　X_1勝訴、譲渡無効
　　X_1、X_2、X_3で300万円按分
(3)　X_1敗訴、譲渡有効
　　乙　300万円
(4)　X_1敗訴、譲渡無効
　　X_2、X_3で300万円按分

検討

1　民事執行法における手続相対効

仮差押えは、債権者の金銭債権の満足を保全するためになされる保全執行であるが、仮差押え後の債務者の処分行為の効力が否定されるという意味では本執行としての差押えと異ならない。

処分禁止に違反した処分は、当該執行との関係で無効とされるという意味については、旧法は明文の規定を設けなかったため、2つの対立する見解があった。処分禁止に違反した処分行為は差押(仮差押)債権者および処分前の配当要求債権者だけに対抗し得ないとする個別相対効説と、差押(仮差押)債権者および処分の前後を問わずすべての配当要求債権者に対抗し得ず、差押え(仮差押え)が効力を失えばさかのぼって有効となるにすぎないとする手続相対効説である。

民事執行法は、差押えおよび仮差押えの両者について手続相対効説をとったとされているが、同法87条2項、59条2項等の諸規定から、仮差押えが先行する場合には、その本案訴訟の勝訴を条件とする手続相対効であると解するのが相当である。

この見解によれば、仮差押債権者が本案で勝訴すれば、後行する債権譲渡は無視

されるが、敗訴すれば債権譲渡が最先順位となる。
　2　仮差押え後の譲渡の場合における譲渡人（仮差押債権者）に対する他の債権者の配当要求効

　民事執行法は、前述したように、仮差押えについてはその本案訴訟の勝訴を条件とする手続相対効の見解をとったと解されているので、仮差押債権者が本案で勝訴すれば、仮差押え後の譲渡は無視される。

　手続相対効説のもとでは、差押え後の債務者の処分行為の効力が否定されるとしても、絶対的に無効ということではなく、債権譲渡が有効である場合には、譲渡人はその債権に対して権利を有しないことになる。したがって、譲渡人の他の債権者がなした譲渡人を執行債務者とする差押え等は空振りとなり無効であるはずである。この結果、譲渡後の差押債権者は、第三債務者が供託するときまでに、先行する債権者の執行手続に配当要求しない限りその執行手続に参加することはできないことになる。このことは、譲渡後差押命令の申立てをし、配当参加の意思表示をした者に配当等を受けるべき機会を与えないこととなり、債権執行には公示性がないことからも相当でない結果を生ずるので、当事者の上申がある場合または配当事件の記録上明らかである場合に限り配当要求の効力を認めるのが相当である。

　しかし、配当要求効も、先行する手続が仮差押えの執行である場合には、仮差押えの執行手続に対する配当要求申立てはあり得ないから、配当要求の申立てとみることができないとの疑問がある。もっとも、仮差押えの本執行移行たる差押えがあれば、結果的に、前述の差押えが先行する場合と同一に帰し、譲渡後の他の債権者の差押えに配当要求の効力を認めるという理論が成り立つ。

　3　以上を前提として本事例について検討する。

　(1)　本事例においては、①の仮差押えの執行が債権300万円の一部である150万円についてなされているため、仮差押えの処分制限効が債権全体に生ずるのか、一部の150万円についてのみ生ずるかという処分制限効の客観的範囲の問題が生ずる。これについては、債権執行は不動産執行と異なり、債権の一部について差押えをすることが当然認められている（民保50Ⅴ・民執146・149）ことからいって、仮差押えの処分制限効も150万円の範囲について生ずると解される。

　(2)　債権譲渡の効力に疑義がない場合

　次に、仮差押えの執行後の処分を無効であるとして、②の譲渡を無視して①の仮差押え、③の仮差押えおよび④の差押えの競合を理由に（民保50Ⅴ・民執156Ⅱ）、第三債務者Ｙが300万円の執行供託をした後に、①の仮差押債権者が本案訴訟で敗訴した場合には、譲渡が最先順位となり乙に対しても300万円の二重弁済の危険を負うことになる。このように、仮差押えの執行はあくまでも保全執行であって必ずしも本執行に移行することが保障されていないので、①の仮差押債権者の本案訴訟の帰すうまたはその失効により甲・乙間の債権譲渡が最先順位となる可能性がある。

　したがって、債権譲渡が当初から有効であれば、先行する仮差押えの本案訴訟の帰すうによって債権の譲受人も実体上の権利を取得することができるので、譲受人

に対する関係においても免責の効果を主張し得る供託をする必要がある。
　ただし、供託義務が生ずるのは150万円についてであり、残りの150万円については実体上譲受人に帰属するので、供託義務の生じている150万円について（供託実務上、譲渡に疑義がない場合には弁済供託が認められていない）執行供託をすることになる（民保50Ⅴ・民執156Ⅱ）。
　そして、右供託に際しては、供託書（「供託の原因たる事実」欄）に債権譲渡の事実を記載することを要すると解される（座談会「債権の譲渡及び差押等をめぐる供託上の諸問題について(下)」登記研究439号62・63頁）。
　ところで、供託書に記載することによって譲受人に対する関係においても免責されるためには、その供託によって譲受人の権利が害されない（権利の実現が可能）ことが必要である。現行供託実務上は、債権譲渡の事実を供託書に記載したとしても、その譲受人は、単なる利害関係人としての意味しかもたず、還付請求権を有する被供託者としての当事者適格を有しないので、自己に帰属する債権額について供託所に直接供託金の還付請求をする方法がないという不都合がある。もっとも、被供託者としての当事者適格が、供託の原因たる事実欄から判明している場合であれば被供託者としての表示がなされていなくても、供託金の還付請求をすることができるということがいえるとしても、当該債権の譲受人はこの被供託者に該当するということはできないとするのが供託実務上の取扱いである。
　ところで、仮登記担保法7条1項、土地収用法95条2項4号の供託については、差押債権者を被供託者として、その住所および氏名を備考欄に記載させ、かつ供託通知書を発送することとしたうえ（注1）、差押えの効力が供託金還付請求権のうえに移行することを認め、その取立権（民執155Ⅰ）に基づき供託所に直接還付請求をすることができると解される（注2）。
　そこで、この供託との類似性に着目して、債権譲渡の効力に疑義がない場合には、譲受人を被供託者としてその住所および氏名を備考欄に記載させ、供託通知書（供託通知は、法の規定のある場合に限らず、法の規定のない場合でも、弁済供託に準ずるときは、供託通知をする理由づけが可能である（供託準則33））を譲受人に発送すべきものとする新たな形式の供託を認める必要があろうと考える。こうすれば、債権の譲受人は、債権が自己に帰属することを証明し、供託所に直接還付請求をすることが可能となろう。

(3)　債権譲渡の効力に疑義がある場合
　仮差押えの執行と後行する債権譲渡との競合を原因とする第三債務者の混合供託は、供託実務上認められるか否かについて問題があるが、X_1の仮差押えの消長（本案訴訟の帰すうまたはその失効）により甲・乙間の債権譲渡が最先順位となる可能性があるので、その債権譲渡の効力に疑義がある場合であれば民法494条後段、民事執行法178条5項および156条2項の規定により債権全額の供託をすることができる。この場合、債権譲渡が無効であれば、300万円全額につき①、③および④の差押え等が競合することになり、債権譲渡が有効であれば、150万円につき①、③お

および④の差押え等が競合することになる。したがって、債権全額である300万円について混合供託を認めるのが相当である（昭59全国供託課長会同3問）。

　4　仮差押債権者の本案訴訟の帰すうまたは仮差押えの失効および債権譲渡の有効・無効によって配当額が変動することは、前述したとおりである。したがって仮差押債権者の本案訴訟の帰すうまたは仮差押えおよび債権譲渡の確定を待ったうえで配当手続を開始する。

　5　本案勝訴を条件とする手続相対効説によるのが相当であることは、前述したとおりであるので、仮差押債権者の本案で勝訴した場合、敗訴した場合、債権譲渡が有効の場合、無効の場合の組合せにより次のような結果となろう。

　(1)　X_1勝訴、譲渡有効の場合

　　X_1の債権額150万円については、譲受人乙は対抗できないことになり、X_2、X_3はX_1に対して配当要求の効力を認めるのでX_1、X_2、X_3で150万円を按分する。

　　　X_1、X_2、X_3で150万円按分（支払委託）
　　　乙　150万円

　(2)　X_1敗訴　譲渡有効

　　X_1の本案敗訴により仮差押えの執行の効力は消滅するので、X_2、X_3の配当要求の効力も生じないことになる。

　　　乙　300万円

　(3)　X_1勝訴　譲渡無効

　　　X_1、X_2、X_3で300万円按分

　(4)　X_1敗訴　譲渡無効

　　　X_2、X_3で300万円按分

(注1)　「仮登記担保契約に関する法律の施行に伴う供託事務の取扱いについて」昭54.6.11民四3367号民事局長通達第一・二・㈡および㈢
(注2)　同通達第二・一・㈡・1・(1)参照
　　　なお、同通達は、差押債権者が供託金の払渡しを受けるには、常に供託金還付請求権（第三債務者国代表者供託官）について取立命令または転付命令を要するとしているが、民事執行法下では差押債権者に取立権が付与されており、その差押えは債務者等の有する当該供託金還付請求権の上に移行する（仮登記担保7Ⅱ）とされているので、転付命令を得る必要はなく供託所に直接還付請求をすることができると解されよう。
　　　ちなみに、同通達第二・一・㈡・1・(1)ただし書では、滞納処分による差押えの場合には、その取立権に基づき（国徴67Ⅰ）、徴集職員等は、改めて供託金還付請求権につき滞納処分による差押えをすることなく、供託金の還付請求をすることができるとされている。

事例4　処分禁止仮処分命令と差押命令の競合

　Yは、甲に対して100万円の債務を負っていたところ、乙が甲からこれを譲

り受けたとして、その譲渡を争っている甲を相手方とし、Yを第三債務者とする処分禁止の仮処分をなし、その命令がYに送達された後、甲の債権者Xの差押債権100万円の差押命令が送達された。この場合、Yはいかなる供託ができるか。

要旨 仮処分債権者乙または債務者甲を被供託者として民法494条の債権者不確知の供託と、民事執行法156条1項による供託の混合供託をすることができる。

検討 1 仮処分とは、将来における強制執行を保全するために、特定物に関する給付を目的とする請求権の保全として、その特定物の現状を維持するために行われる裁判および執行手続である。

　第三債務者に支払禁止を命ずることを内容とするものには差押え、仮差押えのほかに、債権の処分禁止仮処分がある。債権の帰属について争いがある場合、その債権が自己へ帰属することを主張する債権者乙が、これを争う甲を相手方として争いの対象となっている債権の取立や譲渡等禁止の仮処分を求めることが、処分禁止の仮処分として行われることがある。この仮処分は、仮処分債権者甲に対して、「債務者甲は第三債務者Yに対する債権を取り立て、または譲渡質入その他一切の処分をしてはならない」という命令でなされる。これとともに第三債務者Yに対しては、「第三債務者は債務者の請求により右債務を支払ってはならない」という命令を付加して、第三債務者の債務者に対する支払を阻止するのが通例である。

　債権の帰属について争いがある場合としては、①その債権は本来乙のものであって、甲は単に形式的な名義人にすぎないということで甲・乙間に争いがあるとき、②その債権を乙が甲から譲り受けたということで、甲・乙間に争いがあるとき、③その債権を甲・乙とも第三者から二重譲渡を受け、互いに自分が優先するとして争っているとき、④乙が甲の債権に対して質権を有するとしてその弁済受領権を争っているとき、等がある。

　この仮処分の効力は、第三債務者に送達されたときに生ずる（民保52・50Ⅴ・民執145Ⅳ）。

　2 ところで、仮処分の執行については、民事執行法180条に定めるほか、仮差押えの執行、強制執行の例によるものとされる（民保52・50）ところから、仮処分の執行がされた場合においても、民事執行法156条の規定によって供託することができないかという疑問が生ずる。

　仮処分の執行で供託が問題となるケースとしては、前述したように債権の帰属をめぐる争いがあり、その一方から第三債務者に対して支払禁止の仮処分がされたような場合が考えられる。しかし、民事執行法156条の規定による供託は、第三債務者の保護を図るとともに、その供託金は強制執行による配当等に進むことを予定しているが、上記の仮処分の本案は、通常は債権存在確認訴訟であって、そのような配当に進むという結末になることは考えられない。

3　むしろ、この場合に第三債務者が供託による免責を得て紛争にまき込まれるのを回避しようとする必要を感ずるのであれば、民法494条に規定する債権者不確知を原因とする供託の利用が考えられる。

　処分禁止仮処分が発せられる場合は、実体的に債権の帰属または弁済受領権をめぐって争いがあり、両者間の優劣の判断が一応困難な場合であるということができ、しかも被保全権利の存否、帰属等の確定は本案判決を待たなければならず、この段階で真の債権者を確定できないことを意味する。

　ところで、仮処分が第三債務者に送達されると、第三債務者は債務者甲への弁済をもって債権者乙に対抗できない効果を生ずる。しかし、第三債務者としては、弁済を猶予されるわけではないから、遅延損害金や遅滞による契約解除を受けることを免れない。これを回避するためには、民法494条の債権者不確知を原因とする供託をすることができる。つまり、支払その他一切の処分禁止の仮処分の執行がされたときは、原則として第三債務者にとって債権者不確知に当たる（注1）。

　したがって、本事例の場合は、債権譲渡と差押えの競合した場合と同様に、民法494条の債権者不確知供託と民事執行法156条1項の規定による執行供託の混合供託をすることができる。

　なお、差押えが先行し処分禁止仮処分が後行した形で競合している場合であっても、当該仮処分命令は、執行債務者に存するとされている債権の帰属が争われているものであるので、先行の差押えの効力に疑義が存することになり、しかもその判断は容易でないこと、また仮処分は被保全権利の帰属や弁済受領権について争いのあることを公証するものであって、権利関係を確定するものではないことから、ここでも混合供託が許されよう（注2）。

(注1)　昭30.12.23　民事甲2737号民事局長通達
　　　　昭37．1.24　民事甲132号民事局長認可受入5問
　　　　昭38．8．2　民事甲2235号民事局長回答
(注2)　富越「新民事執行法における債権執行の実務(下)」NBL200号58頁
　　　　松浦「処分禁止の仮処分と差押・転付命令の競合した場合の供託」別冊ジュリスト供託先例百選71頁
　　　　法務省民事局第四課職員編「新版供託事務先例解説」107頁

事例5　仮差押えの執行を原因とする供託金につき、その執行が効力を失った後に差押えがあり、供託官が事情の届出をした場合

　第三債務者Yは、X_1から債権の仮差押えの執行を受けたので、差押金額に相当する金銭を供託した後、債権者X_2が債務者甲の有する還付請求権を差し押えた。その結果、差押えの競合を生じたので、供託官は差押えの執行裁判所に事情の届出をした。執行裁判所は配当実施準備のため仮差押えの執行裁判所から仮差押えの記録を取り寄せたところ、仮差押えは第三債務者の供託後、X_2の債権差押命令が供託所に送達される以前にその申立ての取下げがなされ

ていた場合、供託金の払渡手続はどのようになされるべきか。

要旨 執行裁判所は、事情届受理後であれば事情届不受理決定をするのが相当である。この場合、差押債権者は、仮差押えの執行裁判所から仮差押えの取下証明書の交付を受け不受理決定の正本をも添付して自己の差押命令の取立権に基づいて供託所に供託金還付請求をする。

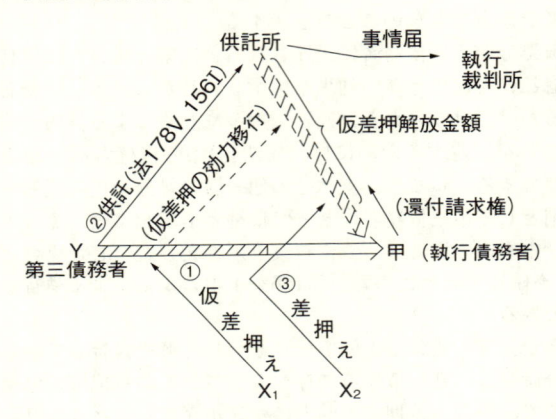

```
                    供託所 ────事情届───→ 執行
                    ╱│╲                    裁判所
                  ╱  │  ╲
                ╱    │    ╲仮差押解放金額
              ╱      │      ╲
    ②供託(法178V、156I)   ╲
    (仮差押の効力移行)       ╲(還付請求権)
          ╱                    ╲
        ╱                        ╲
      Y ──────────────────────→ 甲(執行債務者)
    第三債務者  ①     ③
              仮     差
              差     押
              押     え
              え
              X₁    X₂
```

なお、仮差押えの執行裁判所は、取下げのあった旨の通知を民事執行規則136条1項（167条1項による準用）に準じて供託所に通知するのが相当である。

検討 1 仮差押えの執行を原因とする第三債務者の供託においては、その仮差押債務者の有する還付請求権の上に、仮差押解放金の額（民保22Ⅰ）の限度で仮差押えの執行の効力が移行する（民保50Ⅲ、民事保全基本通達第二・三・(1)・ウ・(ｱ)）。この供託後、仮差押えの申立てが取り下げられ、または取り消されたときは、還付請求権の上に及んでいた仮差押えの執行の効力は失われ、本来の債権者たる執行債務者は、その供託金の還付請求を受けることができる（民事保全基本通達第二・三・(1)・エ）。したがって、仮差押えの取下げにより、その後の供託は弁済供託と同等の性質として持続されると考えられるから、その還付請求権を差し押えた債権者は、仮差押えの取下げのあったことを供託所に証明して（裁判所書記官の取下証明書による）、自己の差押命令による取立権（民執155Ⅰ）に基づいて、供託所に還付請求することになる（民事執行基本通達第四・二・1・㈠・(2)参照）。

2 通常の債権執行における配当加入遮断効は、第三債務者のする供託または差押債権者の提起した取立訴状送達の時点のいずれか早いほうで生ずるとされている（民執165①、②）。右供託のうちいわゆる義務供託の場合でも、現実に義務を強制されるわけではなく、免責を得るためには供託の方法をもってしなければならないという意味であるから、第三債務者において供託義務が生じても供託をしないで放置しておくということがあり得る。ところが、供託金払渡請求権に対して差押え等が

なされた場合には、①差押えの競合が生じ、②払渡しに応ずることができるときに供託義務が生じ（既に供託されているから、供託官が改めて供託する必要がない）、この供託義務の生じたときをもって民事執行法165条1号でいう「供託をしたとき」に当たるとし、この時点で配当加入遮断効が生ずるとしている（民事執行基本通達第四・二・1・㈡・⑴参照）。したがって、供託官は、この時点で執行裁判所に事情の届出をすることになる。

　また、仮差押えを原因とする第三債務者の供託においては、執行債務者の有する還付請求権に対して他の債権者が差押えをしたときは、供託官は、差押命令を発した執行裁判所に事情の届出をするとされている（民事執行基本通達第二・四・2・㈠・⑸・イなお書）。

　一方、供託金払渡請求権に対して差押えがなされたが、差押えが競合しない限り、配当加入遮断効が生ぜず（したがって、事情の届出をすることを要しない）、差押債権者の取立権に基づく払渡請求に応ずるとしている（同通達第四・二・1・㈡・⑵）。

　3　ところで、供託金払渡請求権に対して差押え等がなされた場合において、供託義務が発生しているかどうか明らかでないときは、供託官は執行裁判所に事情の届出をしなければならないとしているが（注1）、事情の届出は配当手続開始の要件ではなく、そのきっかけとなるものにすぎないのであるから（注2）、事情の届出の有無によって配当加入遮断効の発生が左右されないことは明らかである。

　したがって、供託義務が生じたと判断して（あるいは、供託義務の発生が明らかでない場合も含む）、供託官が執行裁判所に事情の届出をしたところ、実際には差押え等の競合が生じていないことが判明したときは、供託実務を前提とすれば配当加入遮断効は生じないこととなる。

　つまり、配当加入遮断効の発生は、供託官が改めて供託するということは意味がないとの観点から、供託義務の発生の有無にかかっているということができる。なぜなら、差押え等が競合しない場合には、権利供託をしたとして事情の届出をしたところで、供託所が供託金支払義務を免れるわけでもなく、そうすることによって配当加入遮断効を生じさせて、差押債権者に独占的満足を得させる必要はないからである。したがって、供託実務上、差押え等が競合しない場合には、配当加入遮断効が生じないものと割り切ったのである。

　4　以上を前提として本事例について検討する。

⑴　本事例についていえば、実体上は、供託金還付請求権に対して差押えがされる前に、既に仮差押えの執行の効力が失われているから、通常の弁済供託金の還付請求権のうえに単発の差押えがされているのと同視することができ、したがって、供託義務は生じないので、供託官が事情の届出をする必要がなかったということになる。

　供託義務を負わないにもかかわらず、供託官が事情の届出をした場合において、執行裁判所が配当手続を開始するか否かについて、次の2とおりの見解が考えられる。

① 積極説
　供託義務を負わない場合でも、供託官が事情の届出を執行裁判所にしたときは、その届出は供託官が民事執行法156条1項に基づく権利供託をしたものとみなして、その権利供託によって配当加入遮断効が生じ、執行裁判所は配当実施をすることができる。
② 消極説
　供託官が執行裁判所に事情届をしても、それが結果として差押競合を生じていない場合は、その供託が執行供託に転化せず、したがって、配当加入遮断効を生じないので、執行裁判所は配当実施をすることができない。
　前者によれば、その後の執行手続が簡明になる利点はある。後者によれば、その事情届出は供託官の錯誤に基づくものであるから、執行裁判所は事情届の不受理決定をなし、事情届を単なる事実の通知として配当事件の立件を抹消するか、事情の届出とみない決定をするなどして事件を終了させることになろう。
　(2)　ところで、仮差押解放金の供託金取戻請求権に対して本執行としての差押えがなされたが、供託官は差押えが仮差押えの本執行としての差押えであることが明らかでないとして（供託書副本には仮差押えの請求債権の内容の記載がされていないので、債権額、当事者が同一であるからといって、差押命令の請求債権目録に記載の請求債権と同一と判断することができない場合が大部分であろう）、執行裁判所に事情の届出をした場合に、執行裁判所は仮差押えの事件記録と差押えの事件記録を照査した結果、同一債権であることが判明した事案で、配当加入遮断効が生じているものとして配当を実施した例がある（注）。これは、仮差押えの被保全債権と差押命令の請求債権が同一で結果的に差押えの競合が生じなかったとしても、供託官が事情の届出をした以上、差押命令が供託所に到達した時点において供託義務が課せられたものと考えたからであり（仮に、それが実体と異なったとしても）、配当加入遮断効が生ずるとするものである。
　しかし、裁判所のこの取扱いは、執行実務が円滑に流れる利点はあるが、いわば、供託官のする事情の届出の有無によって配当加入遮断効の発生を左右する結果となり、前記通達の趣旨を没却させることにもなる。
　(3)　前述したように、供託官が事情の届出をするのは、供託義務が生じたときに限られるべきであるが、この事情の届出は民事訴訟法旧626条に規定されていたような配当手続開始のための要件ではなく、民事執行法においては、供託が配当手続開始の要件であって（民執166Ⅰ①）、事情の届出は、そのきっかけにすぎない。さらに、仮に単発の差押えの場合に権利供託をしたとして事情の届出をしたところで、供託所が供託金支払義務を免れるわけでもなく、また、そうすることによって配当加入遮断効を生じさせて、差押債権者に独占的満足を得させる必要はない。
　したがって、執行裁判所としては、前述の積極説により、配当手続を開始することができないと考えるべきである。執行裁判所としても供託官にその理由を知らしめる必要があるので、事情届の不受理決定をするのが相当である。

この場合、差押債権者の払渡しについては、執行裁判所が不受理決定の旨を供託官に通知する取扱い（もっとも、供託手続上、この通知を受理した場合の処理に関する規定はない）とすれば、執行裁判所から仮差押えの取下証明書の交付を受け、差押命令の取立権に基づいて還付請求することになり、執行裁判所が不受理決定の旨を供託官に通知する取扱いでなければ、さらに不受理決定の正本を還付請求書に添付することになろう。
　5　いずれにしても、最終的には執行裁判所の判断によることになろうが、このような問題を生じさせないためにも、仮差押えの執行裁判所は、仮差押えの取下げがあったときには、民事執行規則136条1項に準じてその旨の通知を供託所にするのが相当であると考える（西潟「仮差押解放金の供託事務」民月38巻4号19頁）。
（注）　昭57．4．13　民四2591号民事局第四課長回答
　　　　昭57．6．4　民四3662号民事局長通達

```
                              平成　　年（リ）第　　　　号
           決　　　　定
                    大阪市北区中之島3丁目5番地
                    届出人（第三債務者）株式会社○○
                      代表者　代表取締役　何　　　　某
上記届出人がした事情届について、当裁判所は、次のとおり決定する。
           主　　文
   本件事情届は受理しない。
           理　　由
           ～　略　～
   平成　　年　　月　　日
                            ○○地方裁判所　民事部
                                裁　判　官
```

```
             事情届不受理証明願
                       東京都　　区　　町　　丁目　番　号
                         申立人　　何　　　　　某
   申立人からの別紙供託書一通について、民事執行法第156条2項による事情届
を御庁が受理しなかったことを証明されたく申請します。
       平成　　年　　月　　日
                         申立人　　何　　　　　某　㊞
   東京地方裁判所民事第21部　御　中
```

事例6 差押禁止債権に対する差押禁止部分を超える差押えの効力

給料債権（20万円）の4分の1について債権者X_1の差押命令が発せられ、第三債務者Yが民事執行法156条1項の規定により債権全額の供託をした後、債権者X_1は、執行債権5万円について供託金の払渡しを受けた。

その後、執行債務者である甲の還付請求権について、債権者X_2の差押命令（差押債権額5万円）が発せられ、X_2から差押命令の取立権に基づき供託金の還付請求があった場合の可否。

要旨 差押禁止規定に違反して発せられた差押命令といえども執行手続上当然無効ではなく、異議に基づいて取り消され得るにすぎないので、供託所は払渡しに応ずることができると考えるが、供託実務は、当該差押えは実体上効力を生じないという見解に立ち、払渡しに応ずることができないとする取扱いである（昭59全国供託課長会同決議14問、昭61全国供託課長会同決議8問および13問等）。

検討 1　債務者が私人から生計維持するために支給される継続的債権および給料、退職年金、賞与等給与の性質を有する債権については、各支払期ごとに受けるべき給付の4分の3に相当する部分（その額が標準的な世帯の必要生計費を勘案して政令で定める額を超えるときは、政令で定める額に相当する部分）は、差し押えることができないこととされている（民執152Ⅰ）。そして、右政令で定める額については、民事執行施行令2条により、支払期が毎月と定められている場合は21万円と定められている（注3）。

2　ところで、差押禁止債権に対する差押命令の効力については、①無効説（注1）と②取消し説（注2）の対立する二つの見解がある。前者は、差押禁止を差押命令発出のための他の要件と同列にみることはできず、実体法上の要件であるとするものであり、後者は、差押禁止も執行裁判所において調査すべき差押命令の前提条件にすぎず、その欠缺に基づく裁判の当然無効を認めるべきではなく、異議に基づいて取り消し得るにすぎないとするものである。

差押禁止規定に関する従来の供託先例は、右無効説によっていると思われるが、その趣旨は必ずしも明らかでない（注4）。なぜなら、旧法下の先例は、①民事訴訟法旧618条が差押禁止債権につき列挙主義をとっていたため、解釈論として退職手当金等が同条1項6号に該当するか否か、また、②差押禁止債権が供託金還付請求権に化体した場合にも差押禁止の効力が及ぶか否かの点をとらえ、いずれも肯定したうえ、差押禁止債権の4分の1を超える部分に対する差押え等は実体法上無効であるとするだけで、何故実体法上無効であるかについての説明がなされていないからである。なお、昭59全国供託課長会同決議（注4参照）においては、本事例と同様の事実関係のもとに、当該供託金還付請求権に対する第二の差押えが、差押可能な4分の1の範囲内で差押命令が発せられていることからして、当初差し押えら

れた4分の1の部分について発せられたものと解したうえで、当該部分が既に払渡済みであるから第二の差押えは空振りとなるとの理由で払渡しを認可できないとしているようであるが（注5）、差押禁止規定違反の効力については言及していない（もっとも、本問においては、仮に4分の1の部分について払渡しがなされていなくても、当該4分の1の部分については、供託によって既に配当加入遮断効が生じており、他の債権者の差押えは許されないので、空振り論を持ち出すまでもない。そもそも、供託金還付請求権について一部払渡済み後の差押命令が、4分の1の範囲内で発せられているという点をとらえて、当該払渡済み部分に対するものであると擬制することに問題がある。仮に、第二の差押えが4分の1を超えていたら右空振り論では賄えない。この意味で、私見は、本決議に疑問をもっている）。

3　ところで、旧法下において当時から、差押命令を発する執行裁判所においては、「供託官には差押命令の効力につき判断する権限はないのであるから、執行裁判所の判断に従うべきである」との意見が強かった。これに対しては、供託官の審査権限は形式的審査権にすぎないとしても、供託は法律の規定に添ったものでなければならないから（供託1）、供託官は無効の供託を受理すべきでない。したがって、申請にかかる供託が適法かどうかを供託官は審査しなければならないのであるが、ただ、その審査資料は法定の書類に限定されるという意味での形式的審査権であって、実体法上当然無効かどうかの判断までも放棄するものではないと考えられていた。もっともこの考え方は、現在でも維持されている（最判昭59.11.26民月40巻5号83頁）。

4　そこで、まず従来の供託先例がその論拠としていた、差押禁止規定に違反する差押命令は実体法上当然無効であるとする点について検討する。

(1)　前述の無効説の引用する事案についてもよくその内容を検討すると、いずれも差押禁止規定に違反する差押えは実体法上無効である（何故無効であるかは触れずに）ことを前提として、その無効な差押命令に基づく転付命令は転付命令が適式に発せられても被転付適格を有しないというものである。ここでも、そもそも転付命令の前提となる差押命令について裁判所の裁判の効力についての検討が全くなされていないのである。

(2)　そこで一度現行法上の具体的な執行手続を概観することとする。

①　まず、債権差押債権者は、差押命令の申立てにあたっては、差し押えるべき債権の種類を必ず記載しなければならない（民執規21③・133Ⅱ）。例えば、「債務者何某の第三債務者何某に対して有する給料債権……」等の記載をして債権の種類の特定をする必要があり、特に、差押禁止債権にあっては、差押えが許容される限度内の範囲を特定することを有する。したがって、差押命令の申し立てられた権利が差押禁止のものであるか否かは、執行裁判所の職権調査事項であって、もしその債権が差押禁止に該当するときは、申請を却下しなければならない。しかし裁判所は差押命令前に債務者および第三債務者を審尋しないし（民執145Ⅱ）、その差し押えるべき債権の存否、内容の立証も要しないことから、差押債権者が申し立てたとお

りの内容において、目的たる債権が差押禁止に服するものかどうかを審査すれば足りる。この点については、旧法下と変わるところはない。

　差押命令の申立てについての裁判（却下・棄却および差押命令）は、債権執行において終局裁判であるところから、執行抗告（民執10）を認めることとしており（民執145Ⅴ）、裁判所が差押禁止に違反して差押命令を発したときは、債務者は執行抗告をもってその取消しを求めることができる。この不服申立てに関しても旧法下とほとんど変わるところがない（注6）。

　なお、旧法下における転付命令については、第三債務者および債務者双方に送達されたときにその効力を生じ（旧民訴600条2項および601条は598条3項を準用していない）、そこで執行が終了することとなり、債務者から不服申立ての機会が事実上奪われる結果となっていたが、民事執行法は転付命令についても執行抗告を認め、確定することを要する（民執159Ⅳ・Ⅴ）こととしているので、不服申立ての面において差押命令と同様に解しても不都合は生じないものといえよう。

　ところで、執行抗告によっては当然に執行停止の効力を生じないから、差押命令に対し執行抗告がなされ、同時に執行停止の申立てがなされた場合において、執行停止決定が発令されその文書が執行裁判所に提出されたときは（民執39Ⅰ⑦・⑧）、裁判所書記官は、差押債権者および第三債務者に対し、差押債権の弁済がされることを事前に阻止するため通知することとされている（民執規136Ⅱ）。

　②　なお、第三債務者に対する陳述の催告（民執147）について、差押えに係る債権が民事執行法152条の差押禁止債権である旨陳述したとしても、既に発令された差押命令の効力に消長を来すものではない。なぜなら、陳述の催告は、書記官が差押命令の送達に際して第三債務者に対してするもので、差押えに係る債権の存否、内容等民事執行規則135条で定める事項について陳述すべき旨を催告するものであり、この陳述に基づいて差押債権者が取立てをするか、転付命令の申立てをするか等の判断に資することとしているものであって、陳述の内容を債務者に告知するためのものではないからである。

　③　そこで、以上を前提として差押禁止の意義を検討する。

　債権のうち、社会政策的配慮から任意譲渡をも禁止しあくまでも権利者に給付せしめることを意図しているようなものについては、特別法（恩給法、厚生年金法、生活保護法等）により全額差押えが禁止されている。このように、その差押禁止が法律上もしくはその性質上権利者の任意譲渡をも禁止することに基礎を有する場合には、差押えによっても権利者の処分権を取り上げることは許されず、差押命令が執行法上適式に発せられたとしても、強行規定違背のゆえに実体法上は差押えの効果を生じないという意味において当然無効と解されるのである。

　これに対して、任意譲渡までは禁止されていないが強制執行の場面において強制換価は認めないというにとどまるものについては、差押禁止は専ら執行法上の制限にとどまるから、裁判所がこれを調査して差押命令を発する以上、債務者において執行抗告をせずに確定すれば、もはやこれを争う余地がなくなると解されている（注7）。

ところが、給料債権等は、任意譲渡までは禁止されていないが、強制執行の場面において強制換価は認めないというにとどまる債権に該当するので、差押禁止は執行裁判所の職権調査事項ではあるが、差押債権者の申立ての範囲で審査すれば足り、供託金還付請求権に対する差押申立てについては供託原因まで審査することを要求されていない。
　したがって、執行手続上適式に発せられた以上は、執行抗告によって取り消されない限り当然無効を認めるべきではなく、確定すればもはやこれを争う余地がなくなると解するのが妥当である。
　従来の先例は、この点に対する吟味を欠き、単に供託金還付請求権に化体した場合にも差押禁止の効力が及ぶとするのみを論拠としていたのは妥当でないことは明らかである。
　(3)　次に差押禁止債権についての差押禁止範囲の変更について検討する。
　①　民事執行法152条により差押命令が発せられた後に債務者または債権者の生活状況を考慮して不合理な事情が生じたときは、執行裁判所は、債務者または債務者の申立てにより、双方の事情を考慮して差し押え得る範囲を拡張したり、あるいは減縮したり、場合によっては差押命令自体の全部または一部を取り消すことができる（民執153Ⅰ）。給料が債務者の銀行預金口座に振り込まれると、預金債権になり全額差押えが可能ということになるが、このような場合には、債務者が給料債権であることを立証して差押えの取消しを求めることができるのである。
　ただし、上述の申立てがあっても、第三債務者が支払その他の給付を完了してしまうと意味をなさないこととなるため、執行裁判所は、債務者または債権者に担保を立てさせ、第三債務者に対し、その支払その他の給付の禁止を命ずることができることとしている（民執153Ⅲ）。
　②　前述したように、差押禁止債権の範囲は、差押命令発令の段階で判断されることから、いったんは民事執行法152条の方式に従って画一的処理の差押命令が発令されることになる。その後、当事者の申立てがなされるが、この申立ての時期については、特に規定がないので、差押命令と同時になされることもあり得る。
　東京地方裁判所の実務では、差押命令の申立てと同時に差押禁止範囲変更の申立てのなされた実例はないようであるが、仮に同時になされた場合の差押命令の主文は、通常の債権差押命令の書式を適宜修正し、「債権者の申立て（民事執行法第153条第1項後段の申立てを含む）により、……を差し押さえる」の例によることになろうとのことである。
　なお、この申立てに対する裁判をする場合には、執行裁判所は利害関係人等を審尋することができるから（注6）、債務者は自ら異議を述べればよく、したがって、理論上は差押禁止債権であっても民事執行法153条による申立てを経ることによって全額差押えが可能である。
　ところで、差押命令の送達を受けた第三債務者としては、当該差押命令が民事執行法153条による申立てを経たうえで発せられたものか否かを判断し得るかという

問題がある。前述したように、差押命令の主文にその旨の記載をするということが裁判所の実務として確立しているということであるならともかくとして、そうでない以上、第三債務者としては、制度上当然に知り得るということがいえないことになろう。

　5　以上検討したように、①差押禁止は実体法上の規定ではなく、執行手続の規定であること、②転付命令にも不服申立ての方法が保障されたこと等、および③執行債務者にとってはその額の限度で執行債務が消滅するという実質的観点からも、民事執行法152条の規定に違反して発せられた差押命令であっても当然無効とはいえず、取り消されるまで有効と解すべきであろう。

　なお、第三債務者としては、債務者から執行抗告がなされたとしてもそれに伴う執行停止決定の通知を受けるまでは善意であり、また、民事執行法153条の規定により倫理上全額差押えが可能であり、差押禁止範囲の変更手続を経たかどうかについて制度上当然知り得るということがいえず、過失が推定されない。したがって、差押禁止債権に対する差押禁止規定に違反する差押命令の送達を受けた第三債務者は、差押債権者に弁済しても、債権の準占有者に対する弁済（民478）として有効とされる。

　これを本件についてみると、供託金のうち払渡済みの残余の部分は債務者が還付請求することができる弁済供託とみなされるから（民事執行基本通達第二・四・1・㈠・⑷）、この供託金還付請求権の上にも差押禁止規定の効力は及ぶものである。しかしその還付請求権に対する差押えも当然無効ということができないのであって、執行停止決定の通知を受ける等特段の事情がない限り、その差押えに基づく取立てに応ずることができると考える。

（注1）　無効説（藤原「差押禁止債権についての供託とその供託金還付請求権の差押の可否」別冊ジュリスト供託先例百選140頁、中務「取立命令と転付命令」民事訴訟法講座4巻1187頁、松浦「転付命令」民事訴訟法演習Ⅱ191頁）。

（注2）　取消し説（戸根・注解強制執行法⑵431頁、松岡・強制執行要論㈦1152頁、兼子・増補強制執行法196頁、三ケ月・民事執行法384頁、学説判例総覧強制執行法㈦382頁、大判昭4.6.22新聞3035号16頁）。

（注3）　給与債権が28万円以下の場合には、その収入金額の4分の1が差押え可能であるが、28万円を超えると標準的な世帯の必要生計費を勘案した額（民執152Ⅰ括弧書、政令2）として21万円を超える額について差押え可能となる。この政令で定めた21万円という基準額は、総理府統計局「家計調査年報」により、全世帯の平均の家計消費支出を基礎と算出されている（ジュリスト増刊・民事執行セミナー280・281頁宇佐見発言）。

（注4）　差押禁止に関する従来の供託先例は、次のとおりである。
　⑴　供託先例
　　①　昭31.10.3民事甲2276号民事局長回答
　　　執行吏（官）が競売売得金を供託したのち、報酬債権に基づいて雇人に対する配当が決定され、雇人が当該供託金額について供託物還付請求権を有することとなった場合、右供託物還付請求権についても民事訴訟法618条（民執152に相当する）の差押制限が及ぶから、これに対して差押・転付命令がなされても、差押制限を超え

る部分は実体法上の効力を生じない。
② 昭39全国会同決議19
③ 昭43.1.26民事甲232号民事局長認可
④ 昭43.12.20民事甲3635号民事局長認可
⑤ 昭44全国会同決議5
⑥ 昭45.12.24民事甲4783号民事局長認可
　②～⑥　退職金等については民事訴訟法618条の適用があり、同法621条1項による供託額は全額差押えであってもその4分の1である。4分の3に相当する部分が別途民法494条により弁済供託された場合の供託金還付請求権についても差押禁止規定が及び、それに違反する強制執行は実体法上無効である。
⑦ 昭48.5.30民四4022号民事局長回答
　退職金および給料債権の4分の1について差押・取立命令が送達され、執行手続が終了（4分の1につき執行供託）したのち、残余の4分の3につき受領不能を事由に弁済供託されたところ、当該供託金還付請求に対する差押・転付命令は民事訴訟法618条（民執152に相当する）に抵触し無効であるから、転付債権者の払渡請求に応ずることはできない。
⑧ 昭55全国会同決議7・(8)
　給与債権が差し押えられた場合、第三債務者は、当該月の給与の全額を供託することができる。
⑨ 昭58.11.22民四6653号民事局長通達
　会社従業員の退職手当金の4分の1について差押え等が競合する場合には、民事執行法156条1項および2項を併記して全額を供託することができる。
⑩ 昭59全国供託課長会同
第14問　下記事案において、債権者（乙）から供託金の還付請求があった場合、当該引渡しの請求に応じて差し支えないか。
　　　記
　1　給料債権の4分の1について差押命令（債権者甲）が発せられ、民事執行法156条1項により給料債権全額について供託がなされた後、債権者（甲）は、執行債権について供託金の払渡しを受けた。
　2　ところが、その後、他の債権者（乙）から、さらに当該供託金還付請求権について、差押命令（当初の供託金額の4分の1の範囲内）の送達がなされている場合。
（理由）
　給料債権が受給者の行方不明等により、供託がなされた場合は、供託の時点で当該「給料債権」は一般債権に転化するとの異説があり、なお、「差押禁止債権」との関係において、疑義があるため。
（参考）
　民事執行法152条、同153条、昭48.5.30民四4022号民事局第四課長電報回答
　決議　払渡しを認可できない。
(2) 判　　例
① 大判大3.3.24民録20集227頁
　「民事訴訟法第618条2項ニ文武ノ官吏ノ恩給ハ一年間ニ三百円ヲ超過スルトキハ其超過額ノ半額ヲ差押フルコトヲ得ト規定シタレトモ同法ノ後ニ公布サレタル軍人恩給法42条ニ軍人ノ恩給ハ其多寡如何ニ拘ラス絶対ニ差押ヲ為スコトヲ禁シタルカ故ニ民事訴訟法618条2項ハ軍人ノ恩給ニ対シテハ其適用ヲ除外サレタル

モノト謂ハサル可ラス……」
② 大判昭4.6.22新聞3035号16頁
「差押ヲ許ササル一ノ財産ト雖之ヲ差押ヘタルトキハ這ハ当然無効ニハ非ス唯方法ニ対スル異議ノ申立ニ依リテ以テ執行ヲ排除スルヲ得サル過キス故ニ此ノ争議ニ出ツルコト無ク執行ノ遂行サルママニ任シタル結果例ヘハ当該財産カ競売セラレタルトキハ競落人ニ於テハ固ヨリ有効ニ之ヲ取得スルコト多言ヲ俟ス……」

右に掲げた供託先例のうち、①ないし⑦は旧民事訴訟法618条に関するものではあるが、いずれもその基本的な考え方として、差押禁止債権（それがたとえ供託金還付請求権に化体した場合であっても差押禁止の効力が及ぶから）の4分の1を超える部分に対する差押え等は、実体法上無効であるとしている。ただし、これは、旧民事訴訟法618条が差押禁止債権につき列挙主義をとっていたため、解釈論として退職手当金等が同条1項6号に該当するか否かを問うものか、あるいは、差押禁止債権が供託金還付請求権に化体した場合にも差押禁止の効力が及ぶかのみを問うものであった。

⑧および⑨は民事執行法制定後の同法152条に関するものであるが、同法156条1項に基づき差押えに係る残余の部分を含めた債権全額の供託が認められたことに伴う先例であって、執行供託としては債権全額の供託はできないとする従来の先例の趣旨は維持されている。

⑩は、被禁止部分である4分の1は既に払渡済みであるため、乙の差押えは、債権不存在部分に対する差押えであって、いわば空振りであり、昭和31年10月3日民事甲2276号民事局長通達を引用して、乙の払渡しに応ずるべきでないとしている。

したがって、旧法下においても現行法上も差押禁止債権の差押禁止部分についても民法494条所定の原因があるときは別途弁済供託が認められており、その還付請求権に対する差押えの可否について展開した議論は、現行法上も存することになる。

（注5） 須藤純正・登記研究444号71頁以下。
竹田盛之輔・民月40巻1号21頁以下。
（注6） 戸根・注解強制執行(2)431頁。
「即時抗告（民訴法第558条、第560条）ではなく、債務者を審尋しないでした執行方法に関する異議（同法第544条第1項、第560条）であり、差押禁止を理由づける事実の挙証責任は、原則として債務者等が負う」
（注7） 兼子・増補強制執行法196頁。
三ケ月・民事執行法384頁。

事例7　破産法、会社更生法等に基づく保全処分としての仮差押えとは

破産法、会社更生法、民事再生法等による破産手続前、更生前、民事再生手続開始前等の保全処分としての仮差押えによっても権利供託が認められるか。

また、この仮差押えと民事執行法による差押えとの競合による供託は認められるか。

要旨　1　破産手続開始決定等前の保全処分としての仮差押えは、債権者全体の利益のためのものであり、特定の債権者（つまり、当該仮差押債権者）のた

めの換価、配当を前提とするものではなく、破産者等の処分権能を剥奪することにある。したがって、民事執行法の供託に関する規定（民執156）の適用はない。

　2　民事執行法156条1項により供託することができるが、破産法に基づく保全処分としての仮差押えの効力が失われたときのみ配当を行うことができる。

検討　1　破産法は、破産の申立てがあったときは、破産手続開始決定前に破産財産に関して仮処分、仮差押えの保全処分を命ずることができると規定している（破28Ⅰ）。この制度は、破産の申立てがあってから破産宣告の決定がなされるまでには、ある程度の日時を要するところから、その間破産申立てを受けた者が自己または特定の債権者の利益のため財産を処分する（破産手続開始の申立てがなされても債務者は財産管理権を失わない）ことを禁ずるためのものである。なお、破産手続開始決定後は、破産管財人が否認権を行使すれば、散逸した財産の回収は可能だが、やはり事前に防止する制度が必要なことはいうまでもない。

　目的が破産であるか、会社更生であるか等によりそれぞれ違うが、ほぼ同じ制度として会社更生法による更生開始前の保全処分（会社更生法28）、民事再生法による再生手続開始前の保全処分（同法）および特別清算開始前の保全処分（会社法540）がある。

　債権の仮差押えの主文は、「債務者の第三債務者に対する別紙目録記載の債権を仮に差し押える。第三債務者は、債務者に対して差押えに係る債務の支払をしてはならない」のとおりであるが、一般の仮差押えと異なることはない。

　次にその効力であるが、人的範囲、量的範囲いずれも一般の仮差押えの場合と異なるところはないが、この制度は、文字どおり破産の前段階の処分であり、一般の仮差押えと異なる点は、①単に強制執行の保全ではなく、換価、配当を前提としないから別に本案訴訟は考えられないこと、②債権者全体の利益のためのものであり、特定の債権者のためではないこと、③この保全処分が破産手続内の付随手続であり職権でなし得ること、④したがって、保証金は不要であり、仮差押解放金の概念がないなどである。

　したがって、この仮差押えの効力は、第三債務者に対し債務者への弁済を禁止する点は民事保全法の効果と共通するが、民事保全法の準用がないから、第三債務者は破産法28条に基づいては執行供託をすることができないと考える。

　2　弁済禁止の保全処分は、第三債務者に対して不作為を命ずるものであって、債権者その他の第三者を拘束する効果はない。

　弁済禁止の保全処分のなされた債権に対して、他の債権者がする強制執行については、判例は、会社整理あるいは会社更生に関してではあるが、弁済禁止保全処分後でも、会社に対し執行債権者に対する無条件の給付をなすべきことを認め、その理由として、弁済禁止の保全処分は直接会社債権者を拘束しないこと、強制的取立ては旧商法383条により阻止し得ることを挙げている（注1）。

　したがって、弁済禁止の保全処分後強制執行により差押えを受けた第三債務者は、民事執行法156条1項により権利供託が可能であろう。

ただし、破産法に基づく保全処分としての仮差押えは、前述したとおり破産手続開始決定を前提とするものであり、換価、配当を前提とするものではないから、破産手続開始決定があるまでは配当手続をすることはできない。これとは逆に、破産手続開始決定をすることなく、破産法に基づく仮差押えが失効した場合には、個別的執行手続の続行障害事由は消滅するから、執行裁判所は配当手続を進行させることができる。
　破産手続開始決定があった場合には、強制執行等は失効するので（破42）、執行裁判所は供託書下付申請による方法をとり、破産管財人が供託所に対して直接還付請求をすることになる（注2、事例8参照）。

（注1）　最判昭37.3.23民集16巻3号607頁
　　　　札幌高判昭31.6.27下民集7巻6号645頁
　　「会社整理の手続において商法第386条第1項第1号の保全処分として会社債務弁済禁止の命令がなされていても、会社債権者が会社に対し給付の訴を提起し、債務名義を取得することは禁止されていない」

（注2）　①　札幌管内決議（昭41.10.12民事甲2899号民事局長認可）
　　　　問　民事訴訟法621条による供託後、債権者（差押債務者）が破産した場合には、破産管財人から供託物の還付請求ができるものとされているが（大正14.7.18民事6810号回答）、この請求は直接供託所にするのか、または供託規則32条の払渡方法によるのか。
　　　　　なお、前者の方法による場合、還付権利者であることを証する書面として、供託書の下付につき裁判所の認可があったことを証する書面および破産決定正本を添付すればよいか。
　　　　決議　前段　破産管財人から直接還付請求をする。
　　　　　　　後段　添付書面は破産決定正本、破産管財人たることの証明でよい。
　　　　②　高松管内決議（昭42.3.14民事甲612号民事局長認可）
　　　　問　民事訴訟法621条の規定による供託金につき主債務者から和議認可決定により供託金の払渡請求があった場合の添付書類は、供託書正本と印鑑証明書のほかに和議認可決定および確定証明書、供託金が和議債権に含まれている旨の証明書、還付請求者の指定証明書でよいか。
　　　　決議　意見のとおり。
　　　　民事局長変更指示　所問の場合は、供託書正本および印鑑証明書のほかに和議認可決定書（確定証明のあるもの）および債権表謄本を添付させる。
　　　　③　昭60.7.15民四4023号民事局長回答
　　　　（要旨）
　　　　　和議認可決定が確定した場合の供託金払渡請求書に添付すべき強制執行等の失効を証する書面は、和議認可決定正本・確定証明書および当該強制執行等が和議債権に基づきなされたことを証する書面である。
　　　　（照会）
　　　　　債権仮差押命令に基づき第三債務者は仮差押債権額を供託したが、その後、債務者が申し立てた和議事件につき和議認可決定が確定し、和議法58条の規定により債権仮差押が効力を失った場合に、債務者が第三債務者の供託金の還付を受けるには、法務局に対してどのような書類の提出が必要なのか、ご教示ねがいます。
　　　　（回答）
　　　　　客月13日付書面をもって照会のあった標記の件については、供託金還付請求書

に添付すべき書類として、請求者が法人である場合の資格証明書、請求者の印鑑証明書、供託通知書および代理人によって請求する場合の代理権限を証する書面のほか、次の書面が必要です。
　　　　　　記
　仮差押えが和議法40条2項に該当するものであることを明らかにする書面並びに和議認可決定正本および確定証明書等その失効が効力を失ったことを証明する書面

事例8　民法494条および滞調法36条の6第1項の規定による混合供託について滞納処分による差押えに基づく国の取立権確認訴訟

　第三債務者Yが、甲に対して100万円の債務を負っていたところ、次の順序で各書面の送達を受け、当該100万円について民法494条および滞調法36条の6第1項の規定により混合供託をなした。
① 債権譲渡通知　　譲受人乙$_1$、譲渡金額100万円（譲渡に疑義あり）
② 差押命令　　　　債権者X$_1$、差押債権額100万円
③ 差押命令　　　　債権者X$_2$、差押債権額100万円
④ 滞納処分による差押通知書
　　　　　　　　　債権者X$_3$、税務署長、差押債権額100万円
　その後、滞納者甲につき破産手続開始の決定がなされ、さらに国が甲の有する供託金還付請求権を差し押えた。
　この場合、国は、どのような徴収手続をとることができるか。

要旨　差押債務者（滞納者）甲の破産手続開始決定により強制執行または一般の先取特権に基づく差押えは失効し、滞納処分による差押えのみ続行することになるから、国はその供託金の取立権のあることの確認訴訟を提起し、その勝訴判決を得たうえ、それを執行裁判所に疎明して、執行裁判所から供託書正本および供託書正本下付証明書を得て直接供託所に還付請求をすることができる。なお、供託金払渡請求書に確定判決書および破産宣告決定書の添付を要し、当該差押えが破産債権につきなされたものあるいは一般の先取特権に基づきなされたものであることが供託書の記載により明らかでないときは、それを明らかにする書面（当該差押命令書等）をも添付することを要する。

検討　1　民法494条と滞調法36条の6第1項の規定による混合供託において、滞納処分による差押債権者である国が供託金の払渡しを受ける手続は、債権の帰属が債権の譲渡人（滞納者）甲にあることを条件として（債権譲渡が無効であることを条件として）、執行裁判所の配当等の手続としての支払委託に基づいてなされる。
　したがって、設例図の場合には、甲・乙間の債権の帰属について、甲に帰属することを別に確定してこないと配当等の手続は開始されないが（浦野・「混合供託につ

設例図

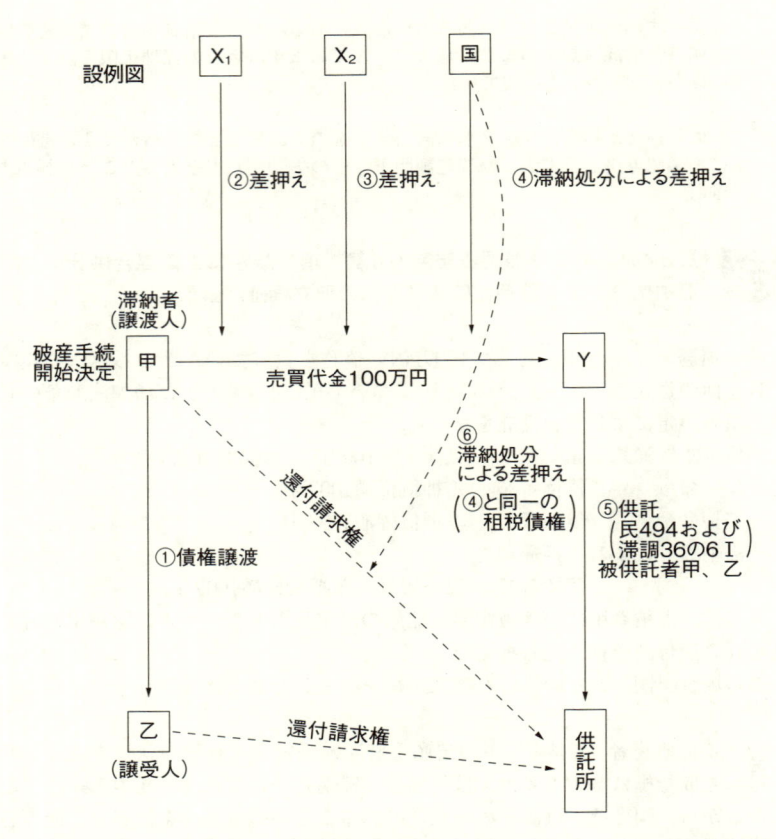

```
        X₁         X₂         国
        │          │          │
      ②差押え    ③差押え    ④滞納処分による差押え
        │          │          │
        ▼          ▼          │
滞納者                         │
(譲渡人)                       │
          甲 ──売買代金100万円──▶ Y
破産手続   │                    │
開始決定   │   ⑥            ⑤供託
          │  滞納処分       (民494および)
          │  による差押え    (滞調36の6Ⅰ)
       還付│ (④と同一の)    被供託者甲、乙
       請求│  租税債権       │
       権 │                  │
  ①債権譲渡                  │
          ▼                  ▼
          乙 ──還付請求権──▶ 供託所
        (譲受人)
```

いて」民研276号117・119頁)、このような混合供託においては、通常、滞納者甲が乙を被告として債権存在確認訴訟を提起することはないので、差押債権者が甲に代位して乙を被告として、甲のYに対する債権存在確認訴訟を提起することになり、その確定判決を執行裁判所に提出し、配当等の実施を促すことになる。

2 (1) 破産手続開始決定による執行処分の失効

強制執行、仮差押え、仮処分(以下「強制執行等」という)の手続中に、債務者が破産手続開始決定を受けた場合は、個別執行が禁止され、破産債権につきなされた強制執行等は、破産手続開始決定当時、既に終了しているものを除き(この場合、否認権の問題を生ずるだけである)破産財団に対してその効力を失う(破42Ⅱ本文)。この場合、強制執行等の手続はさかのぼって当然に効力を失うから(三ケ月ほか・条解会社更生法(上)585・588頁以下、斎藤秀夫ほか・注解破産法274頁)、その取消決定をすることを要せず(東京高決昭30.12.26高民集8巻10号758頁、昭30.10.25民事甲2482号回答)、執行機関は執行を解放し、目的財産を破産管財人に引き渡さなければなら

ないことになる。ただし、形式上は執行処分の外観は残る。ここでいう強制執行とは、判決その他の債務名義に基づく強制執行（担保権実行に対比するものとして）を意味し、質権、特別の先取特権等（以下「質権等」という）の担保権の実行に基づく競売手続は別除権（破65Ⅱ）として除外される。ただし、一般の先取特権（例えば退職金請求権）は、別除権として扱われず破産債権中の優先債権として扱われるにすぎないから（破65Ⅱ・98Ⅰ）、これに基づく執行手続は、債務名義に基づく強制執行と同様に処理され、破産手続開始決定により失効する。

なお、滞納処分は、滞納者が破産手続開始決定を受けても続行することができ（破産71Ⅰ）、徴収職員は、破産手続によらず破産管財人の手を経ないで、自ら滞納処分によって徴収の目的を達することができる（破42）。

また、破産法42条1項本文にいう「破産債権につき」とは、破産債権に関するものないし破産債権に基づくものに限るとの趣旨であるところ、通常破産債権とは、①破産手続開始決定前の原因に基づいて生じた請求権であること、②破産者に対する人的請求権であること、③財産上の請求権であること、④裁判上の訴求または強制執行の可能な債権であることとされているが、これは要するに、当該強制執行の請求権の内容（金銭債権を目的とする強制執行についていえば、被差押債権が破産債権に該当するか否かということではない）が上記破産債権の要件に該当するかどうかということであるから、それが質権等の担保権の実行に基づくものは、破産債権につきという要件に該当しないということである。

すなわち、金銭債権を目的とする強制執行についていえば、判決その他の債務名義に基づく強制執行および一般の先取特権に基づく担保権の実行としての強制執行は、破産手続開始決定により失効することとなるが（なお、一般の先取特権に基づく担保権の実行としての強制執行は民事再生手続開始決定の場合は失効しない。民事再生法42、藤本・民月40巻10号165頁以下、昭60.7.15民四4023号回答解説）、質権等の担保権の実行またはその物上代位権の行使としての強制執行は、破産手続開始決定によって失効しないということである。

（2）そこで、執行債務者（破産者）の有する金銭債権につき強制執行等が競合したことにより第三債務者が供託した供託金についていえば、執行債務者につき破産宣告の決定があったときは、未だ配当等の実施がなされていない以上執行に終了していないことになるから、供託の原因になったそれぞれの強制執行等は破産債権につきなされたものおよび一般の先取特権によるものは失効することになる。したがって、執行債務者は差押え等から解放され、執行債務者の供託金還付請求権が顕在化し、破産管財人は、直接供託金の還付請求をすることとされている（大正4.7.18民事6810号回答、昭41.10.12民事甲2899号認可、前記事例7の（注2）参照）。この場合、破産管財人がする供託金の還付請求の際の払渡請求書には、供託書正本、供託書正本下付証明書および当該強制執行等が破産債権につきなされたものであることを証する書面を添付しなければならない（昭60.7.15民四4023号回答参照）。

それでは、上記執行供託金について供託の原因となった強制執行等が破産債権に

資料編 457

（別紙１）　　　　　　　　　　　　　　昭和55 年（ル）第 567 号

　　　　　　債　権　差　押　命　令
　　　　　　　　　　　　当　事　者　　別紙目録のとおり
　　　　　　　　　　　　請　求　債　権　　別紙目録のとおり
　１　債権者の申立てにより、上記請求債券の弁済に充てるため、請求債権目録記
　　載の執行力のある債務名義の正本に基づき、債務者が第三債務者に対して有す
　　る別紙差押債権目録記載の債権を差し押さえる。

　　　　　　　　　　　　請　求　債　権　目　録
　　名古屋法務局所属公証人平岩幸太郎作成昭和55年第1234号債務弁済契約公正証
　書の執行力のある正本に表示された下記金員
　　⑴　元　本　　金 200 万円
　　　　ただし、昭和55年３月15日の金銭消費貸借契約に基づく貸付金

つきなされたものあるいは一般の先取特権に基づくものであるか否かの判断はどのようにしてなされるものであろうか。前述したように金銭債権についての強制執行等が破産債権につきなされたものであるか否かということは、逆にいえば強制執行が担保権の実行または行使としてなされたか否かということである。
　ところで、金銭債権を目的とする担保権の実行は、実務上、債務名義に基づく場合と同様に債権差押命令の申立てという形式の手続によってなされる。すなわち、執行裁判所は、債務名義に基づく債権差押命令の申立てがあると符号㈪で立件し、担保権の実行または行使としての債権差押命令の申立てがあると符号㈯で立件する。前者における差押命令は、符号㈪によりなされ、その差押宣言は例えば「債権者の申立により……請求債権目録記載の執行力ある債務名義の正本に基づき、……差し押える」とされ、請求債権目録には債務名義が表示される（民執規133・21、別紙１）。これに対して、後者における差押命令は、符号㈯によりなされ、その差押宣言は例えば「債権者の申立により……担保権目録記載の先取特権（物上代位）に基づき、……を差し押える」とされ、請求債権目録には担保権の内容が表示される（民執規179・170・133、別紙２）。仮に、質権等の担保権に基づく場合であってもその権利実行につき、判決等の債務名義を得たうえ債権差押命令の申立てをした場合には、符号㈪により立件され、以後執行手続上は担保権による優先権は主張できないというのが実務の取扱いである（東京高判昭59.11.28判タ548号148頁、昭58東京高裁民事執行事務協議会結果参照）。したがって、少なくとも符号㈪による債権差押命令は破産債権につきなされたものであるということがいえる。これに対して、符号

(ナ)による債権差押命令は、事件符号のみではその請求債権である担保権の内容が一般の先取特権に基づくのか、その他の質権等に基づく担保権の実行またはその物上代位の行使としての強制執行なのかが明らかとならない。

ところが、供託書の記載つまり供託書副本の「供託の原因たる事実」欄には差押えの事件符号は記載されるが、請求債権の内容は記載されていないのが実務の取扱いであるので、前述したように事件符号(ナ)の差押えの場合には破産債権につきなされたものであるかあるいは一般の先取特権に基づきなされたものであるかどうかが供託書の記載だけからは明らかでない場合があり、この場合には債権差押命令書の内容(請求債権目録記載の請求債権の内容)あるいは破産裁判所で作成される債権表によって初めて明らかとなる。

(3) ところで、民事執行法156条2項の供託について、供託後、差押命令の申立ての取下げまたはこの取消決定によって失効した場合でも、供託金の払渡しは執行裁判所の配当等の実施としての支払委託によってなされるが、執行債務者から、供託金払渡請求書に差押命令がすべて失効したことを証する書面とともに、供託書正本および供託書正本下付証明書を添付して直接還付請求することもできるとされて

(別紙2)

昭和 56 年(ナ)第 10 号

債 権 差 押 命 令

当 事 者　別紙目録のとおり
担 保 権　⎫
被担保債権　⎬　別紙目録のとおり
請 求 債 権　⎭

1　債権者の申立てにより、上記請求債権の弁済に充てるため、担保権目録記載の先取特権(物上代位)に基づき、債務者が第三債務者に対して有する別紙差押債権目録記載の債権を差し押さえる。

担保権・被担保債権・請求債権目録

1　担保権
　下記2記載の売買契約に基づく動産売買の先取特権(物上代位)

2　被担保債権及び請求債権
　金2,336,100円
　　債権者が昭和55年7月16日付け売買契約に基づき債務者に売却した下記商品の代金債権

いる（民事執行基本通達第二・四・一・㈡・(1)・ウなお書）。

　これは、理論的には上記取下げ等は配当等の額の受領権の放棄とみなすことによって執行裁判所の配当等の実施権限を維持する考え方によるものであって、結果として執行債務者のみが残れば剰余金として配当等を実施するということである。しかし、破産による失効の場合には、前述したように執行処分は当然無効となるので、そもそも執行供託の供託原因を失うことになる結果、なお執行裁判所に配当等の実施権限があるかは問題である。この場合には、破産管財人に供託書正本を下付するのが理論的であろうか。しかし、執行裁判所としてはなお、支払委託により処理するのが簡易であるとする考え方もある。

　3　次に、滞調法36条の6第1項の規定による供託において、供託後、先行の強制執行による差押命令の申立てが取り下げられ、または差押命令を取り消す決定が効力を生じたときは、徴収職員等は、供託金のうち滞納処分による差押えの金額に相当する部分について、還付請求することができるとされている（滞調36の6Ⅳ、民事執行基本通達第三・三・1・㈡・(2)・ウ）。

　したがって、本問のような混合供託についていえば、供託後滞納者が破産手続開始決定を受けたことによって、破産法42条の規定により強制執行等が失効し、滞納処分による差押えのみ続行することとなった場合において、国が取立権確認訴訟を提起するときは、甲・乙間の債権の帰属のみが問題となるところである。

　ところで、次図のような滞納処分により差押えがなされた債権につき債権者不確知を理由として弁済供託された場合に、国が当該供託金を取り立てる事案について、滞納処分による取立権に基づき国が当該供託金の取立権確認訴訟を提起する場合には、新たに滞納者の有する供託金還付請求権を差し押えたうえで、被供託者である

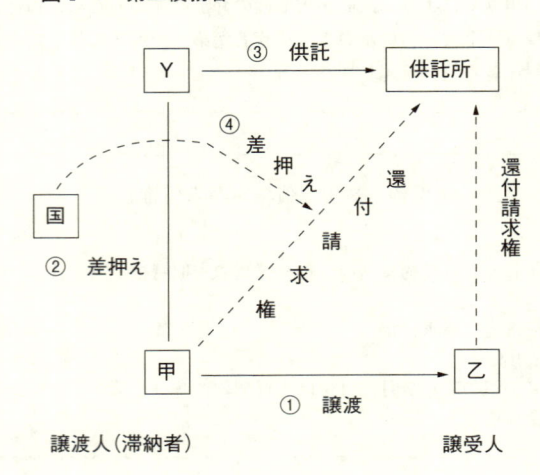

図Ⅰ　　第三債務者

（図：Y（第三債務者）から供託所へ③供託、甲（譲渡人・滞納者）から乙（譲受人）へ①譲渡、国から甲へ②差押え、Yから④差押え、甲から還付請求権、乙から還付請求権）

譲渡人（滞納者）　　　　　　　譲受人

460

債権の譲渡人（滞納者）および譲受人を被告として当該供託金還付請求権についての取立権が国にあることの確認判決を求め、原因債権に対する差押えを解除するというのが実務の取扱いである（注）。それは、弁済供託の場合には、原因債権に対する差押えの効力が供託金還付請求権のうえに移行するか否かについて見解が分かれて、供託実務がこれを消極に解していたこと等の事情によるものであろう。
(注) ① 昭和55年度前記訟務部付事務打合せ会協議問題訟務時報68号73頁以下
② 「滞納処分により差押えをした債権につき債権者不確知を理由として供託された場合に国が採るべき徴収手段について」
　　　　　　　　　　　　　　昭和55年10月28日徴収4―11国税庁長官通達
標題のことについては、下記のとおり定めたから、今後これにより取扱われたい。
なお、この取扱いについては、法務省（訟務局租税訟務課）と協議済みであることを念のため申添える。
（趣旨）
徴収職員が滞納処分として滞納者の有する債権（以下、これを「基本債権」といい、その債務者を「第三債務者」という）を差押えた場合において、第三債務者が基本債権につき債権者不確知を理由として供託したときに国が採るべき徴収手段を定めたものである。
記
徴収職員が滞納処分として滞納者の有する基本債権を差押えた場合において、当該差押え前にされた基本債権の譲渡の効力に疑義があるなどの理由により、第三債務者が、当該譲渡の当事者を被供託者として基本債権の額に相当する金銭を供託所に供託したときは、次により処理するものとする。
1　供託金の還付請求権について、滞納者が譲渡等の処分をしていないと認められるとき。
(1)　被供託者を被告とする確認訴訟の提起
　　　滞納者が有する供託金の還付請求権を差押えたうえ、被供託者を被告として、供託金還付請求権の取立権が国に帰属することの確認訴訟を提起する。
(2)　基本債権の差押えの解除
　　　(1)の場合において、基本債権の差押えの解除は、原則として、(1)の訴訟において国が勝訴の確定判決を得たときに行う。
　(注)　供託金の還付請求権について滞納者が譲渡等の処分をしていないときは、基本債権の支払を求める取立訴訟を提起するまでもなく、上記(1)の訴訟を提起することによって、基本債権の額に相当する滞納国税の徴収ができることから、この取扱いを定めたものである。
2　供託金の還付請求権について滞納者が譲渡等の処分をしていると認められるとき。
　　第三債務者を被告として、基本債権の支払を求める取立訴訟を提起する。
　　なお、1の(1)の訴訟において、滞納者の有していた供託金の還付請求権について譲渡等の処分がされ、国が、その還付請求権に対する差押えをもって、その譲渡等の処分に対抗できないとの理由により敗訴したときも同様とする。
　(注)　供託金の還付請求権について滞納者が譲渡等の処分をしているときは、その供託金から滞納国税を徴収することができないことから、基本債権の差押えの効力に着目して、この取扱いを定めたものである。
4　そこで、以上のように、国が供託金還付請求権の取立訴訟を提起する場合に

は、滞納者の有する供託金還付請求権を差し押える必要があるとすると、本問のような執行供託と弁済供託との混合供託で、しかも、供託後滞納者である執行債務者が破産手続開始決定を受けたような場合には問題が生じる。

なぜなら、①執行供託の部分についていえば、前述したように供託によって配当加入遮断効が生じ供託時においては執行債務者の有する供託金還付請求権は観念し得ず、仮に国が供託金還付請求権を差し押えたとしても、せいぜい第二次還付請求権（差押え等が取下げまたは取消し等によって効力を失った場合に執行債務者が取得する還付請求権）を差し押えたにすぎないと解すべきであること、また、②滞納者が破産宣告を受けた後は、滞納者の有する債権を差し押えることはできないとされていること（破43の反対解釈、最判昭45.7.16民集24巻7号879頁）の理由からである。すなわち、本問のような執行供託と弁済供託との混合供託の場合、あるいは、供託後滞納者が破産宣告を受けたような場合には、新たな差押えが許されないから、前記3によれば、国にとってはもはや訴えの提起ができないことになってしまう。

しかし、これについては、次のようにいうことができる。

強制執行による差押えと滞納処分による差押えとが競合し、滞納処分が先行する場合の滞調法20条の6第1項の規定による供託については、国は、原因債権に対する滞納処分による差押えの効果として、国税徴収法67条1項の規定による取立権を供託金還付請求権に対しても行使することができる（民事執行基本通達第三・三・1・㈠・⑵・イ参照）、その限りにおいて被供託者としての滞納者の還付請求権のうえに滞納処分による差押えの効力が及び、一方、強制執行による差押えと滞納処分による差押えとが競合し、強制執行が先行する場合の滞調法36条の6第1項の規定による供託についても、強制執行による差押えが失効したときは、滞納者である執行債務者が有する還付請求が顕在化し、そのうえに滞納処分による差押えの効力が及ぶと解される（滞調36の6Ⅳ、民事執行基本通達第三・三・1・㈡・⑵・ウ参照）。つまり、民事執行法および改正滞調法（昭和55年改正）施行後においては、原因債権に対する滞納処分による差押えの効力が執行供託に係る供託金還付請求権のうえに移行するという解釈が可能である。

もっとも、滞調法36条の6第1項の規定による執行供託においては、供託後、先行の強制執行による差押命令の申立てが取り下げられ、または差押命令を取り消す決定が効力を生じたときは、徴収職員等は、供託金のうち滞納処分による差押えの金額に相当する部分について、還付請求することができるとされている（滞調36の6Ⅳ、民事執行基本通達第三・三・1・㈡・⑵・ウ）ことについては前述したとおりであり、したがって、本問のように、供託後滞納者が破産手続開始決定を受けたことによって先行の強制執行が失効したときにも、滞納処分による差押えの金額に相当する部分について、直接還付請求することができるから、上記の差押えの効力の移行に関する議論を持ち出すまでもなく、国は、新たに供託金還付請求権を差し押えることなく、原因債権に対する差押えに基づき、還付請求権の取立権が国にあることの確認判決を得ればよいことになろう。

5 したがって、本問については、破産法42条の規定により破産債権につきなされた強制執行および一般の先取特権に基づく差押えは失効し、滞納処分による差押えのみ続行することになるので、国は、①上記確認判決により債権譲渡が無効であり、甲に債権が帰属すること、②甲が破産手続開始決定を受けたことによって先行の強制執行が失効したことを、執行裁判所に疎明し、供託書正本および供託書正本下付証明書を得て直接供託所に還付請求をすることができる。この場合、供託金払渡請求書には、確定判決書および破産手続開始決定書の添付を要する。

なお、当該差押えが破産債権につきなされたものあるいは一般の先取特権に基づきなされたものであることが、供託書の記載により明らかでないときは、当該差押命令書等それを明らかにする書面をも添付することを要する。

6 関連問題
(1) 国が取立権確認訴訟を提起する場合に滞納者を被告とする必要があるか。

① 次に、前記3の図Ⅰの事例のような弁済供託について、国が供託金還付請求権の取立権確認訴訟を提起する場合に滞納者を被告とする必要があるかという問題がある。

甲に対して租税債権を有する国が、その徴収を確保するためには、甲が第三債務者Yに対して有する債権を差し押えたうえ取立てをすることが考えられる。ところが、Yがその債権につき、債権者不確知を原因とする弁済供託をした場合には、Yにとって債務免脱の効果が生ずるとともに、供託所（供託官）が第三債務者の地位にとって代わり、甲および乙はそれぞれ供託金還付請求権を取得することになるので、国は甲の有する供託金還付請求権を差し押えたうえ取立てをすることになる。

ところで、供託金の還付請求をする場合には、請求権者は、還付の要件を充足しその事実を証明すること（供託8Ⅰ）、すなわち「還付を受ける権利を有することを証する書面」を供託金払渡請求書に添付することを要するとされており（供託規24②）、そのためには供託書上の利害関係人全員との関係で国に取立権があることを確定しなければならない。すなわち、債権の譲渡人（甲）に対して租税債権を有する国としては、債権の譲受人（乙）だけでなく、甲との関係においても、甲と乙との間の債権譲渡が無効であること（つまり債権が甲に帰属すること）を明確にしておく必要があるというのが従来の供託実務上の取扱いである（前掲注）。

したがって、図Ⅰの事例のように譲渡人（甲）の還付請求権を差し押えた国がその取立権に基づき供託金の取立てをする場合において、上記帰属（すなわち甲に債権が帰属することおよび自己に取立権があることの確認）を訴訟によって決着をつけようとすれば、被供託者である甲および乙両名を被告とした確認訴訟を提起する必要があることになる。なお、供託実務上は、直接供託官を被告として供託金の払渡しを請求する民事訴訟を提起することはできないとされているので（最判昭45.7.15民集24巻7号771頁）、供託官を除いた供託書上の利害関係人全員との関係で、その帰属を確定すれば足りることはいうまでもない。

ところが、図Ⅰの事例と同様の事案について、債権の譲渡人甲に対し租税債権を

有する国としては、滞納処分による差押えの取立権によって滞納者甲を被告とすることなく、債権の譲受人乙のみを被告とする確認訴訟を提起すれば足りるのではないかとの見解があり、現実にそのような訴訟が提起され、その勝訴判決によって供託金払渡請求がなされ、供託実務上その検討を迫られた例がある。

そこで、以下に供託実務を前提として、法定の取立権のある差押債権者と執行債務者との訴訟上の関係の観点から検討する。

② 取立訴訟の判決の債務者に対する効力

まず、図Ⅱのような民事執行法157条の取立訴訟は、第三債務者に対する本来の債権者である執行債務者(差押債務者)が原告となるのではなく、差押命令により取立権を取得した差押債権者が原告となって(第三債務者を被告として)、他者(執行債務者)の権利を自己の名において行使し、執行債務者を訴訟外に置くものである。すなわち、この取立訴訟は、理論的には第三者の法定訴訟担当の場合であり、債権者代位訴訟と軌を一にする面がある。

このような取立訴訟の構造から、その判決の効力が執行債務者に及ぶか否かについて争いがあり、肯定説・否定説の対立がみられる。

民事執行法施行前のかつての通説は、民事訴訟法旧623条の取立訴訟は法定訴訟担当の場合であるから、ストレートに民事訴訟法201条2項が適用されるとして、その効力を肯定していたが、民事執行法は、民事訴訟法旧601条の訴訟告知を義務づける規定が削除されたことなどから、否定説(三ケ月「わが国の代位訴訟・取立訴訟の特異性とその判決の効力の主観的範囲」民事訴訟研究6巻49頁以下)を前提として立法されたとされている(田中・336頁、住吉・民事執行法入門225頁、深沢・民事執行の実務㊥561頁、なお、山口・基本構造476頁は有利なものは及ぶか不利なものは及ばないとする見解)。

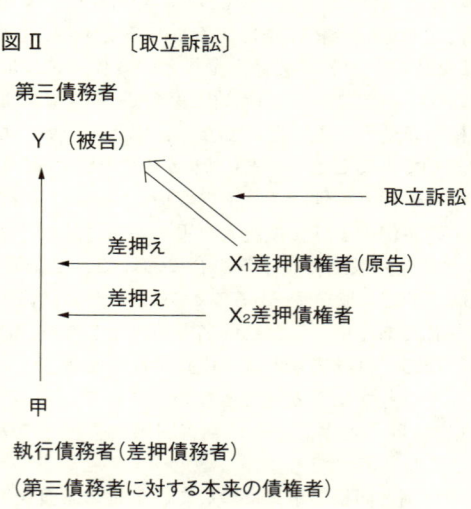

図Ⅱ　　〔取立訴訟〕

第三債務者

Y　(被告)

↑　　　　　　　　　　← 取立訴訟

← 差押え　X₁差押債権者(原告)

← 差押え　X₂差押債権者

甲

執行債務者(差押債務者)

(第三債務者に対する本来の債権者)

これに対して、①現行法上否定説によると、第三債務者（被告）が取立訴訟で勝訴しても、執行債務者からの訴え提起を防ぐことができないという第三債務者の不利益が生じ、第三債務者が自らの手で執行債務者を訴訟に引き込んで執行債務者に対し判決効を及ぼす手段がない以上、債権者・債務者間の執行手続という他人間の紛争に偶然巻き込まれたにすぎない第三債務者の利益を優先させるべきであるとの利益衡量の見地（上原敏夫「取立訴訟の判決の債務者に対する効力」民事訴訟雑誌28号111頁以下、宮脇・強制執行法各論253頁、竹下・金融商事判例237号5頁、新堂・民事訴訟法［第二版］193頁）、さらに、②債権者と債務者の利害対立は、債務名義および執行文の存在並びに執行開始要件の具備ということについて、債権者の優位に一応決着がついているという執行手続の関係を考慮すると、取立訴訟の判決に債務者が拘束されるのもやむを得ないとの実質的見地（上原敏夫・浦野雄幸編・基本民事執行法コメンタール402頁）、などから、現行法上もなお従来の通説を指示する肯定説も有力である。
　なお、国が滞納処分により滞納者の債権を差し押えた場合には、国税徴収法67条1項によって国は当該債権の取立権を取得し、滞納者に代わってその権利を行使することができるから、上述した債務者に対する判決効に関する問題は、滞納処分による差押えに基づいて取立訴訟を提起する場合においても基本的には妥当する。
　③　差押債務者の訴訟追行権
　次に、図Ⅲのような給付訴訟の係属中に訴訟物たる債権が第三者から差押えを受け、その差押債権者が取立命令を得たときは、差押債務者たる原告（本来の債権者）は給付訴訟を提起・追行する適格を失うと解するのが旧法中の通説（注1）である。このことは、民事執行法のもとにおいては、法定の取立権が認められる差押えの場合（取立命令の制度はなくなる）および滞納処分による差押えの場合にも妥当するも

図Ⅲ　　　〔給付訴訟〕

債務者（Xとの関係で第三債務者）

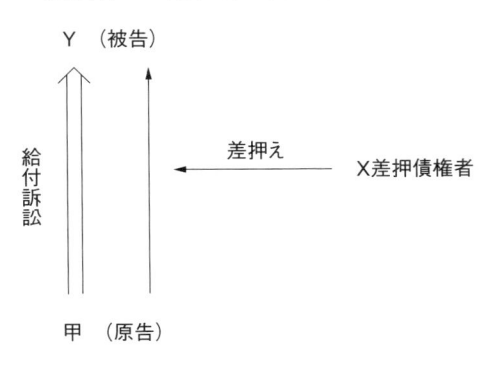

Y　（被告）

↑給付訴訟　　　←差押え　　　X差押債権者

甲　（原告）

債権者（Xとの関係で差押債務者）

のと思われる（注2）。
(注1) 1 兼子・増補強制執行法208頁。
松岡・強制執行要論㈣1188頁。
宮脇・別冊ジュリ続民事訴訟判例百選48頁。
2 （参考）仮差押えの事案につき
最判昭48.3.13民集27巻344頁。
「給付訴訟の係属中に訴訟物たる債権が第三者から仮差押えを受けた場合でも、原告の訴訟上の地位について、給付訴訟を提起・追行し、かつ無条件の即時給付判決を得ることができる」
(注2) 東京高決昭50.11.6訟務月報21巻12号2460頁（なお、本件の上告審は昭52.12.23被上告人参加人国の全勝で終結している）
「国が滞納処分により滞納者の債権を差し押さえた場合には、右債権の取立権を取得し、滞納者に代わってその権利を行使することができ、滞納者の提起した当該債権の支払いを求める訴えは不適法である」

4 結 論

① 前記2および3における論点は、いずれも供託外におけるY（図Ⅱにおいては第三債務者、図Ⅲにおいては債権者）、甲（図Ⅱにおいては差押債務者、図Ⅲにおいては債権者）およびX（差押債権者）の訴訟上の関係に関する問題であるが、差押えの対象となる債権がYによって供託されて、第三債務者の地位がYから供託官に代わった場合についても、そのまま同列の法律問題としてとらえることができよう。しかし、供託官を被告とする取立訴訟あるいは給付訴訟という民事訴訟を提起することはできないとされているので（前掲最判昭45.7.15）、供託金については前記2ないし3のような訴訟は実際提起されることはないが、仮に供託官に対する民事訴訟が許されるとするならば、前記2および3で展開した議論はそのまま図Ⅰの事例のような場合にも妥当するところである。

したがって、図Ⅰの事例において滞納処分による差押えをした国がその取立てのため訴訟で決着をつけようとすれば、現行供託実務上は供託官を除いた供託書上の利害関係人全員に既判力の及ぶ還付請求権の存在を証するものが必要となることについては前述したとおりであるが、供託官を被告とする民事訴訟が許されないにすぎないことを前提とすれば、前記2の肯定説および3の趣旨からして、甲に対して取立権を有する国としては、乙のみを被告とすれば足りるという見解も十分成り立ちうる。

② 仮に前記2の否定説の立場に立つとしても、以下のようにいうことができる。国が乙のみを被告として取立権確認訴訟を提起して勝訴判決を得た場合についていえば、その判決の既判力が甲に及ばないことは明らかであるが、仮にその後、別訴において甲・乙間で債権の帰属をめぐる訴訟が提起され、甲が勝訴しても滞納者甲に対して取立権を有する国の勝利判決を否定する結果にはならず、また乙が勝訴しても先の国の勝訴判決の乙に対する既判力によって国の勝訴判決を否定する結果にはならないと考えられる。したがって、国が敗訴した場合には、訴訟当事者からはずされた甲が別訴において乙を相手に勝訴することもあり得るので乙からの還付請

求があったときは別途検討しなければならないが、少なくとも国が勝訴した場合には、甲を被告としないものであっても問題を生じることはない。

さらに、国の上記取立権確認訴訟においては、①甲に債権が帰属すること（甲に還付請求権が帰属すること）、および②甲の債権者としてその取立権があることの確認を求めることになるが、この訴訟において審理される事項は、①国・乙間においては、債権譲渡の効力（すなわち供託金還付請求権が甲に帰属するか否か）、②国・甲間においては、差押えの効力のみが問題となるにすぎない。しかし、滞納処分による差押えは行政処分であるから甲において別途その効力を争うならともかくとして、国が確認訴訟という民事訴訟において自ら自己の差押えの有効性について裁判所の審理を得ること自体無意味である。

③　したがって、滞納者の有する還付請求権を国が滞納処分により差し押えている場合において、国がその取立権に基づき還付請求をしようとするときは、その還付を受ける権利を有することを証する書面として取立権確認訴訟の確定判決を得る必要があるが、その訴訟においては、滞納者を被告とすることなく債権の譲受人乙のみを被告とすれば足りると考えられる。

いずれにしても、今後の供託実務の動向が注目される。

(2)　なお、本問とは直接関係しないが、図Ⅰの事例において、譲受人乙が還付請求をする場合の上記確認訴訟においては、乙は甲および国を被告とする必要がある。なぜなら、甲・乙間の不確知供託の面における還付を受ける権利を有することを証する書面としては、被供託者全員に既判力の及ぶ「乙に権利が存する」旨を確認する確定判決であれば差し支えないが、国の差押えが有効に存在する以上、乙は実体上の権利を行使することができないから、国をも訴訟に引き込む必要があるからである。

事例9　執行供託金の錯誤による取戻し

> 債権に対する差押えおよび仮差押えの執行が競合したことにより、第三債務者が民事執行法165条2項により供託したが、各差押えに対抗し得る債権譲渡が先行している場合、錯誤により当該供託金の取戻しをすることができるか。

要旨　第三債務者は、債権不存在確認の判決等に基づき、執行裁判所から供託書正本および供託書下付証明書を得たうえ、錯誤により供託金の取戻しをすることができる。

検討　1　第三債務者が被差押債権に相当する金額を民事執行法156条2項により供託すると、その供託金については配当等の実施が予定され、その限度で配当財団を形成するので、供託者である第三債務者の不受諾による取戻しは原則として認められない。第三債務者は執行債務者（本来の債権者）に対する自己の債

務の免責の効果を得るものであるが、差押債権者に対する弁済の効果を生ずるというものではなく、また、差押債権者に対抗し得る他の債権者との関係では、別途検討しなければならない。

2　錯誤による供託

ところで、供託の原因たる事実が初めから存在しないなど、錯誤その他の供託の無効を理由に供託物を取り戻す場合（供託8Ⅱ）には、供託物払渡請求書に供託が錯誤であることを証する書面を添付しなければならない（供託規25Ⅰ）。

この錯誤を証する書面は、供託官において錯誤を認定しうる書面であって、具体的には個々の事案によって異なり一定のものはない。私署証書であっても信憑性があれば差し支えない場合があり（昭40.3.25民甲636号認可）、また、供託所において供託書等の記載から錯誤であることが明らかな場合には、錯誤を証する書面の添付を要しない。

3　債権差押えにおいて、被差押債権が差押前に譲渡され、差押命令送達前に対抗要件を備えれば、当該差押えは空振りということになる。本事例のように有効な債権譲渡がなされていたことを看過して、民事執行法156条2項による供託をしたとしても、実体的には債権譲渡の譲受人には対抗することができず、当該供託は錯誤によるものとして無効な供託ということができる。したがって、供託者である第三債務者としては、錯誤であることを証明して、当該供託金の取戻しをすることができるのが原則である。

4　しかし、空振りであっても差押命令としては有効であり、執行裁判所としても、いったん発生した差押えの効力が次の(1)、(2)の方法により消滅するか、次の(3)の方法により執行手続の全利害関係人との間で供託が無効であることが実体的に確定しない限り、差押えおよび供託が有効であることを前提にして以後の手続を停止する根拠がないと考えられる。

(1)　債権譲受人が第三者異議の訴えを起こし、これに伴う仮処分で手続を停止する。

(2)　第三債務者が供託金取戻しについて各差押債権者の個別の同意（同意だけでは、供託金が差押えの効力から解放されないので、その取下げまで必要と考えられる）をとり、各差押え、仮差押えを取り下げてもらう。

(3)　第三債務者が、債務者、各差押債権者を被告として、前者に対しては債務不存在確認、後者に対しては（債権譲渡優先による）供託金取戻請求権確認の訴えを起こすとともに、別途仮処分で債権執行手続を停止する。

もっとも、上記(3)の訴訟で原告の勝訴判決が確定しても差押えの効力には影響を及ぼさないが、実体的に債権譲渡が各差押え等に優先し供託が無効であることが執行供託の全利害関係人との間で確定するわけであるから、執行裁判所としても、差押えが有効であっても、供託金の取戻しを阻止することはできないものと考えられる。

5　そこで本事例の場合についていえば、第三債務者としては、

① 各差押え等の取下げまたは取消し決定を得るか。
② 各差押債権者の同意が得られないときは、前記4の(3)の訴えを提起し、その勝訴判決を得て、執行裁判所に証明することになろう。

従来、執行裁判所の実務としては、本事例のような場合に実質的な判断を前提として、事情届の不受理決定をしたケースがあったようである。しかし、不受理決定は、明らかに供託が無効である場合に裁判所の実務上の慣行としてなされているものであって、本事例のように、差押え等はあくまでも有効であって、当該差押え等に優先する債権譲渡の存在によっては、単に第三債務者に二重弁済の危険が生ずるだけである場合にまで、拡張するのは問題があろう。

したがって、第三債務者としては、上記①または②によって、執行裁判所から供託書正本および供託書下付証明書を得たうえ（事情届の不受理決定まで得るべきか否かは別としても）、それらの書面および上記①または②の書面を錯誤を証する書面として、供託金払渡請求書に添付して供託金の払渡請求をすることになろう。今後の裁判所および供託所における実務の動向が注目される。

なお、前記4の(3)の訴え提起にもかかわらず配当手続が進み終了してしまうと、第三債権者は取戻請求権を失うことになるので、その保全のために、執行手続続行禁止の仮処分を求めることが可能であろう。

事例10　将来債権の差押え

> 保険医の社会保険診療報酬支払基金に対する将来の診療報酬債権を差し押えることができるか。

要旨　可能である。実務上は、向こう1年間を限度として差押えを認める取扱いである。

検討

1　将来債権と継続給付債権

将来発生する債権については、現在既にその原因が確立し、権利を特定することができ、かつその発生の確実性が高いものについては、それを将来債権として差し押えることは可能である。この場合、額が確定されていることは要しない（稲葉・注解民事執行法(4)368頁）。

ところで、将来発生する債権のうちでも、俸給債権とか賃料債権のように、一定の法律関係に基づき、回帰的に発生するものについては、これを継続的給付債権として、民事執行法151条により差押えの対象となることが明定されている。すなわち、俸給債権とか賃料債権というものは、基本契約があり、債権の発生原因が同一で、その発生時期または金額が容易に限定することができる性質のものである。このように、特定の法律関係の基礎に基づき、確実に連続して新しい債権が発生し、または次々に弁済期が到来することに、民事執行法151条の根拠がある。継続的給付の

債権といい得るためには、ある程度の周期性および規則性が必要であるが、完全に支払時期や額が一定していることまでは要求されない（兼子・執行法200頁、宮脇・各論118頁、大阪高判昭35.9.30高民集13巻670頁）。

これに対して、回帰的に発生する債権であっても、1個の法律関係に基礎づけられるものではなく、それぞれ独立の法律関係によって基礎づけられるものは、ここにいう継続的給付債権ではなく、単に将来の債権（条件付債権）として別に差し押えるべきものと解されている。

したがって、一定の業務（社会的地位に基づくもの）に対する報酬債権は、その業務についての法律関係が現在確立しておれば、継続的給付債権といえるかどうかは別としても、将来債権として差し押えることができる。

2　診療報酬債権

保険医の社会保険診療報酬支払基金に対する診療報酬債権については、上記1にいう継続的給付の債権であるかどうか議論されてきた（注）。

この支払基金に対する診療報酬債権は、保険医という地位から当然に生ずるものではなく、多数の被保険者に対する診療の事実から生ずるものであるし、毎月の患者数や疾病の種類、程度により債権額の変動が著しく、平均的な固定収入を客観的に予測することは困難であるから、継続的給付とはいいにくいであろう。

しかし、基本的には医師と患者間の請負もしくは委任事務の処理関係であるにしても、この報酬債権が、社会保険診療報酬支払基金等の支払担当機関を通じて支払われるもので、個々の具体的な診療報酬債権を差押えの直接の対象とすることなく、保険医の支払基金に対する請求権を差押えの対象とすることができないかという問題がある。

実務上は、社会における取引の実態は既にこれを将来債権として譲渡性を認めており、継続的給付債権とはいえないにしても、将来債権として差押えの対象となるとされている（執行事件実務研究会編・債権、不動産執行の実務78・79頁）。

(注)　継続収入になるかどうかも争われてきたが、最判昭53.12.15判時916号25頁は、近い将来のものに限り始期と終期を特定しその権利の範囲を確定した形での将来債権としての譲渡を肯定した。この場合の譲渡と差押えとはパラレルに考えられる。東京高決昭54.9.19下民集30巻9〜12合併号415頁は、差押取立命令を認容した事例。継続収入としての差押えを肯定したものに福岡高決昭53.11.13金融商事579号33頁。なお、田倉・判タ182号116頁、同・判評118号36頁、上谷・判タ228号67頁、於保・判評75号15頁、中野・民商63巻4号626頁、阿部（正）「将来の診療報酬債権の差押性」、藤田ほか・民事執行法の基礎174頁。宮脇・各論122頁は、将来債権としての差押性も否定する。

3　将来の診療報酬債権の譲渡性

現行の医療保険制度における診療報酬支払の実状については、医師が患者である被保険者の診療をした場合、医師は各月分の診療報酬請求書を一括して翌月10日までに支払担当機関である支払基金に提出し、支払基金はその審査委員会において翌月20日までに請求書を審査し、支払うべき報酬額を決定する。支払基金は健康保険

組合等の各保険者から医師に対する診療報酬の支払委託を受け、各保険者からあらかじめ受領した委託金をプールしており、そのなかから決定された支払確定額を翌々月末日までに医師に支払っている。

そこで、将来の診療報酬債権の差押性の前提として、その譲渡可能性が問題とされる。なぜなら、譲渡性がなければ差押えの対象とされないからである。

最判昭53.12.15判時916号25頁は、「現行医療保険制度のもとでは、診療担当者である医師の支払担当機関に対する診療報酬請求権は毎月一定期日に1カ月分ずつ一括して支払いがされるものであり、その月々の支払額は、医師が通常の診療業務を継続している限り、一定額以上の安定したものである。したがって右債権は、将来生じるものであっても、それほど遠い将来のものでない限り、現在すでに債権発生の原因が確定し、その発生を確実に予測しうるものであるから、始期と終期を特定してその権利の範囲を確定することによって、これを有効に譲渡することができる」と判示した。すなわち、「それほど遠い将来のものでない限り」、将来の報酬請求権は譲渡することができるとするが、事案は1年分を譲渡しているので、1年程度であれば譲渡性を認めてよいということであろう（札幌高決昭60.10.16金融法務1126号49頁）。

4　将来の診療報酬債権の差押性

前記最高裁判決は、診療報酬債権の差押えの問題については直接は判断を示していないが、前記最高裁判決の判断が示すように、それほど将来のものでない限りは、始期と終期を特定すれば権利の範囲を確定することは可能であり、その意味で差押えを肯定しても債務者の処分の権能を不当に奪うものではないし、第三者が同一債権を差し押えることを妨げるものではない。

差押性についても、譲渡性において論じられたことがそのまま当てはめられてしかるべきであり、医療保険制度の実態に着目すれば、これを継続収入としてとらえることができるかどうかは別としても、差押性を肯定すべきである。ただし、差押えの範囲は、前記最高裁判決の述べるごとく特定することに必要であり、実務上は、前記最高裁判決を受けて、向こう1年を限度として差押えを認める扱いである（藤田ほか・民事執行法の基礎174頁）。

全訂　執行供託の理論と実務

平成24年6月26日　第1刷発行

　　　　　　編著者　立　花　宣　男
　　　　　　発行者　倉　田　　　勲
　　　　　　印刷所　奥村印刷株式会社

〒160-8520　東京都新宿区南元町19
発　行　所　一般社団法人　金融財政事情研究会
　　　　編集部　TEL 03(3355)2251　FAX 03(3357)7416
販　　売　株式会社きんざい
　　　　販売受付　TEL 03(3358)2891　FAX 03(3358)0037
　　　　URL http://www.kinzai.jp/

・本書の内容の一部あるいは全部を無断で複写・複製・転訳載すること、および磁気または光記録媒体、コンピュータネットワーク上等へ入力することは、法律で認められた場合を除き、著作者および出版社の権利の侵害となります。
・落丁・乱丁本はお取替えいたします。定価はカバーに表示してあります。

ISBN978-4-322-11965-7